高等职业教育土木建筑类专业教材

公路工程检测技术
（第2版）

主　编　赵金云　汪　洁
副主编　孙建鹏　申　建　张立华
参　编　汤宏丽　张　旭　魏　斌　姚晓荣
　　　　闫淑杰　李　崴　朱　利
主　审　张佑华　姜志青

北京理工大学出版社
BEIJING INSTITUTE OF TECHNOLOGY PRESS

内容提要

本书共分为十六章，主要内容包括绪论，试验检测数据的分析与处理，路基路面强度指标检测，无机结合料稳定材料检测，结构混凝土强度检测，沥青混合料试验与检测，路基路面压实度检测技术，路面平整度检测，路面抗滑性能和渗水系数检测，路基路面几何尺寸及路面厚度、外观检测，路基路面排水与防护工程检测，桥梁基础检测，桥梁上部结构检测，桥梁支座和伸缩装置检测，桥梁荷载试验，隧道工程施工检测等。书中每章后面均附有本章小结和复习思考题，有助于对所学内容的总结及强化训练。

本书可作为交通土建、道路桥梁工程技术、公路工程检测技术、工程监理、工程测量、公路工程养护等相关专业的教材，也可供公路工程检测相关技术人员学习参考。

版权专有　侵权必究

图书在版编目（CIP）数据

公路工程检测技术/赵金云，汪洁主编. —2版.—北京：北京理工大学出版社，2018.8（2021.6重印）

ISBN 978-7-5682-6262-0

Ⅰ.①公… Ⅱ.①赵… ②汪… Ⅲ.①道路工程—检测 Ⅳ.①U41

中国版本图书馆CIP数据核字（2018）第201327号

出版发行 /	北京理工大学出版社有限责任公司
社　　址 /	北京市海淀区中关村南大街5号
邮　　编 /	100081
电　　话 /	（010）68914775（总编室）
	（010）82562903（教材售后服务热线）
	（010）68948351（其他图书服务热线）
网　　址 /	http://www.bitpress.com.cn
经　　销 /	全国各地新华书店
印　　刷 /	北京紫瑞利印刷有限公司
开　　本 /	787毫米×1092毫米　1/16
印　　张 /	21
字　　数 /	564千字
版　　次 /	2018年8月第2版　2021年6月第3次印刷
定　　价 /	55.00元

责任编辑/李志敏
文案编辑/李志敏
责任校对/周瑞红
责任印制/边心超

图书出现印装质量问题，请拨打售后服务热线，本社负责调换

第2版前言

《公路工程检测技术》第1版于2011年12月由北京理工大学出版社发行。

"公路工程检测技术"不仅是道路桥梁工程技术、公路工程试验检测技术、工程监理等专业的岗位课程,也是土木工程(道桥方向)、工程测量及公路工程养护等专业的一门技能性较强的专业课程。随着公路建设领域新标准、新规范与新规程的陆续修订出版,我们对教材进行了本次修订。

本书按照教育部普通高等教育"十三五"职业教育特色精品课程规划教材指导思想和有关原则编写。本次修订结合职业教育特点,围绕职业发展趋势和培养目标,在第1版基本体系不变的基础上,根据最新标准、规范进行了修改和调整;考虑到当前工程实际,对部分内容进行了适当的增减。同时每章增加了相应的实物图和现场检测的工作图,使读者更好地认识检测设备,直观地理解检测过程,并在每章后面增加了本章小结,方便读者对本章所学知识点的总结和记忆;课后复习思考题丰富了内容形式,对本章知识点灵活再现,便于巩固所学内容。

本书共分为十六章,由吉林交通职业技术学院赵金云担任第一主编并统稿,西安建筑科技大学汪洁担任第二主编,由西安建筑科技大学孙建鹏和吉林交通职业技术学院申建、张立华担任副主编,吉林交通职业技术学院汤宏丽、张旭、魏斌、姚晓荣、闫淑杰、李崴和西安建筑科大工程技术有限公司朱利参与了本书部分章节的编写工作。具体编写分工如下:第一章由姚晓荣编写;第二章、第三章、第四章、第六章、第八章由赵金云编写;第五章的第一节、第二节由张旭编写,第三节由闫淑杰编写;第七章由张立华编写;第九章由申建编写;第十章由汤宏丽编写;第十一章的第一节由魏斌编写;第二节由李崴编写;第十二章、十三章、十四章、十六章由汪洁编写,其中第十六章的第三节由朱利编写;第十五章由孙建鹏编写。

本书由河南省开封市天平路桥工程检测有限公司张佑华和吉林交通职业技术学院姜志青主审。他们在认真审阅本书的过程中,提出了许多宝贵的修改建议,并提供了许多实用的工程资料,在此深表谢意!

本书虽然经过全面审查和反复修改,但其中仍难免存在不足之处,诚挚希望广大读者在使用过程中给予批评指正,以便进一步补充、修改和完善。

编 者

第1版前言

为深入贯彻国家高等教育面向21世纪教学内容和课程体系改革计划，本课程遵照教育部对高职教育的基本思路——以教学改革为核心，注重工程实践经验的培养，倡导"工学结合"，培养生产、建设、管理、服务等一线需要的技术人才为目标，使学生能够零距离上岗。

《公路工程检测技术》教材依据教育部对高职高专人才培养目标和培养模式相适应的知识、技能和素质要求进行编写，紧跟时代步伐，结合了全国交通类高职高专院校公路工程检测技术课程的教学改革成果，结合交通部最新的标准和规范，具有较强的针对性。教材从培养交通行业技能岗位的要求出发，注重知识结构和时间能力要求的培养，理论体系适度，组织结构合理，有较强的实用性。本书每章后都附有实例和复习思考题，方便使用者对知识内容的掌握和学习，可以作为高职高专路桥试验检测教材，也可作为公路工程试验检测技术人员岗位培训的参考资料。

本书由吉林交通职业技术学院赵金云担任第一主编，西安建筑科技大学汪洁担任第二主编，吉林交通职业技术学院徐静涛、车广侠担任副主编，姜志青、沈艳东担任主审。具体任务分配如下：第一章、第二章、第十二章、第十三章、第十四章、第十五章由汪洁编写；第三章、第四章由车广侠编写；第五章、第七章由徐静涛编写；第六章由于慧玲、王茜编写；第八章、第九章、第十章、第十一章由赵金云编写；第二章的第二节由申建、李瑞涛编写；第三章的第三节郭丰敏参与了编写，第八章中的第五节由高峰编写，第九章中的第四节由汤宏丽、张求书编写，全书由赵金云统稿。

本教材在编写的过程中，向从事一线生产的公路工程检测技术人员汲取了大量的宝贵经验，同时还参用了有关的标准、规范和教材等资料，在此，谨向有关作者表示衷心的感谢！北京理工大学出版社为本书的出版做了大量工作，在此也深表谢意！

由于作者水平有限，本书在编写过程中，编者虽然做了很大的努力，但书中仍难免有疏漏及不妥之处，恳请广大读者批评指正。

编　者

目 录

第一章 绪论 ·· 1
  第一节 概述 ······································ 1
  第二节 公路工程质量检验 ············ 6
  本章小结 ·· 21
  复习思考题 ···································· 22

第二章 试验检测数据的分析与处理 ··· 23
  第一节 数据的统计特征及抽样检验 ··· 23
  第二节 数据的表达与处理方法 ······ 29
  本章小结 ·· 36
  复习思考题 ···································· 37

第三章 路基路面强度指标检测 ······ 38
  第一节 路基路面回弹弯沉检测及评定 ··· 38
  第二节 路基路面回弹模量检测 ······ 49
  第三节 加州承载比（CBR）试验方法 ··· 54
  本章小结 ·· 66
  复习思考题 ···································· 67

第四章 无机结合料稳定材料检测 ··· 68
  第一节 无机结合料稳定材料的组成设计 ······································ 68
  第二节 无机结合料稳定材料中水泥或石灰剂量的测定（EDTA滴定法） ···································· 72
  第三节 无机结合料稳定材料的击实试验 ······································ 75
  第四节 无机结合料稳定材料无侧限抗压强度试验 ··························· 81
  本章小结 ·· 86
  复习思考题 ···································· 86

第五章 结构混凝土强度检测 ············ 88
  第一节 回弹法测水泥混凝土抗压强度 ··· 90
  第二节 超声—回弹综合法测定水泥混凝土强度 ···························· 99
  第三节 钻芯法测定混凝土强度 ······ 106
  本章小结 ·· 112
  复习思考题 ···································· 113

第六章 沥青混合料试验与检测 ········ 114
  第一节 沥青混合料中沥青含量试验 ··· 114
  第二节 沥青混合料的马歇尔稳定度试验 ··· 119
  第三节 沥青混合料的车辙试验 ······ 124
  第四节 沥青混合料水稳定性试验 ··· 128
  第五节 沥青混合料的劈裂强度试验 ··· 131
  本章小结 ·· 134
  复习思考题 ···································· 135

第七章 路基路面压实度检测技术 ··· 136
  第一节 概述 ···································· 136
  第二节 灌砂法测定压实度 ············ 139
  第三节 环刀法测定压实度 ············ 144
  第四节 钻芯法测定沥青面层压实度 ··· 148
  第五节 核子密湿度仪测定压实度 ··· 150
  第六节 无核密度仪测定压实度 ······ 154
  第七节 压实度的评定 ···················· 155
  本章小结 ·· 156

复习思考题……………………157

第八章 路面平整度检测……………159
第一节 概述……………………159
第二节 3 m直尺测定平整度……160
第三节 连续式平整度仪测定平整度……163
第四节 车载式颠簸累积仪测定平整度……165
第五节 车载式激光平整度仪测定平整度……167
本章小结………………………169
复习思考题……………………170

第九章 路面抗滑性能和渗水系数检测……171
第一节 概述……………………171
第二节 路面构造深度检测………173
第三节 路面摩擦系数测定………179
第四节 沥青路面渗水系数检测……186
本章小结………………………188
复习思考题……………………189

第十章 路基路面几何尺寸及路面厚度、外观检测……191
第一节 路基路面现场测试随机选点方法……191
第二节 路基路面几何尺寸检测……194
第三节 路面结构层厚度检测………197
第四节 路面错台与沥青路面车辙检测……204
本章小结………………………207
复习思考题……………………207

第十一章 路基路面排水与防护工程检测……209
第一节 排水管道和沟渠的施工质量检测……209
第二节 路基路面防护工程检测……211
本章小结………………………216
复习思考题……………………217

第十二章 桥梁基础检测……………218
第一节 地基承载力检测…………218
第二节 钻（挖）孔灌注桩检测……227
第三节 基桩承载力检测…………238
本章小结………………………244
复习思考题……………………244

第十三章 桥梁上部结构检测……………246
第一节 混凝土结构构件检测……246
第二节 预应力混凝土结构检测……250
本章小结………………………259
复习思考题……………………259

第十四章 桥梁支座和伸缩装置检测……261
第一节 桥梁支座检测……………261
第二节 桥梁伸缩装置检测………268
本章小结………………………273
复习思考题……………………273

第十五章 桥梁荷载试验……………274
第一节 荷载试验的目的、主要内容及准备工作……274
第二节 加载方案和测点设置……276
第三节 静载试验仪器设备………280
第四节 静载试验…………………292
第五节 试验数据分析及桥梁承载力评定……294
第六节 结构动载试验……………300
本章小结………………………312
复习思考题……………………313

第十六章 隧道工程施工检测……………314
第一节 隧道初期支护施工质量检测……314
第二节 衬砌混凝土施工质量检测……319
第三节 隧道施工监控量测………320
本章小结………………………323
复习思考题……………………323

附录………………………………324

教学参考意见…………………327

参考文献………………………329

第一章 绪 论

学习建议

通过本章的学习,熟悉试验检测的有关规程、工作细则及工作制度;掌握公路工程质量检验评定方法;熟悉公路工程质量检测项目与质量要求标准。

公路工程检测工作,是公路工程质量管理的重要组成部分,是质量控制的重要技术手段。自20世纪90年代中期以来,我国公路建设进入了飞速发展时期。截至2012年年底高速通车总里程达9.56万公里,超过美国,跃居世界第一。预计到"十三五"末,国家高速公路主线将基本贯通。

第一节 概 述

一、试验检测的目的和意义

在公路建设中,质量是工程建设的关键,任何一个环节、任何一个部位出现问题,都会给工程的整体质量带来严重后果,直接影响到公路的使用效益,甚至返工重建造成巨大的经济损失。因此,在现场施工的质量控制中,配备与质量控制和管理相匹配的常规标准试验仪器及采用适宜的检测方法,进行必要的试验检测,对确保工程质量是十分重要的。

绪论

公路工程检测技术是一门融试验检测基本理论和测试操作技能及相关基础知识于一体的学科,是确定工程设计参数、施工质量控制、施工验收评定、养护管理决策的主要手段。通过试验检测能充分地利用当地原材料,迅速推广新材料、新技术和新工艺;用定量的方法科学地评定各种材料和构件的质量;合理地控制并科学地评定工程质量。

为使公路满足使用要求,必须在精心设计的基础上,严格按照设计文件的现行施工技术规范的要求认真组织施工。作为施工技术人员和工程试验检测人员或质量控制管理人员,在整个施工期间,应在吃透并领会设计文件、熟悉现行施工技术规范和试验检测规程的前提下,严格做好路用材料质量、施工控制参数、现场施工过程质量和分部分项工程验收这四个关键环节的把关工作。

二、试验检测规程

公路工程检测的依据是设计文件、国家试验规程、规范、标准等,特殊情况下也可由用户提供检测要求。现行部颁公路工程试验检测相关的规程主要有:

(1)《公路土工试验规程》(JTG 3430—2020);
(2)《公路工程沥青及沥青混合料试验规程》(JTG E20—2011);
(3)《公路工程水泥及水泥混凝土试验规程》(JTG E30—2005);

(4)《公路工程岩石试验规程》(JTG E41—2005);
(5)《公路工程无机结合料稳定材料试验规程》(JTG E51—2009);
(6)《公路工程集料试验规程》(JTG E42—2005);
(7)《公路路基路面现场测试规程》(JTG 3450—2019);
(8)《公路工程土工合成材料试验规程》(JTG E50—2006);
(9)《公路工程技术标准》(JTG B01—2014);
(10)《公路工程质量检验评定标准 第一册 土建工程》(JTG F80/1—2017);
(11)《公路水泥混凝土路面施工技术细则》(JTG/T F30—2014);
(12)《公路路基设计规范》(JTG D30—2015);
(13)《公路沥青路面设计规范》(JTG D50—2017);
(14)《公路路基施工技术规范》(JTG/T 3610—2019);
(15)《公路路面基层施工技术细则》(JTG/T F20—2015);
(16)《公路沥青路面施工技术规范》(JTG F40—2004);
(17)《公路工程地质勘察规范》(JTG C20—2011);
(18)《公路桥涵设计通用规范》(JTG D60—2015);
(19)《公路圬工桥涵设计规范》(JTG D61—2005);
(20)《公路钢筋混凝土及预应力混凝土桥涵设计规范》(JTG 3362—2018);
(21)《公路桥涵地基与基础设计规范》(JTG 3363—2019);
(22)《公路桥涵施工技术规范》(JTG/T 3650—2020)。

另外,与试验检测有关的标准还有其他的相关公路工程施工及设计规范等,在此不再一一列举。

三、试验检测工作细则

每项试验检测方法应根据有关国家或部颁现行最新技术标准、操作规程和有关行业工作规范制定详细的实施细则。

1. 实施细则制定的必要性

由于有些标准规定的不全面,且有些质检机构人员可能是新手,他们虽然已通过本单位的考核,但不一定很熟练;更重要的是质检机构的工作就像工厂生产产品一样,每个步骤都必须按照工艺要求实施,为此必须制定有关实施细则。

2. 实施细则的内容

(1)技术标准、规定要求、检测方法、操作规程等。
(2)抽样方法及样本大小。
(3)检测项目、被测参数大小及允许变化范围。
(4)检测仪器设备的名称、型号、量程、准确度、分辨率。
(5)检测人员组成和检测系统框图。
(6)对检测仪器的检查标定项目和结果。
(7)对检测仪器和样品或试件的基本要求。
(8)对环境条件的检查,即从保证计量检测结果可靠角度出发,运用允许变化范围的规定。
(9)在检测过程中发生异常现象的处理办法。
(10)在检测过程中发生意外事故的处理办法。
(11)检测结果计算整理分析办法。

凡要求对整体工程项目或新产品进行质量判断的检测项目，均应进行抽样检测。凡送样检测的材料、产品，检测结果仅对样品负责，不对整体质量作任何评价。

3. 实施细则的有关方法

(1)抽样方法为随机抽样。确定样本大小后，一般由委托单位提供编号进行随机抽样。原则上抽样人不得与产品直接见面，样本应在生产单位已经检测合格的基础上抽取。特殊情况下，也允许在生产场所已经检测合格的产品中抽取。

抽样前，不得事先通知被检产品单位；抽样结束后，样品应立即封存，连同出厂检测合格证一同送往试验检测地点。

(2)样本大小的确定。凡产品技术标准中已规定样本大小的，按规定标准执行；凡产品技术标准中未明确规定样本大小的，按试验检测规程或相应标准中规定的方法确定，也可按百分比抽样，但抽样基数不得小于样本的5倍；在生产场所抽样时，当天产量不得小于均衡生产时的基本日均产量；在使用抽样时，抽样基数不得小于样本的2倍。

(3)样本的保存。样本确定后，抽样人应以适当的方式封存，由样本所在部门以适当的方式运往检测部门。运输方式应以不损坏样本的外观及性能为要求。样本箱、样品桶、样品的包装也应满足上述要求。

(4)样本登记表的内容。抽样结束后，由抽样人填写样品登记表，登记表的内容应包括：产品生产单位、产品名称、产品型号、样品中单件产品编号及封样的编号、抽样依据、样本大小、抽样基数、抽样地点、运输方式、抽样日期、抽样人姓名、封样人姓名等。

4. 实施细则的注意事项

(1)对于比较重要的检测项目，若采用专门检测设备，应通过试验确定其检测数据的重复性。

(2)对于某些比较简单的试验检测项目，如果标准规定得很细，能满足上述要求时，可不必制定实施细则。

四、试验检测工作制度

工作制度是否健全，制度能否坚持贯彻执行，反映了一个单位的管理水平。作为一个质检中心应建立以下几个最基本的工作制度。

1. 检测工作管理制度

(1)由办公室编制检测任务，经主任批准后，下达给各检测室；临时任务由办公室同检测室协商安排；

(2)各检测室应将任务落实到具体人员；

(3)检测工作完成后，检测人员将检测结果交办公室；

(4)检测工作质量及任务完成情况由各组组长每月填报一次，在每月底前，将上月的报表交办公室。

2. 试验室管理制度

(1)试验室是进行质量检测工作的场合，必须保持清洁、整齐、安静；

(2)试验室内禁止随地吐痰，禁止抽烟、吃东西；

(3)禁止将与检测工作无关的物品带入试验室；

(4)要换衣、换鞋的试验室，任何人进入都应按规定更换工作衣、鞋；

(5)试验室应建立卫生值日制度，每天应有人打扫卫生，每周要彻底清扫一次；

(6)保证试验室安全，遇节假日下班后必须切断电源、水源，关好门窗；

(7)仪器、设备的零部配件要妥善保管，常用工具应排列整齐，说明书、操作规程和原始记录表专柜保存；

(8)试验室内应设置消防器材，并按规定定期检查、更换，任何人不得私自挪动位置，不得挪作他用；

(9)易燃、双人双锁的物品应有专人、设专室保管，发放时应严格执行审批制度。

3. 岗位责任制

岗位责任制是质检机构的一项重要制度，它应明确组织机构框图中列出的各部门的职责范围和权限。各部门的职责范围应对"质量检测机构计量认证评审内容及考核办法"中规定的管理功能、技术功能全部覆盖，做到事事有人管。对计量检定人员和质量检测人员要根据其考核情况确定其检测工作范围。

(1)各部门的岗位职责。

1)检测办公室。试验检测中心办公室负责安排检测计划，对外签订检测合同；文件的收发及保管；检测报告的发送及登记；样品的收发保管及检后处理；检测仪器设备及标准件的购置；检测收费，财务管理；试验检测报告打印和资料复制；人事管理及保卫、安全、日常管理工作；制订各类人员的培训计划，组织人员考核。

2)检测资料室。检测资料室负责收集保管国内外用于试验检测的产品标准、检测规范、检测细则、检测方法和计量检定规程，暂行校验方法及专用设备鉴定资料；保管检测报告、原始记录；保管产品技术资料、设计文件、图纸及其他有关资料；保存抽样记录、样品发放及处理记录；保存全部文件及有关产品质量检测的政策、法令、法规。

3)仪器设备室。仪器设备室负责计量标准器具的计量检定及日常维护保养；标准件的定期比对、保管、发放及报废；全部试验检测仪器设备的维修及保养等工作；检查各室的在用检测仪器或超过检定周期的仪器；新购置检测仪器设备的验收工作；保管试验检测仪器设备的维修、使用、报废记录；保管检测仪器设备的计量检定证书，保存试验检测仪器设备说明书；建立并保管检测仪器设备台账；大型精密设备的值班及日常维修；制定试验检测仪器设备检定周期表并付诸实施。

(2)各类人员的岗位职责。

1)试验检测中心主任。贯彻执行上级有关的政策、方针、法规、条例和制度；确定本单位的方针和目标，决定本单位的发展规划和工作计划；对中心的检测工作计划完成情况及检测工作的质量负责；建立健全质量管理体系和质量保证体系，切实保证能公正地、科学地、准确地进行各类检测工作；协调各部门的工作，使之纳入全面质量管理的轨道；批准经费使用计划、奖金发放计划；批准检测报告；主持事故分析会和质量分析会；督促、检测各部门岗位责任制的执行情况；考核各类人员的工作质量；主管中心的人事工作及人员培训考核、提职、晋级工作；检查质量管理手册的执行情况，主持质量管理手册的制订、批准、补充和修改。

2)试验检测技术负责人。在中心主任的领导下，全面负责中心的技术工作；掌握本领域检测技术的发展方向，制定测试技术的发展计划；批准测试大纲、检测实施细则、检测操作规程、非标准设备和检测仪器的暂行校验方法；主持综合性非标准检测系统的鉴定工作；深入各试验检测室，随时了解并解决检测过程中存在的技术问题；组织各类人员的培训，负责各类人员的考核；签发检测报告。

3)试验检测质量保证负责人。全面负责监测工作质量，定期向中心主任和技术负责人报告测试工作质量情况；负责质量事故的处理；负责检测质量争议的处理并向中心主任和技术负责人报告结果；检查各类人员的质量检测、工作质量；负责质量管理手册的贯彻执行。

4)试验检测室主任。对本室工作全面负责；确定本室的质量方针及质量目标，组织完成各项试验检测任务；掌握本专业国内外的现状及发展趋势，根据需要和可能，提出新的检测方案；提出计量检测仪器设备的购置、更新、改造计划；提出计量检测仪器设备的维修、降低和报废计划；负责本室各类人员的技术培训和考核；对本室各类事故提出处理意见；审阅本室制定的检测大纲、检测细则；审阅各类检测报告及原始记录；考核本室人员的工作情况及质量状况；对本室人员晋级提建议；负责本室的行政管理事务。

5）试验检测人员。对各自负责的试验检测工作的质量负责；严格按照检测规范、检测大纲、实施细则进行各项检测工作，确保检测数据的准确可靠；上报检测仪器设备的检定、维修计划，有权拒绝使用不合格检测仪器或超过检定周期的仪器；不断更新专业知识，掌握本专业检测技术及检测仪器的发展趋势和现状；按期填写质量报表，填写检测原始记录及检测证书；有权拒绝行政或其他方面的干预；有权越级向上级领导反映各级领导违反检测规程或对检测数据弄虚作假的现象；遵守试验室管理制度；按时填写仪器设备操作使用记录；严格遵守检测人员纪律和实验室管理制度。

6）其他各类人员。其他各类人员应按照各室领导的安排，严守岗位，忠于职守，对各自的工作质量负责；各类人员都要不断学习与本职工作有关的新知识、新技术，以适应工作的要求；各类人员都要树立"质量第一"的观点，不断增强质量意识；各类人员都要遵守本行业的职业道德，提高自己的素质。

4. 检测事故分析报告制度

(1)检测过程中发生下列情况按事故处理：

1）样品丢失，零部件丢失，样品损坏。

2）样品生产单位提供的技术资料丢失或失密，检测报告丢失，原始记录丢失或失密。

3）由于检测人员、检测仪器设备、检测条件不符合检测工作的要求，试验方法有误，数据差错，而造成的检测结论错误。

4）检测过程中发生人身伤亡。

5）检测过程中发生仪器设备损坏。

(2)凡违反上述各项规定所造成的事故均为责任事故，可按经济损失的大小、人身伤亡情况分为小事故、大事故和重大事故。

(3)重大或大事故发生后，应立即采取有效措施，防止事态扩大，抢救伤亡人员，并保护现场，通知有关人员处理事故。

(4)事故发生3天后，由发生事故部门填写事故报告单，报告办公室；事故发生后5天内，由中心负责人主持，召开事故分析会，对事故的直接责任者作出处理，对事故作善后处理并制定相应的办法，以防类似事故发生；重大或大事故发生后一周内，中心应向上级主管部门补交事故处理专题报告。

5. 检测样品的管理制度

(1)样品的保管制度。样品保管室由办公室指定专人负责。样品到达后，由办公室所指定的负责人会同有关专业室共同开封检查，确认样品完好后，编号入样品保管室保存，并办理入库登记手续。试验室还要设置留样室，有些样品需要留样封存。封存时要送样人、留样人同时见证签封，在试验结果产生争议时复检。

样品上应有明显的标志，确保不同单位的同类品不致混淆，确保未检样品和已检样品不致混杂。

样品保管室的环境条件应符合该样品的保管要求，不致使样品变质、损坏、丧失或降低其功能。样品保管室应做到账、物、卡三者相符。

(2)样品的检后处理。检测工作结束，检测结果经核实后，应将样品送样品保管室保管，需保留样品的立即通知送检单位前来领取。检后产品的保管期一般为申诉期后的一个月。过期无人领取，则作无主物品处理。

破坏性检测后的样品，确认试验方法、检测仪器、检测环境、检测结果无误后，才准撤离试验现场。除用户有特殊要求，一般不再保存。无论是以哪种方式处理，均应办理处理手续，处理人应签字。

五、试验检测人员的要求

（1）试验检测操作人员应熟悉检测任务，了解被检测对象和所用检测仪器设备的性能。检测人员必须经过考核合格，取得上岗操作证以后，才能上岗操作。凡使用精密、贵重、大型检测仪器设备者，必须熟悉该检测仪器的性能，具备使用该仪器的知识，经过考核合格，取得上岗证书才能操作。

（2）检测人员应掌握所从事检测项目的有关技术标准，了解本领域国内外测试技术、检测仪器的现状及发展方向，并具有学习与应用国内外最新技术进行检测的能力。

（3）检测人员应能正确、如实地填写原始记录。原始记录不得用铅笔填写，必须有检测人员、计算和校核人员的签名。原始记录如确需更改，应在作废数据上画两条水平线，将正确数据填写在上方，盖上更改人的印章或签名。除特殊情况外，所有技术记录，包括检测或校准的原始记录，应至少保存6年。

（4）检测人员应了解计量法常识及国际单位制基本内容，了解误差理论、数理统计方面的知识，能独立进行数据处理工作。

（5）检测人员要坚持原则、忠于职守、秉公办事，要以数据说话，不受行政或其他方面影响的干扰。

第二节　公路工程质量检验

一、工地试验检测机构(室)

为促进公路工程整体质量水平的提高，保证公路工程试验检测工作的质量，我国各地都加强了公路工程施工需要而建立的工地试验检测机构(室)的管理，即资质认证工作，并制定了一系列详细的规定。

1. 工地试验室的种类

（1）施工企业试验室。施工企业试验室是施工企业为完成其所承担的施工任务而建立的试验室。

（2）监理中心试验室。各省、市、自治区交通部门的监理公司或咨询公司都有自己的固定试验室，主要承担本省、市、区的监理工作方面的试验任务，一般都具有甲级试验检测资质。社会监理公司大多无自己独立的试验室。较大的公路工程建设项目多由业主现场组建监理中心试验室，监理单位在施工期间对试验室拥有使用权，所有权归业主，工程建设完工后一般随同道路一同交公路管理部门使用。

（3）政府监督部门试验室。按行政区划设置，大体上有三级：分别是各省、市、自治区交通质检站所属的试验室，各地、市交通质检站所属的试验室和各县、市质检部门所属的试验室。

另外，还有大专院校设立的检测中心或试验室、科研机构成立的检测公司等。

2. 工地试验室的职责范围

各级各类工地试验室的职能不同，其职责范围也有区别，分别简单介绍如下：

(1)标段工地试验室的职责范围。

1)选定料源，主要指地方材料（包括土、砂石材料、石灰）等，按设计文件提供的料源，通过试验，选择符合技术标准要求，开采方便，运输费用低的料场供施工使用。

2)试样管理，包括试样的采集、运输、分类、编号及保管。

3)验收复检，是指对已进场的各种材料（包括原材料、成品或半成品材料）按技术标准或试验规程的规定，分批量进行有关技术性质试验，以决定准予使用或封存、清退。

4)标准试验，是指完成各种混合材料的配合组成设计试验，提出配合比例及相关施工控制参数。

5)工艺试验，包括试验路铺筑、混合材料的预拌等过程中的试验工作，为施工控制采集有关的控制参数。

(2)监理中心试验室的职责范围。监理的职责是对工程的实施进行全过程、全方位的监督管理。监理试验室的职能介于施工企业和政府监督之间，既有监督的一面，也有被监督的一面。其职责主要是进行复核或平行试验。

1)评估初验。标段试验室在起用前要经过监理试验室的评估验收，包括试验室用房、设备到位及安装情况、衡器及测力设备鉴定校验情况、人员及其资质情况、规章制度及管理情况等，以决定是否同意报审。

2)验证试验。对各种原材料或商品构件，按施工企业提供的样品、产品合格证和试验报告等进行订货前预检，以决定是否同意采购。

3)标准试验。对各种混合材料的配合比例、标准击实及所用原材料进行平行复核试验，以决定是否同意批复使用。

4)工艺试验。参与施工企业的有关工艺性的试验，包括各类试验路、混合材料预拌等过程中的试验工作，以决定是否同意正式开工。

以上工作任务有些要由监理中心试验室来完成，有些由现场监理人员在标段试验室人员的协助下来完成，也可由现场监理人员利用标段试验室的设备独立来完成。

(3)质检部门试验室的职责范围。

1)抽检试验。在工程实施过程中，定期或不定期地对在建工程的部分项目进行抽检试验，或进行全面的质量普查，以了解工程的质量动态，监督项目顺利实施。

2)竣工验收检测。工程竣工后，由质检单位对工程进行全面的试验检测，提出验收报告，以决定是否接收。

三类试验室的性质不同，职能不同，职责范围也有区别。施工企业试验室的职责主要是用规定的方法和手段，对工程所用的材料、成品或半成品材料、结构构件以至结构物进行自检或试行试验，提出自检报告，作为申请监理检查验收的依据。监理试验室的职责主要是进行复核性或平行试验，提出复核或抽检试验报告，作为批复或检查验收的依据。质量监督部门试验室的职责主要是定期或不定期地对分项或分部工程进行抽检，提出抽检报告，作为监督的依据。尽管各自的职责有所侧重，但目标是一致的，即杜绝不合格材料用于工程，对不合格的构件、结构物或工程提出返工或拒收的依据，构成了既有自检、复核、又有监督的质量保障体系，保证工程质量万无一失。因此，要求各类试验室必须具有性能先进、配套齐全的试验设备，以及具有专门知识和试验技能、能熟练操作使用这些设备的工作人员，充分发挥试验室或试验检测工作在工程建设中举足轻重的作用。

二、公路工程质量检验评定

1. 公路工程质量检验评定的依据

为加强公路工程质量管理,规范公路工程施工质量的检验评定,统一工程质量检验标准和评定标准,保证工程质量,交通部制定了《公路工程质量检验评定标准 第一册 土建工程》(JTG F80/1—2017)。该标准适用于各等级公路新建与改扩建工程施工质量的检验评定。是公路工程施工质量的最低限值标准,公路工程施工质量检验评定应以此标准为准。对于特殊地区或采用新材料、新结构、新技术的工程,当该标准中缺乏适宜的质量检验标准时,可参照相关技术标准或根据实际情况制定相应的质量检验标准,并报主管部门批准。

公路工程质量检验评定除应符合《公路工程质量检验评定标准 第一册 土建工程》(JTG F80/1—2017)的规定外,还应符合国家和行业现行有关标准的规定。

2. 一般规定

(1)公路工程质量检验评定应按分项工程、分部工程、单位工程逐级进行,并应符合下列规定:

1)在合同段中,具有独立施工条件和结构功能的工程为单位工程。如路基工程、路面工程、桥梁工程(每座或每合同标段)、隧道工程(每座或每合同标段)等。以10公里为一单位或以每一标段为一单位。

2)在单位工程中,按路段长度、结构部位及施工特点等划分的工程为分部工程。如路基土石方工程、排水工程、路面工程等。路基路面以1~3公里为一部分。

3)在分部工程中,根据施工工序、工艺或材料等划分的工程为分项工程。如涵洞、通道中的钢筋加工及安装,涵台,管节预制等。

根据上述划分,施工单位进行自检和相关资料的整理并汇总,作为验收的依据。质检单位按此顺序进行质量等级评定。

一般建设项目的单位、分部及分项工程的划分见表1-1。

表1-1 一般建设项目的工程划分

单位工程	分部工程	分项工程
路基工程 (每10 km 或每标段)	路基土石方工程(1~3 km路段)①	土方路基,填石路基,软土地基处治、土工合成材料处治层等
	排水工程(1~3 km路段)①	管节预制,混凝土排水管施工,检查(雨水)井砌筑,土沟,浆砌水沟,盲沟,跌水,急流槽,水簸箕,排水泵站沉井、沉淀池等
	小桥及符合小桥标准的通道,人行天桥,渡槽(每座)	钢筋加工及安装,砌体,混凝土扩大基础,钻孔灌注桩,混凝土墩、台,墩、台身安装,台背填土,就地浇筑梁、板,预制安装梁、板,就地浇筑拱圈,混凝土桥面板桥面防水层,支座垫石和挡块,支座安装,伸缩装置安装,栏杆安装,混凝土护栏,桥头搭板,砌体坡面护坡,混凝土构件表面防护,桥梁总体等
	涵洞、通道(1~3 km路段)①	钢筋加工及安装,涵台,管节预制,管座及涵管安装,波形钢管涵安装,盖板预制,盖板安装,箱涵浇筑,拱涵浇(砌)筑,倒虹吸竖井、集水井砌筑,一字墙和八字墙,涵洞填土,顶进施工的涵洞,砌体坡面防护,涵洞总体等

续表

单位工程	分部工程	分项工程
路基工程 (每10 km 或每标段)	防护支挡工程(1～3 km路段)①	砌体挡土墙，墙背填土，边坡锚固防护，土钉支护，砌体坡面防护，石笼防护，导流工程等
	大型挡土墙、组合挡土墙(每处)	钢筋加工及安装，砌体挡土墙，悬臂式挡土墙，扶壁式挡土墙，锚杆、锚定板和加筋土挡土墙，墙背填土等
路面工程 (每10 km 或每标段)	路面工程(1～3 km路段)①	垫层、底基层，基层，面层，路缘石，路肩等
桥梁工程② (每座或 每合同段)	基础及下部构造(1～3墩台)③	钢筋加工及安装，预应力筋加工和张拉，预应力管道压浆，混凝土扩大基础，钻孔灌注桩，挖孔桩，沉入桩，灌注桩桩底压浆，地下连续墙，沉井，沉井、钢围堰的混凝土封底，承台等大体积混凝土结构，砌体，混凝土墩、台，墩、台身安装，支座垫石和挡块，拱桥组合桥台，台背填土等
	上部构造预制和安装(1～3跨)③	钢筋加工及安装，预应力筋加工和张拉，预应力管道压浆，预制安装梁、板，悬臂施工梁，顶推施工梁，转体施工梁，拱圈节段预制，拱的安装，转体施工拱，中下承式拱吊杆和柔性系杆，刚性系杆，钢梁制作，钢梁安装，钢梁防护等
	上部构造现场浇筑(1～3跨)③	钢筋加工及安装，预应力筋加工和张拉，预应力管道压浆，就地浇筑梁、板，悬臂施工梁，就地浇筑拱圈，劲性骨架混凝土拱，钢管混凝土拱，中下承式拱吊杆和柔性系杆，刚性系杆等
	桥面系、附属工程及桥梁总体	钢筋加工及安装，混凝土桥面板桥面防水层，钢桥面板上防水黏结层，混凝土桥面板桥面铺装，钢桥面板上沥青混凝土铺装，支座安装，伸缩缝装置安装，人行道铺设，栏杆安装，混凝土护栏，钢桥上钢护栏安装，桥头搭板，混凝土小型构件预制，砌体坡面护坡，混凝土构件表面防护，桥梁总体等
	防护工程	砌体坡面护坡，护岸④，导流工程等
	引道工程	见路基工程、路面工程的分项工程
隧道工程⑤ (每座或 每合同段)	总体及装饰装修(每座或每合同段)	隧道总体、装饰装修工程
	洞口工程(每个洞口)	洞口仰边坡防护、洞门和翼墙的浇(砌)筑、截水沟、洞口排水沟、明洞浇筑、明洞防水层、明洞回填
	洞身开挖(100延米)	洞身开挖
	洞身衬砌(100延米)	喷射混凝土、锚杆、钢筋网、钢架、仰拱、仰拱回填、衬砌钢筋、混凝土衬砌、超前锚杆、超前小导管、管棚
	防排水(100延米)	防水层、止水带、排水
	路面(1～3 km路段)①	基层，面层
	辅助通道⑥(100延米)	洞身开挖、喷射混凝土、锚杆、钢筋网、钢架、仰拱、仰拱回填、衬砌钢筋、混凝土衬砌、超前锚杆、超前小导管、管棚、防水层、止水带、排水

续表

单位工程	分部工程	分项工程
绿化工程（每合同段）	分隔带绿地、边坡绿地、护坡道绿地、碎落台绿地、平台绿地（每2 km路段）	绿地整理，树木栽植，草坪、草本地被及花卉种植，喷播绿化
	互通式立体交叉（区）与环岛绿地，管理养护设施区绿地，服务设施区绿地，取、弃土场绿地（每处）	
声屏障工程（每合同段）	声屏障工程（每处）	砌块体声屏障，金属结构声屏障，复合结构声屏障
交通安全设施（每20 km或每标段）	标志、标线、突起路标、轮廓标（5～10 km路段）①	标志，标线，突起路标，轮廓标
	护栏（5～10 km路段）①	波形梁护栏，缆索护栏，混凝土护栏，中央分隔带开口护栏
	防眩设施、隔离栅、防落物网（5～10 km路段）①	防眩板，防眩网，隔离栅，防落物网等
	里程碑和百米桩（5 km路段）	里程碑，百米桩
	避险车道（每处）	避险车道
交通机电工程	其分部、分项工程划分见《公路工程质量检验评定标准 第二分册 机电工程》(JTG F80/2—2004)	
附属设施	管理中心、服务区、房屋建筑、收费站、养护工区等设施	按其专业工程质量检验评定标准评定

①按路段长度划分的分部工程，高速公路、一级公路宜取低值，二级及二级以下公路可取高值。
②分幅桥梁按照单幅划分，特大斜拉桥和悬索桥按照《公路工程质量检验评定标准 第一册 土建工程》(JTG F80/1—2017)中附表 A-2 进行划分，其他斜拉桥和悬索桥可作为一个单位工程参照《公路工程质量检验评定标准 第一册 土建工程》(JTG F80/1—2017)附表 A-2 进行划分。
③按单孔跨径确定的特大桥取 1，其余根据规模取 2 或取 3。
④护岸可参照挡土墙进行划分。
⑤双洞隧道每单洞作为一个单位工程。
⑥辅助通道包括竖井、斜井、平行导坑、横通道、风道、地下风机房等。

(2)公路工程质量检验评定应符合下列规定：

1)分项工程完工后，应根据《公路工程质量检验评定标准 第一册 土建工程》(JTG F80/1—2017)进行检验，对工程质量进行评定。隐蔽工程在隐蔽前应检查合格。

2)分部工程、单位工程完工后，应汇总评定所属分项工程、分部工程质量资料，检查外观质量，对工程质量进行评定。

3. 工程质量检验

(1)分项工程按基本要求、实测项目、外观质量和质量保证资料等检验项目分别检查。

(2)分项工程质量应在所使用的原材料、半成品、成品及施工控制要点等符合基本要求的规定，无外观质量限制缺陷且质量保证资料真实齐全时，方可进行检验评定。

(3)基本要求检查应符合下列规定：

1)分项工程应对所列基本要求逐项检查，经检查不符合规定时，不得进行工程质量的检验评定。

2)分项工程所用的各种原材料的品种、规格、质量及混合料配合比和半成品、成品应符合有关技术标准规定并满足设计要求。

(4)实测项目检验应符合下列规定：

1)对检查项目按规定的检查方法和频率进行随机抽样检验并计算合格率。

2)《公路工程质量检验评定标准 第一册 土建工程》(JTG F80/1—2017)规定的检查方法为标准方法,采用其他高效检测方法应经比对确认。

3)《公路工程质量检验评定标准 第一册 土建工程》(JTG F80/1—2017)中以路段长度规定的检查频率为双车道路段的最低检查频率,对多车道应按车道数与双车道之比相应增加检查数量。

4)应按下式计算检查项目合格率:

$$检查项目合格率(\%) = \frac{合格的点(组)数}{该检查项目的全部检查点(组)数} \times 100 \qquad (1-1)$$

(5)检查项目合格率判定应符合下列规定:

1)关键项目①的合格率应不低于95%(机电工程为100%),否则该检查项目为不合格。

2)一般项目②的合格率应不低于80%,否则该检查项目为不合格。

3)有规定极值的检查项目,任一单个检测值不应突破规定极值,否则该检查项目为不合格。

(6)外观质量应进行全面检查,并满足规定要求,否则该检验项目为不合格。

(7)工程应有真实、准确、齐全、完整的施工原始记录、试验检测数据、质量检验结果等质量保证资料。质量保证资料应包括下列内容:

1)所用材料、半成品和成品质量检验结果。

2)材料配合比、拌和加工控制检验和试验数据。

3)地基处理、隐蔽工程施工记录和桥梁、隧道施工监控资料。

4)质量控制指标的试验记录和质量检验汇总图表。

5)施工过程中遇到的非正常情况记录及其对工程质量影响分析评价资料。

6)施工过程中如发生质量事故,经处理补救后达到设计要求的认可证明文件等。

(8)检验项目评为不合格的,应进行整修或返工处理直至合格。

4. 工程质量评定

(1)工程质量等级应分为合格与不合格。

(2)分项工程、分部工程、单位工程质量评定应符合评定用表规定,见表1-2~表1-4。

表1-2 分项工程质量检验评定表

分部工程名称:　　　　　工程部位:(桩号、墩台号、孔号)　　　所属建设项目(合同段):
所属分部工程名称:　　　所属单位工程:　　　施工单位:　　　分项工程编号:

基本要求		1. 2. ……												
实测项目	项次	检查项目	规定值或允许偏差	实测值或实测偏差值									质量评定	
				1	2	3	4	5	6	7	8	9	10	平均值、代表值	合格率/%	合格判定
外观质量								质量保证资料						
工程质量等级评定														

检验负责人:　　　　检测:　　　记录:　　　复核:　　　年　月　日

---

① 分项工程中对结构安全、耐久性和主要使用功能起决定性作用的检查项目,在《公路工程质量检验评定标准 第一册 土建工程》(JTG F80/1—2017)中以"△"标识。

② 分项工程中除关键项目以外的检查项目。

表 1-3　分部工程质量检验评定表

分部工程名称：　　　　　　　　　　　　　　　　　　　　工程部位：（桩号、墩台号、孔号）
所属单位工程：
所属建设项目(合同段)：
施工单位：　　　　　　　　　　　　　　　　　　　　　　　分部工程编号：

分项工程			备注
分项工程编号	分项工程名称	质量等级	
外观质量			
评定资料			
质量等级			
评定意见			

检验负责人：　　　　　　记录：　　　　　　复核：　　　　年　月　日

表 1-4　单位工程质量检验评定表

单位工程名称：　　　　　　　　　　　　　　　　　　　　工程地点、桩号：
所属建设项目(合同段)：
施工单位：　　　　　　　　　　　　　　　　　　　　　　　单位工程编号：

分部工程			备注
分部工程编号	分部工程名称	质量等级	
外观质量			
评定资料			
质量等级			
评定意见			

检验负责人：　　　　　　记录：　　　　　　复核：　　　　年　月　日

(3)分项工程质量评定合格应符合下列规定：
1)检验记录应完整。
2)实测项目应合格。
3)外观质量应满足要求。
(4)分部工程质量评定合格应符合下列规定：
1)评定资料应完整。
2)所含分项工程及实测项目应合格。
3)外观质量应满足要求。
(5)单位工程质量评定合格应符合下列规定：
1)评定资料应完整。
2)所含分部工程应合格。
3)外观质量应满足要求。
(6)评定为不合格的分项工程、分部工程，经返工、加固、补强或调测，满足设计要求后，可重新进行检验评定。
(7)所含单位工程合格，该合同段评定为合格；所含合同段合格，该建设项目评定为合格。

5. 公路工程质量检验评定流程

根据有关法律法规的规定，施工单位对施工质量负责。建设单位、监理单位、施工单位及质量监督部门和检测单位在公路工程质量检验评定过程中的作用和需要完成的工作,由《公路工程竣(交)工验收办法》等规定。《公路工程施工监理规范》(JTG G10—2016)中规定,驻地办应及时对已完分部工程进行质量检验评定,总监办应及时组织对单位工程和合同段工程质量评定。

公路工程质量检验评定的流程如图1-1所示。

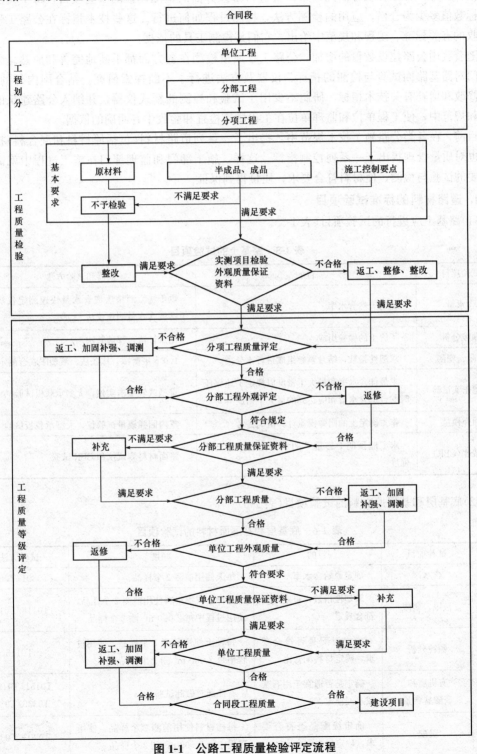

图1-1 公路工程质量检验评定流程

三、公路工程质量检测项目与质量要求

完善的公路工程检测,一方面要有必要的手段和优良的仪器设备;另一方面还要有明确的技术指标。即一个工程从开始到结束需要进行哪些方面的检测,检测哪些项目,每个检测项目的指标数值多少为合格,应用的检测方法,检测过程如何进行。这些技术指标在公路工程检测和验收的有关标准、规程和规范中给出,它们是检测工具的依据。

随着我国公路建设数量的增加,公路工程质量检测在各方面都不断地完善和成熟。公路有关部门对路基路面试验与检测的指标、仪器及方法进行了不断探索研究。结合国内外的情况,及时修改和增补有关技术指标,研制不少用于试验和检测的新式仪器,并纳入公路建筑的有关标准和规范中,使工程单位和监理单位在工程质量检查和验收中有明确的依据。

目前,在各类公路施工技术规范中,提出了一系列道路材料(包括原材料和混合料)技术指标,也对质量管理提出了一系列控制指标。这样,施工部门和监理部门在施工过程中就需要进行必要的试验与检测,使材料符合要求,质量得到保证。

1. 道路材料的标准试验项目

(1)路基土应进行的试验项目(表1-5)。

表1-5 路基土的试验项目

试验项目	目的	仪器和试验方法
含水量	确定天然含水率	烘干法,酒精法或含水量快速测定仪法,核子密度含水量测定仪法
颗粒分析	了解土的颗粒组成	比重计法,移液管法
液限、塑限	求塑性指数,结合颗粒组成进行土分类	100 g平衡锤,搓条法,液塑限联合测定仪
重型击实试验	求最佳含水率和最大干密度以为规定工地碾压时的合适含水量和应达到的最大干密度	重型或轻型击实仪,大型承载板试验
回弹模量	作为确定土的回弹模量计算值的参考	室内回弹模量试验仪,大型承载板试验
承载比(CBR)	求工地预期干容重下的承载比、评定土的强度	路面材料测试仪和CBR试验

(2)底基层和基层原材料的试验项目(表1-6)。

表1-6 底基层和基层原材料的试验项目

项次	试验项目	目的	频度	试验方法
1	含水率	确定原始含水率	每天使用前测2个样品	T0801/T0803
2	液限、塑限	求塑性指数,审定是否符合规定	每种土或细集料使用前测2个样品,使用过程中每2 000 m³测2个样品	T0118/T0119
3	颗粒分析	确定级配是否符合要求,确定材料配合比	每种土使用前测2个样品,使用过程中每2 000 m³测2个样品	T0115
4	有机质和硫酸盐含量	确定是否适宜于用石灰或水泥稳定	有怀疑时做此试验	T0151/T01530 T0336/T0341
5	级配	确定级配是否符合要求,确定材料配合比	每档材料使用前测2个样品,使用过程中每2 000 m³测2个样品	T0303/T0327

续表

项次	试验项目	目的	频度	试验方法
6	毛体积相对密度、吸水率	评定粒料质量，计算固体体积率	使用前测2个样品，使用过程中每2 000 m³测2个样品，材料种类变化重做2个样品	T0304/T0308 T0328/T0352
7	压碎值	评定石料的抗压碎能力是否符合要求		T0316
8	粉尘含量	评定石料质量		T0310
9	针片状颗粒含量	评定石料质量		T0312
10	软石含量	评定石料质量		T0320
11	水泥强度等级和初、终凝时间，安定性，细度，比表面积	确定水泥的质量是否适宜应用	做材料组成设计时测1个样品，按批次料源或强度等级变化时重测	T0505/T0506
12	烧失量	确定粉煤灰是否适用	做材料组成设计前测2个样品	T0817
13	细度	确定粉煤灰质量	做材料组成设计前测2个样品	T0818
14	二氧化硅等氧化物含量	确定粉煤灰质量	每天使用前测2个样品	T0816
15	有效钙、镁含量	确定石灰质量	做材料组成设计和生产使用时分别测2个样品，以后每月测2个样品	T0811/T0812/T0813
16	残渣含量	确定石灰质量	做材料组成设计和生产使用时分别测2个样品，以后每月测2个样品	T0815

(3)基层和底基层混合料的试验项目（表1-7）。

表1-7 基层和底基层混合料的试验项目和要求

项次	试验项目	目的	频率	试验方法
1	重型击实试验	最佳含水量和最大干密度	材料发生变化时	T0804
2	承载比(CBR)	确定非整体性材料是否适宜做基层或底基层	材料发生变化时	T0134
3	无侧限抗压强度	整体性材料配合比试验及施工期间质量评定	每次配合比试验	T0805
4	延迟时间	确定延迟时间对混合料密度和抗压强度的影响，确定施工允许的延迟时间	水泥品种变化时	T0805
5	绘制EDTA标准曲线	对施工过程中水泥、石灰剂量有效控制	水泥、石灰品种变化时	T0809

(4)沥青面层原材料的试验项目（表1-8）。

表1-8 沥青面层原材料的试验项目

试验项目	目的	试验方法
针入度或黏滞度	检验沥青的黏度是否符合要求	T0604
软化点	检验沥青的软化点是否符合要求	T0606
延度	检验沥青的延度是否符合要求	T0605
含蜡量	检验沥青的蜡含量	T0615
薄膜烘箱试验	检验沥青的抗老化性能	T0609

续表

试验项目	目的	试验方法
含水量	确定矿料的天然含水率	T0801/T0803
颗粒分析	求算混合料的配合比,确定矿粉中 0.075 mm 以下的颗粒含量	T0351
含泥量(砂当量)	测定矿料中泥的含量评定矿料质量	T0335/(T0334)
比重、吸水率	判断矿料吸水性情况	T0304
压碎值	评定矿料的抗压碎能力	T0316
磨耗率	评定矿料的抗磨耗能力是否符合要求	T0317
坚固性	评定矿料的冰冻稳定性	T0314
针片状颗粒含量	检验针片状颗粒含量是否符合规定	T0312
沥青与石料的黏结力	鉴定是否需要掺加外掺剂以提高黏结力	T0616
磨光值	鉴定石料是否适宜做沥青面层的表层(或磨耗层)	T0321

(5)沥青混合料的试验项目(表1-9)。

表1-9 沥青混合料的试验项目

试验项目	目的	试验方法
马歇尔稳定度、流值、密实度、空隙率、矿料间隙率、沥青饱和度	进行材料组成设计,选择合适的矿料级配,矿粉用量,规定工地达到的最小密度	T0702、T0709/T0705~0708/T0711~0712
车辙试验	测定沥青混合料的动稳定度	T0719
残留稳定度	用于沥青混合料水稳性试验	T0702、T0709
冻融劈裂试验	用于沥青混合料水稳性试验	T0729
低温弯曲试验	用于沥青混合料低温抗裂性能试验	T0715
渗水试验	测定碾压成型的沥青混合料试件的渗水系数	T0730

2. 施工现场的质量管理和控制

施工过程中的现场管理包括外形尺寸检查及内在质量检验两部分。

(1)外形管理。路基路面的外形尺寸主要靠日常管理,外形管理的测量频度和质量标准见表1-10所列。

表1-10 外形管理的测量频度和质量标准

结构名称	检查项目	规定值或容许偏差		检测频率
		高速、一级公路	其他公路	
土方路基	纵断高程/mm	+10,-15	+10,-20	水准仪:中线位置每200 m测2点
	中线偏位/mm	50	100	全站仪:每200 m测2点,弯道加HY、YH两点
	宽度/mm	满足设计要求		尺量:每200 m测4点
	平整度/mm	≤15	≤20	3 m直尺:每200 m测2处×5尺
	横坡/%	±0.3	±0.5	水准仪:每200 m测2个断面
	边坡	满足设计要求		尺量:200 m测4点

续表

结构名称	检查项目		规定值或容许偏差		检测频率
			高速、一级公路	其他公路	
填石路基	纵断高程/mm		+10，-20	+10，-30	水准仪：中线位置每200 m测2点
	中线偏位/mm		≤50	≤100	全站仪：每200 m测2点，弯道加HY、YH两点
	宽度/mm		满足设计要求		尺量：200 m测4点
	平整度/mm		≤20	≤30	3 m直尺：每200 m测2处×5尺
	横坡/%		±0.3	±0.5	水准仪：每200 m测2个断面
	边坡	坡度	满足设计要求		尺量：200 m测4点
		平顺度	满足设计要求		
稳定土	平整度/mm	基层	—	≤12	3 m直尺：每200 m测2处×5尺
		底基层	≤12	≤15	
	纵断高程/mm	基层	—	+5，-15	水准仪：每200 m测2个断面
		底基层	+5，-15	+5，-20	
	宽度/mm	基层	满足设计要求		尺量：200 m测4个断面
		底基层	满足设计要求		
	横坡/%	基层	—	±0.5	水准仪：每200 m测2个断面
		底基层	±0.3	±0.5	
稳定粒料	平整度/mm	基层	≤8	≤12	3 m直尺：每200 m测2处×5尺
		底基层	≤12	≤15	
	纵断高程/mm	基层	+5，-10	+5，-15	水准仪：每200 m测2个断面
		底基层	+5，-15	+5，-20	
	宽度/mm	基层	满足设计要求		尺量：200 m测4个断面
		底基层	满足设计要求		
	横坡/%	基层	±0.3	±0.5	水准仪：每200 m测2个断面
		底基层	±0.3	±0.5	
级配碎(砾)石	平整度/mm	基层	≤8	≤12	3 m直尺：每200 m测2处×5尺
		底基层	≤12	≤15	
	纵断高程/mm	基层	+5，-10	+5，-15	水准仪：每200 m测2个断面
		底基层	+5，-15	+5，-20	
	宽度/mm	基层	满足设计要求		尺量：200 m测4个断面
		底基层	满足设计要求		
	横坡/%	基层	±0.3	±0.5	水准仪：每200 m测2个断面
		底基层	±0.3	±0.5	

续表

结构名称	检查项目		规定值或容许偏差		检测频率
			高速、一级公路	其他公路	
水泥混凝土面层	平整度	σ/mm	≤1.32	≤2.0	平整度仪：全线每车道连续检测，每100 m计算σ、IRI
		IRI/(m·km⁻¹)	≤2.2	≤3.3	
		最大间隙 h/mm	3	5	3 m 直尺：每半幅车道每200 m测2处×5尺
	相邻板高差/mm		≤2	≤3	尺量：胀缝每条测2点；纵、横缝每200 m抽查2条，每条测2点
	纵、横缝顺直度/mm		≤10		纵缝20 m拉线尺量：每200 m测4点；横缝沿板宽拉线尺量：每200 m测4条
	中线平面偏位/mm		20		全站仪：每200 m测2点
	路面宽度/mm		±20		尺量：200 m测4点
	纵断高程/mm		±10	±15	水准仪：每200 m测2个断面
	横坡/%		±0.15	±0.25	水准仪：每200 m测2个断面
沥青混凝土面层和沥青碎(砾)石面层	平整度	σ/mm	≤1.2	≤2.5	平整度仪：全线每车道连续检测，按每100 m计算IRI或σ
		IRI/(m·km⁻¹)	≤2.0	≤4.2	
		最大间隙 h/mm	—	≤5	3 m 直尺：每200 m测2处×5尺
	中线平面偏位/mm		20	30	全站仪：每200 m测2点
	纵断高程/mm		±15	±20	水准仪：每200 m测2个断面
	宽度/mm	有侧石	±20	±30	尺量：200 m测4个断面
		无侧石	不小于设计值		
	横坡/%		±0.3	±0.5	水准仪：每200 m测2个断面

(2)质量控制。路基、路面各结构层施工过程的质量，应按表1-11进行控制和管理。

表1-11 施工过程质量控制的项目、频率和质量标准

工程类别	检查项目	检查数量①	标准值	极限低值
路基	压实度	每200 m每压实层测4处	见有关规范	
	弯沉值	每一评定段80～100个测点	不大于设计要求值	
无机结合料底基层	压实度	6～10处	96%	92%
	弯沉值	每车道40～50个测点	按有关细则所得的弯沉标准值	—
级配碎石（或砾石）	压实度	6～10处	基层98%	94%
			底基层96%	92%
	颗粒组成	2～3处	规定级配范围	
	弯沉值	每车道40～50个测点	按有关细则所得的弯沉标准值	—

续表

工程类别	检查项目		检查数量①	标准值	极限低值
填隙碎石	压实度（固体体积率）		6～10 处	基层 98%	82%
				底基层 96%	80%
	弯沉值		每车道 40～50 个测点	按有关细则所得的弯沉标准值	—
水泥土、石灰土、石灰粉煤灰、石灰粉煤灰土	压实度		6～10 处	93%(95%)	89%(91%)
	水泥或石灰剂量/%		3～6 处	设计值	水泥 1.0% 石灰 2.0%
水泥稳定材料、石灰稳定材料、石灰粉煤灰稳定材料、水泥粉煤灰稳定材料	压实度		6～10 处	基层 98%(97%)	94%(93%)
				底基层 96%(95%)	92%(91%)
	颗粒组成		2～3 处	规定级配范围	
	水泥或石灰剂量/%		3～6 处	设计值	设计值－1.0%
沥青混合料面层	施工温度	摊铺温度	逐车检测评定	符合规范规定	
		碾压温度	随时	符合规范规定	
	压实度②		每 2 000 m² 检查 1 组逐个试件评定并计算平均值	实验室标准密度的 97%(98%) 最大理论密度的 93%(94%) 试验段密度的 99%(99%)	
	沥青用量（油石比）		逐盘在线监测	±0.3%	—
			逐盘检查，每天汇总 1 次取平均值评定	±0.1%	
			每台拌合机每天 1～2 次，以 2 个试样的平均值评定	±0.3%	±0.4%
	矿料级配（筛孔）	0.075	逐盘在线检测	±2%(2%)	—
		≤2.36		±5%(4%)	
		≥4.75		±6%(5%)	
		0.075	逐盘检查，每天汇总 1 次取平均值评定	±1%	
		≤2.36		±2%	
		≥4.75		±2%	
		0.075	每台拌合机每天 1～2 次，以 2 个试样的平均值评定	±2%(2%)	±2%
		≤2.36		±5%(3%)	±6%
		≥4.75		±6%(4%)	±7%
	马歇尔试验：空隙率、稳定度、流值		每台拌合机每天 1～2 次，以 4～6 个试件的平均值评定	符合规范规定	
	沥青层层面上的渗水系数③		每 1 km 不少于 5 点，每点 3 处取平均值	300 mL/min（普通密级配沥青混合料） 200 mL/min（SMA 混合料）	—

①以每天完成段落为评定单位时，检查数量可取低值；以 1 km 为评定单位时，检查数量应取高值。
②压实度检测按规范规定执行。括号中的数值是对 SMA 路面的要求，对马歇尔成型试件采用 50 次或者 35 次击实的混合料，压实度应适当提高要求。进行核子仪等无破损检测时，每 13 个测点的平均数作为一个测点进行评定是否符合要求。实验室密度是指与配合比设计相同方法成型的试件密度。以最大理论密度作标准密度时，对普通沥青混合料通过真空法实测确定，对改性沥青和 SMA 混合料，由每天的矿料级配和油石比计算得到。
③渗水系数适用于公称最大粒径等于或小于 19 mm 的沥青混合料，应在铺筑成型后未遭受车污染的情况下测定，且仅适用于要求渗水的密级配沥青混合料、SMA 混合料，不适用于 OGFC 混合料，表中渗水系数以平均值评定，计算的合格率不得小于 90%。

3. 竣工验收时的质量检查与质量标准

公路修筑完毕后,要进行竣工验收,这是道路交付使用前的最后一次检验,主要对路面面层的工程质量和使用质量的检查,对其他结构层也可以进行某些项目的试验。《公路沥青路面施工技术规范》(JTG F40—2004)中,沥青面层竣工验收时的外形尺寸和工程质量的验收标准应符合表1-12、表1-13的规定。

表1-12 公路热拌沥青混合料路面交工检查与验收质量标准

检查项目		检查频度 (每一侧车行道)	质量要求或允许偏差	
			高速公路、一级公路	其他等级公路
外观		随时	表面平整密实,不得有明显轮迹、裂缝、推挤、油汀、油包等缺陷,且无明显离析	
面层总厚度	代表值	每1 km 5点	设计值的−5%	设计值的−8%
	极值	每1 km 5点	设计值的−10%	设计值的−15%
上面层厚度	代表值	每1 km 5点	设计值的−5%	—
	极值	每1 km 5点	设计值的−20%	—
压实度	代表值	每1 km 5点	实验室标准密度的96%(98%) 最大理论密度的92%(94%) 试验段密度的98%(99%)	
	极值(最小值)	每1 km 5点	比代表值放宽1%(每 km)或2%(全部)	
路表平整度	标准差σ	全线连续	1.2 mm	2.5 mm
	IRI	全线连续	2.0 m/km	4.2 m/km
	最大间隙	每1 km 10处,各连续10杆	—	5 mm
路表渗水系数,不大于		每1 km不少于5点, 每点3处取平均值评定	300 mL/min(普通沥青路面) 200 mL/min(SMA路面)	—
宽度	有侧石	每1 km 20个断面	±20 mm	±30 mm
	无侧石	每1 km 20个断面	不小于设计宽度	不小于设计宽度
纵断面高程		每1 km 20个断面	±15 mm	±20 mm
中线偏位		每1 km 20个断面	±20 mm	±30 mm
横坡度		每1 km 20个断面	±0.3%	±0.5%
弯沉	回弹弯沉	全线每20 m 1点	符合设计对交工验收的要求	符合设计对交工验收的要求
	总弯沉	全线每5 m 1点	符合设计对交工验收的要求	—
构造深度		每1 km 5点	符合设计对交工验收的要求	
摩擦系数摆值		每1 km 5点	符合设计对交工验收的要求	
横向力系数		全线连续	符合设计对交工验收的要求	

注:高速公路、一级公路面层除验收总厚度外,尚需验收上面层厚度。

表 1-13 公路沥青表面处治及贯入式路面交工检查与验收质量标准

路面类型	检查项目		检查频度（每一侧车行道）	质量要求或允许偏差
沥青表面处治	外观		全线	密实，不松散
	厚度	代表值	每 200 m 每车道 1 点	−5 mm
		极值	每 200 m 每车道 1 点	−10 mm
	路表平整度	标准差	全线每车道连续	4.5 mm
		IRI	全线每车道连续	7.5 m/km
		最大间隙	每 1 km 10 处，各连续 10 尺	10 mm
	宽度	有侧石	每 1 km 20 个断面	±20 mm
		无侧石	每 1 km 20 个断面	不小于设计宽度
	纵断面高程		每 1 km 20 个断面	±20 mm
	横坡度		每 1 km 20 个断面	±0.5%
	沥青用量		每 1 km 1 点	±0.5%
	矿料用量		每 1 km 1 点	±5%
沥青贯入式路面	外观	全线	密实，不松散	全线
	厚度	代表值	每 200 m 1 点	−5 mm 或 −8%
		极值	每 200 m 1 点	−15 mm
	路表平整度	标准差	全线连续	3.5 mm
		IRI	全线连续	5.8 m/km
		最大间隙	每 1 km 10 处，各连续 10 尺	8 mm
	宽度	有侧石	每 1 km 20 个断面	±30 mm
		无侧石	每 1 km 20 个断面	不小于设计宽度
	纵断面高程		每 1 km 20 个断面	±20 mm
	横坡度		每 1 km 20 个断面	±0.5%
	沥青用量		每 1 km 1 点	±0.5%
	矿料用量		每 1 km 1 点	±5%

除上述各项试验、检查和验收标准外，道路在养护管理中也要进行质量检查与评定。其检测项目和要求也很多，大体与上述相似，只是指标数据不同而已，这里不再列出。总之，既然有了明确的检测项目和标准，就应该掌握其检测的工具、手段及方法，这是本课程学习的主要目的。

本章小结

公路工程检测工作是工程施工技术管理中的重要组成部分，是工程施工质量控制和竣工验收评定工作中不可缺少的重要环节。在检测工作中的依据是设计文件、国家规程、标准等。作为试验人员应熟悉试验检测工作细则、工作制度和对检测人员的要求。

公路工程质量检验评定的依据是《公路工程质量检验评定标准 第一册 土建工程》(JTG F80/1—2017)。根据建设任务、施工管理和质量控制的需要，建设项目划分为单位工程、分部工程、分项工程三级。工程质量等级分为合格与不合格，评定为不合格的分项工程、分部工程，经返工、加固、补强或调测，满足设计要求后可重新进行检验评定。

施工部门和监理部门在施工过程中需要进行必要的试验与检测，原材料的质量符合要求是混合料质量满足要求的前提保障。在施工现场还要控制工程的外形尺寸和内部质量；竣工验收还要对路面面层的工程质量和使用质量进行检查。

复习思考题

一、填空题
1. 分项工程质量检验内容包括_____、_____、_____、_____四部分。
2. 在分部工程中，按_____、_____等划分的工程为分项工程。
3. 标段工地试验室的职责范围包括_____、_____、_____、_____工艺试验。

二、选择题
1. 互通立交中的桥梁，应按（　　）评定。
   A. 单位工程　　　　　　　　　　B. 分部工程
   C. 大桥及以上按单位工程　　　　D. 以上都不对
2. 工程质量检验检查项目合格判定应符合：关键项目的合格率应不低于（　　），机电工程为（　　），否则该检查项目为不合格。一般项目的合格率不应低于（　　），否则该检查项目为不合格。
   A. 80％　　　　B. 85％　　　　C. 100％　　　　D. 95％
3. 公路工程施工质量的检验评定的依据是（　　）。
   A. 试验规程　　B. 施工规范　　C. 设计规范　　D. 质量检验评定标准

三、简答题
1. 加强试验检测工作，对工程质量控制有何意义？
2. 完善试验检测工作制度，对工程质量检验评定有何意义？
3. 简述现行交通部颁布的试验检测规程的名称和相应内容。
4. 简述工程质量评定方法。
5. 原材料包括哪些材料？各材料检验项目有哪些？
6. 路基路面成型后需要进行哪些内容的检测？

第二章 试验检测数据的分析与处理

> **学习建议**
>
> 通过本章的学习，熟悉数理统计特征值及抽样检验；掌握数据修约法则；熟悉数据的表达方法；会进行一元线性回归分析，能运用相关法则对特异数据进行取舍判断。

试验检测数据的
分析与处理

工程质量的评价是以试验检测数据为依据的。试验检测采集得到的原始数据类多量大，有时杂乱无章，甚至还有错误，因此，必须对原始数据进行分析处理才能得到可靠的试验检测结果。本章以数理统计与概率论为基础，介绍试验检测数据的分析与处理方法。

第一节 数据的统计特征及抽样检验

一、数据的统计特征及表达

1. 总体与样本

总体又称母体，是统计分析中所需要研究对象的全体，而组成总体的每个单元称为个体。

从总体中抽取一部分个体就是样本（又称子样）。例如，从每一桶沥青中抽取两个试样，一批沥青有 100 桶，抽检了 200 个试样做试验，则这 100 桶沥青称为总体，200 个试样就是样本。而组成样本的每一个个体，即是样品。例如，上述 200 个试样中的某一个，就是该样本中的一个样品。

2. 数据的统计特征量

工程质量数据的统计特征量可分为两类：一类是表示统计数据规律性的位置特征值，主要有算术平均值、中位数、加权平均值等；另一类是表示工程质量波动性的统计数据——离散特征值，主要有极差、标准偏差、变异系数等。

(1) 算术平均值。算术平均值是表示一组数据集中位置最有用的统计特征量，经常用样本的算术平均值来代表总体的平均水平。样本的算术平均值则用 $\bar{x}$ 表示。如果 n 个样本数据为 x_1、x_2、$\cdots$、x_n，那么，样本的算术平均值为

$$\bar{x} = \frac{1}{n}(x_1 + x_2 + \cdots + x_n) = \frac{1}{n}\sum_{i=1}^{n} x_i \tag{2-1}$$

【例 2-1】 某路段沥青混凝土面层抗滑性能检测，摩擦系数的检测使用摆式仪法，测得的摩擦摆值 F_B(BPN)（共 10 个测点）分别为：58、56、60、53、48、54、50、61、57、55。求摩擦系数的算术平均值。

解： 由式 (2-1) 可知，摩擦系数的算术平均值为

$$\bar{F}_B = (58+56+60+53+48+54+50+61+57+55)/10 = 55.2(\text{BPN})$$

(2)中位数。在一组数据 x_1、x_2、$\cdots$、x_n 中，按其大小次序排列，以排在正中间的一个数表示总体的平均水平，称之为中位数，或称中值，用 $\tilde{x}$ 表示。n 为奇数时，正中间的数只有一个；n 为偶数时，正中间的数有两个，取这两个数的平均值作为中位数，即

$$\tilde{x} = \begin{cases} x_{中} & (n \text{ 为奇数}) \\ \dfrac{1}{2}(x_{中} + x_{中+1}) & (n \text{ 为偶数}) \end{cases} \tag{2-2}$$

【例 2-2】 检测值同例 2-1，求中位数。

解： 检测值按大小次序排列为：61、60、58、57、56、55、54、53、50、48(BPN)，$n=10$，则中位数为

$$F_B = \frac{F_{B(5)} + F_{B(6)}}{2} = \frac{56 + 55}{2} = 55.5(\text{BPN})$$

(3)极差。在一组数据中最大值与最小值之差，称为极差，记作 R。即

$$R = x_{\max} - x_{\min} \tag{2-3}$$

【例 2-3】 计算例 2-1 中的检测数据的极差。

解： $R = F_{B\max} - F_{B\min} = 61 - 48 = 13(\text{BPN})$

极差没有充分利用数据的信息，但计算十分简单，仅适用于样本容量较小($n<10$)的情况。

(4)标准偏差。标准偏差也称标准离差、标准差或均方差，它是衡量样本数据波动性(离散程度)的指标。在质量检验中，总体的标准偏差(σ)一般不易求得。样本的标准偏差按式(2-4)计算：

$$S = \sqrt{\frac{(x_1 - \bar{x})^2 + (x_2 - \bar{x})^2 + \cdots + (x_n - \bar{x})^2}{n-1}} = \sqrt{\frac{\sum_{i=1}^{n}(x_i - \bar{x})^2}{n-1}} \tag{2-4}$$

【例 2-4】 仍用例 2-1 的数据，求样本标准偏差 S。

解： 由式(2-4)可知，样本标准偏差为

$$S = \left\{\frac{1}{10-1} \times [(58-55.2)^2 + (56-55.2)^2 + (60-55.2)^2 + (53-55.2)^2 + (48-55.2)^2 + (54-55.2)^2 + (50-55.2)^2 + (61-55.2)^2 + (57-55.2)^2 + (55-55.2)^2]\right\}^{1/2}$$

$$= 4.13(\text{BPN})$$

(5)变异系数。标准偏差是反映样本数据的绝对波动状况。当测量较大的量值时，绝对误差一般较大；测量较小的量值时，绝对误差一般较小，因此，用相对波动的大小，即变异系数更能反映样本数据的波动性。

变异系数用 C_v 表示，是标准偏差 S 与算术平均值 $\bar{x}$ 的比值，即

$$C_v(\%) = \frac{S}{\bar{x}} \times 100\% \tag{2-5}$$

【例 2-5】 若甲路段沥青混凝土面层的摩擦系数测得摆值的算术平均值为 55.2，标准偏差为 4.13；乙路段的摩擦系数测得摆值的算术平均值为 60.8，标准偏差为 4.27，求两路段的变异系数。

解： 甲路段：$C_v = \dfrac{4.13}{55.2} \times 100\% = 7.48\%$

乙路段：$C_v = \dfrac{4.27}{60.8} \times 100\% = 7.02\%$

从标准偏差看，$S_甲 < S_乙$。但从变异系数分析，$C_{v甲} > C_{v乙}$，说明甲路段的摩擦系数相对波动比乙路段的大，面层抗滑稳定性较差。

二、抽样检验基础

检验是指通过测量、试验等质量检测方法，将工程产品与其质量要求相比较并作出质量评判的过程。检验可分为全数检验和抽样检验两大类。全数检验是对一批产品中的每一个产品进行检验，从而判断该批产品质量状况；抽样检验是从一批产品中抽出少量的单个产品进行检验，从而推断该批产品质量情况。全数检验较抽样检验可靠性好，但检验工作量非常大，往往难以实现；抽样检验方法以数理统计学为理论依据，具有很强的科学性和经济性，在许多情况下，只能采用抽样检验方法。

公路工程不同于一般产品，它是一个连续的整体，且采用的质量检测手段又多属于破坏性的。所以，就公路工程质量检验而言，不可能采用全数检验，而只能采用抽样检验。即从待检工程中抽取样本，根据样本的质量检查结果，推断整个待检工程的质量状况，如图2-1所示。

质量检验的目的是准确判断工程质量状况，以促进工程质量的提高。其有效性取决于检验的可靠性，而检验的可靠性又与以下因素相关：

(1)质量检验手段的可靠性。

(2)抽样检验方法的科学性。

(3)抽样检验方案的科学性。

图 2-1　总体与样本的关系

在质量检验过程中，必须全面考虑上述3个因素，以提高质量检验的可靠性。

1. 抽样检验的类型

抽样是从整体中抽取样本的过程，并通过样本了解总体。总的来说，抽样检验可分为非随机抽样和随机抽样两大类。

(1)非随机抽样。进行人为的有意识的挑选取样即为非随机抽样。在非随机抽样中，人的主观因素占主导作用，由此所得到的质量数据，往往会对总体做出错误的判断，其可信度较低。

(2)随机抽样。随机抽样排除人的主观因素，使待检总体中每一个产品具有同等被抽取到的机会，能客观地反映总体的质量。随机抽样是以数理统计的原理，根据样本取得的质量数据来推测、判断总体的一种科学抽样检验方法，因而被广泛使用。

2. 随机抽样的方法

现举例来说明随机抽样的方法。假如有一批产品，共100箱，每箱20件，从中选择200个样品。一般有以下几种抽样方法：

(1)从整批中，任意抽取200件。

(2)从整批中，现分成10组，每组为10箱，然后分别从各组中任意抽取20件。

(3)从整批中，分别从每箱中任意抽取2件。

(4)从整批中，任意抽取10箱，对这10箱进行全数检验。

(5)从整批中，任意抽取400件，再从中随机抽取200件。

上述五种方法，分别称为单纯随机抽样、系统抽样、分层抽样、密集群抽样、多级抽样的两级抽样。这些方法中，适用于公路工程质量检验的方法一般有以下4种：

(1)单纯随机抽样。这是一种完全随机化的抽样方法，适用于对总体缺乏基本了解的场合。随机抽样并不意味着随便地、任意地取样，它是利用随机数表、掷骰子或抽签的方法获得，以保证总体中每一个单位出现的概率相同。如压实度、路面结构层厚度、路面几何尺寸检测的位置。

(2)系统抽样。对总体实行单纯随机抽样有困难时，如连续作业时抽样、产品为连续体时抽样(如测定路表面的弯沉值)等,可采用一定时间间隔或距离进行抽取的方法,称为系统取样或等距离取样。

(3)分层抽样。当批量或工序被分成若干层时,可从所有分层中按一定比例取样。例如,有两台拌合机同时拌制原材料相同的强度等级的混凝土,为了检验生产混凝土的质量特性,采用抽样方法时,应注意对两台拌合机分别取样,这样便于了解不同"层"的产品质量特性,研究各层造成不良品率的原因,也可将甲、乙样品混合进行试验,了解混合产品的质量特性。

(4)两级取样。当物品堆积较多,数量较大时,可先从堆中挑选进行一级取样,再从取出的样品中进行二次随机取样。如混合料或集料的取样。

3. 抽样检验的评定方法

抽样检验的目的,就是根据样本取得的质量数据来推测样本所属的一批产品或工序的质量状况,并判断该批产品或该工序是否合格。抽样检验评定基本原理可以用图2-2表示。图中,N 为一批产品数量(即批量),n 为从批量中随机抽取的样本数;d 为抽出样本中不合格品数;c 为抽样中允许不合格品数(或称合格判定数)。若 $d \leqslant c$,则认为该批产品合格,可以接受;若 $d > c$,则说明该批产品不合格,应拒绝接收。

图2-2 抽样检验评定原理

4. 抽样检验的意义

在产品检验中,全数检验的应用场合很少,大多数情况下是采取抽样检验。这是因为:

(1)由于无破损检验依据机械的种类很少,性能难以稳定,在不采用无破损性检验时,就得采用破坏性检验,而破坏性检验是不可能对全部产品都做检验的。

(2)当检验对象为连续性物体或粉块混合物(如油、沥青、水泥等)时,在一般情况下不可能对全体物品质量特性进行检测试验。

(3)由于产品批的质量往往有波动,尤其是在产品量大、金额高、检验项目多的场合,采用全数检验是不可能的,用无损试验也有可能导致由于产品不良品率高而带来重大的经济损失。此时,抽样检验则十分必要。

(4)抽样检验由于检验的样本较小,因而可以收集质量信息,提高检验的全面程度和促进质量的改善。

三、数据的修约法则

1. 检测数据的来源

工程质量控制和评价是以数据为依据的。检测数据的来源,主要是施工过程中的各种检验,即材料检验、工序检验、竣工验收检验等。通过对这些数据的收集、处理和分析,才能达到对施工过程的了解、掌握和控制。

检测数据就其本身的特性来说,可以分为计量值数据和计数值数据。

(1)计量值数据。计量值数据是可以连续取值的数据,如长度、厚度、直径、强度等质量特征。它们一般都可以用检测工具和仪器进行测量或试验,可以表示大小和单位,一般都带有小数。

(2)计数值数据。计数值数据的特点是不连续,如不合格品数、缺陷的点数等,它们一般没有单位,只有大小且只能用整数或百分数表示。一般来说,以判定方法得出的数据和以感觉性检验方法得出的数据大多数属于计数值数据。

2. 数值修约进舍规则

《数值修约规则与极限数值的表示和判定》(GB/T 8170—2008)规定,科学技术与生产活动中,试验测定和计算得出的各种数值需要修约时,除另有规定外,应按本标准给出的规则进行。

(1)确定修约间隔。修约间隔是确定修约保留位数的一种方式。修约间隔的数值一经确定,修约值即应为该数值的整数倍。

例1:如指定修约间隔为0.1,修约值即应在0.1的整数倍中选取,相当于将数值修约到一位小数。

例2:如指定修约间隔为100,修约值即应在100的整数倍中选取,相当于将数值修约到"百"数位。

(2)有效位数。对没有小数位且以若干个零结尾的数值,从非零数字最左一位向右数得到的位数减去无效零(即仅为定位用的零)的个数;对其他十进位数,从非零数字最左一位向右数而得到的位数,就是有效位数。

例1:35 000,若有两个无效零,则为三位有效位数,应写为$350×10^2$;若有三个无效零,则为两位有效位数,应写为$35×10^3$。

例2:3.2,0.32,0.032,0.003 2均为两位有效位数;0.032 0为三位有效位数。

例3:12.490为五位有效位数;10.00为四位有效位数。

(3)0.5单位修约(半个单位修约)。0.5单位修约是指修约间隔为指定数位的0.5单位,即修约到指定数位的0.5单位。

例:将60.28修约到个数位的0.5单位,得60.5。

(4)0.2单位修约。0.2单位修约是指修约间隔为指定数位的0.2单位,即修约到指定数位的0.2单位。

例:将832修约到"百"数位的0.2单位,得840。

3. 确定修约位数的表达方式

(1)指定数位。

1)指定修约间隔为10^{-n}(n为正整数),或指明将数值修约到n位小数;

2)指定修约间隔为1,或指明将数值修约到个数位;

3)指定修约间隔为10^n,或指明将数值修约到10^n数位(n为正整数),或指明将数值修约到"十","百","千"……数位。

(2)指定将数值修约成n位有效位数。

4. 进舍规则

(1)拟舍弃数字的最左一位数字小于5时,则舍去,即保留的各位数字不变。

例1:将12.149 8修约到一位小数,得12.1。

例2:将12.149 8修约成两位有效位数,得12。

(2)拟舍弃数字的最左一位数字大于5或者是5,而其后跟有并非全部为0的数字时,则进一,即保留的末位数字加1。

例1:将1 268修约到"百"数位,得$13×10^2$(特定时可写为1 300)。

例2:将1 268修约成三位有效位数,得$127×10$(特定时可写为1 270)。

例3:将10.502修约到个数位,得11。

注:本示例中,"特定时"是指修约间隔或有效位数明确时。

(3)拟舍弃数字的最左一位数字为5,而右面无数字或皆为0时,若所保留的末位数字为奇数(1,3,5,7,9)则进一,为偶数(2,4,6,8,0)则舍弃。

例1:修约间隔为0.1(或10^{-1})。

拟修约数值	修约值
1.050	1.0
0.350	0.4

例2:修约间隔为1 000(或10^3)。

拟修约数值	修约值
2 500	$2×10^3$(特定时可写为2 000)
3 500	$4×10^3$(特定时可写为4 000)

例3:将下列数字修约成两位有效位数。

拟修约数值	修约值
0.032 5	0.032
32 500	$32×10^3$(特定时可写为32 000)

(4)负数修约时,先将它的绝对值按上述进舍规则进行修约,然后在修约值前面加上负号。

例1:将下列数字修约到"十"数位。

拟修约数值	修约值
−355	−36×10(特定时可写为−360)
−325	−32×10(特定时可写为−320)

例2:将下列数字修约成两位有效位数。

拟修约数值	修约值
−365	−36×10(特定时可写为−360)
−0.036 5	−0.036

5. 不许连续修约

(1)拟修约数字应在确定修约位数后一次修约获得结果,而不得多次连续修约。

例如:修约15.454 6,修约间隔为1。

正确的做法:15.454 6→15。

不正确的做法:15.454 6→15.455→15.46→15.5→16。

(2)在具体实施中,有时测试与计算部门先将获得数值按指定的修约位数多一位或几位报出,而后由其他部门判定。为避免产生连续修约的错误,应按下述步骤进行:

1)报出数值最右的非零数字为5时,应在数值后面加"(+)"或"(−)"或不加符号,以分别表明已进行过舍、进或未舍未进。

例如:16.50(+)表示实际值大于16.50,经修约舍弃成为16.50;16.50(−)表示实际值小于16.50,经修约进一成为16.50。

2)如果判定报出值需要进行修约,当拟舍弃数字的最左一位数字为5而后面无数字或皆为零时,数值后面有(+)号者进一,数值后面有(−)号者舍去,其他仍按上述规则进行修约。

例如:将下列数字修约到个数位后进行判定(报出值多留一位到一位小数)。

实测值	报出值	修约值
15.454 6	15.5(−)	15
16.520 3	16.5(+)	17
17.500 0	17.5	18
−15.454 6	−15.5(−)	−15

为了便于记忆,将上述规则总结成以下口诀:四舍六入五考虑,五后非零则进一,五后为零视奇偶,奇升偶舍要注意,修约一次要到位。

6.0.5 单位修约与 0.2 单位修约

必要时,可采用 0.5 单位修约和 0.2 单位修约。

(1) 0.5 单位修约。将拟修约数值 X 乘以 2,按指定修约间隔对 $2X$ 按规定修约,所得数值($2X$ 修约值)再除以 2。

例如:将下列数字修约到个数位的 0.5 单位(或修约间隔为 0.5)。

拟修约数值 (X)	乘2 ($2X$)	$2X$ 修约值 (修约间隔为1)	X 修约值 (修约间隔为0.5)
60.25	120.50	120	60.0
60.38	120.76	121	60.5
60.28	120.56	121	60.5
−60.75	−121.50	−122	−61.0

(2) 0.2 单位修约。将拟修约数值 X 乘以 5,按指定修约间隔对 $5X$ 按规定修约,所得数值($5X$ 修约值)再除以 5。

例如:将下列数字修约到"百"数位的 0.2 单位(或修约间隔为 20)。

拟修约数值 (X)	乘5 ($5X$)	$5X$ 修约值 (修约间隔为100)	X 修约值 (修约间隔为20)
830	4 150	4 200	840
842	4 210	4 200	840
−930	−4 650	−4 600	−920

上述数值修约规则(有时称之为"奇升偶舍法")与常用的"四舍五入"的方法区别在于,用"四舍五入"法对数值进行修约,从很多修约后的数值中得到的均值偏大。而用上述的修约规则,进舍的状况具有平衡性,进舍误差也具有平衡性,若干数值经过这种修约后,修约值之和变大的可能性与变小的可能性是一样的。

第二节 数据的表达与处理方法

一、数据的表达方法和数据分析

通过试验检测获得一系列数据,如何对这些数据进行深入的分析,以便得到各参数之间的关系,甚至用数学解析的方法,导出各参数之间的函数关系,这是数据处理的任务之一。

1. 数据的表达方法

测量数据的表达方法通常有表格法、图形法和经验公式法三种。

(1) 表格法。用表格来表示函数的方法,在自然科学和工程技术上用得特别多。在科学试验中一系列测量数据都是首先列成表格,再进行分析。表格法简单方便,但不能进行深入的分析。首先,尽管测量次数相当多,但它不能给出所有的函数关系;其次,从表格中不易看出自变量变化时函数的变化规律,只能大致估计出函数是递增的、递减的或是周期性变化的等。列成表格是为了表示出测量结果,或是为了以后的计算方便,同时,也是图形法和经验公式法的基础。

表格有两种:一种是试验检测数据记录表;另一种是试验检测结果表。

试验检测数据记录表是该项试验检测的原始记录表,包括的内容有试验检测目的、内容摘要、试验日期、环境条件、检测仪器设备、原始数据、测量数据、结果分析以及参加人员和负责人等。

试验检测结果表只反映试验检测结果的最后结论,一般只有几个变量之间的对应关系。试验检测结果表应力求简明扼要,能说明问题。

(2)图形法。在自然科学和工程技术中用图形来表示测量数据是最普遍的一种方法。其最大的优点是一目了然,即从图形中可以非常直观地看出函数的变化规律,如递增性或递减性,最大值或最小值,是否具有周期性变化规律等。但是,从图形上只能得到函数变化关系而不能进行数学分析。

图形法的基本要点如下:

1)在直角坐标系中绘制测量数据的图形时,应以横坐标为自变量,纵坐标为对应的函数量。

2)坐标纸的大小与分度的选择应与测量数据的精度相适应。分度过粗时,影响原始数据的有效数字,绘图精度将低于试验中参数测量的精度;分度过细时会高于原始数据的精度。

坐标分度值不一定自零起,可用低于试验数据的某一数值作起点和高于试验数据的某一数值作终点,曲线以基本占满全幅坐标纸为宜。

3)坐标轴应注明分度值的有效数字和名称、单位,必要时还应标明试验条件,坐标的文字书写方向应与该坐标轴平行,在同一图上表示不同数据时应该用不同的符号加以区别。

4)曲线平滑方法。测量数据往往是分散的,如果用短线连接各点得到的就不是光滑的曲线,而是折线。由于每一个测点总存在误差,按带有误差的各数据所描的点不一定是真实值的正确位置。根据足够多的测量数据,完全有可能作出一光滑曲线,决定曲线的走向应考虑曲线应尽可能通过或接近所有的点,但曲线不必强求通过所有的点,尤其是两端的点。当不可能时,则应移动曲线尺,顾及所绘制的曲线与实测值之间的误差的平方和最小。此时曲线两边的点数接近于相等。

(3)经验公式法。测量数据不仅可用图形表示出函数之间的关系,而且可用与图形对应的一个公式来表示所有的测量数据,当然这个公式不可能完全准确地表达全部数据。因此,常将与曲线对应的公式称为经验公式,在回归分析中则称之为回归方程。

建立公式的步骤大致可归纳如下:

1)描绘曲线。以自变量为横坐标,函数量为纵坐标,将测量数据描绘在坐标纸上,并将数据点描绘成测量曲线(详见图形法)。

2)对所描绘的曲线进行分析,确定公式的基本形式。

①如果数据点描绘的基本上是直线,则可用一元线性回归方法确定直线方程。

②如果数据点描绘的是曲线,则要根据曲线的特点判断曲线属于何种类型。判断时可参考现成的数学曲线形状加以选择,对选择的曲线则按一元非线性回归方法处理。

③如果测量曲线很难判断属何种类型,则可按多项式回归处理。

3)曲线化直。如果测量数据描绘的曲线被确定为某种类型的曲线,则可先将该曲线方程变换为直线方程,然后按一元线性回归方法处理。

例如:双曲线 $\frac{1}{y}=a+b\frac{1}{x}$,坐标变换时令 $y'=\frac{1}{y}$,$x'=\frac{1}{x}$,即取 $\frac{1}{y}$ 为纵坐标,$\frac{1}{x}$ 为横坐标,双曲线就变成直线了,所得线性方程为 $y'=a+bx'$。其他形式的曲线也可按类似的方法化为直线。

4)确定公式中的常量。代表测量数据的直线方程或经曲线化直后的直线方程表达式为 $y=a+bx$,可根据一系列测量数据确定方程中的常量 a 和 b,其方法一般有图解法、端值法、平均法和最小二乘法等。

5)检验所确定的公式的准确性。即用测量数据中自变量值代入公式计算出函数值,看它与实际测量值是否一致,如果差别很大,说明所确定的公式基本形式可能有错误,则应建立另外形式的公式。

2. 相关图及回归分析

(1)相关图。相关图又称散布图或散点图,它是将有对应关系的两种数据点在一张坐标图上所得。

在原因分析中,常常会遇到一些变量共处于一个统一体中,它们相互联系,又相互制约,在一定条件下可相互转化。这些相互关联的变量可分为两种类型:第一类是两种以上变量之间存在着确定的关系。如面积与半径的关系 $S=\pi R^2$;在匀速直线运动中的距离 S、速度 v 和时间 t 三者之间关系可用 $S=vt$ 表示等。第二类是变量之间有关系,但又不能由一个变量精确地求出另一变量的值。如路基土的回弹模量 E_0 与土的含水量 ω 有关,对于同一种土,ω 增大时,E_0 变小,但是不能用精确公式准确表示出它们的关系。对于第二类变量,如果将两种有关的数据列出,并用点子描绘在坐标纸上,观察两种变量之间的相互趋势,这种图就是相关图。

1)相关图的种类。相关图的类型很多,一般可大致归纳为以下几种形式(图2-3):

①强正相关:x 增加,y 也随着增加,趋势显著,如图2-3(a)所示。
②弱正相关:x 增加,y 也随着增加,有相关趋势,如图2-3(b)所示。
③强负相关:x 增加,y 随之减小,趋势显著,如图2-3(c)所示。
④弱负相关:x 增加,y 大致减小,如图2-3(d)所示。
⑤不相关:x 与 y 无任何关系,如图2-3(e)所示。
⑥非线性相关:x 与 y 之间存在非线性相互关系,如图2-3(f)所示。

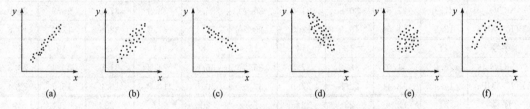

图2-3 几种典型形状的相关图
(a)强正相关;(b)弱正相关;(c)强负相关;(d)弱负相关;(e)不相关;(f)非线性相关

2)相关图的作图方法。
①数据收集分组。将两组特性数据集中,对应分组(一般应在30组以上),填入表中。
②定坐标。在坐标纸上以要因作为 x 轴,结果(特征)作为 y 轴。找出 x、y 的最大值和最小值,以最大值与最小值的差点坐标长度定出适当的坐标刻度。
③数据打点入座。将集中整理后的数据依次相应用"."标出纵横坐标交点,当两个同样数据的交点重合时用"⊙"表示。
④说明。在图中适当的位置标明数据的个数、采集时间、工程部位、制图人和制图日期等。

(2)回归分析。若两个变量 x 和 y 之间存在一定的关系,并通过试验获得 x 和 y 的一系列数据,用数学处理的方法得出这两个变量之间的关系式,这就是回归分析,也就是工程上所说的拟合问题,所得关系式称为经验公式,或称回归方程、拟合方程。

如果两变量 x 和 y 之间的关系是线性关系,就称为一元线性回归。如果两变量之间的关系是非线性关系,则称为一元非线性回归或称曲线拟合。前面已经介绍,对于非线性问题,可以通过坐标变换转化为线性回归问题进行处理。

设两变量之间的关系为 $y=f(x)$，通过试验可以得到若干组对应数据 (x_1, y_1)、(x_2, y_2)、……、(x_n, y_n)。根据这些数据画出相关图，当点大致分布在一条直线附近时，说明两变量 x 和 y 之间存在线性关系，即可以用一条适当的直线来表示这两个变量的关系，此直线方程为

$$y = a + bx \tag{2-6}$$

式中 a，b——回归系数。

平面上的直线很多，而 a，b 值构成的最优直线必须使 $y=a+bx$ 方程的函数值 y 与实际测量值 y_i 之间的偏差最小。理论分析和工程实践均表明，最小二乘法确定的回归方程偏差最小，平均法次之，端值法偏差最大。为此，下面仅讨论最小二乘法。

最小二乘法的基本原理为：当所有测量数据的偏差平方和最小时，所拟合的直线最优。

根据这个条件可以求得：

$$b = \frac{L_{xy}}{L_{xx}} \tag{2-7}$$

$$a = \bar{y} - b\bar{x} \tag{2-8}$$

式中

$$L_{xy} = \sum_{i=1}^{n}(x_i - \bar{x})(y_i - \bar{y}) = \sum_{i=1}^{n} x_i y_i - \frac{1}{n}\sum_{i=1}^{n} x_i \sum_{i=1}^{n} y_i \tag{2-9}$$

$$L_{xx} = \sum_{i=1}^{n}(x_i - \bar{x})^2 = \sum_{i=1}^{n} x_i^2 - \frac{1}{n}\left(\sum_{i=1}^{n} x_i\right)^2 \tag{2-10}$$

【例 2-6】 对 30 块混凝土试件进行强度试验，分别测定其抗压强度 R 和回弹值 N，试验结果列于表 2-1 中，试确定 R—N 之间的线性回归方程。

表 2-1 R—N 试验结果

序号	1	2	3	4	5	6	7	8	9	10
$x(N)$	27.1	27.5	30.3	31.0	35.7	35.4	38.9	37.6	26.9	25.0
$Y(R)$/MPa	12.2	11.6	16.9	17.5	20.5	32.1	31.0	32.9	12.0	10.8
序号	11	12	13	14	15	16	17	18	19	20
$x(N)$	28.0	31.0	32.2	37.8	36.6	36.6	24.2	31.0	30.4	33.3
$Y(R)$/MPa	14.4	18.4	22.8	27.9	32.9	30.8	10.8	15.2	16.3	22.4
序号	21	22	23	24	25	26	27	28	29	30
$x(N)$	37.2	38.4	37.6	22.9	30.5	30.4	29.7	36.7	37.8	36.0
$Y(R)$/MPa	31.7	27.0	32.5	10.6	12.9	14.6	18.6	25.4	23.2	28.3

解：经计算：

$\bar{x} = 32.46$ $\bar{y} = 21.14$

$\sum_{i=1}^{n} x_i^2 = 32\,247.27$ $\sum_{i=1}^{n} y_i^2 = 15\,232.64$

$\left(\sum_{i=1}^{n} x_i\right)^2 = 948\,091.69$ $\left(\sum_{i=1}^{n} y_i\right)^2 = 402\,209.64$

$\sum_{i=1}^{n} x_i y_i = 21\,574.35$ $\sum_{i=1}^{n} x_i \sum_{i=1}^{n} y_i = 617\,520.54$

根据式(2-9)、式(2-10)可求得

$L_{xy} = 990.3$ $L_{xx} = 644.21$

根据式(2-7)、式(2-8)可求得

$b = L_{xy}/L_{xx} = 1.537$

$a = \bar{y} - b\bar{x} = -28.751$

回归方程则为 $$y=-28.751+1.537x$$
或 $$R=-28.751+1.537N$$

顺便说明，回归系数 b 的物理意义是回弹值 N 每增减 1，抗压强度增减 1.537 MPa。

任何两个变量 x、y 的若干组试验数据，都可以按上述方法配制一条回归直线，假如两变量 x、y 之间根本不存在线性关系，那么所建立的回归方程就毫无实际意义。因此，需要引入一个数量指标来衡量其相关程度，这个指标就是相关系数，用 r 表示：

$$r=\frac{L_{xy}}{\sqrt{L_{xx}L_{yy}}} \tag{2-11}$$

式中

$$L_{yy}=\sum_{i=1}^{n}(y_i-\bar{y})^2=\sum_{i=1}^{n}y_i^2-\frac{1}{n}(\sum_{i=1}^{n}y_i)^2 \tag{2-12}$$

相关系数 r 是描述回归方程线性相关的密切程度的指标，其取值范围为 $[-1,1]$，r 的绝对值越接近于 1，x 和 y 之间的线性关系越好，当 $r=\pm1$ 时，x 与 y 之间符合直线函数关系，称 x 与 y 完全相关，这时所有数据点均在一条直线上。如果 r 趋近于 0，则 x 与 y 之间没有线性关系，这时 x 与 y 可能不相关，也可能是曲线相关。

对于一个具体问题，只有当相关系数 r 的绝对值大于临界值 r_β 时，才可用直线近似表示 x 与 y 之间的关系，也就是 x 与 y 之间存在线性相关关系，其中临界值 r_β 与测量数据的个数 n 和显著性水平 β 有关，其值列于附表 3。

【例 2-7】 试验结果同例 2-6，试检验 R—N 的相关性（取显著性水平 $\beta=0.05$）。

解： 根据式(2-12)，可求得
$$L_{yy}=1\,825.65$$

相关系数：
$$r=\frac{L_{xy}}{\sqrt{L_{xx}L_{yy}}}=0.913\,2$$

由试验次数 $n=30$，显著性水平 $\beta=0.05$，查附表 3，得相关系数临界值 $r_{0.05}=0.361$。

故 $r>r_{0.05}$，说明混凝土抗压强度 R 与回弹值 N 是线性相关的，而且例 2-6 中所确定的直线回归方程是有意义的。

二、特异数据的取舍原则和方法

工程质量常会发生波动的情况。由于质量的波动，自然会引起质量检测数据的参差不齐，有时还会发现一些明显过大或过小的数据，这些数据为特异数据或可疑数据。特异数据出现的原因有很多种，可能是试验条件的变化，也可能是检测对象质量分布不均匀，或者是由于测试操作者缺乏经验等。如果有特异数据混入整个检测数据之中，将可能导致对检测结果分析判断出完全不同的结论，即可能会歪曲测定结果。因此，在进行数据分析之前，一般应对这些数据做如下判断和处理：

(1)首先检查是否有过失误差存在。即在测定过程中是否有读记错或写错的情况；如有，则在数据处理前就预先排除掉。

(2)如果条件允许，可在误差较大处增加测定次数，借以发现产生较大误差的原因。

(3)对于不能确知哪一测定值是坏值(应剔除的值)的情况下，可在数理统计的基础上，根据统计学原理和原则建立起某些判断依据和准则，对那些不服从统计规律的测定结果剔除。

常用的几种主要判断方法如下。

1. 拉依达准则(3S 准则)

当试验次数较多时，可简单地用 3 倍标准差(3S)作为确定可疑数据取舍的标准，所以又称 3

倍标准偏差法，简称"3S"法。根据随机变量的正态分布规律，在多次试验中，测量值落在 $\bar{x} \pm 3S$ 之间的概率为 99.73%，出现在此范围之外的概率为 0.27%，也就是在近 400 次试验中才能遇到一次，这种事件为小概率事件，出现的可能性很小，几乎是不可能。因而，在实际试验中，一旦出现，就认为该测量数据是不可靠的，应将其舍弃。判断方法如下：

设 x_1、x_2、…、x_k、…、x_n 是从总体中抽取的样本，其中 x_k 为过大或过小值。

(1) 计算数据的平均值 ($\bar{x}$) 和标准差 (S)；

(2) 计算 $|x_k - \bar{x}|$，如果

$$|x_k - \bar{x}| > 3S \tag{2-13}$$

则将 x_k 剔除，否则保留。

另外，当测量值与平均值之差大于 2 倍标准差 (即 $|x_k - \bar{x}| > 2S$) 时，则该测量值应保留，但需存疑。如发生生产（施工）、试验过程中，有可疑的变异时，则该量值应予以舍弃。

拉依达准则 (3S 准则) 的优点是计算方便、迅速，不用查表，但是它以测量次数充分大为前提，通常测量次数都较少，因此，拉依达法只是一个近似的准则。在测量次数有限时，出现在靠近 ±3S 界限处的数据较少，除非有较大的粗大误差，否则依据准则而导致数据被剔除的可能性很小。

当样本数量小于 10 时，该准则不能剔除任何异常值。所以，3S 准则比较适用于样本容量 ($n>50$) 的情况。

2. 肖维纳特准则

设 x_1、x_2、…、x_k、…、x_n 是从总体中抽取的样本，其中 x_k 为过大或过小值。判断方法如下：

(1) 计算数据的平均值 ($\bar{x}$) 和标准偏差 (S)；

(2) 计算 $|x_k - \bar{x}|$，如果

$$|x_k - \bar{x}| \geq k_x S \tag{2-14}$$

则可将 x_k 剔除，否则保留。

式 (2-14) 中 k_x 是与样本容量 n 有关的系数，可查表 2-2。

表 2-2 肖维纳特准则 k_x 数值表

n	k_x	n	k_x	n	k_x
3	1.38	17	2.17	50	2.58
4	1.53	18	2.20	60	2.64
5	1.65	19	2.22	70	2.69
6	1.73	20	2.24	80	2.73
7	1.80	21	2.26	90	2.78
8	1.86	22	2.28	100	2.81
9	1.92	23	2.30	150	2.93
10	1.96	24	2.31	185	3.00
11	2.00	25	2.33	200	3.02
12	2.03	26	2.34	250	3.11
13	2.07	27	2.36	500	3.29
14	2.10	28	2.37	1 000	3.48
15	2.13	30	2.39	2 000	3.66
16	2.15	40	2.49	5 000	3.89

肖维纳特准则也是以正态分布为前提的。在观测次数较少时，肖维纳特准则犯"弃真"错误的概率较大，例如，$n=5$ 时，犯"弃真"错误的概率可达 20%。当 $n \leqslant 185$ 时，肖维纳特准则比 3S 准则严格；当 $n>185$ 时，肖维纳特准则比 3S 准则宽松；当 $n \to \infty$，$k_x \to \infty$ 时，此时所有异常值都无法舍弃。

3. 格拉布斯准则

格拉布斯准则是假定测量结果服从正态分布，根据顺序统计量来确定可疑数据的取舍。

设 x_1、x_2、…、x_k、…、x_n 是从总体中抽取的样本，其中 x_k 为过大或过小值。判断方法如下：

(1)计算数据的平均值($\bar{x}$)和标准偏差(S)；
(2)计算 $|x_k - \bar{x}|$，如果

$$|x_k - \bar{x}| \geqslant g_0(\alpha, n)S \tag{2-15}$$

则可将 x_k 剔除，否则保留。

式(2-15)中 $g_0(\alpha, n)$ 是一个与样本容量 n 及给定的检验水平 α（即把不是可疑的数据错判为可疑数据而被剔除的概率）有关的系数。α 通常取 0.05 和 0.01。系数 $g_0(\alpha, n)$ 的值列于表 2-3 中。

表 2-3　格拉布斯准则 $g_0(\alpha, n)$ 数值表

n	α		n	α		n	α	
	0.01	0.05		0.01	0.05		0.01	0.05
3	1.15	1.15	13	2.61	2.33	23	2.96	2.62
4	1.49	1.46	14	2.66	2.37	24	2.99	2.64
5	1.75	1.67	15	2.70	2.41	25	3.01	2.66
6	1.94	1.82	16	2.75	2.44	30	3.10	2.74
7	2.10	1.94	17	2.78	2.48	35	3.18	2.81
8	2.22	2.03	18	2.82	2.50	40	3.24	2.87
9	2.32	2.11	19	2.85	2.53	50	3.34	2.96
10	2.41	2.18	20	2.88	2.56	100	3.59	3.17
11	2.48	2.23	21	2.91	2.58			
12	2.55	2.28	22	2.94	2.60			

利用格拉布斯准则每次只能剔除一个可疑值，需重复进行判别，直到无粗大误差的测得值为止。格拉布斯准则克服了 3S 准则的缺陷，在概率意义上给出了较为严谨的结果，被认为是比较好的判断准则。

应用判断准则时需注意以下几点：

(1)剔除可疑数据时，首先应对样本观测值中的最小值和最大值进行判断，因为这两个值极有可能是可疑数据。

(2)可疑数据每次只能剔除一个，按剩下的样本观测值，重新计算平均值($\bar{x}$)和标准偏差(σ)，再做第二次判断，如此逐个地剔除，直到所有剩下的值不再是可疑数据为止。不允许一次同时剔除多个样本观测值。

(3)采用不同准则对可疑数据判断时，可能会出现不同的结论，此时要对所选用准则的适用范围、给定的检验水平的合理性，以及产生可疑数据的原因等作进一步的分析。

【例 2-8】 对一盘混凝土取 14 个试件进行抗压强度试验，测试结果（单位：MPa）：31.2、33.1、30.5、31.0、32.3、31.2、29.4、24.0、30.4、33.0、32.2、31.0、28.6、30.3。试用三

种不同准则进行判断,这些数据中是否混有可疑数据。

解:(1)3S 准则。

$$n=14, x_{\max}=33.1, x_{\min}=24.0$$

首先,怀疑最小值 24.0,对数据进行统计计算,得 $\bar{x}=30.59$, $S=2.28$, $3S=6.84$。

|24.0−30.59|=6.59<6.84=3S 说明此值在 3S 内,不应剔除。其次,怀疑最大值 33.1,同上计算,得

|33.1−30.59|=2.51<6.84=3S,故 33.1 应保留。

全部数据中无可疑数据。

(2)肖维纳特准则。由 $n=14$,查表 2-2 得 $k_x=2.10$,并计算出 $\bar{x}=30.59$, $S=2.28$,则

$$k_x S=2.10\times 2.28=4.79$$

首先怀疑最小值 24.0。由于|24.0−30.59|=6.59>$k_x S$=4.79,故认为可疑数据 24.0 应剔除。

对剩下的 13 个样本观测值重新计算 $\overline{x'}=31.09$, $S'=1.32$,由 $n=13$ 在表 2-2 中查出 $k_x=2.07$ 并计算 $k_x S'=2.07\times 1.32=2.73$。再对其中的最大值 33.1 和最小值 28.6 怀疑。

因|33.1−31.09|=2.01<$k_x S'$=2.73 以及|28.6−31.09|=2.49<$k_x S'$=2.73,所以认为 33.1 和 28.6 均应保留。

至此,全部数据中已不含有可疑数据。

(3)格拉布斯准则。由 $n=14$ $\alpha=0.05$,查表 2-3 得 $g_0=2.37$,并计算出 $\bar{x}=30.59$, $S=2.28$,则

$$g_0 S=2.37\times 2.28=5.40$$

首先怀疑最小值 24.0。由于|24.0−30.59|=6.59>$g_0 S$=5.40,故认为可疑数据 24.0 应剔除。

对剩下的 13 个样本观测值重新计算 $\overline{x'}=31.09$, $S'=1.32$,由 $n=13$ $\alpha=0.05$,在表 2-3 中查出 $g_0=2.33$ 并计算 $g_0 S'=2.33\times 1.32=3.08$。再对其中的最大值 33.1 和最小值 28.6 怀疑。

因|33.1−31.09|=2.01<$g_0 S'$=3.08,故 33.1 不剔除。

|28.6−31.09|=2.49<$g_0 S'$=3.08,故 28.6 不剔除。

至此,全部数据中已不含有可疑数据。

此例计算结果表明,3S 准则相对于其他准则在可疑数据取舍方面偏于保守。

本章小结

工程质量数据的统计特征量可分为位置特征值和离散特征值两类。在进行工程质量检验时采用抽样检验基础,根据样本检验结果来推测样本所属的一批产品或工序的质量状况,并判断产品或工序是否合格。

工程质量控制和评价是以数据为依据的,检测数据可以分为计量值数据和计数值数据。数据获得后,还要对数据的定位问题,对规定精确程度范围之外的数字按照试验检测数据的修约规则进行取舍修约。

数据的表达方法有表格法、图形法和经验公式法三种。图形法和经验公式法以表格法为基础,通过绘图进行数据分析,建立相关关系,进行回归分析。在对数据分析之前,应先对数据进行判断处理,剔除可疑数据,常用的方法有拉依达准则、肖维纳特准则、格拉布斯准则三种。

复习思考题

一、填空题

1. 数据的统计特征量分为_____和_____两类。
2. 变异系数用 C_v 表示,是_____与_____的比值。
3. 图形法在直角坐标系中绘制测量数据的图形时,应以横坐标为_____,纵坐标为对应的_____。
4. 一元线性回归方程的典型方程表达式为 $y=a+bx$,其中 a、b 称为_____。
5. 相关系数 r 是描述回归方程线性相关的密切程度的指标,其取值范围为_____。
6. 修约间隔为 0.1,1.050 的修约值是_____;修约间隔为 0.2,将 60.28 修约到个数位的 0.2 单位为_____。

二、选择题

1. 工程质量数据的统计特征量中的位置特征值,主要有(　　)。
   A. 算术平均值　　B. 中位数　　C. 加权平均值　　D. 极差
2. (　　)是反映样本数据的绝对波动状况;当测量较大的量值时,绝对误差一般较大;用相对波动的大小,即(　　)更能反映样本数据的波动性。
   A. 标准偏差　　B. 变异系数　　C. 算术平均值　　D. 极差
3. 适用于公路工程质量检验的随机抽样方法一般有(　　)。
   A. 单纯随机抽样　　B. 系统抽样　　C. 分层抽样　　D. 密集群抽样
   E. 多级抽样
4. 测量数据的表达方法通常有(　　)三种。
   A. 表格法　　B. 图形法　　C. 图表法　　D. 经验公式法
5. 特异数据的取舍常用的几种主要判断方法有(　　)。
   A. 高斯准则　　B. 肖维纳特准则　　C. 格拉布斯准则　　D. 拉依达

三、简答题

1. 何谓总体、个体和样本?
2. 数据修约的进舍规则是什么?0.5 单位修约与 0.2 单位修约的方法是什么?
3. 如何确定有效位数?

四、计算题

1. 某路段路基施工质量检查中,用标准轴载测得 10 点的弯沉值(单位:0.01 mm)分别为 100、101、102、110、95、98、93、96、103、104,试计算该路段路基弯沉值的算术平均值、中位数、极差、标准差和变异系数。
2. 某路段二灰碎石基层无侧限抗压强度试验结果(单位:MPa)为:0.792、0.306、0.968、0.804、0.447、0.702、0.424、0.498、1.075、0.815,请分别用拉依达法、肖维纳特法和格拉布斯法对上述数据进行取舍判别。

第三章 路基路面强度指标检测

学习建议

通过本章的学习,理解并掌握弯沉、回弹模量、CBR 概念;能够运用现场常用设备测定路基路面回弹弯沉;能够进行 CBR 室内试验和土基现场 CBR 测试;能够测定路基路面回弹模量。

路基路面强度指标检测

第一节 路基路面回弹弯沉检测及评定

一、概述

弯沉是指在规定的标准轴载作用下,路基或路面表面轮隙中心处产生的总垂直变形(总弯沉),或垂直回弹变形(回弹弯沉),以 0.01 mm 为单位。通常所说的回弹弯沉是指后轴载轮隙中心处的最大回弹弯沉值。

弯沉常用的测试方法有贝克曼梁法、自动弯沉仪法、落锤式弯沉仪法。几种方法的特点比较见表 3-1。《公路工程质量检验评定标准 第一册 土建工程》(JTG F80/1—2017)规定,在明确标准方法的基础上,鼓励采用精度高、效率高的快速检测方法。

路基顶面弯沉和路表弯沉是我国路基和路面验收的重要指标,《公路沥青路面设计规范》(JTG D50—2017)中对于设计路面结构的验收弯沉测试方法,宜采用落锤式弯沉仪进行验收。弯沉值采用落锤式弯沉仪(FWD)、自动弯沉仪或贝克曼梁测量。每一双车道评定路段(不超过 1 km)测量检查点数应符合表 3-2 的规定,多车道公路应按车道数与双车道之比,相应增加测点。

表 3-1 几种弯沉测试方式比较

方法	特点
贝克曼梁法	传统方法。速度慢,静态测试,比较成熟,目前属于标准方法
自动弯沉仪法	利用贝克曼梁原理快速连续,属于静态测试范畴,但测定的是总弯沉,因此使用时应用贝克曼梁法进行标定换算
落锤式弯沉仪法	利用重锤自由落下的瞬间产生的冲击荷载测定弯沉,属于动态弯沉,并能反算路面的回弹模量,快速连续,使用时应用贝克曼梁法进行标定换算

表 3-2 弯沉测点数

检测设备	落锤式弯沉仪(FWD)	自动弯沉仪或贝克曼梁
测点数(点)	40	80

二、贝克曼梁测定路基路面回弹弯沉

本方法利用杠杆原理制成杠杆式弯沉仪测定轮隙弯沉,适用于测定各类路基路面的回弹弯

沉,用以评定其整体承载能力。沥青路面的弯沉以路表温度20℃时为准,在其他温度测试时,对厚度大于5 cm的沥青路面,弯沉值应予温度修正。

1. 检测器具与材料

(1)标准车。双轴、后轴双侧4轮的载重车,其标准轴荷载、轮胎尺寸、轮胎间隙及轮胎气压等主要参数应符合表3-3的要求。测试车采用后轴重10 t的BZZ—100的汽车。标准车如图3-1所示。

表3-3　测定弯沉用的标准车参数

标准轴载等级	BZZ—100
后轴标准轴载 P/kN	100±1
一侧双轮荷载/kN	50±0.5
轮胎充气压力/MPa	0.70±0.05
单轮传压面当量圆直径/cm	21.30±0.5
轮隙宽度	应满足能自由插入弯沉仪测头的测试要求

(2)路面弯沉仪。由贝克曼梁、百分表及表架组成。贝克曼梁由合金铝制成,上有水准泡,其前臂(接触路面)与后臂(装百分表)长度比为2∶1。弯沉仪长度有两种:一种长为3.6 m,前后臂分别为2.4 m和1.2 m;另一种加长的弯沉仪长为5.4 m,前后臂分别为3.6 m和1.8 m。其构造如图3-2所示。当在半刚性基层沥青路面或水泥混凝土路面上测定时,宜采用长度为5.4 m的贝克曼梁弯沉仪,对柔性基层沥青路面或混合式结构沥青路面可采用长度为3.6 m的贝克曼梁弯沉仪。弯沉采用百分表量得,也可用自动记录装置进行测量。

图3-1　标准车

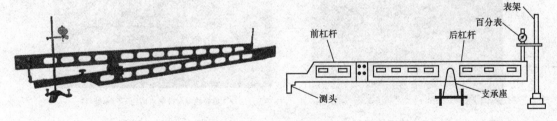

图3-2　路面弯沉仪构造

(3)接触式路表温度计:端部为平头,分度不大于1℃,如图3-3所示。

(4)其他:皮尺、口哨、白油漆或粉笔、指挥旗等。

2. 检测方法

(1)准备工作。

1)检查并保持测定用标准车的车况及刹车性能良好、轮胎符合规定充气压力。

2)向汽车车槽中装载铁块等集料,并在地磅上称量后轴质量,符合要求的轴重规定。汽车行驶及测定过程中,轴重不得变化。

3)测定轮胎接地面积。在平整光滑的硬质路面上用千斤顶将汽车后轴顶起,在轮胎下方铺一张新的复写纸,轻轻落下千斤顶,即在方格纸上印上轮胎印痕,用求积仪或数方格的方法测算轮胎接地面积,如图3-4所示,精确至 $0.1~cm^2$。

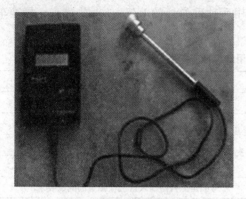

图3-3 接触式路表温度计

图3-4 测定轮胎接地面积

4)检查弯沉仪百分表测量灵敏情况。

5)当在沥青路面上测定时,用路表温度计测定试验时气温及路表温度(一天中气温不断变化,应随时测定),并通过气象台了解前5 d的平均气温(最高气温与最低气温的平均值)。

6)记录沥青路面修建或改建时材料、结构、厚度、施工及养护等情况。

(2)测试步骤。

1)在测试路段布置测点,其距离随测试需要而定。测点应在路面行车车道的轮迹带上,并用白漆或粉笔画上标记,如图3-5所示。

2)将试验车后轮轮隙对准测点后3～5 cm处的位置上,如图3-6所示。

图3-5 测点标记

后轮轮隙对准测点后约3~5 cm处

图3-6 对准测点

3)将弯沉仪插入汽车后轮之间的缝隙处,与汽车行驶方向一致,梁臂不得碰到轮胎,弯沉仪测头置于测点上(轮隙中心前方3～5 cm处),如图3-7所示,并安装百分表于弯沉仪的测定杆上。百分表调零,用手指轻轻叩打弯沉仪,检查百分表是否稳定回零。弯沉仪可以是单侧测定,也可以是双侧同时测定。

4)测定者吹哨发令指挥汽车缓缓前进,百分表随路面变形的增加而持续向前转动。当表针转动到最大值时,迅速读取初读数 L_1。汽车仍在继续前进,表针反向回转,待汽车驶出弯沉影响半径(约3 m以上)后,吹口哨或挥动指挥旗,汽车停止。待表针回转稳定后,再次读取终读

数 L_2。汽车前进的速度宜为 5 km/h 左右。

(3)弯沉仪的支点变形修正。

1)当采用长度为 3.6 m 的弯沉仪对半刚性基层沥青路面、水泥混凝土路面等进行弯沉测定时,有可能引起弯沉仪支座处变形,因此,测定时应检验支点有无变形。此时应用另一台检验用的弯沉仪安装在测定用弯沉仪的后方,其测点架于测定用弯沉仪的支点旁。当汽车开出时,同时测定两台弯沉仪的弯沉读数,如检验用弯沉百分表有读数,即应该记录并进行支点变形修正。当在同一结构层上测定时,可在不同位置测定 5 次,求取平均值,以后每次测定时以此作为修正值。支点变形修正的原理如图 3-8 所示。

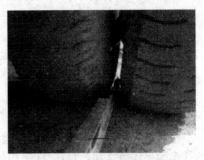

图 3-7 弯沉仪插入汽车后轮之间的缝隙处

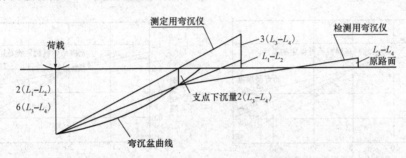

图 3-8 弯沉仪支点变形修正原理

2)当采用长度为 5.4 m 的弯沉仪测定时,可不进行支点变形修正。

3. 结果计算及温度修正

(1)路面测点的回弹弯沉值由式(3-1)计算:

$$L_t = (L_1 - L_2) \times 2 \tag{3-1}$$

式中 L_t——在路面温度 t 时的回弹弯沉值,0.01 mm;

L_1——车轮胎中心临近弯沉仪测头时百分表的最大读数,0.01 mm;

L_2——汽车驶出弯沉影响半径后百分表的终读数,0.01 mm。

(2)当需要进行弯沉仪支点变形修正时,路面测点的回弹弯沉值按式(3-2)计算(适用于测定弯沉仪支座处有变形,但百分表架处路面已无变形的情况):

$$L_t = (L_1 - L_2) \times 2 + (L_3 - L_4) \times 6 \tag{3-2}$$

式中 L_1——车轮中心临近弯沉仪测头时测定用弯沉仪的最大读数,0.01 mm;

L_2——车轮驶出弯沉影响半径后测定用弯沉仪的最终读数,0.01 mm;

L_3——车轮中心临近弯沉仪测头时检测用弯沉仪的最大读数,0.01 mm;

L_4——汽车驶出弯沉影响半径后检验用弯沉仪的最终读数,0.01 mm。

(3)沥青面层厚度大于 5 cm 的沥青路面,回弹弯沉值应进行温度修正,当沥青层厚度小于或等于 50 mm 时,或路表温度在(20±2)℃范围内,可不进行温度修正。温度修正及回弹弯沉的计算宜按下列步骤进行:

1)测定时的沥青层平均温度按式(3-3)计算:

$$t = \frac{t_{25} + t_m + t_e}{3} \tag{3-3}$$

式中 t——测定时沥青层平均温度(℃);

t_{25}——根据 t_0 由图 3-9 决定的路表下 25 mm 处的温度(℃);

t_m——根据 t_0 由图 3-9 决定的沥青中间深度的温度(℃);

t_e——根据 t_0 由图 3-9 决定的沥青层底面处的温度(℃)。

图 3-9 中 t_0 为测定时路表温度与测定前 5 d 日平均气温的平均值之和(℃),日平均气温为日最高气温与最低气温的平均值。

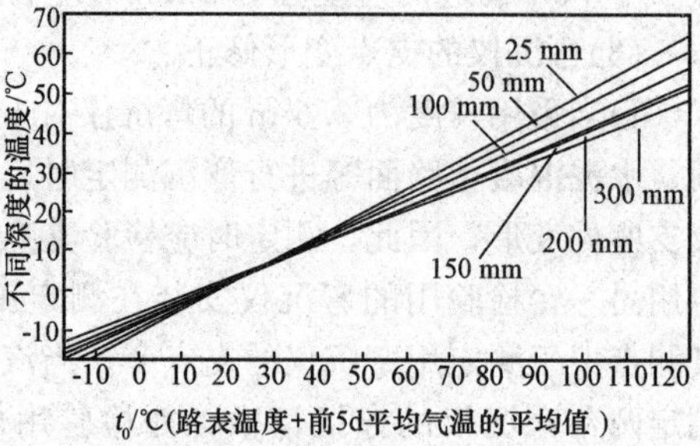

2)采用不同基层的沥青路面弯沉值的温度修正系数 K,根据沥青层平均温度 t 及沥青层厚度,分别由图 3-10 及图 3-11 求取。

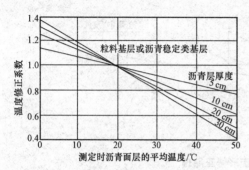

图 3-10 路面弯沉温度修正系数曲线
(适用于粒料基层及沥青稳定基层)

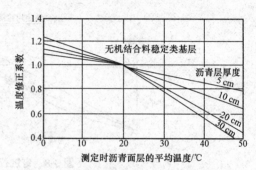

图 3-9 沥青层平均温度的决定
注:线上的数字为路表下的不同深度(mm)。

图 3-11 路面弯沉温度修正系数曲线
(适用于无机结合料稳定的半刚性基层)

3)沥青路面回弹弯沉按式(3-4)计算:

$$L_{20}=L_t \times K \tag{3-4}$$

式中 K——温度修正系数;

L_{20}——换算为 20 ℃的沥青路面回弹弯沉值,0.01 mm;

L_t——测时定沥青面层内平均温度为 t 时的回弹弯沉值,0.01 mm。

(4)结果评定。

1)路基、沥青路面弯沉代表值为弯沉测量值的上波动界限,用式(3-5)计算:

$$L_r = (\bar{L}+\beta \cdot S)K_1 K_3 \tag{3-5}$$

式中 L_r——弯沉代表值,0.01 mm;

$\bar{L}$——实测弯沉的平均值,0.01 mm;

S——标准差,0.01 mm;

β——目标可靠指标,见表 3-4;

K_1——湿度影响系数,根据当地经验确定;

K_3——温度影响系数,路基顶面弯沉测定时取 1;路表弯沉测定时根据下式确定:

$$K_3 = e^{[9\times 10^{-6}(\ln E_0-1)H_a+4\times 10^{-5}](20-T)} \tag{3-6}$$

T——弯沉测定时沥青结合料类材料层中点实测或预估温度(℃);

H_a——沥青结合料类材料层厚度(mm);

E_0——平衡湿度状态下路基顶面回弹模量(MPa)。

表 3-4 目标可靠指标 β 值

公路等级	高速公路	一级公路	二级公路	三级公路	四级公路
目标可靠度/%	95	90	85	80	70
目标可靠指标 β	1.65	1.28	1.04	0.84	0.52

2）粒料类基层和底基层顶面弯沉代表值应按式(3-7)计算：

$$L_r = \overline{L} + Z_a \cdot S \tag{3-7}$$

式中 L_r——弯沉代表值，0.01 mm；

$\overline{L}$——实测弯沉的平均值，0.01 mm；

S——标准差，0.01 mm；

Z_a——与要求保证率有关的系数。高速公路和一级公路取 $Z_a=2.0$，二级公路取 $Z_a=1.645$，二级以下公路取 $Z_a=1.5$。

3）二级及二级以下公路，当路基和粒料类基层、底基层的弯沉代表值不符合要求时，可将超出 $\overline{L}±(2～3)S$ 的弯沉特异值舍弃，对舍弃的弯沉值大于 $\overline{L}±(2～3)S$ 的点，应找出其周围界限，进行局部处理，并对弯沉进行复测后重新计算平均值和标准差。高速公路、一级公路不得舍弃特异值。

4）弯沉代表值大于设计弯沉值时，相应分项工程应为不合格。

4. 检测报告

报告应包括下列内容：

(1)弯沉测定表、支点变形修正值、测试时的路面温度及温度修正值。

(2)每一个评定路段的各测点弯沉的平均值、标准差及代表弯沉。记录格式见表 3-5。

表 3-5 回弹弯沉试验记录

承包单位	×××公司				合同号		
监理单位	××监理公司				编号		
路面层次	沥青混凝土上面层		测试时间		9：30	试验车型	BZZ－100
容许弯沉值(0.01 mm)	30		天气温度		21 ℃	后轴重	100 kN
仪器型号	5.4 m 贝克曼梁		检验车道		左幅行车道	后胎气压	0.7 MPa
检验路段	K1+000～K1+140					路况描述	干燥
测点桩号	读数值(0.01 mm)				回弹弯沉值(0.01 mm)		备注
	左轮		右轮		左轮	右轮	
	初读数	末读数	初读数	末读数			
K1+020	21	14	19	13	14	10	
K1+040	16	11	17	11	10	12	
K1+060	17	12	18	13	10	10	
K1+080	15	11	16	12	8	8	
K1+100	18	11	20	13	14	14	
K1+120	19	13	18	12	12	12	
K1+140	15	10	18	12	10	12	
总测点数 n(点)	14		平均弯沉值 L(0.01 mm)			10.9	
标准差 S(0.01 mm)	2.1		代表弯沉值 L_r(0.01 mm)			14.4	

【例 3-1】 某新建高速公路竣工后,测得某段路面的弯沉值见表 3-6,路面设计弯沉值为 28(0.01 mm),试判断该路段的弯沉值是否符合要求?(目标可靠指标 $\beta=1.65$,测得检测当天平均气温为 20 ℃,根据当地经验,湿度影响系数 $K_1=1$。)

表 3-6 弯沉检测结果(0.01 mm)

序号	1	2	3	4	5	6	7	8	9	10	11
l_i	21	18	20	22	19	20	22	20	18	19	18
序号	12	13	14	15	16	17	18	19	20	21	22
l_i	17	19	20	19	18	20	19	20	17	20	21

解: 经计算:$\overline{L}=19.4(0.01 \text{ mm})$,$S=1.40(0.01 \text{ mm})$,

$K_1=1$,$K_3=e^{[9\times10^{-6}(\ln E_0-1)H_a+4\times10^{-3}](20-T)}$;

式中 E_0 及 H_a 的取值由设计资料查得。本题中弯沉测定时,沥青层中点预估温度为 20 ℃,故:$K_3=e^0=1$。

计算弯沉代表值:$L_r=(\overline{L}+\beta \cdot S)K_1K_3=(19.4+1.65\times1.40)\times1\times1=21.7(0.01 \text{ mm})$。

因为代表弯沉值 $L_r<L_d=28(0.01 \text{ mm})$,所以该路段的弯沉值是满足要求的。

三、自动弯沉仪测定路面弯沉

用自动弯沉仪在标准条件下每隔一定距离连续测试路面的总弯沉,并计算总弯沉值的平均值,以此作为尚无坑洞等严重破坏的道路验收检查及旧路路面强度的评价指标,可为路面养护管理系统提供数据。

1. 检测器具

自动弯沉仪测定车由承载车、测量机架及控制系统、位移、温度和距离传感器、数据采集与处理系统等基本部分组成,如图 3-12 所示。

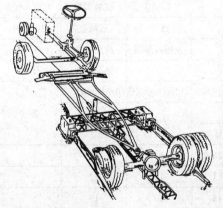

图 3-12 自动弯沉测试仪

自动弯沉仪的承载车辆应为单后轴、单侧双轮组成的载重车,其标准参数要求参见表 3-3。测试系统基本技术要求和参数如下:

(1)位移传感器分辨率:0.01 mm。

(2)位移传感器有效量程:≥3 mm。

(3)设备工作环境温度：0 ℃～60 ℃。
(4)距离标定误差：≤1%。

2. 准备工作

(1)位移传感器标定。每次测试之前必须按照设备使用手册规定的方法进行位移传感器的标定，记录标定数据并存档。
(2)检查承载车轮胎气压。每次测试之前必须检查后轴轮胎气压，应满足(0.70±0.05)MPa。
(3)检查承载车轮轮载。一般每年检查一次，后轴载应满足(100±1)kN。
(4)检查测量架的易损部件情况，及时更换损坏部件。
(5)打开设备电源进行检查，控制面板功能键、指示灯、显示器等应正常。
(6)开动承载车试测 2～3 个步距，观察测试机构，测试机构应正常，否则需要调整。

3. 测试步骤

(1)测试系统在开始测试前需要通电预热，时间不少于设备操作手册要求，并开启工程预警灯和导向标等警告标志。
(2)在测试路段前 20 m 处，将测量架放落在路面上，并检查各机构的部件情况。
(3)操作人员按照设备使用手册的规定和测试路段的现场技术员取舍之要求设置完毕所需的测试状态。
(4)驾驶员缓慢加速承载车到正常测试速度，沿正常行车轨迹驶入测试路段。
(5)操作人员将测试路段起终点、桥涵等特殊位置的桩号输入到记录数据中。
(6)当测试车辆驶出测试路段后，操作人员停止数据采集和记录，并恢复仪器各部分至初始状态，驾驶员缓慢停止承载车，提起测量架。
(7)操作人员检查数据文件，文件应完整，内容应正常，否则需要重新测试。

4. 计算

(1)采用自动弯沉仪采集路面弯沉盆峰值数据。
(2)数据组中左臂测值、右臂测值按单独弯沉处理。
(3)对原始弯沉测试数据进行温度、坡度、相关性等修正。当路面横坡不超过 4%，不进行超高影响修正；当横坡超过 4%时，超高影响的修正见表3-7。

表3-7 弯沉值横坡修正

横坡范围	高位修正系数	低位修正系数
>4%	$\dfrac{1}{1-i}$	$\dfrac{1}{1+i}$

注：i 是路面横坡(%)。

5. 自动弯沉仪与贝克曼梁弯沉对比试验步骤

(1)针对不同地区选择某种路面结构的代表性路段，进行两种测定方法的对比试验，以便将自动弯沉仪测定的总弯沉换算成贝克曼梁测定的回弹弯沉值。测定路段长度为 300～500 m，并应使测定的弯沉值有一定的变化幅度。对比试验路段的路面应清洁干燥，温度在 10 ℃～35 ℃范围内，并且选择温度变化不大的时间，宜选择晴天无风的天气条件，试验路段附近没有重型交通和震动。
(2)对比试验步骤。
1)自动弯沉仪按照正常测试车速测试选定路段，工作人员仔细用油漆每隔三个测试步距或约 20 m 标记测点位置。

2) 自动弯沉仪测试完毕后，等待 30 min；然后，在每一个标记位置用贝克曼梁按照贝克曼梁测定路基路面回弹弯沉试验方法测定各点回弹弯沉值。

3) 从自动弯沉仪的记录数据中按照路面标记点的相应桩号提出各个试验点测值，并与贝克曼梁测值一一对应，用数理统计的回归分析方法得到贝克曼梁测值和自动弯沉仪测值之间的相关关系方程，相关系数不得小于 0.95。

6. 检测报告内容

(1) 弯沉的平均值、标准差、代表值、测试时的路面温度及温度修正值。

(2) 自动弯沉仪测值与贝克曼梁测值的相关关系式及相关系数。

四、落锤式弯沉仪测定路面弯沉

用落锤式弯沉仪(FWD)在标准质量的重锤落下一定高度发生的冲击荷载的作用下，测定路基或路面表面所产生的瞬时变形，即测定在动态荷载作用下产生的动态弯沉及弯沉盆，由此反算路基路面各层材料的动态弹性模量，作为设计参数使用。所测结果也可用于评定道路承载能力、调查水泥混凝土路面接缝的传力效果和探查路面板下的空洞等。

1. 检测器具

落锤式弯沉仪，简称 FWD，由荷载发生装置、弯沉检测装置、运算控制系统与车辆牵引系统等组成。其结构示意如图 3-13 所示。

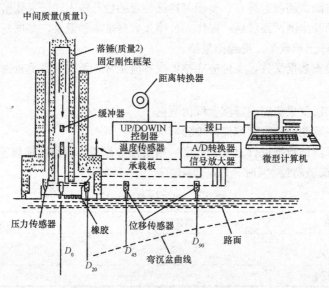

图 3-13 落锤式弯沉仪测量系统示意

(1) 荷载发生装置：重锤的质量及落高根据使用目的与道路等级选择，荷载由传感器测定。如无特殊需要，重锤的质量为 (200 ± 10) kg，可采用产生 (50 ± 2.5) kN 的冲击荷载。承载板宜为十字对称分开成 4 部分且底部固定有橡胶片的承载板。承载板的直径一般为 300 mm。

(2) 弯沉检测装置：由一组高精度位移传感器组成，如图 3-14 所示，传感器可为差动变压器式位移计(LVDT)。自中心开始，承载板沿道路纵向设置，隔开一定距离布设一组传感器，传感器总数不少于 7 个，建议布置在 0~250 cm 范围以内，必须包括 0 cm、30 cm、60 cm、90 cm 四点，其他根据需要及设备性能决定。

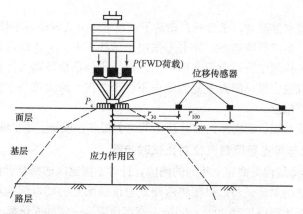

图 3-14　落锤式弯沉仪传感器布置及应力作用范围示例

(3) 运算及控制装置：能在冲击荷载作用的瞬间内，记录冲击荷载及各个传感器所在位置测点的动态变形。

(4) 牵引装置：牵引 FWD 并安装运算及控制装置的车辆，如图 3-15 和图 3-16 所示。

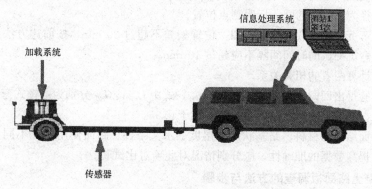

图 3-15　落锤装置工作原理示意图

2. 评定道路承载能力的方法与步骤

(1) 准备工作。

1) 调整重锤的质量及落高，使重锤的质量及产生的冲击荷载符合前述仪器的要求。

2) 在测试路段的路基或路面各层表面布置测点，其位置或距离随测试需要而定。当在路面表面测定时，测点宜布置在行车车道的轮迹带上。测试时，还可利用距离传感器定位。

3) 检查 FWD 的车况及使用性能，用手动操作检查，各项指标符合仪器规定要求。

4) 将 FWD 牵引至测定地点，将仪器打开，进入工作状态。牵引 FWD 行驶的速度不宜超过 50 km/h。

5) 对位移传感器按仪器使用说明书进行标定，使之达到规定的精度要求。

图 3-16　牵引装置

(2)测定方法。

1)承载板中心位置对准测点,承载板自动落下,放下弯沉装置的各个传感器。

2)启动落锤装置,落锤瞬即落下,冲击力作用于承载板上,又立即自动提升至原来位置固定。同时,各个传感器检测结构层表面变形,记录系统将位移信号输入计算机,并得到路面弯沉峰值,同时得到弯沉盆。每一测点重复测定应不少于 3 次,除去第一个测定值,取以后几次测定值的平均值为计算依据。

3)提起传感器及承载板,牵引车向前移动至下一个测点,重复上述步骤,进行测定。

3. 落锤式弯沉仪与贝克曼梁弯沉仪对比试验步骤

(1)路段选择。选择结构类型完全相同的路段,针对不同地区选择某种路面结构的代表性路段,进行两种测定方法的对比试验,以便将落锤式弯沉仪测定的动弯沉换算成贝克曼梁测定的回弹弯沉值。选择的对比路段长度 300~500 m,弯沉值应有一定的变化幅度。

(2)对比试验步骤。

1)采用与实际使用相同且符合要求的落锤式弯沉仪及贝克曼梁弯沉仪测定车。落锤式弯沉仪的冲击荷载应与贝克曼梁弯沉仪测定车的后轴双轮荷载相同。

2)用油漆标记对比路段起点位置。

3)布置测点位置,用贝克曼梁定点测定回弹弯沉,测定车开走后,用粉笔以测点为圆心,在周围画一个半径为 15 cm 的圆,标明测点位置。

4)将落锤式弯沉仪的承载板对准圆圈,位置偏差不超过 30 mm,按前述方法进行测定。两种仪器对同一点弯沉测试的时间间隔不应超过 10 min。

5)逐点对应计算两者的相关关系。

通过对比试验得出回归方程式 $L_B=a+bL_{FWD}$,式中 L_{FWD}、L_B 分别为落锤式弯沉仪及贝克曼梁测定的弯沉值。回归方程式的相关系数应不小于 0.95。

由于不同路面结构的材料、路基状况、温度、水文条件、路面使用状况不同,对比关系也有所不同,为了提高数据的准确性,应分别情况对此项对比试验。

4. 水泥混凝土路面板调查的方法与步骤

(1)在测试路段的水泥混凝土路面板表面布置测点,当为调查水泥混凝土路面的接缝的传力效果时,测点布置在接缝的一侧,位移传感器分开在接缝两边布置。当为探查路面板下的空洞时,测点布置位置随测试需要而定,应在不同位置测定。

(2)按前述方法进行测定。

5. 数据处理

(1)按桩号记录各测点的弯沉及弯沉盆数据,计算一个评定路段的平均值、标准差、变异系数。

(2)当为调查水泥混凝土路面接缝的传力效果时,利用分开在接缝两边布置的位移传感器测定值的差异及弯沉盆的形状,进行判断。

(3)当为探查路面板下的空洞时,利用在不同位置测定的测定值差异及弯沉盆的形状,进行判断。

6. 检测报告内容

(1)各测点的最大弯沉及弯沉盆测定数据。

(2)每一个评定路段全部测点弯沉的平均值、标准差、变异系数及代表弯沉。

(3)如与贝克曼梁弯沉仪进行了对比试验,尚应列出相关关系式、相关系数和换算的回弹弯沉。

第二节 路基路面回弹模量检测

一、贝克曼梁测定路基路面回弹模量

用弯沉仪测试各点的回弹弯沉值，通过计算求得该材料的回弹模量值。该试验适用于土基和厚度不小于 1 m 的粒料整层表面，也适用于在旧路表面测定路基路面的综合回弹模量。

1. 检测器具与材料

(1)标准车：按前述规定选用。
(2)路面弯沉仪：由贝克曼梁、百分表及表架组成。弯沉采用百分表量得。
(3)路表温度计：分度不大于 1 ℃。
(4)接长杆：直径 $\phi16$ mm，长 500 mm。
(5)其他：皮尺、口哨、粉笔、指挥旗等。

2. 方法与步骤

(1)准备工作。
1)选择洁净的路面表面作为测点，要在测点处做好标记并编号。
2)无机结合料粒料基层的整层试验段(试槽)应符合下列要求：
①整层试槽可修筑在行车带范围内或路肩及其他合适处，也可在室内修筑，但均应适用于汽车测定弯沉。
②试槽应选择在干燥或中湿路段处，不得铺筑在软土基上。
③试槽面积不小于 3 m×2 m，厚度不宜小于 1 m。铺筑时，先挖 3 m×2 m×1 m（长×宽×深）的坑，然后用欲测定同一种路面材料按有关施工规范规定的压实度分层铺筑并压实，直至顶面，使其达到要求的压实度标准。同时，应严格控制材料组成，配比均匀一致，符合施工质量要求。
④试槽表面的测点间距可按图 3-17 布置在中间 2 m×1 m 的范围内，可测定 23 点。

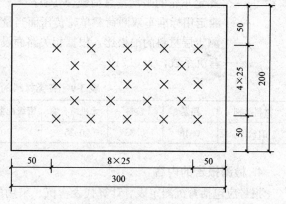

图 3-17 试槽表面的测点布置(单位：cm)

(2)测试步骤。选择适当的标准车，实测各测点处路面回弹弯沉值 L_i。如在旧沥青路面上测定时，应读取温度，并测定弯沉值的温度修正，得到标准温度 20 ℃时的弯沉值。

3. 计算

(1)分别计算全部测定值的算术平均值 $\bar{L}$、单次测量的标准差 S 和自然误差 r_0：

$$\bar{L} = \frac{\sum L_i}{N} \tag{3-8}$$

$$S = \sqrt{\frac{\sum (L_i + \bar{L})^2}{N-1}} \tag{3-9}$$

$$r_0 = 0.675 \times S \tag{3-10}$$

式中　$\bar{L}$——回弹弯沉的平均值，0.01 mm；

S——回弹弯沉值的标准差，0.01 mm；
r_0——回弹弯沉值的自然误差，0.01 mm；
L_i——各测点的回弹弯沉值，0.01 mm；
n——测点总数。

(2)计算各测定值与算术平均值的偏差值 $d_i = L_i - \bar{L}$，并计算较大的偏差与自然误差之比 d_i/r_0。当某个测点的观测值的 d_i/r_0 值大于表3-8中的极限值 d/r 时，则应舍弃该测点，然后重复上述的步骤计算所余各测点的算术平均值及标准差。

表3-8 相应于不同观测次数的 d/r 极限值

N	5	10	15	20	50
d/r	2.5	2.9	3.2	3.3	3.8

(3)按下式计算代表弯沉值：

$$L_r = \bar{L} + S \tag{3-11}$$

式中 L_r——计算代表弯沉；
$\bar{L}$——舍弃不符合要求的测点后所余各测点弯沉的算术平均值；
S——舍弃不符合要求的测点后所余各测点弯沉的标准差。

(4)按下式计算土基、整层材料的回弹模量（E_1）或旧路的综合回弹模量：

$$E_1 = \frac{2p\delta}{L_r}(1-\mu^2)\alpha \times 10^2 \tag{3-12}$$

式中 E_1——计算的土基、整层材料的回弹模量或旧路的综合回弹模量（MPa）；
p——测定车轮的平均垂直荷载（MPa）；
δ——测定用标准车双圆荷载单轮传压面当量圆的半径（cm）；
μ——测定层材料的泊松比，根据相关路面设计规范的规定取用，见表3-9；
α——弯沉系数，为0.712。

表3-9 各类材料的泊松比取值

材料类别	路基	粒料	无机结合料	密级配沥青混合料	开级配沥青混合料、半开级配沥青混合料
泊松比	0.40	0.35	0.25	0.25	0.40

4. 检测报告的内容

报告应包括弯沉测定表、计算代表弯沉、采用的泊松比及计算得到的材料回弹模量 E_1 等，对沥青路面应报告测试时的路面温度。

二、承载板法测定土基回弹模量

在现场土基表面用承载板对土基逐级加载、卸载的方法，测出每级荷载下相应的土基回弹变形值，经过计算求得土基回弹模量，作为路面设计参数使用。

路基土和含土路面材料的回弹模量与其含水率和密实度有关。因此，测定最好在不利季节进行（不利季节：南方为雨季，北方为春融季节）。如在非不利季节进行测定，则应人工创造不利条件，以使土或路面材料的含水率接近不利季节的含水率。

不含土的级配碎石和填隙碎石可在施工完成后或开放交通后三个月进行测定；水泥稳定土应在龄期一个月时，以及重冰冻地的第二年不利季节进行测定；石灰稳定土以及石灰稳定工业废渣应在龄期一个月、三个月以及冰冻地区的第二年不利季节进行。

1. 检测器具与材料

(1)加载设施：载有铁块或集料等重物、后轴重不小于 60 kN 载重汽车一辆，作为加载设备，在汽车大梁的后轴之后约 80 cm 处，附设加劲小梁一根作反力架，汽车轮胎充气压力 0.50 MPa。

(2)现场测试装置，如图 3-18 所示，由千斤顶、测力计(测力环或压力表)及球座组成。

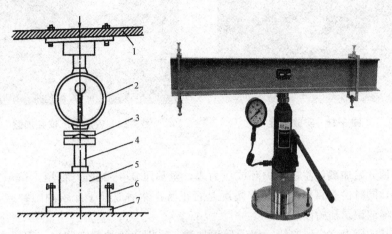

图 3-18 承载板测试装置图

1—加劲横梁；2—测力计；3—钢板及球座；4—钢圆筒；
5—加载千斤顶；6—立柱及支座；7—承载板

(3)刚性承载板一块，板厚为 20 mm，直径为 30 cm，直径两端设有立柱和可以调整高度的支座，供安放弯沉仪测头。承载板安放在土基表面上。

(4)路面弯沉仪两台，由贝克曼梁、百分表及其支架组成。

(5)液压千斤顶一台(80～100 kN)，装有经过标定的压力表或测力环，其量程不小于土基强度，测定精度不小于测力计量程的 1/100。

(6)秒表、水平尺、细砂、毛刷、垂球、镐、铁锹、铲等。

2. 方法与步骤

(1)准备工作。

1)根据需要选择有代表性的测点。测点应位于水平的路基上，土质均匀，不含杂物。

2)仔细平整土基表面，撒干燥洁净的细砂填平土基凹处。砂子不可覆盖全部土基表面，避免形成夹层。

3)安置承载板，并用水平尺进行校正，使承载板处于水平状态，如图 3-19 所示。

图 3-19 水平尺校正

4)将试验车置于测点上，在加劲横梁中部悬挂垂球测试，使之恰好对准承载板中心，然后收起垂球，如图 3-20 所示。

5)在承载板上安放千斤顶，上面衬垫钢圆筒、钢板，并将球座置于顶部与加劲横梁接触。如用测力环时，应将测力环置于千斤顶与横梁中间，千斤顶及衬垫物必须保持垂直，以免加压时千斤顶倾倒发生事故并影响测试数据的准确性，如图 3-21 所示。

6)安放弯沉仪，将两台弯沉仪的测头分别置于承载板立

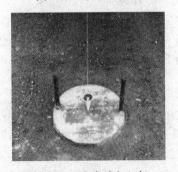

图 3-20 垂球对中心点

柱的支座上，百分表对零或其他合适的初始位置上，如图 3-22 所示。

图 3-21 安放装置

图 3-22 安放弯沉仪并加载

(2)测试步骤。

1)用千斤顶开始加载，注视测力环或压力表，至预压 0.05 MPa，稳压 1 min，使承载板与土基紧密接触，同时检查百分表的工作情况是否正常，然后放松千斤顶油门卸载，稳压 1 min 后，将指针对零或记录初始读数。

2)测定土基的压力—变形曲线，用千斤顶加载。采用逐级加载卸载法，用压力表或测力环控制加载量。荷载小于 0.1 MPa 时，每级增加 0.02 MPa，以后每级增加 0.04 MPa 左右。为使加载和计算方便，加载数值可适当调整为整数，每次加载至预定荷载(P)后，稳定 1 min，立即读记两台弯沉仪百分表数值，然后轻轻放开千斤顶油门卸载至 0，待卸载稳定 1 min 后再次读数。每次卸载后百分表不再对零。当两台弯沉仪百分表读数之差小于平均值的 30% 时，取平均值，如超过 30% 则应重测。当回弹变形值超过 1 mm 时，即可停止加载。

3)各级荷载的回弹变形和总变形，按以下方法计算：

$$\text{回弹变形 } L = (\text{加载后读数平均值} - \text{卸载后读数平均值}) \times \text{弯沉仪杠杆比} \tag{3-13}$$

$$\text{总变形 } L' = (\text{加载后读数平均值} - \text{加载初始前读数平均值}) \times \text{弯沉仪杠杆比} \tag{3-14}$$

4)测定总影响量 α：最后一次加载卸载循环结束后，取走千斤顶，重新读取百分表初读数，然后将汽车开出 10 m 以外，读取终读数，两只百分表的初、终读数差之平均值即为总影响量 α。总影响量是汽车后轴荷载对施测点的回弹变形。

5)在试验点下取样，测定材料含水率。取样数量如下：

①最大粒径不大于 4.75 mm，试样数量约 120 g；

②最大粒径不大于 19.0 mm，试样数量约 250 g；

③最大粒径不大于 31.5 mm，试样数量约 500 g。

6)在紧靠试验点旁边的适当位置，用灌砂法或环刀法等测定土基的密度。

3. 计算

(1)各级压力的回弹变形值加上该级的影响量后，则为计算回弹变形值。表 3-10 是以后轴重 60 kN 的标准车为测试车的各级荷载影响量的计算值。当使用其他类型的测试车时，各级压力下的影响量 α_i 按式(3-15)计算：

$$\alpha_i = \frac{(T_1 + T_2)\pi D^2 P_i}{4 T_1 Q} \times \alpha \tag{3-15}$$

式中 T_1——测试车前后轴距(m)；

T_2——加劲小梁中点距后轴距离(m)；

D——承载板直径(cm)；

Q——测试车后轴重(N)；

P_i——各级荷载下的承载板压力(Pa);
α_i——各级荷载下的影响量,0.01 mm。
α——总影响量,0.01 mm。

表 3-10　各级荷载影响量(后轴 60 kN 车)

承载板压力/MPa	0.05	0.10	0.15	0.20	0.30	0.40	0.50
影响量	0.06α	0.12α	0.18α	0.24α	0.36α	0.48α	0.60α

(2)将各级计算回弹变形值点绘于标准计算纸上,排除显著偏离的异常点并绘出顺滑的 P—L 曲线,如曲线起始部分出现反弯,应按图 3-23 所示修正原点 O 为 O',则是修正的原点。

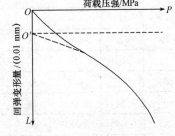

图 3-23　修正原点示意

(3)按式(3-16)计算相当于各级荷载下的土基回弹模量 E_i 值:

$$E_i = \frac{\pi D}{4} \cdot \frac{P_i}{L_i}(1-\mu_0^2) \tag{3-16}$$

式中　E_i——相应于各级荷载下土基回弹模量(MPa);
　　　μ_0——土的泊松比,根据相关路面设计规范规定选用;当无规定时,非黏性土可取 0.3,高黏性土取 0.5,一般可取 0.35 或 0.4;
　　　D——承载板直径(30 cm);
　　　P_i——承载板单位压力(MPa);
　　　L_i——相对于荷载 P_i 时的回弹变形值(cm)。

(4)取结束试验前的各回弹变形值,按线性回归方法由下式计算土基回弹模量 E_0 值:

$$E_0 = \frac{\pi D}{4} \cdot \frac{\sum P_i}{\sum L_i}(1-\mu_0^2) \tag{3-17}$$

式中　E_0——土基回弹模量(MPa);
　　　μ_0——土的泊松比,根据相关路面设计规范规定选用;
　　　L_i——计算回弹变形值(cm);

$$L_i = L'_i + \alpha_i$$

　　　L'_i——各级荷载下的实测弯沉值(cm);
　　　P_i——对应 L_i 的各级压力值。

4. 检测报告内容

应记录下列结果:
(1)试验时所采用的汽车类型;
(2)近期天气情况;
(3)试验时土基的含水率(%);
(4)土基密度和压实度;
(5)相应于各级荷载下的土基回弹模量 E_i 值;
(6)土基回弹模量 E_0 值(MPa)。
记录格式见表 3-11。

表 3-11 承载板测定土基回弹模量记录

路线 K80+100　　　　　测定层位 土基　　　　　承载板直径(cm)　30 cm
路面结构　7.5 cm 沥青贯入式路面、16.5 cm 水泥石灰土基层　　　测定用汽车型号_____　测定日期_____

千斤顶油压表读数	荷载/kN	承载板压力 P/MPa	百分表读数(0.01 mm) 左	百分表读数(0.01 mm) 右	总变形(0.01 mm) 左	总变形(0.01 mm) 右	回弹变形(0.01 mm) 左	回弹变形(0.01 mm) 右	分级影响量(0.01 mm)	计算回弹变形(0.01 mm)	备注
0	0	0	0	0							
10	3.53	0.05	15	12	30	24					预压
0	0	0	2	2			26	20			相差 26.1%
调零	0	0	0	0	0	0					
10	3.53	0.05	14	13	28	26					
0	0	0	3	3			22	20	0.42	21.42	
20	7.07	0.1	31	28	62	56					
0	0	0	14	13			34	30	0.84	32.84	
30	10.60	0.15	65	54	130	108					
0	0	0	40	31			50	46	1.26	49.26	
40	14.14	0.2	90	83	180	166					
0	0	0	56	53			68	60	1.68	65.68	
60	21.21	0.3	148	118	296	236					
0	0	0	98	74			100	88	2.52	96.52	
70	24.74	0.35	165	144	330	288					
0	0	0	108	93			114	102			$L>1$ mm 停止测定
取走千斤顶		0	103	89							
汽车开走后		0	99	86			8	6			
总影响量 $\alpha=7$											
土基回弹模量 $E_0=62.3$ MPa											

第三节　加州承载比(CBR)试验方法

CBR 又称加州承载比,由美国加利福尼亚公路局首先提出来的,是评定土基及路面基层材料强度的一种方法。由于该法简便,试验数据稳定,因而被许多国家采用。

CBR 值是指试料在一定面积的贯入杆作用下,贯入量达 2.5 mm 和 5.0 mm 时,单位压力与标准碎石压入相同贯入量时的标准荷载强度的比值。为合理的选择路基填料,确保路基的强度和稳定性,《公路路基设计规范》(JTG D30—2015)、《公路路基施工技术规范》(JTG F10—2006)和《公路沥青路面设计规范》(JTG D50—2017)中都规定了路基填料的最小强度(即 CBR 值)要求,见表 3-12 所列。在路基施工之前,必须对所用填料进行 CBR 试验,作为路基填料选择的依据。

CBR 试验有室内试验和现场试验两种,室内试验时,试件按照路基施工时的含水率和压实度要求在试筒内制备,并在加载前浸泡饱水 4 天。为模拟路面结构层的自重压力,需要施加半圆荷载板，其重量应根据预定的路面结构重量来确定，但不得小于45 N，试件浸水至少淹没顶面2.5 cm。CBR值现场测试方法与室内试验基本相同，但其压入试验直接在土基顶面或路面材料顶面进行。

表3-12 路基填料最小承载比要求

路基部位		路面底面以下深度/m	填料最小承载比(CBR)/%		
			高速公路、一级公路	二级公路	三、四级公路
上路床		0～0.3	8	6	5
下路床	轻、中等及重交通	0.3～0.8	5	4	3
	特重、极重交通	0.3～1.2	5	4	—
上路堤	轻、中等及重交通	0.8～1.5	4	3	3
	特重、极重交通	1.2～1.9	4	3	—
下路堤	轻、中等及重交通	1.5以下	3	2	2
	特重、极重交通	1.9以下			

注：1. 该表CBR试验条件应符合《公路土工试验规程》(JTG E40—2007)的规定。
2. 年平均降雨量小于400 mm地区，路基排水良好的非浸水路基，通过试验论证可采用平衡湿度状态的含水率作为CBR试验条件，并应结合当地气候条件和汽车荷载等级，确定路基填料CBR控制标准。
3. 当路基填料CBR值达不到表列要求时，可掺石灰或其他稳定材料处理。
4. 当三、四级公路铺筑沥青混凝土和水泥混凝土路面时，应采用二级公路的规定。

一、室内CBR试验

对于粒径在25 mm以内(最大粒径不得超过40 mm且含量不超过5%)的各种土质路面基层、底基层材料，在试验室内用规定的试筒制成标准试件，在路面材料强度仪上进行承载比试验，即可测定材料的CBR值。

1. 检测器具

(1)圆孔筛：孔径40 mm、20 mm及5 mm筛各1个。

(2)试筒：内径152 mm、高170 mm的金属圆筒；套环，高50 mm；筒内垫块，直径151 mm、高50 mm；夯击底板，同击实仪。试筒的形式和主要尺寸如图3-24所示。

(3)夯锤和导管：夯锤的底面直径50 mm，总质量4.5 kg。夯锤在导管内的总行程为450 mm，夯锤的形式和尺寸与重型击实试验法所用的相同。

(4)贯入杆：端面直径50 mm、长约100 mm的金属杆。

(5)路面材料强度仪或其他荷载装置：重力小于50 kN，能调节贯入速度至每分钟贯入1 mm，可采用测力计式，如图3-25所示。

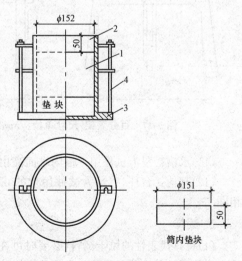

图3-24 承载比试筒(单位：mm)
1—试筒；2—套环；3—夯击底板；4—拉杆

(6)百分表:3个。
(7)试件顶面上的多孔板(测试件吸水时的膨胀量),如图3-26所示。

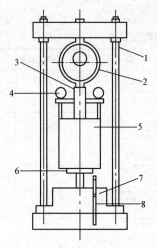

图3-25 手摇式测力计式荷载装置示意
1—框架;2—测力环;3—贯入杆;4—百分表;
5—试件;6—升降台;7—蜗轮蜗杆箱;8—摇把

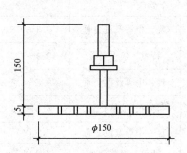

图3-26 多孔板(尺寸单位:mm)

(8)多孔底板(试件放上后浸泡水中)。
(9)测膨胀量时支承百分表的架子,如图3-27所示。
(10)荷载板:直径150 mm,中心孔眼直径52 mm,每块质量1.25 kg,共4块,并沿直径分为两个半圆块。上述试筒及相关物件实物如图3-28所示。

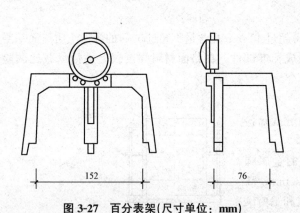

图3-27 百分表架(尺寸单位:mm)　　图3-28 承载比试筒及相关物件实物

(11)水槽:浸泡试件用,槽内水面高出试件顶面25 mm。
(12)其他:台秤(感量为试件用量的0.1%),拌合盘,直尺,滤纸,脱模器等与击实试验相同。

2. 试样

(1)将具代表性的风干试料(必要时可在50 ℃烘箱内烘干),用木碾捣碎,但应尽量注意不使土或粒料的单个颗粒破碎。土团均应捣碎到通过5 mm的筛孔。
(2)采取代表性的试料50 kg,用40 mm筛筛除大于40 mm的颗粒,并记录超尺寸颗粒的百分数。将已过筛的试料按四分法取出约25 kg,再用四分法将取出的试料分成4份,每份质量6 kg,

供击实试验和制试件之用。

(3)在预定做击实试验的前一天,取有代表性的试料测定其风干含水率。

表 3-13　测定含水率用试样的数量

最大粒径/mm	试样质量/g	个数	最大粒径/mm	试样质量/g	个数
<5	15~20	2	约 20	约 250	1
约 5	约 50	1	约 40	约 500	1

3. 检测步骤

(1)称试筒本身质量 m_1,将试筒固定在底板上,将垫块放入筒内,并在垫块上放一张纸,安上套环。

(2)将 1 份试料,按 3 层装,每层击实 98 次,求试料的最大干密度和最佳含水率。

(3)将其余三份试料按最佳含水率制备 3 个试件,将一份试料铺于金属盘内,按事先计算得的该份试料应加的水量均匀地喷洒在试料上。

$$m_w = \frac{m_i}{1+0.01w_i} \times 0.01(w-w_i) \tag{3-18}$$

式中　m_w——所需的加水量(g);
　　　m_i——含水率 w_i 时土样的质量(g);
　　　w_i——土样原有含水率(%);
　　　w——要求达到的含水率(%)。

用小铲将试料充分拌和到均匀状态,然后装入密闭器或塑料口袋内浸润备用。浸润时间:重黏土不少于 24 h,轻黏土可缩短到 12 h,砂土可缩短到 1 h,天然砂砾可缩短到 2 h 左右。

制备每个试件时,都要取样测定试料的含水率。需要时,可制备三种干密度试件。如每种干密度试件制 3 个,则共制 3 组 9 个试件。每组试件击实次数分别为 30 次、50 次和 98 次,使试件的干密度从低于 95% 到等于 100% 的最大干密度。这样,9 个试件共需试料约 55 kg。

(4)将试筒放在坚硬的地面上,取备好的试样分 3~5 次倒入筒内(视最大粒径而定)。按五层法时,每层需试样 900(细粒土)~1 100 g(粗粒土);按三层法时,每层需要试样 1 700 g(左右)(其量应使击实后的试样高出 1/3 筒高 1~2 mm)。整平表面,并稍加压紧,然后按规定的击数进行第一层试样的击实,击实时锤应自由垂直落下,锤迹必须均匀分布于试样面上,每一层击实完后,将试样层面"拉毛"然后再装入套筒。重复上述方法进行其余每层试样的击实,试筒击实制件完成后,试样不宜高出筒高 10 mm。

(5)卸下套环,用直刮刀沿试筒顶修平击实的试件,表面不平整处用细料修补,取出垫块,称量筒和试件的质量 m_2。

(6)泡水测膨胀量的步骤如下:

1)在试件制成后,取下试件顶面的破残滤纸,放张好滤纸,并在其上安装附有调节杆的多孔板,在多孔板上加 4 块荷载板。

2)将试筒与多孔板一起放入槽内(先不放水)并用拉杆将模具拉紧,安装百分表,并读取初读数。

3)向水槽内放水,使水自由进到试件的顶部和底部,如图 3-29 所示,在泡水期间,槽内水面应保持在试件顶面

图 3-29　试件泡水

以上约 25 mm。通常试件要泡 4 昼夜。

4)泡水终了时，读取试件上百分表的终读数，并用下式计算膨胀量：

$$\text{膨胀量} = \frac{\text{泡水后试件高度变化}}{\text{原试件高}(120\ \text{mm})} \times 100\% \tag{3-19}$$

5)从水槽中取出试件，倒出试件顶面的水，静置 15 min，让其排水，卸去附加荷载和多孔板、底板和滤纸，并称其质量 m_3，以计算试件的湿度和密度的变化。

(7)贯入试验。

1)将泡水试验终了的试件放到路面材料强度试验仪的升降台上，调整偏球座，使贯入杆与试件顶面全面接触，在贯入杆周围放置 4 块荷载板，如图 3-30 所示。

图 3-30 贯入试验

2)先在贯入杆上施加 45 N 荷载，然后将测力和测变形的百分表的指针都调至零点。

3)加荷使贯入杆以 1～1.25 mm/min 的速度压入试件，记录测力计百分表某些整读数(如 20、40、60)时的贯入量，并注意使贯入量为 250×10^{-2} mm 时，能有 5 个以上的读数。因此，测力计内的第一个读数应是贯入量 30×10^{-2} mm 左右。

4. 结果整理

(1)以单位压力(P)为横坐标，贯入量(L)为纵坐标，绘制 $P—L$ 关系曲线，如图 3-31 所示。图上曲线 1 是合适的，曲线 2 开始段是凹曲线，需要进行修正。修正时，在变曲率点引一条切线，与纵坐标交于 O' 点，O' 即为修正后的原点。

(2)一般采用贯入量为 2.5 mm 时的压力与标准压力之比作为材料的承载比(CBR)，即

$$CBR(\%) = \frac{P}{7\ 000} \times 100\% \tag{3-20}$$

图 3-31 单位压力与贯入量的关系曲线

式中 CBR——承载比(%)；

P——贯入量为 2.5 mm 时的单位压力(kPa)；

贯入量为 5 mm 时的承载比：

$$CBR(\%) = \frac{P}{10\ 500} \times 100\% \tag{3-21}$$

如贯入量为 5 mm 时的承载比大于 2.5 mm 时的承载比，则试验要重做，如结果仍然如此，则采用 5 mm 时的承载比。

(3)试件的湿密度用下式计算：

$$\rho_w = \frac{m_2 - m_1}{2\,177} \tag{3-22}$$

式中 ρ_w——试件的湿密度(g/cm³);

m_2——试筒和试件的合质量(g);

m_1——试筒的质量(g);

2 177——试筒的容积(cm³)。

(4)试件的干密度用下式计算:

$$\rho_d = \frac{\rho_w}{1 + 0.01w} \tag{3-23}$$

式中 ρ_d——试件的干密度(g/cm³);

w——试件的含水率(%)。

(5)泡水后试件的吸水量按下式计算:

$$w_a = m_3 - m_2 \tag{3-24}$$

式中 w_a——泡水后试件的吸水量(g);

m_3——泡水后试筒和试件的合质量(g);

m_2——试筒和试件的合质量(g)。

5. 精度要求

如根据3个平行试验结果计算得的承载比变异系数 C_V 大于12%,则去掉一个偏离大的值,取其余2个结果的平均值。如 C_V 小于12%,且3个平行试验结果计算的干密度偏差小于0.03 g/cm³,则取3个结果的平均值;如3个试验结果计算的干密度偏差超过0.03 g/cm³,则去掉一个偏离大的值,取其余2个结果的平均值。

6. 绘制承载比和干密度关系曲线

在必要时(当承载比较小时),应当绘制含水率—干密度—承载比关系曲线图,如图3-32所示。含水率—干密度关系图即击实试验所得的图。而干密度—承载比关系图则是以干密度为纵坐标,以承载比为横坐标,分别将30次、50次和98次击实的干密度平均值(每组3个试件)与所对应的承载比平均值一一点绘到坐标中,连成一折线。然后根据工地所要求的材料干密度(即最大干密度乘以要求的压实度),确定现场的实测承载比,最后以此承载比来判断路基填料是否合格。

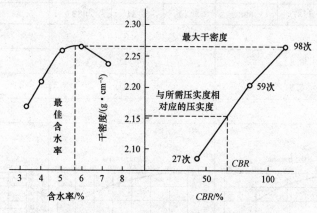

图3-32 含水率—干密度—承载比曲线

7. 检测报告

试验记录包括以下内容:

(1)材料的颗粒组成,最佳含水率(%)和最大干密度(g/cm³)。

(2)材料的承载比(%),承载比小于100%时,准确到5%;承载比大于100%时,准确到10%。

(3)材料的膨胀量(%)。

试验记录格式见表3-14和表3-15。

表3-14 贯入量试验记录

任务单号				试验环境			室温		
试验日期				设备编号			路面强度仪、百分表等		
试验规程	JTG 3430—2020			试验人员					
评定标准	JTG/T 3610—2019			复核人员					
试样名称 土 取样地点 K62+000 利用方 试样描述 完好 工程部位 路基									
荷载板重量 5 kg 贯入面积 1 963.5 mm² 最大干密度/(g·cm⁻³) 1.78									
最佳含水率/% 12.4 每层击实次数 30									
试件编号	12			13			14		
贯入量试验	贯入量 L/mm	荷载 R/kN	单位压力 P/kPa	贯入量 L/mm	荷载 R/kN	单位压力 P/kPa	贯入量 L/mm	荷载 R/kN	单位压力 P/kPa
贯入量试验	0.50	0.47	239	0.50	0.43	219	0.50	0.44	224
	1.00	0.61	311	1.00	0.57	290	1.00	0.58	295
	1.50	0.73	372	1.50	0.70	357	1.50	0.70	357
	2.00	0.84	428	2.00	0.82	418	2.00	0.83	423
	2.50	0.95	484	2.50	0.93	474	2.50	0.94	479
	3.00	1.03	525	3.00	1.01	514	3.00	1.02	519
	3.50	1.10	560	3.50	1.07	545	3.50	1.08	550
	4.00	1.17	596	4.00	1.14	581	4.00	1.16	591
	4.50	1.25	637	4.50	1.21	616	4.50	1.23	626
	5.00	1.31	667	5.00	1.28	652	5.00	1.30	662
	5.50	1.37	698	5.50	1.34	682	5.50	1.37	698
$CBR2.5$/%	6.9			6.8			6.8		
$CBR5.0$/%	6.4			6.2			6.3		
CBR/%	6.9			6.8			6.8		
平均值/%	6.8								
单位压力与贯入量的关系曲线									
技术(质量)负责人:				结论:					

表 3-15 膨胀量试验记录

任务单号		试验环境	室温
试验日期		设备编号	路面强度仪、百分表等
试验规程	JTG 3430—2020	试验人员	
评定标准	JTG/T 3610—2019	复核人员	

试样名称　　土　　取样地点　K62+000 利用方　　试样描述　　完好　　工程部位　　路基

荷载板重量　5 kg　贯入面积　1 963.5 mm²　最大干密度/(g·cm⁻³)　1.78　最佳含水率/%　12.4

	试件种类	每层击实 30 次			每层击实 50 次			每层击实 98 次		
膨胀量	筒号	120.09	120.23	120.34	120.58	121.05	120.00	123.01	120.00	120.00
	泡水前试件高度/mm	120.53	120.65	120.71	121.28	121.64	120.54	124.24	121.24	121.08
	泡水后试件高度/mm	120.04	120.03	120.03	120.04	120.01	120.01	120.01	120.05	120.04
	膨胀量/%	0.4	0.3	0.3	0.6	0.5	0.5	1.0	1.0	0.9
	膨胀量均值/%		0.3			0.5			1.0	
密度	筒质量/g	5 229	5 252	5 706	5 048	5 861.5	5 231	5 222.5	5 514	4 680
	筒+试件质量/g	9 215.5	9 302.5	9 685.0	9 216.5	9 976.5	9 354.0	9 643.0	9 876.5	9 064.0
	筒体积/cm³	2 177	2 177	2 177	2 177	2 177	2 177	2 177	2 177	2 177
	湿密度/(g·cm⁻³)	1.83	1.86	1.83	1.91	1.89	1.89	2.03	2.00	2.01
	含水率/%	7.9	7.9	8.0	7.9	8.0	7.9	7.9	8.0	7.9
	干密度/(g·cm⁻³)	1.70	1.72	1.69	1.77	1.75	1.76	1.88	1.86	1.87
	干密度均值/(g·cm⁻³)		1.70			1.76			1.87	
吸水量	筒+泡水后试件重/g	9 408.5	9 498.0	9 874.0	9 380.5	10 142.0	9 515.5	9 759.0	10 000.5	9 189.0
	吸水量/g	193	195.5	189	164	165.5	161.5	116	124	125
	吸水量均值/g		192.5			163.7			121.7	
备注										
技术(质量)负责人			结论:							

二、土基现场 CBR 值测试方法

所用试样的最大集料粒径小于 19.0 mm，最大不得超过 31.5 mm，适用于在公路现场测定各种土基材料的现场 CBR 值。

1. 检测器具与材料

(1) 荷重装置：装载有铁块或集料等重物的载重汽车，后轴重不小于 60 kN，在汽车大梁的后轴之后设有一加劲横梁作反力架用。

(2) 现场测试装置：如图 3-33 和图 3-34(a) 所示，由千斤顶(机械或液压)、测力计(测力环或压力表)及球座组成。千斤顶可使贯入杆的贯入速度调节成 1 mm/min。测力计的容量不小于土基强度，测定精度不小于测力计量程的 1/100。

(3)贯入杆：直径 ϕ50 mm，长约 200 mm 的金属圆柱体。

(4)承载板：每块 1.25 kg，直径 ϕ150 mm，中心孔眼直径 ϕ52 mm，不小于 4 块，并沿直径分为两个半圆块，如图 3-34(b)所示。

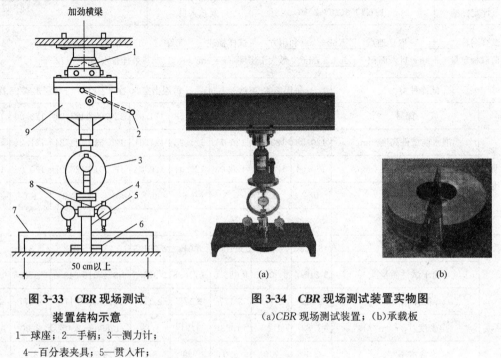

图 3-33 CBR 现场测试
装置结构示意

1—球座；2—手柄；3—测力计；
4—百分表夹具；5—贯入杆；
6—承载板；7—平台；8—百分表；
9—加载千斤顶

图 3-34 CBR 现场测试装置实物图
(a)CBR 现场测试装置；(b)承载板

(5)贯入量测定装置：由图 3-35 中所示的平台及百分表组成，百分表量程 20 mm，精度 0.01 mm，数量 2 个，对称固定于贯入杆上，端部与平台接触，平台跨度不小于 50 cm。此设备也可用两台贝克曼梁弯沉仪代替。

(6)细砂：洁净干燥的细干砂，粒径为 0.3~0.6 mm。

(7)其他：铁铲、盘、直尺、毛刷、天平等。

2. 方法与步骤

(1)准备工作。

1)将试验地点直径约 30 cm 范围的表面找平，用毛刷刷净浮土。如表面为粗粒土时，应撒布少许洁净的干砂填平，但不能覆盖全部土基，避免形成一层。

2)装置测试设备，如图 3-35 所示设备贯入杆及千斤顶，千斤顶顶在汽车后轴上且调节至高度适中，贯入杆应与土基表面紧密接触。

3)安装贯入量测定装置，将支架平台、百分表(或两台贝克曼梁弯沉仪)按图 3-35 安装好。

(2)测试步骤。

1)在贯入杆位置安放 4 块 1.25 kg 的分开成半圆的承载板(共 5 kg)。

2)试验贯入前，先在贯入杆上施加 45 N 后，将测力计及贯入量百分表调零，记录初始读数。

3)启动千斤顶，使贯入杆以 1 mm/min 速度压入土基，当相应贯入量为 0.5 mm、1.0 mm、

图 3-35　CBR 现场装置与加载试验
(a)安装好的仪具；(b)加载贯入试验

1.5 mm、2.0 mm、2.5 mm、3.0 mm、4.0 mm、5.0 mm、6.5 mm、10.0 mm 及 11.5 mm 时，分别读取测力计读数。根据情况，也可在贯入量达 6.5 mm 时结束测试。

用千斤顶连续加载，两个贯入量百分表及测力计均应在同一时刻读数，当两个百分表读数差值不超过平均值的 30% 时，以其平均值作为贯入量，当两个表读数差值超过平均值的 30% 时，应停止试验。

4)卸除荷载，移去测定装置。

5)在试验点下取样，测定材料含水率。取样数量如下：最大粒径不大于 4.75 mm，试样数量约 120 g；最大粒径不大于 19.0 mm，试样数量约 250 g；最大粒径不大于 31.5 mm，试样数量约 500 g。

6)在紧靠试验点旁边的适当位置，用灌砂法或环刀法等测定土基的密度。

3. 计算

(1)将贯入试验得到的各等级荷载数除以贯入断面面积(19.625 cm²)，得各级压强(MPa)，绘制荷载压强—贯入量曲线，如图 3-31 所示。当图中曲线如 2 所示有明显下凹的情况时，应在曲线的拐弯处作切线延长作贯入量修正，以与坐标轴相交的点 O' 作原点，得到修正后的压强—贯入量曲线。

(2)从压强—贯入量曲线上读取贯入量为 2.5 mm 及 5.0 mm 时的荷载压强 P_1，按公式计算现场 CBR。CBR 一般以贯入量 2.5 mm 时的测定值为准，当贯入量为 5.0 mm 时的 CBR 大于 2.5 mm 时的 CBR 值时，应重新试验。如重新试验仍然如此时，则以贯入量 5.0 mm 时的 CBR 为准。

$$CBR(\%) = \frac{P_1}{P_0} \times 100\% \tag{3-25}$$

式中　P_1——荷载压强(MPa)；

P_0——标准压强，由优质碎石大量试验得到；当贯入量为 2.5 mm 时为 7 MPa，当贯入量为 5.0 mm 时为 10.5 MPa。

4. 报告

试验报告应包括的内容有以下几项：

(1)土基含水率(%)；

(2)测点的干密度(g/cm²)；

(3)现场 CBR 值及相应的贯入量。

试验记录格式见表 3-16。

表 3-16　现场 *CBR* 值测定记录表

路线和编号：_____　路面结构：_____　测定层位：_____　承载板直径(cm)：_____　测定日期：_____

	预定贯入量/mm	贯入量百分表读数(0.01 mm)			测力计读数	压力/MPa
		1	2	平均		
加载记录	0					
	0.5					
	1.0					
	1.5					
	2.0					
	2.5					
	3.0					
	4.0					
	5.0					
	7.5					
	10.0					
	12.5					
现场 *CBR* 计算	贯入断面面积：　　　cm² 相当于贯入量 2.5 mm 时的荷载压强：标准压强＝7.0 MPa　　*CBR*₂.₅ ＝　　(%) 相当于贯入量 5.0 mm 时的荷载压强：标准压强＝10.5 MPa　　*CBR*₅ ＝　　(%) 试验结果　现场 *CBR* ＝　　(%)					
含水率计算	编号	湿土重/g	干土重/g	水重/g	含水率/%	平均含水率/%
	1					
	2					
密度计算	编号	试样湿重/g	试样干重/g	体积/cm³	干密度/(g·cm⁻³)	平均干密度/(g·cm⁻³)
	1					
	2					

三、动力锥贯入仪测定路基路面回弹模量试验方法

使用动力锥贯入仪在现场快速测定或评估无机结合料材料路基、路面的强度。

1. 检测器具与材料

(1)动力锥贯入仪(DCP)：结构与形状如图 3-36 所示，包括手柄、落锤、导向杆、联轴器(锤座)、扶手、夹紧环、探杆、1 m 刻度尺、锥头。

标准落锤质量为 8 kg 或 10 kg。

锥头锥尖的角度为 90°、60°或 30°等，最大直径为 20 mm。锥头最大允许磨损尺寸，尖端为 4 mm，直径为 10%，否则必须更换。

(2)电钻。

(3)其他：扳手、铁铲、记录本等。

2. 检测方法与步骤

(1)准备工作。

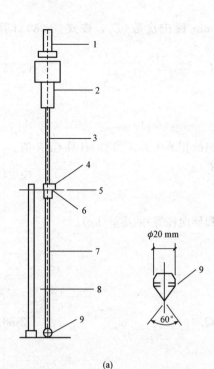
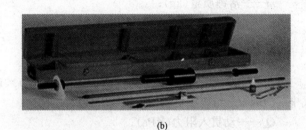

图 3-36 动力锥贯入仪
(a)结构形状示意
1—手柄；2—落锤；3—导向杆；4—联轴器；
5—扶手；6—夹紧环；7—探杆；8—1 m 刻度尺；9—锥头
(b)实物图

1)利用当地材料进行对比试验，建立现场 CBR 值或强度与用 DCP 测定的贯入度 D_d 或贯入阻力 Q_d 之间的相关关系。测点数宜不少于 15 个，相关系数 R 应不小于 0.95。

2)放入落锤，将仪器的导向杆与探杆在联轴器处紧固连接，保证不会松动。

3)将 DCP 竖直立于硬地(如混凝土)上，然后记录零读数。

4)根据需要选择有代表性的测点，测点应位于平整的路基、路面基层、面层上。如果要探测的层位上面有难以穿透的坚硬结构层时，应钻孔或刨挖至其顶面。

(2)测试步骤。

1)将 DCP 放至测点位置。一人手扶仪器手柄，使探杆保持竖直；另一人提起落锤至导向杆顶端，然后松开，使之呈自由落体下落。如果试验中探杆稍有倾斜，不可扶正；如果倾斜较大，造成落锤不是自由落体，则该点试验应废弃。

2)读取贯入深度。每贯入约 10 mm 读一次数，记录锤击数和贯入量(mm)(对于粒料基层，每 5 次或 10 次锤击读数一次；对于比较软弱的结构层，每 1~2 次锤击读数一次)。

3)连续锤击、测量，直到需要的结构层深度。当材料层坚硬，贯入量低到连续锤击 10 次而无变化时，可以停止试验或钻孔透过后继续试验。

4)将落锤移走，从探坑中取出 DCP 仪器。

3. 计算

(1) DCP 的测试结果可用以锤击次数为横坐标，贯入深度为纵坐标的贯入曲线表示，或使用专用的计算机程序进行处理，得出结构层材料的现场强度或 CBR 值等。

(2)通常可以计算出贯入度(平均每次的贯入量,mm/锤击次数)D_d,按式(3-26)计算 CBR 值:

$$\lg(CBR) = a - b \times \lg D_d \tag{3-26}$$

式中 CBR——结构层材料的现场 CBR 值;

D_d——贯入度(mm);

a,b——回归系数。

(3)也可以按式(3-27)计算出动贯入阻力 Q_d,再按得出的相关关系式(3-28)计算 CBR 值。

$$Q_d = \frac{m}{m+m_0} \times \frac{mgH}{A} \tag{3-27}$$

式中 Q_d——动贯入阻力(kPa);

m_0——贯入器被打入部分(包括锥头、探杆、锤座和导向杆等)的质量(kg);

m——落锤质量(kg);

g——重力加速度,$g=9.8$ m/s²;

H——落距(m);

A——探头截面面积(cm²)。

$$\lg(CBR) = a + b \times \lg Q_d \tag{3-28}$$

式中 CBR——结构层材料的现场 CBR 值;

Q_d——动贯入阻力(KPa);

a,b——回归系数。

4. 检测报告内容

(1)动力锥贯入仪的型号参数;

(2)各测点的位置桩号、锤击次数及相应的贯入量,并附贯入曲线图;

(3)数据处理方法,现场强度或 CBR 值、结构层厚度等。

本章小结

路基顶面弯沉和路表弯沉是我国路基路面验收的重要指标,通常所说的回弹弯沉是指后轴载轮隙中心处的最大回弹弯沉值。常用的测试方法有:贝克曼梁法、自动弯沉仪法、落锤式弯沉仪法。沥青路面的弯沉以路表温度 20 ℃时为准,在其他温度测试时,厚度大于 5 cm 的沥青路面,弯沉值应予温度修正。结果评定中,路基、沥青路面弯沉代表值的计算与粒料类基层和底基层顶面弯沉代表值公式不同,注意区分。

回弹模量在路基路面设计中作为材料抗压强度的指标,表征在弹性变形阶段内,垂直荷载作用下,抵抗竖向变形的能力。目前国内常用的主要有承载板法、贝克曼梁法和其他间接测试方法(如贯入仪法和 CBR 测定法)。

CBR 又称加州承载比,是评定土基及路面基层材料强度的一种方法。试验方法有室内试验和现场试验两种。室内试验时,试件按照路基施工时的含水率和压实度要求在试筒内制备,并在加载前浸泡饱水 4 天,以模拟土基或路面材料最不利状态。

复习思考题

一、填空题

1. 弯沉测试常用的方法有_____、_____、_____三种,其中_____是标准方法。
2. 沥青路面的弯沉以路表温度_____时为准,在其他温度测试时,对厚度大于_____的沥青路面,弯沉值应予温度修正。
3. 测定弯沉用的标准车后轴标准轴载为_____,轮胎充气压力为_____,单轮传压面当量圆直径为_____。
4. 弯沉代表值大于_____时,相应分项工程应为不合格。
5. 承载板测定土基回弹模量试验时,当两台弯沉仪百分表读数之差小于_____时,取平均值,如果超过_____则应重测。当回弹变形超过_____时,即可停止加载。
6. CBR 一般以贯入量____ mm 时的测定值为准,当贯入量____ mm 时的 CBR 大于____ mm 时的 CBR 时,应重新试验,如重新试验仍然如此,则以贯入量____ mm 时的 CBR 为准。

二、选择题

1. 落锤式弯沉仪测定的弯沉,是在动态荷载作用下产生的( )。
   A. 回弹弯沉　　B. 动态弯沉　　C. 总弯沉　　D. 设计弯沉
2. 承载板测定土基回弹模量试验时,当回弹变形超过( )mm 时,即可停止加载。
   A. 1　　B. 1.5　　C. 0.8　　D. 0.5
3. 沥青混合料面层用贝克曼梁测定的回弹弯沉检测结果可能需要进行( )修正。
   A. 支座　　B. 温度　　C. 季节　　D. 湿度
4. 室内 CBR 试验中,贯入杆预压在 CBR 试件上的力是( )N。
   A. 30　　B. 40　　C. 45　　D. 50
5. 贝克曼梁前臂与后臂长度之比为( )。
   A. 1∶2　　B. 2∶1　　C. 1∶1　　D. 1∶3
6. 室内 CBR 试验时,试件按照路基施工时的含水率和压实度要求在试筒内制备,并在加载前浸泡饱水( )天。
   A. 4　　B. 6　　C. 2　　D. 1

三、简答题

1. 何谓弯沉?常用哪几种方法进行测定?各测定方法有何特点?
2. 常用哪几种方法对路基、路面的回弹模量进行检测?
3. 什么是 CBR?简述土基现场 CBR 值测试要点。
4. 简述动力锥贯入仪快速测定土基 CBR 值的测试要点。

四、计算题

1. 某路段路基施工质量检查中,标准轴载测得 10 点的弯沉值分别为 100、101、102、105、95、98、93、96、104、103(0.01 mm),不考虑检测时温湿度的影响,该路段的弯沉值是否满足要求,目标可靠指标 $\beta=1.65$,设计弯沉值为 108(0.01 mm)。
2. 用贝克曼梁法测定某路段面的综合回弹模量,经整合各点弯沉值如下:38、45、32、42、36、37、40、44、52、46、42、45、37、41、44(0.01 mm)。其中测试车后轴重 100 kN(轮胎气压为 0.7 MPa,当量圆半径为 10.65 cm),请计算该路段的综合回弹模量。

第四章 无机结合料稳定材料检测

学习建议

通过本章的学习，能理解无机结合料组成配合比设计方法过程；会用 EDTA 滴定法进行水泥、石灰剂量的测定；熟悉无机结合料稳定材料击实试验方法，并进行数据的处理；能够运用检测器具进行无侧限抗压强度试验，并会数据处理，完整独立地填写试验报告。

无机结合料稳定材料检测

无机结合料稳定材料是指采用一定的技术措施，在粉碎的或原来松散的土中，掺入适量的无机结合料(如水泥、石灰、粉煤灰等)和水，经拌和均匀、压实和养生后得到的一种强度和耐久性符合规定要求的复合混合料，又称无机结合料稳定土。一般作为高等级公路路面基层、底基层。工程上用于无机结合料稳定的土通常按照土中单个颗粒(指碎石、砾石和砂颗粒)的粒径大小和组成，将土分为细粒土：颗粒的最大粒径不大于 4.75 mm，公称最大粒径不大于 2.36 mm，包括各种黏质土、粉质土、砂和石屑等；中粒土：颗粒最大粒径不大于 26.5 mm，公称最大粒径大于 2.36 mm，且不大于 19 mm 的土或集料，包括砂砾土、碎石土、级配砂砾、级配碎石等；粗粒土：颗粒最大粒径不大于 53 mm，公称最大粒径大于 19 mm，且不大于 37.5 mm 的土或集料，包括砂砾土、碎石土、级配砂砾、级配碎石等。

第一节 无机结合料稳定材料的组成设计

无机结合料稳定材料的组成设计是根据强度标准和使用性能要求，通过试验选取合适的原材料，确定稳定材料中结合料的合适比例，根据击实试验确定稳定材料的最佳含水率和最大干密度，作为工地现场进行质量控制的参考数据。稳定类材料的组成设计是路面结构设计的重要组成部分。

一、强度要求

无机结合料稳定材料应满足《公路路面基层施工技术细则》(JTG/T F20—2015)规定的强度要求。采用 7 d 龄期无侧限抗压强度作为无机结合料稳定类材料施工质量控制的主要指标。高速公路和一级公路应验证所用材料的 7 d 龄期无侧限抗压强度与 90 d 或 180 d 龄期弯拉强度的关系。各种无机结合料稳定材料的强度标准见表 4-1。

表 4-1 无机结合料稳定材料 7 d 无侧限抗压强度标准(R_d)　　MPa

材料	结构层	公路等级	极重、特重交通	重交通	中等、轻交通
水泥稳定类	基层	高速公路、一级公路	5.0~7.0	4.0~6.0	3.0~5.0
		二级及二级以下公路	4.0~6.0	3.0~5.0	2.0~4.0
	底基层	高速公路、一级公路	3.0~5.0	2.5~4.5	2.0~4.0
		二级及二级以下公路	2.5~4.5	2.0~4.0	1.0~3.0

续表

材料	结构层	公路等级	极重、特重交通	重交通	中等、轻交通
水泥粉煤灰稳定类	基层	高速公路、一级公路	4.0～5.0	3.5～4.5	3.0～4.0
		二级及二级以下公路	3.5～4.5	3.0～4.0	2.5～3.5
	底基层	高速公路、一级公路	2.5～3.5	2.0～3.0	1.5～2.5
		二级及二级以下公路	2.0～3.0	1.5～2.5	1.0～2.0
石灰粉煤灰稳定类	基层	高速公路、一级公路	≥1.1	≥1.0	≥0.9
		二级及二级以下公路	≥0.9	≥0.8	≥0.7
	底基层	高速公路、一级公路	≥0.8	≥0.7	≥0.6
		二级及二级以下公路	≥0.7	≥0.6	≥0.5
石灰稳定类	基层	二级及二级以下公路	—	—	≥0.8①
	底基层	高速公路、一级公路	—	—	≥0.8
		二级及二级以下公路	—	—	0.5～0.7②

注：1. 公路等级高或交通荷载等级高或结构安全性要求高时，推荐取上限强度标准。
2. 石灰粉煤灰稳定材料强度不满足表中要求时，可外加混合料质量1%～2%的水泥。
3. 石灰土强度达不到表中规定的抗压强度标准时，可添加部分水泥，或改用另一种土，塑性指数过小的土，不宜用石灰稳定，宜改用水泥稳定。
① 在低塑性材料（塑性指数小于7）地区，石灰稳定砂砾和碎石的7 d龄期无侧限抗压强度应大于0.5 MPa（100 g平衡锥测液限）。
② 低限用于塑性指数小于7的黏性土，且低限值宜仅用于二级以下的公路。高限用于塑性指数大于7的黏性土。

二、混合料组成设计

无机结合料稳定材料组成设计应包括原材料检验、混合料目标配合比设计、混合料的生产配合比设计和施工参数确定四个部分。生产配合比设计和施工参数确定是在目标配合比设计的基础上进行，目标配合比确定的各档材料比例，应对拌和设备进行调试和标定，确定合理的生产参数。在此主要介绍混合料的目标配合比设计方法。

1. 原材料检验

原材料检验应包括结合料、被稳定材料及其他相关材料的试验。

(1)土：包括含水率、液限、塑限、颗粒分析、有机质和硫酸盐含量等；

(2)粗集料：包括含水率、级配、液限、塑限、毛体积相对密度和吸水率、压碎值、粉尘含量、针片状颗粒含量、软石含量等；

(3)细集料：包括小于0.075颗粒含量、含水率、级配、液限、塑限、毛体积密度和吸水率、有机质和硫酸盐含量等；

(4)石灰：检验含水率、有效钙镁含量、残渣含量；

(5)水泥：检验强度等级和初、终凝时间、细度、比表面积、安定性；

(6)粉煤灰：检验含水率、烧失量、细度、二氧化硅等氧化物含量。

2. 设计方法与步骤

(1)根据当地材料的特点，选择适宜的结合料类型，确定混合料配合比设计的技术标准。

(2)应选择不少于5个结合料剂量，采用重型击实法（或振动压实法）分别确定各剂量条件下混合料的最佳含水率和最大干密度。规范建议的剂量见表 4-2 和表 4-3。

表 4-2 水泥稳定材料配合比试验推荐水泥试验剂量表

被稳定材料	条件		推荐试验剂量/%
有级配的碎石或砾石	基层	$R_d \geqslant 5.0$ MPa	5、6、7、8、9
有级配的碎石或砾石	基层	$R_d < 5.0$ MPa	3、4、5、6、7
土、砂、石屑等	基层	塑性指数<12	5、7、9、11、13
土、砂、石屑等	基层	塑性指数≥12	8、10、12、14、16
有级配的碎石或砾石	底基层	—	3、4、5、6、7
土、砂、石屑等	底基层	塑性指数<12	4、5、6、7、8
土、砂、石屑等	底基层	塑性指数≥12	6、8、10、12、14
碾压贫混凝土	基层	—	7、8.5、10、11.5、13

表 4-3 石灰(水泥)粉煤灰稳定材料和石灰(水泥)煤渣稳定材料推荐比例

材料类型	材料名称	使用层位	结合料比例	结合料与被稳定材料间比例
石灰粉煤灰	硅铝粉煤灰的石灰粉煤灰类①	基层或底基层	石灰:粉煤灰=1:2~1:9	
石灰粉煤灰	石灰粉煤灰土	基层或底基层	石灰:粉煤灰=1:2~1:4②	石灰粉煤灰:细粒材料=30:70③~10:90
石灰粉煤灰	石灰粉煤灰稳定级配碎石或砾石	基层	石灰:粉煤灰=1:2~1:4	石灰粉煤灰:被稳定材料=20:80~15:85④
石灰煤渣	石灰煤渣稳定材料	基层或底基层	石灰:煤渣=20:80~15:85	—
石灰煤渣	石灰煤渣土	基层或底基层	石灰:煤渣=1:1~1:4	石灰煤渣:细粒材料=1:1~1:4⑤
石灰煤渣	石灰煤渣稳定材料	基层或底基层	石灰:煤渣:被稳定材料=(7~9):(26~33):(67~58)	
水泥粉煤灰	硅铝粉煤灰的水泥粉煤灰类①	基层或底基层	水泥:粉煤灰=1:3~1:9	
水泥粉煤灰	水泥粉煤灰土	基层或底基层	水泥:粉煤灰=1:3~1:5	水泥粉煤灰:细粒材料=30:70③~10:90
水泥粉煤灰	水泥粉煤灰稳定级配碎石或砾石	基层	水泥:粉煤灰=1:3~1:5	水泥粉煤灰:被稳定材料=20:80~15:85④
水泥煤渣	水泥煤渣稳定材料	基层或底基层	水泥:煤渣=5:95~15:85	—
水泥煤渣	水泥煤渣土	基层或底基层	水泥:煤渣=1:2~1:5	水泥煤渣:细粒材料=1:2~1:5⑥
水泥煤渣	水泥煤渣稳定材料	基层或底基层	水泥:煤渣:被稳定材料=(3~5):(26~33):(71~62)	

①CaO 含量为 2%~6% 的硅铝粉煤灰。
②粉土以 1:2 为宜。
③采用此比例时,石灰(水泥)与粉煤灰之比宜为 1:2~1:3。
④石灰(水泥)粉煤灰与粒料之比为 15:85~20:80 时,在混合料中,粒料形成骨架,石灰(水泥)粉煤灰起填充孔隙和胶结作用。这种混合料称骨架密实式石灰粉煤灰粒料。
⑤混合料中石灰应不少于 10%,可通过试验选取强度较高的配合比。
⑥混合料中水泥应不少于 4%,可通过试验选取强度较高的配合比。

(3)按规定压实度分别计算不同水泥剂量的试件应有的干密度。

(4)按最佳含水率和计算得到的干密度制备试件。进行强度试验时,应按现场压实度标准采用静压法成型试件,试件的径高比应为1:1。无机结合料稳定细粒材料的试件直径应为100 mm,无机结合料稳定中、粗粒材料的试件直径应为150 mm。作为平行试验的最少试件数量应不小于表4-4的规定。如试验结果的偏差系数大于表中规定的值,分析原因,并重做试验。如不能降低偏差系数,则应增加试件数量。

表4-4 平行试验的最少试件数量

材料类型	变异系数要求		
	<10%	10%~15%	15%~20%
细粒材料①	6	9	—
中粒材料②	6	9	13
粗粒材料③	—	9	13

①公称最大粒径小于16 mm的材料。
②公称最大粒径不小于16 mm,且小于26.5 mm的材料。
③公称最大粒径不小于26.5 mm的材料。

(5)试件在规定温度下保湿养生6 d,浸水1 d后,按《公路工程无机结合料稳定材料试验规程》(JTG E51—2009)进行无侧限抗压强度试验。根据试验结果,按式(4-1)计算强度代表值 R_d^0:

$$R_d^0 = \overline{R} \cdot (1 - Z_a C_v) \tag{4-1}$$

式中 Z_a——标准正态分布表中随保证率或置信度 α 而变的系数,高速公路和一级公路应取保证率95%,即 $Z_a=1.645$;二级及二级以下公路应取保证率90%,即 $Z_a=1.282$;

$\overline{R}$——一组试验的平均强度值;

C_v——一组试验的强度变异系数。

(6)选定合适的结合料剂量。根据试验结果和表4-1的强度标准,选定合适的结合料剂量,此剂量试件室内试验结果的强度代表值 R_d^0 应不小于强度标准值 R_d,当 $R_d^0 < R_d$ 时,应重新进行配合比试验。

(7)对水泥稳定材料,工地实际采用的水泥剂量宜比室内试验确定的剂量多0.5%~1.0%。采用集中厂拌法施工时宜增加0.5%;采用路拌法施工时宜增加1%。

(8)水泥的最小剂量应符合表4-5的规定。

表4-5 水泥的最小剂量 %

被稳定材料类型	拌和方法	
	路拌法	集中厂拌法
中、粗粒材料	4	3
细粒材料	5	4

第二节 无机结合料稳定材料中水泥或石灰剂量的测定(EDTA滴定法)

所谓水泥或石灰剂量是指水泥或石灰的质量占干土质量的百分率。一般来说,随着结合料剂量的增大,混合料的强度和稳定性会随之提高,但工程造价和投资成本也会增加。在水泥稳定土中,水泥用量太多又不经济,而且会使结构层刚性增加,产生过多的反射裂缝,导致结构层的破坏。在石灰稳定土中,一般存在最佳石灰剂量,超过或小于这个值,石灰稳定土的强度都会降低。由此可见,合理的结合料剂量对混合料的性能有着非常重要的影响,对于无机结合料稳定类基层或底基层,必须测定和控制水泥或石灰的剂量。测定方法有EDTA滴定法和直读式测钙仪法。在此,仅介绍EDTA滴定法。

一、适用范围

(1)EDTA滴定法适用于在工地快速测定水泥和石灰稳定材料中水泥和石灰的剂量,并可用于检查现场拌和和摊铺的均匀性。

(2)适用于在水泥终凝之前的水泥含量测定,现场土样的石灰剂量应在路拌后尽快测试,否则需要用相应龄期的EDTA二钠标准溶液消耗量的标准曲线确定。

(3)用来测定水泥和石灰综合稳定材料中结合料的剂量。

二、检测器具

(1)滴定管(酸式):50 mL,1支。

(2)滴定台:1个。

(3)滴定管夹:1个。

(4)大肚移液管:10 mL、50 mL,10支。

(5)锥形瓶(即三角瓶):200 mL,20个。

(6)烧杯:2 000 mL(或1 000 mL),1只;300 mL,10只。

(7)容量瓶:1 000 mL,1个。

(8)搪瓷杯:容量大于1 200 mL,10个。

(9)不锈钢钢棒(或粗玻璃棒):10根。

(10)量筒:100 mL和5 mL,各1只;50 mL,2只。

(11)棕色广口瓶:60 mL,1个(装钙红指示剂)。

(12)电子天平:量程不小于1 500 g,感量0.01 g。

(13)秒表:1只。

(14)表面皿:直径9 cm,10个。

(15)研钵:直径12~13 cm,1个。

(16)洗耳球:1个。

(17)精密试纸:pH12~pH14。

(18)聚乙烯桶:20 L(装蒸馏水和氯化铵及EDTA二钠标准溶液),3个;5 L(装氢氧化钠),1个;5 L(大口桶),10个。

(19)毛刷、去污粉、吸水管、塑料勺、特种铅笔、厘米纸。

(20)洗瓶(塑料)：500 mL，1只。

三、检测方法

1. 制备溶液

(1)0.1 mol/m³ 乙二胺四乙酸二钠(EDTA二钠)标准溶液(简称EDTA二钠标准溶液)：准确称取EDTA二钠(分析纯)37.23 g，用40 ℃～50 ℃的无二氧化碳蒸馏水溶解，待全部溶解并冷却至室温后，定容至1 000 mL。

(2)10％氯化铵(NH_4Cl)溶液：将500 g氯化铵(分析纯或化学纯)放在10 L的聚乙烯桶内，加蒸馏水4 500 mL，充分振荡，使氯化铵完全溶解。也可以分批在1 000 mL的烧杯内配制，然后倒入塑料桶内摇匀。

(3)1.8％氢氧化钠(内含三乙醇胺)溶液：用电子天平称18 g氢氧化钠(NaOH)(分析纯)，放入洁净干燥的1 000 mL烧杯中，加1 000 mL蒸馏水使其全部溶解，待溶液冷却至室温后，加入2 mL三乙醇胺(分析纯)，搅拌均匀后储于塑料桶中。

(4)钙红指示剂：将0.2 g钙试剂羧酸钠(分子式$C_{21}H_{13}N_2NaO_7S$，分子量460.39)与20 g预先在105 ℃烘箱中烘1 h的硫酸钾混合。一起放入研钵中，研成极细粉末，储于棕色广口瓶中，以防吸潮。

2. 准备标准曲线

(1)取样：取工地用石灰和土，风干后用烘干法测其含水率(如为水泥，可假定含水率为0)。
(2)混合料组成的计算：
1)干料质量＝湿料质量/(1＋含水率)
2)干混合料质量＝湿混合料质量/(1＋最佳含水率)
3)干土质量＝干混合料质量/(1＋石灰或水泥剂量)
4)干石灰或水泥质量＝干混合料质量－干土质量
5)湿土质量＝干土质量×(1＋土的风干含水率)
6)湿石灰质量＝干石灰质量×(1＋石灰的风干含水率)
7)石灰土中应加入的水＝湿混合料质量－湿土质量－湿石灰质量

EDTA滴定法试验

(3)准备5种试样，每种两个样品(以水泥稳定材料为例)，如为水泥稳定中、粗粒土，每个样品取1 000 g左右(如为细粒土，则可称取300 g左右)准备试验。为减少中、粗粒土的离散，宜按设计级配单份掺配的方式备料。

5种混合料的水泥剂量应为：水泥剂量为0，最佳水泥剂量左右、最佳水泥剂量±2％和±4％，每种剂量取两个(为湿质量)试样，共10个试样，并分别放在10个大口聚乙烯桶(如为稳定细粒土，可用搪瓷杯或1 000 mL具塞三角瓶；如为粗粒土，可用5 L的大口聚乙烯桶)内。土的含水率应等于工地预期达到的最佳含水率，土中所加的水应与工地所用的水相同。

在此，准备标准曲线的水泥剂量可为0、2％、4％、6％、8％。如水泥剂量较高或较低，应保证工地实际所用水泥或石灰的剂量位于标准曲线所用剂量的中间。

(4)取一个盛有试样的盛样器，在盛样器内加入两倍试样质量(湿料质量)体积的10％氯化铵溶液(如湿料质量为300 g，则氯化铵溶液为600 mL；如湿料质量为1 000 g，则氯化铵溶液为2 000 mL)。料为300 g，则搅拌3 min(每分钟搅110～120次)；料为1 000 g，则搅拌5 min。如用1 000 mL具塞三角瓶，则手握三角瓶(瓶口向上)用力振荡3 min(每分钟120次±15次)，以代替搅拌棒搅拌。放置沉淀10 min，然后将上部清液转移到300 mL烧杯内，搅匀，加盖表面皿待测。

如果 10 min 后得到的是混浊悬浮液，则应增加放置沉淀时间，直到出现无明显悬浮颗粒的悬浮液为止，并记录所需的时间。以后所有该种水泥（或石灰）稳定材料的试验，均应以同一时间为准。

(5)用移液管吸取上层（液面上 1~2 cm）悬浮液 10.0 mL 放入 200 mL 的三角瓶内，用量筒量取 1.8% 氢氧化钠（内含三乙醇胺）溶液 50 mL 倒入三角瓶中，此时溶液 pH 值为 12.5~13.0（可用 pH12~pH14 精密试纸检验），然后加入钙红指示剂（质量约为 0.2 g），摇匀，溶液呈玫瑰红色。记录滴定管中 EDTA 二钠标准溶液的体积 V_1，然后用 EDTA 二钠标准溶液滴定，边滴定边摇匀，并仔细观察溶液的颜色；在溶液颜色变为紫色时，放慢滴定速度，并摇匀；直到纯蓝色为终点，记录滴定管中 EDTA 二钠标准溶液体积 V_2（以 mL 计，读至 0.1 mL）。计算 V_1-V_2，即为 EDTA 二钠标准溶液的消耗量。

(6)对其他几个盛样器中的试样，用同样的方法进行试验，并记录各自的 EDTA 二钠标准溶液的消耗量。

(7)以同一水泥或石灰剂量稳定材料 EDTA 二钠标准溶液消耗量(mL)的平均值为纵坐标，以水泥或石灰剂量(%)为横坐标制图，两者的关系应是一根顺滑的曲线，如图 4-1 所示。如素土、水泥或石灰改变，必须重做标准曲线。

3. 检测步骤

(1)选取有代表性的无机结合料稳定材料，对稳定中、粗粒土取试样约 3 000 g，对稳定细粒土取试样约 1 000 g。

(2)对水泥或石灰稳定细粒土，称 300 g 放在搪瓷杯中，用搅拌棒将结块搅散，加 10% 氯化铵溶液 600 mL；对水泥或石灰稳定中、粗粒土，可直接称取 1 000 g 左右，放入 10% 氯化铵溶液 2 000 mL，然后如前述步骤进行试验。

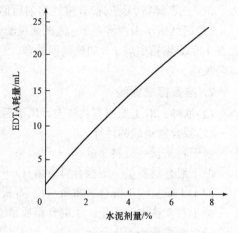

图 4-1 水泥剂量标准曲线

(3)利用所绘制的标准曲线，根据 EDTA 二钠标准溶液消耗量，确定混合料中的水泥或石灰剂量。

四、数据记录整理

1. 结果整理

本试验应进行两次平行测定，取算术平均值，精确至 0.1 mL。允许重复性误差不得大于均值的 5%，否则，重新进行试验。

2. 检测报告内容

(1)无机结合料稳定材料名称；
(2)试验方法名称；
(3)试验数量 n；
(4)试验结果极小值和极大值；
(5)试验结果平均值 $\overline{X}$；
(6)试验结果标准差 S；
(7)试验结果变异系数 C_v。

3. 记录

本试验的记录格式见表 4-6。

表 4-6　水泥或石灰剂量测定（EDTA 滴定法）记录表

任务单号				试验环境		温度 24 ℃、湿度 50%		
试验日期				试验设备		滴定管、滴定架、三角烧杯、搅拌棒		
试验规程		JTG E51—2009		试验人员				
评定标准		JTG/T F20—2015		复核人员				
试样名称		石灰土		取样段落		K13+232		
工程部位		路基		试样描述		—		
计剂量(%)		6		龄期(d)		5		

	试样编号	结合料剂量	EDTA 耗量/mL
标准曲线	1	2%	7.2
	2	4%	14.8
	3	6%	22.1
	4	8%	29.6
	5	10%	36.7

取样位置	瓶号	试样质量/g	EDTA 溶液消耗量/mL	标准曲线对应剂量/%	灰剂量测定值/%	修正后灰剂量/%	备注
施工现场	1	300	22.9	6.2	6.2	6.2	—
	2	300	22.5	6.1			
备注							
技术(质量)负责人：			结论：				

第三节　无机结合料稳定材料的击实试验

不同的无机结合料稳定材料，在不同的无机结合料剂量、不同的含水率、不同的击实功下可以达到不同的密实度，在公路工程的施工质量控制过程中，要求在一定的压实功的作用下达到最大的密实度。通过击实试验，测定无机结合料稳定材料含水率与干密度的关系，从而了解其压实性能，作为施工时基层与底基层压实控制的依据。

一、击实试验的适用条件

本方法适用于在规定的试筒内,对水泥稳定材料(在水泥水化前)、石灰稳定材料及石灰(或水泥)粉煤灰稳定材料进行击实试验,以绘制稳定材料的含水率—干密度关系曲线,从而确定其最佳含水率和最大干密度。试验集料的公称最大粒径宜控制在 37.5 mm 以内。本试验方法分三类,各类击实方法的主要参数列于表 4-7 中。

表 4-7 试验方法类别表

类别	锤的质量/kg	锤击面直径/cm	落高/cm	试筒尺寸			锤击层数	每层锤击次数	平均单位击实功/J	容许最大公称粒径/mm
				内径	高	容积				
甲	4.5	5.0	45	10.0	12.7	997	5	27	2.687	19.0
乙	4.5	5.0	45	15.2	12.0	2 177	5	59	2.687	19.0
丙	4.5	5.0	45	15.2	12.0	2 177	5	98	2.677	37.5

二、检测器具与设备

(1)击实筒:小型,内径 100 mm、高 127 mm 的金属圆筒,套环高 50 mm,底座;大型,内径 152 mm、高 170 mm 的金属圆筒,套环高 50 mm,直径 151 mm 和高 50 mm 的筒内垫块,底座。

(2)多功能自控电动击实仪:击锤的底面直径为 50 mm,总质量为 4.5 kg。击锤在导管内的总行程为 450 mm。可设置击实次数,并保证击锤自由垂直落下,落高应为 450 mm,锤迹均匀分布于试样面。

(3)电子天平:量程 4 000 g,感量 0.01 g。

(4)电子天平:量程 15 kg,感量 0.01 g。

(5)方孔筛:孔径 53 mm、37.5 mm、26.5 mm、19 mm、4.75 mm、2.36 mm 的筛各 1 个。

(6)量筒:50 mL、100 mL 和 500 mL 的量筒各 1 个。

(7)直刮刀:长 200~250 mm、宽 30 mm 和厚 3 mm,一侧开口的直刮刀,用以刮平和修饰粒料大试件的表面。

(8)刮土刀:长 150~200 mm、宽约 20 mm 的刮刀,用以刮平和修饰小试件的表面。

(9)工字形刮平尺:30 mm×50 mm×310 mm,上下两面和侧面均刨平。

(10)拌和工具:约 400 mm×600 mm×70 mm 的长方形金属盘、拌和用平头小铲等。

(11)脱模器。

(12)测定含水率用的铝盒、烘箱等其他用具。

(13)游标卡尺。

三、准备工作

(1)将具有代表性的风干试料(必要时,也可以在 50 ℃烘箱内烘干)用木槌捣碎或用木碾碾碎。土团均应破碎到能通过 4.75 mm 的筛孔。但应注意不使粒料的单个颗粒破碎或不使其破碎程度超过施工中拌合机械的破碎率。

(2)如试料是细粒土,将已破碎的具有代表性的土过 4.75 mm 筛备用(用甲法或乙法做试验)。

(3)如试料中含有粒径大于 4.75 mm 的颗粒,则先将试料过 19 mm 筛;如存留在 19 mm 筛上的颗粒的含量不超过10%,则过 26.5 mm 筛,留作备用(用甲法或乙法做试验)。

(4)如试料中粒径大于 19 mm 的颗粒含量超过 10%,则将试料过 37.5 mm 筛;如果存留在 37.5 mm 筛上的颗粒的含量不超过 10%,则过 53 mm 的筛备用(用丙法试验)。

(5)每次筛分后,均应记录超尺寸颗粒的百分率 P。

(6)在预定做击实试验的前一天,取有代表性的试料测定其风干含水率。对于细粒土,试样应不少于 100 g;对于中粒土,试样应不少于 1 000 g;对于粗粒土的各种集料,试样应不少于 2 000 g。

(7)在试验前用游标卡尺准确测量试模的内径、高和垫块的厚度,以计算试筒的容积。

四、检测步骤

1. 准备工作

在试验前应将试验所需要的各种仪器设备准备齐全,测量设备应满足精度要求;调试击实仪器,检查其运转是否正常。

2. 甲法

(1)将已筛分的试样用四分法逐次分小,至最后取出 10~15 kg 试料。再用四分法将已取出的试料分成 5~6 份,每份试料的干质量为 2.0 kg(对于细粒土)或 2.5 kg(对于各种中粒土)。

(2)预定 5~6 个不同含水率,依次相差 0.5%~1.5%,且其中至少有两个大于和两个小于最佳含水率。

在此,对于中、粗粒土,在最佳含水率附近取 0.5%,其余取 1%。对于细粒土,取 1%,但对于黏土,特别是重黏土,可能需要取 2%。

(3)按预定含水率制备试样。将 1 份试料平铺于金属盘内,将事先计算得的该份试料中应加的水量均匀地喷洒在试料上,用小铲将试料充分拌和到均匀状态(如为石灰稳定材料、石灰粉煤灰综合稳定材料、水泥粉煤灰综合稳定材料和水泥、石灰综合稳定材料,可将石灰、粉煤灰和试料一起拌匀),然后装入密闭容器或塑料口袋内浸润备用。

浸润时间要求:黏质土 12~24 h,粉质土 6~8 h,砂类土、砂砾土、红土砂砾、级配砂砾等可以缩短到 4 h 左右,含土很少的未筛分碎石、砂砾和砂可缩短到 2 h。浸润时间一般不超过 24 h。

应加水量可按式(4-2)计算:

$$m_w = \left(\frac{m_n}{1+0.01w_n} + \frac{m_c}{1+0.01w_c} \right) \times 0.01w - \frac{m_n}{1+0.01w_n} \times 0.01w_n - \frac{m_c}{1+0.01w_c} \times 0.01w_c$$

(4-2)

式中 m_w——混合料中应加的水量(g);

m_n——混合料中素土(或集料)的质量(g),其原始含水率为 w_n,即风干含水率(%);

m_c——混合料中水泥或石灰的质量(g),其原始含水率为 w_c;

w——要求达到的混合料的含水率(%)。

(4)将所需要的稳定剂水泥加到浸润后的试样中,并用小铲、泥刀或其他工具充分拌和到均匀状态。水泥应在土样击实前逐个加入。加有水泥的试样拌和后,应在 1 h 内完成下述击实试验。拌和后超过 1 h 的试样,应予作废(石灰稳定材料和石灰粉煤灰稳定材料除外)。

(5)试筒套环与击实底板应紧密联结。将击实筒放在坚实地面上,用四分法取制备好的试样 400~500 g(其量应使击实后的试样等于或略高于筒高的 1/5)倒入筒内,整平其表面并稍加压紧,然后将其安装到多功能自控电动击实仪上,设定所需锤击次数,进行第 1 层试样的击实。第 1 层击实完后,检查该层高度是否合适,以便调整以后几层的试样用量。用刮土刀或螺钉旋具将已击实层的表面"拉毛",然后重复上述做法,进行其余4层试样的击实。最后一层试样击实后,试样超出筒顶的高度不得大于6 mm,超出高度过大的试件应该作废。

(6)用刮土刀沿套环内壁削挖(使试样与套环脱离)后,扭动并取下套环。齐筒顶细心刮平试样,并拆除底板。如果试样底面略突出筒外或有孔洞,则应细心刮平或修补。最后用工字形刮平尺齐筒顶和筒底将试样刮平。擦净试筒的外壁,称其质量 m_1。

(7)用脱模器推出筒内试样。从试样内部从上至下取两个有代表性的样品(可将脱出试件用锤打碎后,用四分法采取),测定其含水率,计算至0.1%。两个试样的含水率的差值不得大于1%。所取样品的数量见表4-8(如只取一个样品测定含水率,则样品的质量应为表列数值的两倍)。擦净试筒,称其质量 m_2。

表4-8 测定稳定材料含水率的样品质量

公称最大粒径/mm	样品质量/g
2.36	约50
19	约300
37.5	约1 000

烘箱的温度应事先调整到110 ℃左右,以使放入的试样能立即在105 ℃~110 ℃的温度下烘干。

(8)按本方法(3)~(7)的步骤进行其余含水率下稳定材料的击实和测定工作。凡已用过的试样,一律不再重复使用。

3. 乙法

在缺乏内径10 cm的试筒时,以及在需要与承载比等试验结合起来进行时,采用乙法进行击实试验。本法更适宜于公称最大粒径达19 mm的集料。

(1)将已过筛的试料用四分法逐次分小,至最后取出约30 kg试料。再用四分法将所取的试料分成5~6份,每份试料的干质量约为4.4 kg(细粒土)或5.5 kg(中粒土)。

(2)以下各步的做法与甲方法的(1)~(8)相同,但应该先将垫块放入筒内底板上,然后加料并击实。所不同的是,每层需取制备好的试样约900 g(对于水泥或石灰稳定细粒土)或1 100 g(对于稳定中粒土),每层的锤击次数为59次。

4. 丙法

(1)将已过筛的试料用四分法逐次分小,至最后取约33 kg试料。再用四分法将所取的试料分成6份(至少要5份),每份质量约5.5 kg(风干质量)。

(2)预定5~6个不同含水率,依次相差0.5%~1.5%。在估计最佳含水率左右可只差0.5%~1%。

通常,对于水泥稳定类材料,在最佳含水率附近取0.5%;对于石灰、二灰稳定类材料,根据具体情况在最佳含水率附近取1%。

(3)同甲方法(3)。

(4)同甲方法(4)。

(5)将试筒、套环与夯击底板紧密地联结在一起,并将垫块放在筒内底板上。击实筒应放在坚实地面上,取制备好的试样1.8 kg左右,其量应使击实后的试样略高于(高出1~2 mm)筒高的1/3倒入筒内,整平其表面,并稍加压紧。然后将其安装到多功能自控电动击实仪上,设定所需锤击次数,进行第1层试样的击实。第1层击实完后检查该层的高度是否合适,以便调整以后两层的试样用量。用刮土刀或螺钉旋具将已击实的表面"拉毛",然后重复上述做法,进行其余两试样的击实。最后一层试样击实后,试样超出试筒顶的高度不得大于6 mm。超出高度过大的试件应该作废。

(6)用刮土刀沿套环内壁削挖(使试样与套环脱离),扭动并取下套环。齐筒顶细心刮平试样,并拆除底板,取走垫块。擦净试筒的外壁,称其质量m_1。

(7)用脱模器推出筒内试样。从试样内部由上至下取两个有代表性的样品(可将脱出试件用锤打碎后,用四分法采取),测定其含水率,计算至0.1%。两个试样的含水率的差值不得大于1%。所取样品的数量应不少于700 g,如只取一个样品测定含水率,则样品的数量应不少于1 400 g。烘箱的温度应事先调整到110 ℃左右,以使放入的试样能立即在105 ℃～110 ℃的温度下烘干。擦净试筒,称其质量m_2。

(8)按本方法(3)～(7)进行其余含水率下稳定材料的击实和测定。凡已用过的试料,一律不再重复使用。

五、计算

1. 稳定材料湿密度计算

按式(4-3)计算每次击实后稳定材料的湿密度:

$$\rho_w = \frac{m_1 - m_2}{V} \tag{4-3}$$

式中 ρ_w——稳定材料的湿密度(g/cm³);
　　m_1——试筒与湿试样的总质量(g);
　　m_2——试筒的质量(g);
　　V——试筒的容积(cm³)。

2. 稳定材料干密度计算

按式(4-4)计算每次击实后稳定材料的干密度:

$$\rho_d = \frac{\rho_w}{1 + 0.01w} \tag{4-4}$$

式中 ρ_d——试样的干密度(g/cm³);
　　w——试样的含水率(%)。

3. 制图

(1)以干密度为纵坐标、含水率为横坐标,绘制含水率—干密度曲线。曲线必须为凸形的,如试验点不足以连成完整的凸形曲线,则应该进行补充试验。

(2)将试验各点采用二次曲线方法拟合曲线,曲线的峰值点对应的含水率及干密度即为最佳含水率和最大干密度。

4. 超尺寸颗粒的校正

当试样中大于规定最大粒径的超尺寸颗粒的含量为5%～30%时,按下列各式对试验所得最大干密度和最佳含水率进行校正(超尺寸颗粒的含量小于5%时,可以不进行校正)。

(1)最大干密度按式(4-5)校正:

$$\rho'_{dm} = \rho_{dm}(1 - 0.01p) + 0.9 \times 0.01pG'_a \tag{4-5}$$

式中 ρ'_{dm}——校正后的最大干密度(g/cm³);
　　ρ_{dm}——试验所得的最大干密度(g/cm³);
　　p——试样中超尺寸颗粒的百分率(%);
　　G'_a——超尺寸颗粒的毛体积相对密度。

(2)最佳含水率按式(4-6)校正：
$$w'_0 = w_0(1-0.1p) + 0.01pw_a \tag{4-6}$$

式中 w'_0——校正后的最佳含水率(%)；

　　　w_0——试验所得的最佳含水率(%)；

　　　p——试样中超尺寸颗粒的百分率(%)；

　　　w_a——超尺寸颗粒的吸水量(%)。

当超尺寸颗粒的含量少于5%时，它对最大干密度的影响位于平行试验的误差范围内。

六、数据整理

(1)应做两次平行试验，取两次试验的平均值作为最大干密度和最佳含水率。两次重复性试验最大干密度的差不应超过0.05 g/cm³(稳定细粒土)和0.08 g/cm³(稳定中粒土和粗粒土)，最佳含水率的差不应超过0.5%(最佳含水率小于10%)和1.0%(最佳含水率大于10%)。超过上述规定值，应重做试验，直到满足精度要求。

(2)混合料密度计算应保留小数点后两位有效数字，含水率应保留小数点后一位有效数字。

七、检测报告内容

(1)试样的最大粒径、超尺寸颗粒的百分率；

(2)无机结合料类型及剂量；

(3)所用试验方法类别；

(4)最大干密度(g/cm³)；

(5)最佳含水率(%)，并附击实曲线。

八、记录表格形式

本试验的记录格式见表4-9。

表4-9 稳定材料击实试验记录表

工程名称 某路面基层　　　　结合料剂量(%) 5:95　　　　试样编号_____

混合料名称 水泥稳定碎石　　试验者_____　校核者_____　　试验日期_____

任务单号			试验环境		室温	
试验日期			试验设备		多功能击实仪、电子天平、烘箱	
试验规程		JTG E51—2009	试验人员			
评定标准		—	复核人员			
试样名称		4%水稳定碎石	取样地点		现场	
试验描述			工程部位		底基层	
试验方法及类别		丙法	筒容积/cm³		2 177	
	试验次数	1	2	3	4	5
干密度	筒加土质量/g	9 071	9 266	9 397	9 332	9 225
	筒质量/g	4 390	4 390	4 390	4 390	4 370
	湿土质量/g	4 681	4 876	5 007	4 942	4 855
	湿密度/(g·cm⁻³)	2.15	2.24	2.3	2.27	2.23
	干密度/(g·cm⁻³)	2.04	2.10	2.13	2.06	1.99

续表

	盒号	1	2	3	4	5	6	7	8	9	10
含水量	盒加湿土质量/g	1 452.3	1 422.7	1 380.2	1 391.1	1 185.5	1 263.8	1 366.8	1 364.6	1 565.6	1 431.1
	盒加干土质量/g	1 392.9	1 362.4	1 306.1	1 314.9	1 112.2	1 184.4	1 256.5	1 260.8	1 410.4	1 301.2
	盒质量/g	218.0	218.0	218.0	218.0	205.6	235.2	218.0	218.0	125.2	224.9
	水质量/g	59.4	60.3	74.1	76.2	73.3	79.4	110.3	103.8	155.2	129.9
	干土质量/g	1 174.9	1 144.4	1 088.1	1 096.9	906.6	949.2	1 038.5	1 042.8	1 285.2	1 076.3
	含水率/%	5.1	5.3	6.8	6.9	8.1	8.4	10.6	10.0	12.1	12.1
	平均含水率/%	5.2		6.9		8.2		10.3		12.1	
含水量与干密度关系图											
备注：	最佳含水率 $w_0 = 8.2\%$					最大干密度 $\rho_{dmax} = 2.13\ \text{g/cm}^3$					
结论：											

第四节 无机结合料稳定材料无侧限抗压强度试验

无机结合料稳定材料，也称半刚性材料，它包括稳定细粒土、中粒土、粗粒土等结构材料。其结构层的强度是以规定温度下保湿养生 6 d、浸水 1 d 后的 7 d 龄期无侧限抗压强度为主要指标。高速公路和一级公路应验证所用材料的 7 d 龄期无侧限抗压强度与 90 d 或 180 d 龄期弯拉强度的关系。

无机结合料稳定材料的抗压强度应满足表 4-1 的规定。

一、检测器具和设备

(1)方孔筛：孔径 53 mm、37.5 mm、31.5 mm、26.5 mm、4.75 mm 和 2.36 mm 的筛各一个。

(2)试模：适用于下列不同土的试模尺寸为：

细粒土：试模的直径×高=ϕ50 mm×50 mm；

中粒土：试模的直径×高=ϕ100 mm×100 mm；

粗粒土：试模的直径×高=ϕ150 mm×150 mm。

(3)脱模器。

(4)反力框架:规格为400 kN以上(静压制件用)。

(5)液压千斤顶(200~1 000 kN)。

(6)钢板尺:量程200 mm或300 mm,最小刻度1 mm。

(7)游标卡尺:量程200 mm或300 mm。

(8)压力试验机:可替代千斤顶和反力架,量程不小于2 000 kN,行程、速度可调(加载速率可有效控制在1 mm/min)。

(9)电动击实仪或手动击实仪,与击实试验所用相同。

(10)标准养护室。

(11)水槽:深度应大于试件高度50 mm。

(12)路面材料强度试验仪,或其他适合的压力机。

(13)电子天平:量程15 kg,感量0.1 g;量程4 000 g,感量0.01 g。

(14)量筒、拌和工具、漏斗、大小铝盆、烘箱等。

(15)球形支座。

(16)机油若干。

无侧限抗压强度试验

二、试件制备与养护

1. 试料准备

(1)试件成型根据需要的压实度水平,按照体积标准,采用静力压实法制备。将具有代表性的风干试料(必要时,也可以在50 ℃烘箱内烘干)用木锤和木碾碾碎,但应避免破碎粒料的原粒径。按照公称最大粒径的大一级筛,将土过筛并进行分类。

(2)在预定做试验的前一天,取有代表性的试料测定其风干含水率。对于细粒土,试样应不少于100 g;对于中粒土,试样不少于1 000 g;对于粗粒土,试样的质量应不少于2 000 g。

(3)用击实试验法确定无机结合料混合料的最佳含水率和最大干密度。

2. 制作试件

(1)对于无机结合料稳定细粒土,至少应该制备6个试件,对于无机结合料稳定中粒土和粗粒土,至少应该分别制备9个和13个试件。

(2)根据击实结果,称取一定质量的风干土,其质量随试件大小而变。对于$\phi 50$ mm×50 mm的试件,1个试件约需干土180~210 g;对于$\phi 100$ mm×100 mm的试件,1个试件约需干土1 700~1 900 g;对于$\phi 150$ mm×150 mm的试件,1个试件约需干土5 700~6 000 g。

对于细粒土,一次可称取6个试件的土;对于中粒土,可以一次称取3个试件的土;对于粗粒土,一次只能称取1个试件的土。将准备好的试料分别装入塑料袋中备用。

(3)将称好的土放在长方盘(约400 mm×600 mm×70 mm)内。向土中加水拌料闷料。石灰稳定材料、水泥和石灰综合稳定材料、石灰粉煤灰综合稳定材料、水泥粉煤灰综合稳定材料,可将石灰或粉煤灰和土一起拌和,将拌和均匀的试料放在密闭容器或塑料袋(封口)内浸润备用。

对于细粒土(特别是黏性土),浸润时的含水率较最佳含水率小3%,对于中粒土和粗粒土按式(4-2)计算混合料的加水量;对于水泥稳定类材料,加水量应比最佳含水率小1%~2%。

浸润时间:黏性土12~24 h;粉质土6~8 h,砂类土、砂砾土、红土砂砾、级配砂砾等可缩短到4 h左右;含土很少的未筛分碎石、砂砾及砂可以缩短2 h,浸润时间一般不超过24 h。

(4)在试件成型前1 h内,加入预定数量的水泥并拌和均匀。在拌和过程中,应将预留的水(细粒土为3%,水泥稳定类为1%~2%)加入土中,使混合料达到最佳含水率。拌和均匀的加有水泥的混合料应在1 h内按下述方法制成试件,超过1 h的混合料应该作废。其他结合料稳定土的混合料虽不受此限,但也应尽快制成试件。

3. 按预定的干密度制件

(1)用反力框架和液压千斤顶,或采用压力试验机制件。将试模的下压柱放入试模的下部,但外露 2 cm 左右。将称量的规定数量 m_2 的稳定材料混合料分 2~3 次灌入试模中,每次灌入后用夯棒轻轻均匀插实。如制的是 $\phi50$ mm×50 mm 的小试件,则可以将混合料一次倒入试模中,然后将与试模配套的上垫块放入试模内,应使其也外露 2 cm 左右(即上下垫块露出试模外的部分应该相等)。

(2)将整个试模(连同上下垫块)放到反力框架内的千斤顶上(千斤顶下应放一扁球座)或压力机,以 1 mm/min 的加载速率加压,直到上下垫块都压入试模为止。维持压力 2 min。

(3)解除压力后,取下试模,并放到脱模器上将试件顶出。用水泥稳定有黏结性的材料(如黏质土)时,制件后可立即脱模;用水泥稳定无黏结性的细粒土时,最好过 2~4 h 再脱模。对中、粗粒土的无机结合料稳定材料,也最好过 2~6 h 再脱模。

(4)在脱模器上取试件时,应用双手抱住试件侧面的中下部,然后沿水平方向轻轻旋转,待感觉到试件移动后,再将试件轻轻捧起,放置到试验台上,切勿直接将试件向上捧起。

(5)称试件的质量 m_2,小试件准确到 0.01 g;中试件准确到 0.01 g;大试件准确到 0.1 g。然后用游标卡尺量试件的高度 h,准确到 0.1 mm。检查试件的高度和质量,不满足成型标准的试件废掉。

4. 计算

单个试件的标准质量:

$$m_0 = V \times \rho_{max} \times (1 + w_{opt}) \times \gamma \tag{4-7}$$

考虑到试件成型过程中的质量损耗,实际操作过程中每个试件的质量可增加 0~2%,即

$$m_0' = m_0 \times (1 + \delta) \tag{4-8}$$

每个试件的干料(包括干土和无机结合料)总质量:

$$m_1 = \frac{m_0'}{(1 + w_{opt})} \tag{4-9}$$

每个试件中的无机结合料质量:外掺法 $m_2 = m_1 \times \dfrac{\alpha}{1+\alpha}$ (4-10)

$$\text{内掺法 } m_2 = m_1 \times \alpha \tag{4-11}$$

每个试件中的干土质量:

$$m_3 = m_1 - m_2 \tag{4-12}$$

每个试件中的加水量:

$$m_w = (m_2 + m_3) \times w_{opt} \tag{4-13}$$

验算:

$$m_0' = (m_2 + m_3 + m_w) \tag{4-14}$$

式中 V——试件体积(cm³);

w_{opt}——混合料最佳含水率(%);

ρ_{max}——混合料最大干密度(g/cm³);

γ——混合料压实度标准(%);

m_0, m_0'——混合料质量(g);

m_1——干混合料质量(g);

m_2——无机结合料质量(g);

m_3——干土质量(g);

δ——计算混合料质量的冗余量(%);
α——无机结合料的掺量(%);
m_w——加水质量。

制作好的试件高度误差范围:小试件应为-0.1~0.1 cm,中试件应为-0.1~0.15 cm,大试件应为-0.1~0.2 cm。

质量损失:小试件应不超过标准质量5 g,中试件应不超过25 g,大试件应不超过50 g。

5. 养护

试件从试模内脱出并量高称质量后,中试件和大试件应装入塑料袋内。试件装入塑料袋后,将袋内的空气排除干净,扎紧袋口,将包好的试件放入养护室。

标准养护的温度为(20±2)℃,湿度为≥95%。试件宜放在铁架或木架上,间距至少10~20 mm。试件表面应保持一层水膜,并避免用水直接冲淋。

对于无侧限抗压强度试验,标准养护龄期是7 d,最后一天浸水。对弯拉强度、间接抗拉强度、水泥稳定材料类的标准养护龄期是90 d,石灰稳定材料类的标准养护龄期是180 d。

在养护期最后一天将试件取出,观察试件的边角有无磨损和缺块,并量高称质量,然后将试件浸泡在(20±2)℃的水中,应使水面在试件顶上约2.5 cm。

如果养护期间有明显的边角缺损,试件应该作废。对养护7 d的试件,在养护期间,试件的质量损失符合下列规定:小试件不超过1 g,中试件不超过4 g,大试件不超过10 g。质量损失超过此规定的试件,应作废。对于养护90 d和180 d的试件,在养护期间,试件质量的损失应符合下列规定:小试件不超过1 g,中试件不超过10 g,大试件不超过20 g。

三、检测步骤

(1)根据试验材料的类型和一般的工程经验,选择合适量程的测力计和压力机,试件破坏荷载应大于测力量程的20%且小于测力量程的80%。球形支座和上下顶板涂上机油,使球形支座能灵活转动。

(2)将已浸水一昼夜的试件从水中取出,用软布吸去试件表面的水分,并称试件的质量m_4。

(3)用游标卡尺量试件的高度h,准确到0.1 mm。

(4)将试件放到路面材料强度试验仪或压力机上,并在升降台上先放一扁球座,进行抗压试验。试验过程中,应保持速率约为1 mm/min。记录试件破坏时的最大压力$P(N)$。

(5)从试件内部取有代表性的样品(经过打破),按照《公路工程无机结合料稳定材料试验规程》(JTG E51—2009)方法,测定其含水率w。

四、计算

试件的无侧限抗压强度R_c,用下式计算:

$$R_c = \frac{P}{A} \tag{4-15}$$

式中 R_c——试件的无侧限抗压强度(MPa);
P——试件破坏时的最大压力(N);
A——试件的截面面积(mm²),$A = \frac{\pi D^2}{4}$;
D——试件的直径(mm)。

五、数据处理

(1)抗压强度保留1位小数。

(2)同一组试件试验中,采用3倍均方差方法剔除异常值,小试件可允许有1个异常值,中试件1~2个异常值,大试件2~3个异常值。异常值数量超过上述规定的试验重做。

(3)同一组试验的变异系数C_v(%)符合下列规定,方为有效试验:小试件$C_v \leqslant 6\%$;中试件$C_v \leqslant 10\%$;大试件$C_v \leqslant 15\%$。如果不能保证试验结果的变异系数小于规定的值,则应按允许误差10%和90%概率重新计算所需的事件数量,增加试件数量并另做新试验。新老试验结果一并重新进行统计评定,直到变异系数满足上述规定。

六、检测报告内容

报告应包括以下内容:
(1)材料的颗粒组成;
(2)水泥的种类和等级或石灰等级;
(3)重型击实的最佳含水率(%)和最大干密度(g/cm³);
(4)无机结合料类型及剂量;
(5)试件干密度(保留3位小数,g/cm³)或压实度;
(6)吸水量以及测抗压强度时的含水率(%);
(7)若干个试验结果的最小值、最大值、平均值$\overline{R}_c$、标准差S、偏差系数C_v和95%概率的值$R_{c0.95} = (\overline{R}_c - 1.645S)$。

七、强度评定

评定路段试样的平均强度$\overline{R}_c$应满足下列要求:

$$\overline{R}_c \geqslant \frac{R_d}{(1 - Z_a C_v)} \tag{4-16}$$

式中 R_d——设计抗压强度(MPa);
C_v——试验结果的偏差系数(以小数计);
Z_a——标准正态分布表中随保证率而变的系数。高速公路、一级公路:保证率95%,$Z_a = 1.645$;其他公路:保证率90%,$Z_a = 1.282$。

八、记录格式

本试验的记录格式见表4-10。

表4-10 无侧限抗压强度试验记录表

工程名称 某国道　　试件尺寸(mm) φ100×100　　路段范围 K200~K201　　养护龄期 7天　　设计值 R_d = 2.80 MPa
混合料名称 水泥石灰稳定土　　加载速率(mm/min) 1　　结合料剂量(%) 9(水泥:石灰 = 3:6)
最大干密度(g/cm³) 2.23　　试件压实度(%) 97　　试验者___　　校核者___　　试验日期___

试件号	1	2	3	4	5	6
养生前试件质量 m_2/g	1 835.8	1 837.1	1 821.0	1 823.8	1 821.2	1 826.8
浸水前试件质量 m_3/g	1 834.0	1 835.6	1 819.5	1 820.2	1 819.2	1 824.9
浸水后试件质量 m_4/g	1 846.0	1 845.3	1 829.3	1 834.4	1 829.3	1 836.3
养生期间的质量损失* $m_2 - m_3$/g	1.8	1.5	1.5	3.6	2.0	1.9
吸水量 $m_4 - m_3$/g	12.0	9.7	9.8	14.2	10.1	11.4
养生前试件高度 h/cm	10.0	10.0	10.0	10.0	10.0	10.0

续表

试件号	1	2	3	4	5	6
浸水后试件高度 h/cm	10.0	10.0	10.0	10.0	10.0	10.0
试验的最大压力 P/kN	27.8	22.4	26.2	27.0	26.5	25.9
无侧限抗压强度 R_c/MPa	3.53	2.84	3.33	3.43	3.36	3.30
平均值/MPa	3.30	变异系数/%	7.3	代表值/MPa	3.18	

注：*指水分损失。如养护后试件掉粒或掉块，不作为水分损失。

本章小结

无机结合料稳定材料作为高等级公路路面基层、底基层的常用材料。其组成设计是路面结构设计的重要组成部分，包括原材料检验、混合料目标配合比设计、混合料的生产配合比设计和施工参数确定四个部分。

合理的结合料剂量对无机结合料的性能有非常重要的影响，必须测定和控制水泥或石灰的剂量。常用的检测方法是 EDTA 滴定法。EDTA 滴定法根据待检剂量制备标准曲线，保证工地实际所用水泥或石灰的剂量位于标准曲线所用剂量的中间。

无机结合料稳定材料的强度、水稳定性、抗冻性及缩裂现象均与密实度有关。在做无侧限抗压强度之前，要进行击实试验，以确定结合料的最佳含水率和最大干密度，宜采用重型击实方法。

强度试验时，应按现场压实度标准采用静压法成型试件，试件的径高比应为 1∶1。试件在标准的养护条件下养护 6 d，浸水 1 天。如试件在脱模后的高度、质量及其在养护期间的质量变化误差都在规范允许的范围内，则可进行抗压强度试验。根据试验结果进行强度评定。一般采用 7 d 龄期无侧限抗压强度作为无机结合料稳定类材料施工质量控制的主要指标。高速公路和一级公路应验证所用材料的 7 d 龄期无侧限抗压强度与 90 d 或 180 d 龄期弯拉强度的关系。

复习思考题

一、填空题

1. 所谓水泥或石灰剂量是指水泥或石灰的质量占_____的百分率。
2. 在 EDTA 滴定试验中，如湿料质量为 300 g，则氯化铵溶液为_____；如湿料质量为_____，则氯化铵溶液为 2 000 mL。
3. EDTA 滴定后制作标准曲线以_____横坐标，以_____为纵坐标。
4. 无侧限抗压强度试验采用静压法制件时，压力机的加载速率是_____。

二、选择题

1. 半刚性基层材料无侧限抗压强度应以（　　）天龄期的强度为评定依据。
   A. 7　　　　　　B. 14　　　　　　C. 28　　　　　　D. 90
2. 实验室标准养生条件为（　　）。
   A. 温度为(20±2)℃，湿度为≥95%　　　B. 温度为(60±2)℃，湿度为≥95%

C. 温度为(20±2)℃，湿度为≤95%　　　　D. 温度为(60±2)℃，湿度为≤95%

3. 用EDTA滴定法测定水泥和石灰稳定材料中水泥或石灰的剂量时，溶液颜色变化为（　　）。
   A. 玫瑰红色—紫色—蓝色　　　　　　　B. 玫瑰红色—蓝色—紫色
   C. 紫色—蓝色—玫瑰红色　　　　　　　D. 蓝色—紫色—玫瑰红色

4. 无侧限抗压强度试验，对养生7d的试件，在养生期间，试件的质量损失符合下列规定：小试件不超过（　　）g，中试件不超过（　　）g，大试件不超过（　　）g。质量损失超过此规定的试件，应予作废。
   A. 10　　　　　　B. 5　　　　　　C. 1　　　　　　D. 4

5. 无机结合料稳定材料试件制作方法(圆柱形)制作1个100 mm×100 mm的试件需要干土（　　）g。
   A. 1 800~2 100　　　　　　　　　　　B. 1 700~2 000
   C. 1 800~2 000　　　　　　　　　　　D. 1 700~1 900

6. 下列算式表达正确的有（　　）。
   A. 干混合料质量=湿混合料/(1+最佳含水率)
   B. 干土质量=混合料湿料/[1+石灰(或水泥)剂量]
   C. 湿土质量=干土质量×(1+土的风干含水率)
   D. 湿石灰质量=干石灰×(1+石灰的风干含水率)

7. 无机结合料稳定材料击实试验，甲、乙两类方法区别在于（　　）。
   A. 试样尺寸　　　　　　　　　　　　　B. 每层击实数
   C. 平均单位击实功　　　　　　　　　　D. 容许公称最大粒径

三、简答题

1. 简述水泥稳定材料配合比设计要点。
2. 简述EDTA滴定法的步骤。
3. 简述无机结合料稳定材料的击实试验三种方法的异同点。
4. 简述水泥稳定类材料无侧限抗压强度试验过程。

四、计算题

1. 某试验室拟设计一组质量比为石灰∶粉煤灰∶土=10∶14∶76的二灰稳定细粒土试件，经击实试验得到的最大干密度为1.68 g/cm³，最佳含水率为18%，压实度为96%，原材料粉煤灰的含水率为20%，土样含水率为10%，计算单个试件的湿质量及各材料的用量。

2. 一组二灰土试件无侧限抗压强度试验结果如下：0.77、0.78、0.67、0.64、0.73、0.81 (MPa)，设计强度R_d=0.60 MPa，取保证率系数Z_a=1.645，试判断该组二灰土强度是否合格(取小数2位)。

第五章 结构混凝土强度检测

学习建议

通过本章的学习,了解无损检测相关知识及检测设备性能;掌握回弹法、超声-综合回弹法、取芯法的特点及适用范围;结合工程实际情况,能用不同的方法进行结构混凝土强度检测及数据处理。

水泥混凝土强度等级的确定通常通过在试验室制备的立方体试件抗压强度来反映,当试验的数据不足以证明现场水泥混凝土的强度或需要对现场结构混凝土的强度进行检测时,还需要采用测定强度的技术方法。

测定混凝土强度的技术按其对混凝土结构的影响程度可分为部分破损法和非破损(无损)法。部分破损法以不影响结构或构件的承载能力为前提,在结构或构件上直接进行局部破坏性试验,或直接钻取芯样进行破坏性试验。其主要方法有钻芯法、拔出法、射击法等。此类方法较直观可靠,测试结果易为人们接受,但对混凝土结构造成局部破坏,不宜大范围检测且费用较高,因而受到种种限制。无损法检测技术是指在不影响结构构件受力性能或其他使用功能的前提下,直接在构件上通过测定某些适当的物理量,推定混凝土的强度、均匀性、连续性、耐久性等一系列性能的检测方法。其主要方法有回弹法、超声法、超声回弹综合法、射线法、成熟度法等。此类方法所用仪器简单、操作方便、费用低廉,同时便于大范围检测,在有严格的测强曲线的条件下,其测试精度较高。

钻芯法、回弹法、超声法、超声回弹综合法和拔出法是结构混凝土质量的常见检测方法,在我国应用较普遍,各种测试方法的测定内容、适用范围及优缺点见表5-1。本章只介绍回弹法、超声-回弹法和钻芯法。

表 5-1 常用检测方法比较

种类	测定内容	使用范围	特点	缺点
钻芯法	从混凝土中钻取一定尺寸的芯样	混凝土抗压强度、抗劈强度、内部缺陷	对混凝土有一定损伤,检测后需进行修补	设备笨重,成本较高,对混凝土有损伤,需修补
回弹法	测定混凝土表面硬度	混凝土抗压强度、均质性	测试简单、快速、被测物的形状尺寸一般不受限制	测定部位仅限于混凝土表面,同一处不能再次使用
超声法	超声波传播速度、波幅和频率	混凝土抗压强度及内部缺陷	被测构件形状与尺寸不限,同一处可反复测试	探头频率较高时,声波衰减大,测定精度较差
超声回弹法	混凝土表面硬度值和超声波传播速度	混凝土抗压强度	测试比较简单,精度比单一法高	比单一法费事
拔出法	预埋或后装于混凝土中锚固件,测定拔出力	混凝土抗压强度	测强精度较高	对混凝土有一定损伤,检测后需进行修补

结构混凝土除应满足设计的强度要求外,在施工的过程中还会产生一些外观表面的问题,如混凝土构件外观裂缝、孔洞、露筋、蜂窝、疏松、夹渣、麻面、外形缺陷以及其他表面缺陷质量等。所以,应对结构混凝土外观质量进行全面的检查。外观质量检查前,结构混凝土的表面不得进行涂饰。结构混凝土外观质量的限制缺陷见表 5-2。

表 5-2 结构混凝土外观质量限制缺陷

名称	现象	限制缺陷		
		支座垫石、锚下混凝土、锚索垫块等局部承压构件或部位	梁、板、拱、墩台身、盖梁、塔柱、防撞护栏、挡块、伸缩装置锚固块、封锚、小型预制构件等	挡土墙、承台、锚碇块体、隧道锚塞体、沉井、基础、桥头搭板、边坡框格梁等
裂缝	表面延伸到内部的缝隙	存在非受力裂缝和宽度超过设计规定值的受力裂缝①	存在宽度超过设计规定限值的非受力裂缝①(设计未规定的,对防撞护栏及边坡框格梁、隐蔽结构或构件等为 0.3 mm,其他结构或构件为 0.2 mm); 全预应力及 A 类预应力混凝土构件存在受力裂缝,B 类预应力构件和钢筋混凝土构件存在宽度超过设计和相关规范限值的受力裂缝	
孔洞	深度超过保护层厚度的孔穴	存在孔洞		
露筋	钢筋未被混凝土包裹而形成的外露	存在露筋		
蜂窝	表面缺失水泥浆形成的局部蜂窝样粗骨料外露	存在蜂窝	主要受力部位②:存在蜂窝。其他部位:单个蜂窝面积大于 0.02 m²,或蜂窝总面积超过所在面面积的1%,或深度超过 10 mm 及 1/2 保护层厚度的蜂窝	单个蜂窝面积大于 0.04 m²,或蜂窝总面积超过所在面面积的 2%,或深度超过 15 mm 及 1/2 保护层厚度的蜂窝
疏松	由离析、振捣不足而形成的局部不密实	存在疏松	主要受力部位②:存在疏松。其他部位:疏松总面积超过所在面面积的 1%;任何一处面积大于 0.02 m² 的疏松;深度超过 10 mm 及 1/2 保护层厚度的疏松	疏松总面积超过所在面面积的 2%;任何一处面积大于 0.04 m² 的疏松;深度超过 15 mm 及 1/2 保护层厚度的疏松
夹渣	混凝土中夹有杂物	存在夹渣	若杂物为钢筋、钢板等易腐蚀金属,视同为露筋;若杂物为土块、木块、混凝土碎块及其他杂物等视同为蜂窝	—
麻面	混凝土表面局部缺浆、粗糙或密集小凹坑	预制构件:麻面总面积超过所在面面积的 2%;其他结构或构件:麻面总面积超过所在面面积的 3%		非隐蔽结构或构件:麻面总面积超过所在结构或构件面积的 4%; 隐蔽结构或构件:麻面总面积超过所在结构或构件面积的 6%

续表

名称	现象	限制缺陷		
		支座垫石、锚下混凝土、锚索垫块等局部承压构件或部位	梁、板、拱、墩台身、盖梁、塔柱、防撞护栏、挡块、伸缩装置锚固块、封锚、小型预制构件等	挡土墙、承台、锚碇块体、隧道锚塞体、沉井、基础、桥头搭板、边坡框格梁等
外形缺陷	棱线不直、翘曲不平、飞边凸肋、啃边、蹦角	影响结构使用功能或构件安装的外形缺陷，深度超过1/2保护层厚度的啃边、蹦角		
其他表面缺陷	掉皮、起砂、污染	预制构件：缺陷超过所在面面积的2%；其他构件：缺陷超过所在面面积的3%		非隐蔽结构或构件：缺陷总面积超过所在结构或构件面积的4%；隐蔽构件或结构：缺陷总面积超过所在结构或构件面积的6%

①非受力裂缝系指由荷载以外的作用而产生的裂缝，受力裂缝系指由荷载而产生的裂缝。
②主要受力部位包括梁、板、盖梁的跨中、支承区段，拱脚、拱顶区段，塔、柱底区段，连接区段等部位。

第一节 回弹法测水泥混凝土抗压强度

一、目的与适用范围

回弹法是利用一弹簧驱动的重锤，通过弹击杆，弹击混凝土表面，并测出重锤被反弹回来的距离，是以回弹值作为与强度相关的指标来推定混凝土强度的一种方法。所检测的水泥混凝土厚度不得小于100 mm，温度不应低于10 ℃。检测结果可作为试块强度的参考，不宜用于仲裁检验或工程验收的最终依据。

目前适用规程是《回弹法检测混凝土抗压强度技术规程》(JGJ/T 23—2011)，适用于普通混凝土抗压强度的检测，不适用于表层与内部质量有明显差异或内部存在缺陷的混凝土强度检测。水泥混凝土的回弹值是用回弹仪(图5-1)在混凝土表面测得，并经碳化深度修正后的回弹值，无量纲。

图5-1 ZC3—A型数字回弹仪

二、技术规定和一般要求

(1)满足下列情况之一时方可用回弹法评定混凝土强度：
1)缺乏同条件试块或标准试块数量不足。
2)试块的质量缺乏代表性。
3)试块的试压结果不符合现行标准、规范、规程所规定的要求，并对该结果持有怀疑。
(2)满足下列情况之一时，方可按本方法评定其强度：
1)测试前表层遭受短期湿润的混凝土，应经风干后再测试。

2)遭受冻结的混凝土，应在解冻后测试。

3)蒸汽养护的混凝土，应在构件出池经自然养护14 d后测试。

4)体积小，刚度差或测试部位厚度＜100 mm的构件，当测试中不能确保其无颤动时，均应设置支撑加以可靠的固定后再测试。

三、主要检测器具

(1)混凝土回弹仪：指针直读式的混凝土回弹仪，构造和主要零件名称如图5-2所示，也可采用数字显示式或自动记录式的回弹仪。常见回弹仪有：重型(HT3000型)，用于检测大体积混凝土构件；中型(HT225型)，用于检测一般建筑物；轻型(HT100型)，用于检测薄壁构件；特轻型(HT28型)，用于检测砂浆强度。以中型应用最广泛。

(2)酚酞酒精溶液：浓度1%。

(3)手提式砂轮。

(4)钢砧：洛氏硬度HRC60±2。

(5)其他：卷尺、钢尺、凿子、锤、毛刷等。

四、回弹仪检定与保养

(1)当回弹仪具有下列情况之一时，应由法定计量检定机构进行检定：

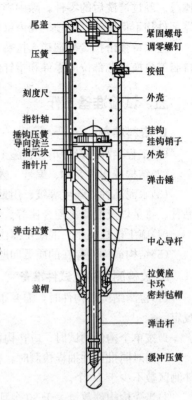

图5-2 回弹仪结构图

1)新回弹仪启用前；

2)超过检定有效期限(有效期为半年)；

3)累计弹击次数超过6 000次；

4)经常规保养后钢砧率定值不合格；

5)遭受严重撞击或其他损害。

(2)回弹仪有下列情况之一时，应在钢砧上进行率定试验：

1)进行构件测试前后，如连续数天测试，可在每天测试完毕后率定一次；

2)测定过程中对回弹值有怀疑时。率定试验宜在室温25 ℃±5 ℃条件下进行。率定时，钢砧应稳定地平放在刚度大的混凝土地坪上。回弹仪向下弹击时，弹击杆应分四次旋转90°，取连续弹击三次的稳定回弹值进行平均，弹击杆每旋转一次的率定平均值应符合80±2的要求。

回弹仪率定试验所用的钢砧应每2年送授权计量检定机构检定或校准。

(3)回弹仪存在下列情况之一时，应进行保养：

1)弹击超过2 000次；

2)在钢砧上的率定值不合格；

3)对检测值有怀疑时。

(4)常规养护下应符合以下要求：

使弹击锤脱钩后，取出机芯，然后卸下弹击杆、缓冲压簧、弹击锤(连同弹击拉簧和拉簧座)、刻度尺、指针轴和指针。

用清洗剂清洗机芯的中心导杆、弹击拉簧、拉簧座弹击杆及其内孔、缓冲压簧、弹击锤及其内孔和冲击面、指针块及其内孔、指针片、指针轴、刻度尺、卡环以及机壳的内壁和指针导槽等。经过清洗后的零件,除中心导杆薄薄地抹上一层钟表油或其他无腐蚀性的轻油外,其他零部件均不得抹油。清理机壳内壁,卸下刻度尺,检查指针,其摩擦力应为 0.5~0.8 N。

应保持弹击拉簧前端钩入拉簧座的孔位;不得旋转尾盖上已定位定紧固的调零螺钉;不得自制或更换机芯部位的零件和指针针轴、指针片、指针块挂钩及调零螺钉等。

五、试验准备工作

1. 资料准备

(1)工程名称、设计单位、施工单位、监理单位、建设单位名称及检测原因等。

(2)结构或构件名称、编号、数量、施工图(或平面图)及混凝土强度等级。

(3)水泥品种、强度等级、用量、出厂厂名,砂石品种、粒径,水泥安定性、外加剂掺和料品种、掺量以及混凝土配合比等。

(4)施工模板类型,混凝土灌注和养护情况及成型日期等。

(5)结构或构件存在的质量问题,混凝土试块抗压强度实验报告等。

2. 被检测结构或试件准备

(1)检测结构或构件时,需要布置测区,因为测区是进行测试的单元。测区布置应符合下列规定:

1)按单个构件测试时,应在构件上均匀布置测区,且不少于 6~10 个。

2)当对同批构件抽样检测时,构件抽样数不小于同批构件的 30%,且不少于 10 件。每个构件测区数不少于 10 个。

3)当受检构件数量大于 30 个且不需要提供单个构件推定强度,或受检构件某一方向长度不大于 4.5 m 且另一方向尺寸不大于 0.3 m 时,其测区数量可适当减少,但不应少于 5 个。

(2)当按批抽样检测时,凡符合下列条件的构件,才可作为同批构件:

1)混凝土强度等级相同;

2)混凝土原材料、配合比、成型工艺、养护条件及龄期基本相同;

3)构件种类相同;

4)在施工阶段所处状态相同。

(3)每个构件的测区,应满足以下要求:

1)测区的布置应在构件混凝土浇筑方向的侧面。

2)测区应均匀分布,相邻 2 个测区的间距不宜大于 2 m;测区离构件边缘的距离宜大于 0.5 m,且不宜小于 0.2 m。

3)测区宜避开钢筋密集区和预埋铁件。

4)测区尺寸宜为 20 cm×20 cm,每一测区宜测 16 个测点,相邻 2 个测点间距离不宜小于 20 mm,测点距外露钢筋、预埋件的距离不宜小于 30 mm。

5)测试面应清洁、平整、干燥,不应有接缝、饰面层、粉刷层、浮浆、油垢、蜂窝和麻面等。必要时,可用砂轮片清除杂物和磨平不平整处,并擦净残留粉尘。

结构或构件上的测区应注明编号,并记录测区所处的位置和外观质量情况。梁、柱、墙测区布置示意图如图 5-3 所示。

六、试验步骤

1. 回弹值的测试

用回弹仪测试时,宜使仪器处于水平方向测试混凝土浇筑的侧面,该情况下测试修正值为

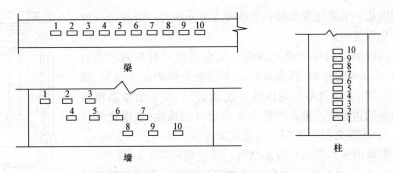

图 5-3 梁、柱、墙测区布置示意

0,如不能满足这一要求,也可以非水平状态测试混凝土的顶面或底面,但其回弹值应进行修正。修正角度的确定如图 5-4 所示。具体操作应符合下列规定:

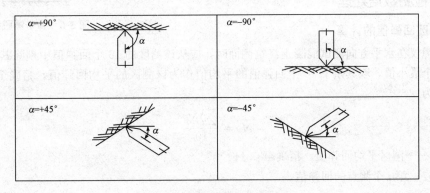

图 5-4 回弹仪测试角度示意

(1)将回弹仪的弹击杆顶住混凝土表面,轻压仪器,使按钮松开,弹击杆徐徐伸出,并使挂钩挂上弹击锤。

(2)手持回弹仪对混凝土表面缓慢均匀施压,待弹击锤脱钩,冲击弹击杆后,弹击锤即带动指针向后移动到达一定位置,指针刻度线在刻度尺上的示值即为该点的回弹值。

(3)使用上述方法在混凝土表面依次读数并记录回弹值,如条件不利于读数,可按下按钮,锁住机芯,将回弹仪移至他处读数,准确至 1 个单位。

(4)使用完毕后应将弹击杆压入仪器内,经弹击后按下按钮锁锁住机芯,待下一次使用。

(5)同一测区的两个侧面用回弹仪击 8 点,若一个测区只有一个侧面,则需要测 16 点,每一测点的回弹值读数准确至 1 个单位。回弹测点宜在测区均匀分布,但不得打在气孔或外露石子上。同一测点只允许弹击一次,回弹仪的轴线方向应与测试面相垂直。

弹击锤脱钩前、后的状态,如图 5-5 和图 5-6 所示。

2. 混凝土碳化深度的测试

回弹值测量完毕后,应在有代表性的测区上测量碳化深度值,测点数不应少于构件测区数的 30%,取其平均值作为该构件每个

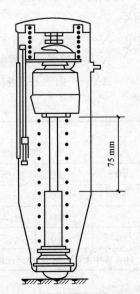

图 5-5 弹击锤脱钩前状态

测区的碳化深度值。当碳化深度值极差大于 2.0 mm 时,应在每一测区分别测量碳化深度值。

回弹完毕后即测量构件的碳化深度,用合适的工具在测区表面形成直径约为 15 mm 的孔洞(其深度略大于混凝土的碳化深度),清除洞中粉末和碎屑后(注意不能用液体冲洗孔洞)立即用酚酞酒精溶液滴在孔洞内壁的边缘处,垂直测量未变色部分的深度(未碳化部分变成玫瑰红色),该距离即为混凝土的碳化深度值,精确至 0.5 mm。

应取三次测量的平均值作为检测结果,并精确至 0.5 mm。

一个测区选择 1~3 处测量混凝土的碳化深度值。当相邻测区的混凝土质量或回弹值与本测区基本相同时,本测区的碳化深度值也可以代表相邻测区的碳化深度值。

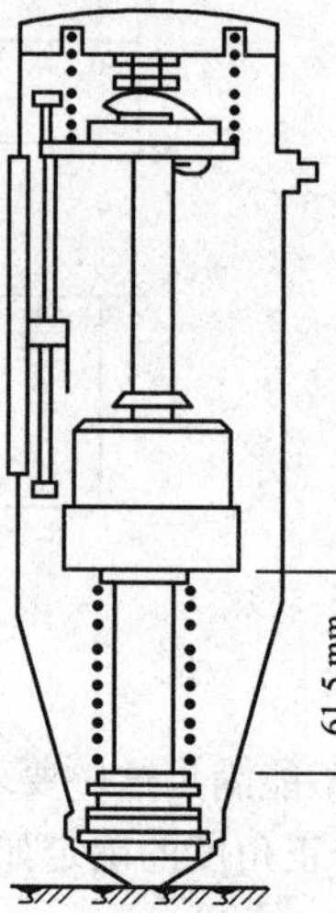

图 5-6 弹击锤脱钩后状态

七、检测数据处理

1. 测区回弹值的计算

当回弹仪在水平方向测试混凝土浇筑侧面时,应从该测区的 16 个回弹值中剔除其中 3 个最大值和 3 个最小值,取其余下 10 个回弹值的平均值作为该测区的平均回弹值,精确至 0.1。其计算公式为

$$\overline{N}_s = \frac{\sum N_i}{10} \tag{5-1}$$

式中 $\overline{N}_s$——测区平均回弹值,精确至 0.1;

N_i——第 i 个测点的回弹值。

2. 测试角度修正

当回弹仪非水平方向检测混凝土浇筑侧面时,如图 5-4 所示,则应将所测得数据按式(5-2)进行修正,计算非水平方向测定的修正回弹值见表 5-3。

测区的平均回弹值应按下式修正:

$$\overline{N} = \overline{N}_s + \Delta N \tag{5-2}$$

式中 $\overline{N}$——经非水平测定修正的测区平均回弹值;

$\overline{N}_s$——回弹仪实测的测区平均回弹值;

ΔN——由表 5-3 查出不同测试角度的回弹值修正值,精确至 0.1。

表 5-3 非水平方向测定的修正回弹值

$\overline{N}_s$	与水平方向所成的角度							
	+90°	+60°	+45°	+30°	-30°	-45°	-60°	-90°
20	-6.0	-5.0	-4.0	-3.0	+2.5	+3.0	+3.5	+4.0
30	-5.0	-4.0	-3.5	-3.0	+2.0	+2.5	+3.0	+3.5
40	-4.0	-3.5	-3.0	-2.5	+1.5	+2.0	+2.5	+3.0
50	-3.0	-3.0	-2.5	-1.5	+1.0	+1.5	+2.0	+2.5

注:表中未列入的 $\overline{N}_s$ 值可用内插法求得。

3. 测试面修正

当回弹仪水平方向测试混凝土浇筑表面或底面时,应将测得回弹值按式(5-3)进行修正:

$$\overline{N} = \overline{N}_s + \Delta N \tag{5-3}$$

式中 $\overline{N}_s$——回弹仪测混凝土浇筑表面或底面时测区的平均回弹值；

ΔN——由表 5-4 查出的不同浇筑面的回弹修正值。

表 5-4 不同浇筑面的回弹值修正值

$\overline{N}_s$	ΔN		$\overline{N}_s$	ΔN	
	表面	底面		表面	底面
20	+2.5	−3.0	40	+0.5	−1.0
25	+2.0	−2.5	45	0	−0.5
30	+1.5	−2.0	50	0	0
35	+1.0	−1.5			

如果测试仪器既非水平方向而又非混凝土浇筑侧面，则应对回弹值先进行角度修正，然后进行浇筑面修正。

4. 碳化深度的计算

每一测区的平均碳化深度值，按下式计算：

$$\overline{L} = \frac{\sum_{i=1}^{n} L_i}{n} \tag{5-4}$$

式中 $\overline{L}$——测区的平均碳化深度值，精确至 0.5 mm；

L_i——第 i 次测量的碳化深度值(mm)；

n——测区的碳化深度值测点数。

如平均碳化深度值小于或等于 0.4 mm，按无碳化深度处理（即平均碳化深度为 0）；如平均碳化深度值大于等于 6 mm 时，取 6 mm；对于新浇筑混凝土龄期不超过 3 个月，可视为无碳化。

5. 测区混凝土强度值的确定

根据每一测区的回弹平均值及碳化深度值，查阅专用曲线，或地区曲线，或统一曲线编制的测区混凝土强度换算表，表 5-5 所查出的强度值即为该测区混凝土的强度。当强度低于 50 MPa 或高于 10 MPa 时，表中未列入的测区强度值，可采用内插法求得。

表 5-5 测区混凝土抗压强度值换算表

平均回弹性 $\overline{N}$	测区混凝土抗压强度值 R_{ni}/MPa												
	平均碳化深度值 $\overline{L}$/mm												
	0	0.5	1.0	1.5	2.0	2.5	3.0	3.5	4.0	4.5	5.0	5.5	6.0
20	10.3	10.1											
21	11.4	11.2	10.8	10.5	10.0								
22	12.5	12.2	11.9	11.5	11.0	10.6	10.2						
23	13.7	13.4	13.0	12.6	12.1	11.6	11.2	10.8	10.5	10.1			
24	14.9	14.6	14.2	13.7	13.1	12.7	12.2	11.8	11.5	11.0	10.7	10.4	10.1
25	16.2	15.9	15.4	14.9	14.3	13.8	13.3	12.8	12.5	12.0	11.7	11.3	10.9
26	17.5	17.2	16.6	16.1	15.4	14.9	14.4	13.7	13.0	12.6	12.2	11.6	
27	18.9	18.5	18.0	17.4	16.6	16.1	15.5	14.8	14.6	14.0	13.6	13.1	12.4

续表

平均回弹性 $\bar{N}$	测区混凝土抗压强度值 R_n/MPa 平均碳化深度值 $\bar{L}$/mm												
	0	0.5	1.0	1.5	2.0	2.5	3.0	3.5	4.0	4.5	5.0	5.5	6.0
28	20.3	19.7	19.2	18.4	17.6	17.0	16.5	15.8	15.4	14.8	14.4	13.9	13.2
29	21.8	21.1	20.5	19.6	18.7	18.1	17.5	16.8	16.4	15.8	15.4	14.6	13.9
30	23.3	22.6	21.9	21.0	20.0	19.3	18.6	17.9	17.4	16.8	16.4	15.4	14.7
31	24.9	24.2	23.4	22.4	21.4	20.7	19.9	19.2	18.4	17.9	17.4	16.4	15.5
32	26.5	25.7	24.9	23.9	22.8	22.0	21.2	20.4	19.6	19.1	18.4	17.5	16.4
33	28.2	27.4	26.5	25.4	24.3	23.4	22.6	21.7	20.9	20.3	19.4	18.5	17.4
34	30.0	29.1	28.0	26.8	25.6	24.6	23.7	23.0	22.1	21.3	20.4	19.5	18.3
35	31.8	30.8	29.6	28.0	26.7	25.8	24.8	24.0	23.2	22.3	21.4	20.4	19.2
36	33.6	32.6	31.2	29.6	28.2	27.2	26.2	25.2	24.5	23.5	22.4	21.4	20.2
37	35.5	34.4	33.0	31.2	29.8	28.8	27.7	26.6	25.9	24.8	23.4	22.4	21.3
38	37.5	26.4	34.9	33.0	31.5	30.3	29.2	28.1	27.4	26.2	24.8	23.6	22.5
39	39.5	38.2	36.7	34.7	33.0	31.8	30.6	29.6	28.8	27.4	26.0	24.8	23.7
40	41.6	39.9	38.3	36.2	34.5	33.3	31.7	30.8	30.0	28.4	27.0	25.8	25.0
41	43.7	42.0	40.2	38.0	36.0	34.8	33.2	32.3	31.5	29.7	28.4	27.1	26.2
42	45.9	44.1	42.2	39.9	37.6	36.3	34.9	34.0	33.0	31.2	29.8	28.5	27.5
43	48.1	46.2	44.2	41.8	39.4	38.0	36.6	35.5	34.6	32.7	31.3	29.8	28.9
44	50.4	48.4	46.4	43.8	41.3	39.8	38.3	37.3	36.3	34.3	32.8	31.2	30.2
45	52.7	50.6	48.5	45.8	43.2	41.6	40.1	39.0	37.9	35.8	34.3	32.7	31.6
46	55.0	52.8	50.6	47.9	45.2	43.5	41.9	40.8	39.7	37.5	35.8	34.2	33.1
47	57.5	55.2	42.9	50.0	47.2	45.2	43.7	42.6	41.4	39.1	37.4	35.6	34.5
48	60.0	57.6	55.2	52.2	49.2	47.4	45.6	44.4	43.2	40.8	39.0	37.2	36.0
49		60.0	57.5	54.4	51.3	49.4	47.5	46.2	45.0	42.5	40.6	38.8	37.5
50			59.9	56.7	53.4	51.4	49.5	48.2	46.9	44.3	42.3	40.4	39.1
51				59.0	55.6	53.5	51.5	50.1	48.8	46.1	44.1	42.0	40.7
52					57.8	55.7	53.6	52.1	50.7	47.9	45.8	43.7	42.3
53					60.0	57.8	55.6	54.2	52.7	49.8	47.6	45.4	43.9
54							57.8	56.3	54.7	51.7	49.4	47.1	45.6
55							59.9	58.4	56.8	53.6	51.3	48.9	47.3
56									58.9	55.6	53.2	50.7	49.1
57										57.6	55.1	52.5	50.8
59										59.0	56.3	54.5
60											58.3	56.4

6. 混凝土强度推算

当需要将回弹值换算为混凝土强度时，宜采用下列方法：

(1)有试验条件时，宜通过试验建立实际的测强曲线，但测强曲线仅适用于材料质量、成型、养护和龄期等条件基本相同的混凝土。混凝土标准试块为 150 mm×150 mm×150 mm，采用 1.5、1.75、2.0、2.25、2.50 五个胶水比，以便得到不少于 30 对数据。试件与被测对象有相同的养护条件，到达龄期后，将试块用压力机加压至 30～50 kN 稳住，用回弹仪在两侧面分别测定 8 个测点，按式(5-1)计算平均回弹值。然后进行抗压强度试验，建立二者关系的推定式，推定式可为直线式或其他适当的形式，但相关系数不得小于 0.90。根据测区平均回弹值，利用测强曲线推定混凝土抗压强度。

(2)当无足够的试验数据或相关关系的推定不够满意时，可按式(5-5)推算混凝土的抗压强度：

$$R_n = 0.025 \overline{N}^2 \tag{5-5}$$

式中　R_n——构件混凝土强度推定值(MPa)，精确至 0.1 MPa；

$\overline{N}$——测区混凝土平均回弹值。

(3)在没有条件通过试验建立实际的测强曲线时，每个测区混凝土的抗压强度 R_n 可按平均回弹值 $\overline{N}$ 及平均碳化深度 $\overline{L}$ 由表 5-5 查出。

7. 结构(或构件)混凝土抗压强度的推定和评定

(1)结构(或构件)混凝土的平均强度按下式计算：

$$\overline{R}_n = \frac{\sum R_{ni}}{n} \tag{5-6}$$

式中　$\overline{R}_n$——结构(或构件)混凝土强度的平均值(MPa)，精确至 0.1 MPa；

R_{ni}——第 i 个测区结构混凝土的抗压强度(MPa)；

n——测区数，对于单个评定的结构或构件，取一个试件的测区数；对于抽样评定的结构或构件，取抽检试样测区数之和。

(2)当测区数 $n \geqslant 10$ 时，按式(5-7)计算标准差：

$$S_n = \sqrt{\frac{\sum_{i=1}^{n}(R_{ni} - \overline{R}_n)^2}{n-1}} \tag{5-7}$$

式中　S_n——结构(或构件)混凝土强度的标准差(MPa)，精确至 0.01 MPa；

式中其余符号意义同前。

(3)结构(或构件)混凝土强度的评定。用回弹法检测的混凝土结构(或构件)，多属于重要结构，应用数理统计方法进行评定。结构或构件的混凝土强度推定值(R_n)应按下列公式确定：

1)当结构或构件的测区数 $n < 10$ 时：

$$R_n = (R_{ni})_{\min} \tag{5-8}$$

式中　$(R_{ni})_{\min}$——构件中最小的测区混凝土强度值。

2)当该结构或构件的测区强度值中出现小于 10.0 MPa 的值时：

$$R_n < 10 \text{ MPa} \tag{5-9}$$

3)当该结构或构件测区数 $n \geqslant 10$ 或按批量检测时，应按下式计算：

$$R_n = \overline{R}_n - 1.645 S_n \tag{5-10}$$

(4)对按批量检测的构件，当该批构件混凝土强度标准差出现下列情况之一时，则该批构件全部按单个构件检测：

1)当该批构件混凝土强度平均值小于 25 MPa 时：

$$S_n > 4.5 \text{ MPa}$$

2)当该批构件混凝土强度平均值不小于 25 MPa 且不大于 60 MPa 时：

$$S_n > 5.5 \text{ MPa}$$

8. 检测报告

检测报告应包括：测区混凝土强度平均回弹值，测强曲线、回弹值与抗压强度的相关关系式和相关系数，各测区的抗压强度推定结果，推定混凝土抗压强度平均值、标准差、变异系数。

测区混凝土抗压强度值见表 5-5。

回弹仪检测混凝土抗压强度记录格式见表 5-6。

表 5-6　回弹仪检测混凝土强度记录

工程名称　××工程　　　　结构名称　某跨线桥肋板　　　设计强度　C30　　　　成型日期＿＿＿＿＿

检验者＿＿＿＿＿　　　　　计算者＿＿＿＿＿　　　　　　校核者＿＿＿＿＿　　　　检验日期＿＿＿＿＿

测点编号	测区位置									
	1	2	3	4	5	6	7	8	9	10
	回弹值									
1	35	32	30	40	35	36	34	30	40	34
2	34	32	29	34	36	30	30	30	36	42
3	38	37	35	35	42	34	35	32	34	32
4	38	30	35	34	34	34	34	32	34	33
5	34	30	35	38	32	34	38	32	30	33
6	35	36	36	34	36	36	36	38	32	33
7	38	34	40	38	35	34	32	32	34	36
8	35	34	34	34	40	42	34	30	34	42
9	34	38	38	34	34	34	38	30	42	30
10	32	36	43	40	32	38	34	30	36	40
11	35	32	38	38	35	34	34	31	38	31
12	35	36	32	44	35	40	34	36	35	30	42
13	35	39	40	34	35	36	34	34	35	30
14	36	40	42	36	38	34	35	34	30	34
15	38	32	42	32	39	35	36	36	35	32
16	32	38	34	32	40	36	32	34	32	40
$\overline{N_S}$	35.1	34.7	36.5	35.6	36.3	35.5	34.6	32.2	34.2	34.7
ΔN	0	0	0	0	0	0	0	0	0	0
$\overline{N}$	35.1	34.7	36.5	35.6	36.3	35.5	34.6	32.2	34.2	34.7
$\overline{L}$/mm	0	0	0	0	0	0	0	0	0	0
R_n/MPa	32	31.2	34.6	32.9	34.2	32.7	31.1	26.9	30.3	31.2
R_n/MPa	37.1		S/MPa		2.187		C_v/%			5.9
备注	测试面为混凝土浇筑侧面，测试方向为水平									

第二节　超声—回弹综合法测定水泥混凝土强度

综合法测定混凝土强度的方法较多，研究与应用较广泛的是超声—回弹综合法。超声—回弹综合法是指采用超声仪和回弹仪在结构混凝土同一测区分别测量声时值及回弹值，推算该测区混凝土强度的一种方法。与单一测试方法（如回弹法）相比具有的优点是：减少了龄期和含水率的影响；弥补了单一测试方法的不足；提高了测试精度。

采用综合法测定混凝土强度时应符合下列原则：
(1)单一法的仪器性能、测试技术和测试误差都应满足规定的要求。
(2)在已查明单一法测强影响因素的基础上，应当采取对测强影响较大且相反的单一法进行综合，以便抵消或减少一些影响因素。
(3)综合法比单一法应具有较小的测试误差和较宽的适用范围。
(4)综合法适用于确定内部无缺陷部位的混凝土强度。

一、仪器设备

1. 主要仪器设备简介

(1)回弹仪、钢砧、钢尺。
(2)混凝土超声仪，如图 5-7 所示。

混凝土超声仪主要由电脉冲发生器、一对换能器、一具放大器和测量由发射换能器发出电脉冲的始点起到接收换能器接收到脉冲始点止的时间间隔的电子计时装置等组成。超声波测强主要结构，如图 5-8 所示。发射换能器发射的超声波经耦合进入混凝土，在混凝土中传播后，为接收换能器所接收并转换成电信号，电信号被送至超声仪，经放大后显示在示波屏上，同时测量超声波有关参数，如声传播时间（声时）、接收波振幅（波幅）、频率等功能。

图 5-7　混凝土超声仪

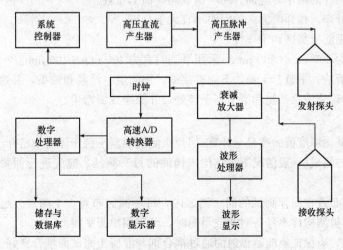

图 5-8　超声波测强主要结构示意

无论哪一种型号的超声仪，都应满足以下要求：

1)具有波形清晰，显示稳定的示波装置。声时可测量范围应为 0.5～9 999 μs，测试精度为 0.1 μs。

2)数字显示稳定，声时显示调节在 20～30 μs 范围内时，2 h 内声时显示漂移不得大于±0.2 μs。

3)仪器接收放大频率响应范围(频率)应有足够的宽度，一般应不小于 10～200 kHz。

4)仪器宜具有示波屏显示波形和游标测读功能，以便较准确地测读声时、振幅以及频率等参数。若采用整形自动测读时，检测混凝土测距不宜超过 1 m(以软件判别方法自动测读的智能超声仪除外)。

5)适用于一般现场测试情况下的温度、电源变化条件。

2. 超声仪的使用与保养

(1)使用前务必了解仪器特性，仔细阅读使用说明书后再开机。

(2)注意使用环境。在潮湿、烈日、灰尘环境中使用时，应采取保护措施。

(3)环境温度不能太高或太低，一般在温度为 10 ℃～40 ℃ 范围内使用。

(4)超声仪使用时应避开干扰源，如电焊机、电锯、电台以及其他强磁场。

(5)仪器应放置在通风、干燥、阴凉的环境下保存。若长期不用时，应定期开机驱潮，尤其是在南方梅雨季节。

(6)仪器发射插座有脉冲高压，接换发射换能器应将发射极电压旋至零伏挡或关机后进行。

(7)换能器内压电陶瓷易碎、易黏结脱落，切忌敲打。

(8)普通换能器不防水，不能在水中使用。孔中用换能器虽有防水层，但连接处常因扰动而损坏，使用中应注意。

二、超声—回弹综合法测定水泥混凝土抗压强度

1. 资料准备和检测数量要求

资料准备和检测数量要求与回弹法要求相同。

2. 测区测点的布置

测区测点的构件布置，应满足下列要求：

(1)在条件允许时，测区宜优先布置在构件混凝土上浇筑方向的侧面。

(2)测区可在构件的两个对应面、相应面或同一面上布置。

(3)测区均匀分布，相邻两测区的间距不宜大于 2 m。

(4)测区避开钢筋密集区和预埋件。

(5)测区尺寸为 200 mm×200 mm，采用平测时宜为 400 mm×400 mm。

(6)测试面应清洁、平整、干燥，不应有接缝、饰面层、浮浆和油垢，并避开蜂窝、麻面部位，必要时可用砂轮片清除杂物和磨平不平整处，并擦净残留粉尘。

3. 测试技术

(1)回弹值及碳化深度值的测量与计算(回弹法测定混凝土抗压强度中已介绍)。

(2)声学参数的测试(一般情况下对结构或构件的每一测区，应先进行回弹测试，后进行超声测试)。

1)超声测点应布置在回弹测试的同一测区内，每一测区布置 3 个测点。超声测试宜优先采用对测或角测，当被测构件不具备对测或角测时，可采用单面平测。

2)超声测试时，应保证换能器辐射面通过耦合剂与混凝土测试面耦合良好。

3)测试的声时值应精确至 0.1 μs，声速值应精确至 0.01 km/s。超声测距的测量误差应不大

于±1%。

4)当在混凝土浇筑防锈的侧面对测时,测区混凝土声速代表值应按下式计算:

$$v = \frac{1}{3}\sum_{i=1}^{3}\frac{l_i}{t_i - t_0} \tag{5-11}$$

式中 v——测区混凝土声速代表值(km/s);
l_i——第 i 个测点的超声测距(mm);
t_i——第 i 个测点的声时读数(μs);
t_0——声时初读数。

5)当在混凝土浇筑的顶面与底面测试时,测区声速值应按下式修正:

$$v_a = \beta v \tag{5-12}$$

式中 v_a——修正后的测区声速值(km/s);
β——超声测试面修正系数。在混凝土浇筑顶面及底面测试时,$\beta = 1.034$;在混凝土侧面测试时,$\beta = 1$。

4. 混凝土强度的推定

(1)结构或构件中第 i 个测区的混凝土抗压强度换算值 $f^c_{cu,i}$,应按修正后的测区回弹值 R_{ai} 及修正后的测区声速值 v_{ai},优先采用专用或地区测强曲线推定。当无该类测强曲线时,经验证后也可按全国统一测区混凝土抗压强度换算表换算。

1)粗集料为卵石时:

$$f^c_{cu,i} = 0.005\,6 v_{ai}^{1.439} R_{ai}^{1.769} \tag{5-13}$$

2)粗集料为碎石时:

$$f^c_{cu,i} = 0.001\,6 v_{ai}^{1.656} R_{ai}^{1.410} \tag{5-14}$$

式中 $f^c_{cu,i}$——第 i 个测区混凝土强度换算值(MPa),精确至 0.1 MPa;
v_{ai}——第 i 个测区修正后的超声声速值(km/s),精确至 0.01 km/s;
R_{ai}——第 i 个测区修正后的回弹值,精确至 0.1。

(2)当结构所用材料及其龄期与制定测强曲线所用材料及其龄期有较大差异时,须用同条件试块或从结构、构件测区钻取混凝土芯样试件进行修正,试件数量应不少于 4 个。此时,得到的测区混凝土强度换算值应乘以修正系数。修正系数可按下列公式计算:

1)有同条件立方试块时:

$$\eta = \frac{1}{n}\sum_{i=1}^{n}\frac{f_{cu,i}}{f^c_{cu,i}} \tag{5-15}$$

2)有混凝土芯样试件时:

$$\eta = \frac{1}{n}\sum_{i=1}^{n}\frac{f_{cor,i}}{f^c_{cu,i}} \tag{5-16}$$

式中 η——修正系数,精确至小数点后两位;
$f_{cu,i}$——第 i 个混凝土立方体试块抗压强度实测值(以边长为 150 mm 计)(MPa),精确至 0.1 MPa;
$f^c_{cu,i}$——对应于第 i 个立方试块或芯样试件的混凝土强度换算值(MPa),精确至 0.1 MPa;
$f_{cor,i}$——第 i 个混凝土芯样试件抗压强度实测值(以 ϕ100 mm×100 mm 计)(MPa),精确至 0.1 MPa;
n——试件数。

(3)结构或构件的混凝土强度推定值 $f_{cu,e}$,可按下列条件确定:

1)当按单个构件检测时,单个构件的混凝土强度推定值 $f_{cu,e}$ 取该构件各测区中最小的混凝

土强度换算值 $f^c_{cu,\min}$。

2)当按批抽样检测时,该批构件的混凝土强度推定值应按下列公式计算:

$$f_{cu,e} = m_{f_{cu}} - 1.645 S_{f_{cu}} \tag{5-17}$$

式中的各测区混凝土强度换算值的平均值 $m_{f_{cu}}$ 及标准差 $S_{f_{cu}}$,应按下列公式计算:

$$m_{f_{cu}} = \frac{1}{n}\sum_{i=1}^{n} f^c_{cu,i} \tag{5-18}$$

$$S_{f_{cu}} = \sqrt{\frac{\sum_{i=1}^{n}(f^c_{cu,i})^2 - n(m_{f_{cu}})^2}{n-1}} \tag{5-19}$$

3)当同批测区混凝土强度换算值标准差 $S_{f_{cu}}$ 过大时,该批构件的混凝土强度推定值也可按下式计算:

$$f_{cu,e} = m_{f_{cu,\min}} = \frac{1}{m}\sum_{j=1}^{m} f^c_{cu,\min,j} \tag{5-20}$$

式中 $m_{f_{cu,\min}}$ ——该批每个构件中最小的测区混凝土强度换算值的平均值(MPa);

$f^c_{cu,\min,j}$ ——第 j 个构件中的最小测区混凝土强度换算值(MPa);

m ——该批中抽取的构件数。

(4)当属同批构件按批抽样检测时,若全部测区强度的标准差出现下列情况时,则该批构件应全部按单个构件检测:

1)当一批构件的混凝土抗压强度平均值 $m_{f_{cu}} < 25.0$ MPa, $S_{f_{cu}} > 4.50$ MPa。

2)当一批构件的混凝土抗压强度平均值 $m_{f_{cu}} = 25.0 \sim 50.0$ MPa, $S_{f_{cu}} > 5.50$ MPa。

3)当一批构件的混凝土抗压强度平均值 $m_{f_{cu}} > 50.0$ MPa, $S_{f_{cu}} > 6.50$ MPa。

三、超声—回弹综合法测定水泥混凝土抗弯拉强度

1. 资料准备

资料准备与回弹法要求相同。

2. 测区测点的布置

(1)按规定随机选择的水泥混凝土板,将每一块水泥混凝土路面板作为一个试样,均匀布置10个测区,每个测区不宜小于 150 mm×550 mm,测试面应清洁、干净、平整,不得有蜂窝、麻面,对浮浆和油垢以及粗糙处应清洗或用砂轮片磨平,并擦净残留粉尘。

(2)每个测区的测点宜在测区范围内均匀分布,但不得布置在气孔或外露石子上,相邻两测点的距离不宜小于 30 mm。

3. 测试技术

(1)回弹值及碳化深度值的测量与计算。回弹法测定混凝土抗压强度中已介绍。

(2)声学参数测量。

1)声时值的测量。测量前应视测距大小将仪器的发射电压器调在某一挡,将仪器"增益"调至较大位置保持不动。仪器接通电源前应检查电压,接上电源后,仪器宜预热 10 min;对仪器进行标定,换能器与标定棒耦合应良好,对于有示波器的应将首波波幅调节至 30~40 mm,并将游标调至首波起始位置后测读声时值。对于有调零装置的仪器,应调节零电位器以扣除初读数。

声时测量时,测点布置在回弹测试的同一测区内。先在测点上涂少许耦合剂(如黄油、凡士林等),再将发射与接收换能器分别耦合在测区同一测点对应位置上,且发射与接收换能器应在同一轴线上(即对测),如图 5-9(a)所示,或发射与接收换能器轴线应互相平行,且两换能器间

隔为定值(即平测)，如图 5-9(b)所示。每个测区内的相对测试面上，应各布置 3 个测点。每测点测试时均应将接收信号的首波波幅调整好，并将游标调至首波前沿基线弯曲的起始位置，可读取声时值(精确至 0.1 μs)，并记录该测点的声时值。对特殊构件应准确量取两换能器间的距离以确定测距。具体步骤如下：

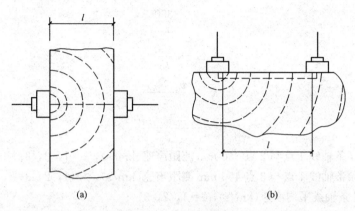

图 5-9 声时值测量
(a)对测示意图；(b)平测示意图

①在进行回弹测试的同一测区内布置三条轴线，作为换能器布置区，如图 5-10 所示。

②在换能器放置处抹上耦合剂。

③将换能器分别放置轴线Ⅰ的 1 点及 2 点处，换能器与路面混凝土应充分接触，耦合良好，发射和接收两换能器直径与测轴线重合，边缘与测距相切。超声波振幅应调到规定振幅。测读声时 t_{11}，准确至 0.1 μs。

④1 点处的换能器不动，将放置在 2 点处的换能器移至 3 点处，再测读声时为 t_{12}，精确至 0.1 μs。

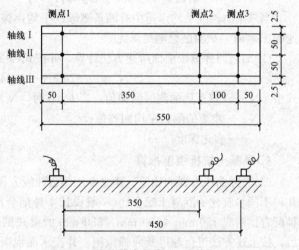

图 5-10 换能器布置图(尺寸单位：cm)

⑤按上述方法测量轴线Ⅰ、Ⅱ，分别得声时为 t_{21}、t_{22}、t_{31}、t_{32}。

2)波幅测量。波幅测量时，应在保持换能器良好耦合状态下采用下列两种方法之一进行读取。

①刻度法：将衰减固定在某一衰减位置，从仪器示波屏上读取首波幅度(格数)。

②衰减值法：采用衰减器将波幅调至一定高度(如 5 mm 或刻度一格)，读取衰减器上的 dB 值。

3)频率测量。频率测量时，应先将游标脉冲调至首波前半个周期的波谷(或波峰)，读取声时值 $t_1(\mu s)$，再将游标脉冲调至相邻的波谷(或波峰)，读取声时值 $t_2(\mu s)$，由此即可按下式计算出第 i 点第一周期波的频率：

$$f_i = \frac{1\,000}{t_1 - t_2} \tag{5-21}$$

4)波形观察。波形观察主要观察接收信号的波形是否畸变或包络线的形状，必要时可描绘或拍照。仪器使用完毕,应及时做好清理工作,换能器应擦拭干净单独存放。换能器的耦合面应避免磨损。

4. 计算

(1)声速值按下式计算:

$$v_{i1} = \frac{350}{t_{i1}} \tag{5-22}$$

$$v_{i2} = \frac{450}{t_{i2}} \tag{5-23}$$

$$v_i = \frac{v_{i1} + v_{i2}}{2} \tag{5-24}$$

$$v = \frac{v_1 + v_2 + v_3}{3} \tag{5-25}$$

式中　v_{i1}——第 i 条轴线 1 点与 2 点 350 mm 测距声速(km/s),$i=1$,2,3;
　　　v_{i2}——第 i 条轴线 1 点与 3 点 450 mm 测距声速(km/s),$i=1$,2,3;
　　　v_i——第 i 条轴线平均声速(km/s),$i=1$,2,3;
　　　v——测区平均声速(km/s),精确至 0.01;
　　　t_{i1}——第 i 条轴线 350 mm 测距声时(μs);
　　　t_{i2}——第 i 条轴线 450 mm 测距声时(μs)。

当三条测轴线平均声速中有两条测轴线平均声速与测区的平均声速之差都超过测区平均声速的 15%时,该测区检测结果无效。

(2)测区回弹值按前面所述方法计算,并按式(5-26)对实测回弹值进行碳化深度修正计算:

$$N' = 0.879\ 5\overline{N} - 1.444\ 3L + 4.48 \tag{5-26}$$

式中　N'——修正后的测区回弹值,当 $L=0$ 时,$N'=\overline{N}$;
　　　$\overline{N}$——实测的测区平均回弹值;
　　　L——碳化深度(mm)。

5. 混凝土抗折强度推算

(1)测强曲线方程的确定。建立专用测强曲线方程。取用与路面混凝土相同的原材料,设计几种不同水胶比的混凝土配合比(一般设计 4 种配合比,其中包括路面施工时的配合比),对每种配合比制成 150 mm×150 mm×550 mm 的梁式试件(不少于 6 个),在标准条件下养护 28 d 后,按上述方法进行超声及回弹检测,并按水泥混凝土试验规程进行抗折强度试验,再用二元非线性方程按下式回归,确定回归系数,得出测强曲线方程,相对标准误差 e 应不大于 12%。

$$R_f = av^b e^cN \tag{5-27}$$

式中　R_f——混凝土抗弯(折)强度(MPa);
　　　v——超声声速(km/s);
　　　N——修正后的回弹值;
　　　a、b、c——回归系数;
　　　e——相对标准误差(%),按式(5-28)计算:

$$e = \sqrt{\frac{\sum(R'_{fi}/R_{fi}-1)^2}{n-1}} \times 100\% \tag{5-28}$$

式中　R'_{fi}——第 i 块试件实测抗弯(折)强度(MPa);
　　　R_{fi}——第 i 块试件由超声—回弹推算的抗弯(折)强度(MPa);
　　　n——试件数(按块计)。

(2)混凝土路面抗弯(折)强度推定。每一段中,每一幅为一个单位作为抗弯(折)强度评定对象。

评定抗弯(折)强度第一条件和第二条件值按下式计算:

$$R_{n1} = 1.18(\overline{R}_n - K \cdot S_n) \tag{5-29}$$

$$R_{n2} = 1.18(R_{fi})_{\min} \tag{5-30}$$

以第一条件值和第二条件值中的小者作为混凝土抗弯(折)强度评定值 R_n。

$$R_n = \min\{R_{n1}, R_{n2}\} \tag{5-31}$$

式中 R_{n1}——抗弯(折)强度第一条件值(MPa),精确至 0.1 MPa;

R_{n2}——抗弯(折)强度第二条件值(MPa),精确至 0.1 MPa;

S_n——抗弯(折)强度标准差(MPa),精确至 0.1 MPa,按下式计算:

$$S_n = \sqrt{\frac{\sum (R_{fi})^2 - n(\overline{R}_n)^2}{n-1}} \tag{5-32}$$

K——合格率判定系数,当 $n=10\sim14$ 时,$K=1.7$;当 $n=15\sim24$ 时,$K=1.65$;当 $n\geqslant 25$ 时,$K=1.60$;

$\overline{R}_n$——抗弯(折)强度平均值(MPa),精确至 0.1 MPa 按下式计算:

$$\overline{R}_n = \frac{\sum R_{fi}}{n} \tag{5-33}$$

R_{fi}——所有推算的抗弯(折)强度值;

n——测区数。

6. 检测结果记录

以下实测表(表 5-7、表 5-8)为一级公路某段水泥混凝土路面(普通硅酸盐水泥与石灰岩粗集料碎石结构,设计抗折强度为 4.5 MPa),用超声—回弹综合法(平测法)进行检测的摘录,仅供参考。

表 5-7 水泥混凝土抗弯拉(折)强度检测记录

施工单位_____ 施工日期_____ 工程名称_____ 检测单位_____
检测日期_____ 检验者_____ 记录者_____ 校核者_____

项目桩号	回弹值 N_i	实测回弹值	碳化深度/mm	平均碳化深度/mm	修正后回弹值 N	测距声时	v_{i1}/(km·s^{-1})	v_{i2}/(km·s^{-1})	v_i/(km·s^{-1})	v/(km·s^{-1})	折算抗弯强度 R_f/MPa

表 5-8 水泥混凝土弯拉(折)强度实测表

序号	回归波速/(km·s^{-1})	回弹值	破坏强度/MPa	计算强度/MPa	误差
1	4.738	41.4	5.85	5.81	0.006
2	4.568	37.2	5.18	4.96	0.044
3	4.448	39.1	5.08	4.95	0.026
4	4.566	27.2	4.44	4.95	−0.103
5	4.555	40.7	6.12	5.36	0.142
6	4.830	42.2	6.15	6.09	0.010
7	4.693	44.4	5.72	6.09	−0.061

第三节　钻芯法测定混凝土强度

钻芯法检测桥梁结构混凝土强度是使用取芯机直接从结构混凝土上钻取芯样，然后根据芯样的抗压强度推定结构混凝土的抗压强度。该法是一种半破损现场检测方法。

钻芯法主要优点是直观、可靠，在国内外被广泛采用。但此法毕竟是一种半破损检测方法，一方面对钻芯位置的选择及钻芯数量等均受到一定限制，另一方面钻芯机及芯样加工配套机具与非破损测试仪器相比，比较笨重，移动不方便而且试验费用较高，另外，芯后的孔洞要修补，尤其当钻断钢筋时，更增加了修补工作的困难，因此，不宜将钻芯法作为经常性的检测手段。近年来，国内外主张将钻芯法与其他非破损检测方法结合使用，一方面利用非破损检测方法减少钻芯数量；另一方面利用钻芯法提高非破损方法的可靠性。

在正常情况下，混凝土结构应按《公路工程水泥及水泥混凝土试验规程》(JTG E30—2005)的要求，制作标准养护试块进行混凝土强度评定和验收。只有在下列情况下才可以进行钻取芯样检测其强度，并作为处理混凝土质量事故的主要技术依据：

(1)对试块抗压结果有怀疑。试块强度很高，而结构混凝土的外观质量很差；试块强度较低而结构混凝土外观质量较好；或者因为试块形状、尺寸、养护等不符合要求，而影响了试验结果的准确性。

(2)因材料、施工或养护不良而发生混凝土质量事故。

(3)测试部位表层与内部的质量有明显差异、遭受化学腐蚀或火灾、硬化期间遭受冻害的混凝土等均可采用钻芯法检测其混凝土强度。

(4)使用多年的老混凝土结构，如需加固或因工艺流程的改变而荷载发生变化，需要了解某些部位的混凝土强度。

(5)对施工有特殊要求的结构和构件，如路面厚度测试等。

一、检测器具

钻芯法使用的主要设备有钻孔取芯机、人造金刚石空心薄壁钻头、芯样切割机、端面补平机具、保护层厚度测定仪、压力试验机。

1. 钻孔取芯机

图 5-11 和图 5-12 所示为混凝土钻孔取芯机实物图和构造图。钻孔取芯机应具有足够刚度，操作灵活，固定和移动、拆卸方便，并应有水冷却系统。

常见的钻孔取芯机有：轻便型取芯机(钻芯直径 $\phi 12 \sim \phi 75$ mm)、轻型钻机(钻芯直径 $\phi 12 \sim \phi 200$ mm)、重型钻机(钻芯直径 $\phi 200 \sim \phi 450$ mm)和超重型钻机(钻芯直径 $\phi 330 \sim \phi 700$ mm)。

钻孔取芯机一般包括以下几个部分：

(1)机架部分主要由底座、立柱所组成，底座上一般均安装四个调整水平用的螺钉和两个行走轮。

(2)进给部分由滑块导轨、升降座、齿条、齿轮、进给柄等组成。当把升降座上的紧固螺钉松开后，利用进给手柄可使升降座安全匀速地上下移动，以保证钻头在允许行程内的前进后退。

(3)变速器由壳体、变速齿轮、变速手柄和旋转水封等组成。

(4)给水部分在钻芯过程中，必须供应一定流量的冷却水，水经过水嘴后流入水套内，经过水套进入主轴中心孔，然后经过连接头最后由钻头端部排出。

(5)动力部分主要由电动机、起动机和开关等组成。

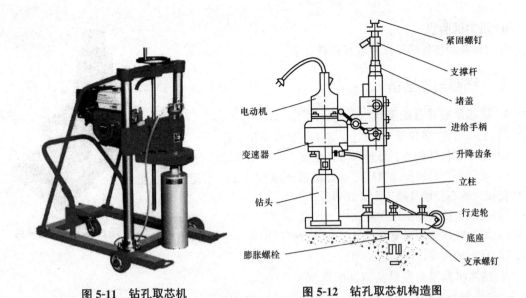

图 5-11　钻孔取芯机　　　　图 5-12　钻孔取芯机构造图

2. 人造金刚石空心薄壁钻头

空心薄壁钻头主要由钢体和胎环部分组成。钢体一般由无缝钢管车制而成。钻头的胎环是由钢系、青铜系、钨系等冶金粉末和适量的人造金刚石浇铸成型。钻头胎体不得有肉眼可见的裂缝、缺边、少角、倾斜及喇叭口变形。

钻头的构造如图 5-13 所示。

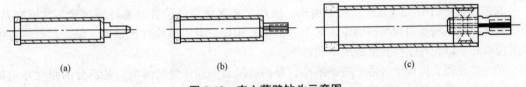

图 5-13　空心薄壁钻头示意图
(a)直柄式；(b)螺纹式；(c)胀卡式

3. 芯样切割机

当检测混凝土强度时，应将芯样用切割机加工成具有一定尺寸的抗压试件。切割机用来切平端面，切割后要求表面平整且与主轴垂直。切割机应具有冷却系统和牢固夹紧装置；配套使用的人造金刚石圆锯片应有足够的刚度，如图 5-14 所示。

4. 端面补平机

端面经锯切后达不到平整度要求或与中轴线不垂直时，则需采用磨平机对端面进行磨平，或经补平处理。补平时，可采用水泥砂浆（或水泥净浆）或硫磺胶泥（或硫磺）等材料在专用补平器上完成。补平器除保证芯样的端面平整外，尚应保证端面与轴线垂直，如图 5-15 所示。

5. 保护层厚度测定仪

保护层厚度测定仪主要用来探测钢筋的位置，避免在钻芯时切断钢筋。

图 5-14　芯样切割机

6. 压力试验机

压力试验机能够满足试件破坏荷载要求。

二、钻芯前的准备

1. 钻芯前应具备的资料

(1) 工程名称(或代号)及设计、施工、建设单位名称。
(2) 结构或构件种类、外形尺寸及数量。
(3) 设计采用的混凝土强度等级，混凝土成型日期、水泥品种、粗集料粒径、砂石产地及施工配合比等。
(4) 混凝土试块的抗压强度。
(5) 结构或构件现场质量状况及施工或使用中存在的质量问题。
(6) 有关结构设计图和施工图。

图 5-15　端面补平机

2. 钻芯机具准备及钻头直径的选择

一般根据被测构件的体积及钻取部位确定钻芯的深度，据此选择合适的钻机及钻头，应根据检测的目的选择适宜尺寸的钻头。当钻取的芯样是为了进行抗压强度试验时，则芯样的直径与混凝土粗集料粒径之间应保持一定的比例关系。在一般情况下，芯样直径为粗集料粒径的 3 倍。在钢筋过密或因取芯位置不允许钻取较大芯样的特殊情况下，钻芯直径可为粗集料最大粒径的 2 倍。在工程中的梁、柱、板、基础等现浇混凝土结构，一般使用粗集料的最大粒径为 32 mm 或 40 mm，这样采用内径为 100 mm 或 150 mm 的钻头可满足要求。

3. 钻芯位置的选择

取芯时会对结构混凝土造成局部损伤，因此，在选择芯样位置时要特别慎重。其原则是：应尽量选择在结构受力较小的部位。对于一些重要构件或者一些构件的重要区域，尽量不在这些部位取芯，以免对结构安全造成不利影响。

在一个混凝土构件中，由于施工条件、养护情况及不同位置的影响，各部分的强度并不是均匀一致的。在选择钻芯位置时，应考虑这些因素，以使取芯位置混凝土的强度具有代表性。如果有条件时，应首先对结构混凝土进行超声或超声—回弹综合法测试，然后根据检测目的与要求来确定钻芯位置。

4. 取芯数量的确定

取芯的数量，应视检测的要求而定。进行强度检测时，一般可分为以下两种情况：

(1) 单个构件检测。当构件体积或截面尺寸较大时，取芯数量应不少于 3 个，取芯位置应尽量分散，以减少对结构强度的影响；当构件体积或截面面积较小时，取芯过多会影响结构承载能力，此时可取 2 个。

(2) 局部区域检测。对构件某一指定局部区域的质量进行检测时，取芯数量应视这一区域的大小而定，如某一区域遭受冻害、火灾、化学腐蚀或质量可疑等情况，这时检测结果仅代表取芯位置的质量，而不能据此对整个构件或结构物强度作出整体评价。至于检查内部缺陷的取芯试验，更应视具体情况而定。

三、钻芯取样检测

1. 钻芯方法

混凝土芯样的钻取是钻芯测强过程的首要环节，是技术性很强的工作。芯样质量的好坏、钻头和钻机的使用寿命以及工作效率，都与操作者的熟练程度和经验有关。因此，熟练的操作技术、合理调节各部位装置，将会获得较好的钻取效果。

先将钻机安放稳固(稳固方法有配重法、真空吸附法、顶杆支撑法和膨胀螺栓法等)并调至水平后，安装好钻头、接通水源，启动电动机，然后操作加压手柄，使钻头慢慢接触混凝土表面。当混凝土表面不平时，下钻更应特别小心，待钻头入槽稳定后，方可适当加压进钻。

在进钻的过程中，应保持冷却水的畅通，水流量宜为 3~5 L/min，出口水温不宜过高。冷却水的作用：一是防止金刚石温度升高烧毁钻头；二是及时排除钻孔中产生的大量混凝土碎屑，以利于钻头不断切削新的工作面和减少钻头的磨损。水流量的大小与进钻速度和直径成正比，以达到料屑能快速排出，又不致四处飞溅为宜。当钻头钻至芯样要求长度后，退钻至离混凝土表面 20~30 mm 时停电停水，然后将钻头全部退出混凝土表面。如停电停水过早，则容易发生卡钻现象，尤其在深孔作业时更应特别注意。

移开钻机后，用带弧度的钢钎插入圆形槽并用锤敲击，此时由于弯矩的作用，使芯样在底部与结构断离，然后将芯样提出。取出的芯样应及时编号，并检查外观质量情况，做好记录后，妥善保管，以备割成标准尺寸的芯样试件。

为了保证安全操作，取芯机操作人员必须穿戴绝缘鞋及其他防护用品。

2. 芯样加工

(1)芯样尺寸要求及测量方法。

1)平均直径。在钻芯过程中，由于受到钻机振动钻头偏摆等因素的影响，沿芯样高度的任一直径各个方向芯样直径并不是均匀一致的，也就是说同一芯样其直径有的部位大有的部位小。为了方便计算芯样的截面面积，故以平均直径为代表。测量平均直径如图 5-16(d)所示用游标卡尺测量芯样中部，在互相垂直的两个位置上取其两次测量的算术平均值作为平均直径，测量精度为 0.5 mm。对于直径为 ϕ100 mm 的芯样，当直径测量误差为 0.5 mm 时，芯样的截面面积误差只有 0.89%，对抗压强度的计算影响不大。当沿芯样高度任一直径与平均直径相差达 2 mm 以上时，由于对抗压强度的影响难以估计，故这样的芯样不能作为抗压试件使用。

2)芯样高度。抗压芯样试件高度如图 5-16(a)所示，用钢卷尺或钢板尺进行测量，**精确至 1 mm**；按照《公路工程水泥及水泥混凝土试验规程》(JTG E30—2005)要求，抗压强度按 T0554 要求长径比为 1 和 2 之间，按修正系数修正。劈裂抗拉强度要求长径比为 1 和 2 之间，标准长径比为 2。

3)端面平整度。芯样端面与立面方体试块的侧面一样，是进行抗压强度试验时的承压面，其平整度对抗压强度影响很大。端面不平时，向上比向下引起的应力集中更为剧烈，如同劈裂抗拉强度破坏一样，强度下降更大。当中间凸出 1 mm 时，其抗压强度只有平整试件的 1/2 左右，因此，国内外标准对芯样端面平整度有严格要求。测量端面平整度[图 5-16(b)]是用钢板尺紧靠在芯样端面上，一面转动钢板尺，一面用塞尺测量与芯样之间的缝隙，在 100 mm 长度范围内不超过 0.1 mm 为合格。

4)垂直度。芯样两个端面应互相平行且应垂直于轴线。芯样端面与轴线之间垂直度偏差过大抗压时会降低强度，其影响程度还与试验机的球座及试件的尺寸大小有关。大部分规定垂直度偏差不得超过±1°。垂直度测量方法[图 5-16(c)]是用游标量角器分别测量两个端面与轴线间的夹角，在 90°±2°时为合格，测量精度为 0.1°。承压线凹凸不应大于 0.25 mm。

(2)芯样锯切。采用切割机和人造金刚石圆锯片进行切割加工。正确选择芯样切割部位和正确操作切割机，是保证芯样切割质量的重要环节。芯样加工时，切除部分和保留部分应根据检测的目的确定。在一般情况下，应将影响强度试验的缺边、掉角、孔洞、疏松层、钢筋等部分切除。但是，在一些特殊情况下，如为了检测混凝土受冻或疏松层的强度时，在切割加工中要

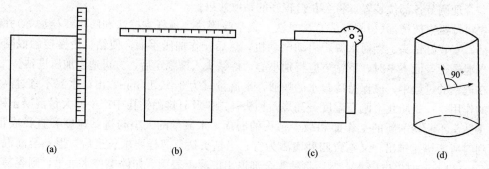

图 5-16 芯样尺寸测量示意图
(a)测高度;(b)测平整度;(c)测垂直度;(d)测平均直径

注意保留这一部分混凝土。为了抗压强度试验的方便,在满足试件尺寸要求的前提下,同一批试件应尽可能切割成同样的高度。

(3)芯样端面补平。芯样在锯切过程中,由于受到振动、夹持不紧或圆锯片偏斜等因素的影响,芯样端面的平整度及垂直度很难完全满足试件尺寸的要求。此时,需采用专用机具进行磨平或补平处理。芯样端面修整基本可分为磨平法和补平法两种方法。磨平法是在磨平机的磨盘上撒上金刚石砂粒(或直接用金刚石磨轮)对芯样两端进行磨平处理,或采用金刚石车刀在车床上对芯样端面进行车光处理,直到平整度与垂直度达到要求时为止;补平法是用补平材料对芯样端面进行修整,根据所用材料可分为硫黄补平、硫黄胶泥、硫黄砂浆、水泥净浆、水泥砂浆补平等。

芯样直径两端侧面测定钻取后芯样的高度及端面加工或端面加工后的高度,其尺寸差应在 0.25 mm 之内。

四、抗压强度试验

芯样在进行抗压强度试验时,可分为潮湿状态和干燥状态两种试验方法。在干燥状态下试验的试件,通常比经过浸湿的芯样强度高。为了使芯样试件与被测结构混凝土的湿度在基本一致的条件下进行试验,在钻芯法规程中,规定了芯样试件可在两种湿度状态下进行试验,如结构工作条件比较干燥,芯样试件应以自然干燥状态进行试验;结构工作条件比较潮湿,芯样试件应以潮湿状态进行试验。另外,统一了试验标准并规定了试验状态条件;对于干燥状态,即芯样试件在受压前,应在室内自然干燥 3 d;在潮湿状态进行试验时,芯样试件应在 (20 ± 2) ℃的清水中浸泡 40~48 h;抗压试验用的试件长度(端面加工后)长径比为 1 和 2 之间,按修正系数修正。芯样端面必须平整,必要时,应磨平或用抹顶补平等方法处理。

1. 抗压强度试验步骤

(1)取出试件,清除表面污垢,擦去表面水分,仔细检查后,在其中部量出高度和宽度,精确至 1 mm。在准备过程中,要求保持试件温度无变化。

(2)在压力机下压板上放好试件,几何对中,球座最好放在试件顶面并凸面朝上。

(3)加荷速度,强度等级不大于 C30 的混凝土时,取 0.3~0.5 MPa/s;强度等级为 C30~C60 时,则取 0.5~0.8 MPa/s;强度等级不小于 C60 时,则取 0.8~1.0 MPa/s。当试件接近而开始迅速变形时,应停止调整试验机油门,直至试件破坏,记下最大荷载。

2. 记录计算

混凝土芯样抗压强度 R_c 可按下式计算:

$$R_c = \frac{P}{A} = \frac{4P}{\pi d_m^2} \tag{5-34}$$

式中 R_c——混凝土芯样抗压强度(MPa)，精确至 0.1 MPa；

P——极限荷载(N)；

A——受压面积(mm^2)；

d_m——芯样截面的平均直径(mm)。

圆柱体试件与方块试件抗压强度关系见表 5-9。

表 5-9 圆柱体试件与方块试件抗压强度关系表

混凝土强度等级	28 d抗压强度/MPa	
	圆柱体 ϕ150 mm×300 mm	方块 150 mm×150 mm×150 mm
C2/2.5	2.0	2.5
C4/5	4.0	5.0
C6/7.5	6.0	7.5
C8/10	8.0	10.0
C10/12.5	10.0	12.5
C16/20	10.0	20.0
C20/25	20.0	25.0
C25/30	25.0	30.0
C30/35	30.0	35.0
C35/40	35.0	40.0
C40/45	40.0	45.0
C45/50	45.0	50.0
C50/55	50.0	55.0

注：表遇中间值换算时可直线插入。

五、钻芯法测定水泥混凝土路面芯样劈裂抗拉强度

用钻芯法测定混凝土路面劈裂抗拉强度的仪器的设备有压力机、钻孔取芯机、切割机、磨平机、劈裂夹具、木质三合板垫条，如图 5-17 所示。

1. 芯样钻取及试件加工

要求及方法同前所述，但芯样长度应与路面厚度相等。

2. 检查

(1)外观检查：每个芯样应详细描述有关裂缝、接缝、分层、麻面或离析等不均匀性，必要时应记录以下事项：

1)集料情况：估计集料的最大粒径、形状、种类，粗细集料的比例和级配。

2)密实性：检查并记录存在的气孔，气孔的位置、尺寸与分布情况，必要时应拍下照片。

(2)测量：同前所述。

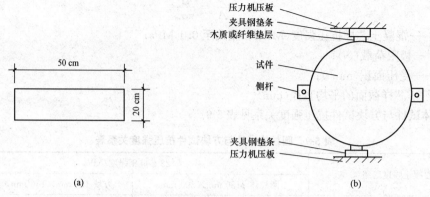

图 5-17 芯样劈裂试验装置示意
(a)夹具钢垫条；(b)劈裂夹具

3. 劈裂抗拉强度检测步骤

(1)试件制作、试件湿度控制均同前所述。

(2)检测步骤如下：

1)试件从养护地点取出后，擦拭干净，测量尺寸，检查外观，在试件中部划出劈裂面位置线。劈裂面与试件成型时的顶面垂直，尺寸测量精度至 1 mm。

2)将试件、劈裂夹具、垫条和垫层放在压力机上，借助夹具两侧杆，将试件对中。

3)开动压力机，当压力机压板与夹具垫条接近时，调整球座，使压力均匀接触试件。当压力加到 5 kN 时，将夹具的侧杆抽出，以(60±4)N/s 左右的速度连续、均匀加荷，直至试件劈裂为止，记下破坏荷载，精确至 0.01 kN。

4. 检测结果计算

芯样劈裂抗拉强度 R_a 按下式计算：

$$R_a = \frac{2P}{A\pi} = \frac{2P}{\pi d_m \times L_m} \tag{5-35}$$

式中　R_a——芯样劈裂抗拉强度(MPa)，精确至 0.1 MPa；

　　　P——极限荷载(N)；

　　　A——芯样劈裂面面积(mm^2)；

　　　d_m——芯样截面的平均直径(mm)；

　　　L_m——芯样平均长度(mm)。

本章小结

测定混凝土强度的技术按其对混凝土结构的影响程度可分为部分破损法和非破损法。回弹法、钻芯法、超声法、超声—回弹综合法和拔出法是结构混凝土质量的常见检测方法。

回弹法是以回弹值作为与强度相关的指标来推定混凝土强度的一种方法。所检测的水泥混凝土厚度不得小于 100 mm，温度不应低于 10 ℃。不适用于表层与内部质量有明显差异或内部存在缺陷的混凝土强度检测。检测结果不宜用于仲裁检验或工程验收的最终依据。回弹值测量完毕后，应在有代表性的测区上测量碳化深度值。当非水平方向检测时要进行测试角度修正、测试面修正。

超声—回弹综合法是指采用超声仪和回弹仪在结构混凝土同一测区分别测量声时值及回弹值，推算该测区混凝土强度的一种方法。测试时按测区测点布置要求进行布点，根据测试结果推定混凝土强度。此方法还可以测定水泥混凝土抗弯拉强度。

钻芯法是一种半破损检测方法。钻芯后的孔洞需要修补，尤其当钻断钢筋时，更增大修补困难，故不宜作为经常性检测手段。近年来，国内外主张将钻芯法与其他非破损检测方法结合使用，一方面利用非破损检测方法减少钻芯数量；另一方面利用钻芯法提高非破损方法的可靠性。根据钻取的芯样可进行抗压强度试验及水泥混凝土路面芯样劈裂抗拉强度的测试。

复习思考题

一、填空题

1. 回弹法检测的水泥混凝土厚度不得小于_____，温度不应低于_____。检测结果可作为试块强度的参考，不宜用于仲裁检验或工程验收的最终依据。
2. 综合法测定混凝土强度的方法较多，研究与应用较广泛的是_____。
3. 钻芯法取样时，在一般情况下，芯样直径为粗集料粒径的_____倍。在钢筋过密或因取芯位置不允许钻取较大芯样的特殊情况下，钻芯直径可为粗集料最大粒径的_____。
4. 混凝土试块的劈裂试验是间接测试其_____的试验方法。

二、选择题

1. 回弹法检验混凝土的强度，需测碳化深度，当用1%酚酞酒精溶液滴在孔的内壁边缘，垂直测量未变色部分的深度，未碳化部分变成（   ）。
   A. 玫瑰红色　　　B. 粉色　　　C. 黑色　　　D. 褐色
2. 目前的回弹测强曲线不适应（   ）。
   A. 特殊混凝土　　B. 浸水混凝土　　C. 薄壁混凝土构件　　D. 大体积混凝土
3. 混凝土试块标准养生条件为（   ）。
   A. 温度(20±2)℃，相对湿度>95%　　B. 温度(20±3)℃，相对湿度>90%
   C. 温度(20±5)℃，相对湿度>95%　　D. 温度(20±3)℃，相对湿度>95%
4. 回弹值测量完毕后，应选择不小于构件（   ）的测区在有代表性的位置上测量碳化深度值。
   A. 30%　　　B. 50%　　　C. 80%　　　D. 90%

三、简答题

1. 简述无损法检测结构混凝土强度的测定内容、适用范围及其各自的优缺点。
2. 如何测定结构混凝土的碳化深度？测定其碳化深度有何意义？
3. 回弹仪怎样率定？
4. 如何确定钻芯法的芯头直径、取芯的部位和数量？

第六章 沥青混合料试验与检测

学习建议

通过本章的学习,掌握沥青含量的测定方法;能进行马歇尔试验,并进行数据处理与计算;能进行车辙试验;熟悉沥青混合料的水稳定性试验条件及试验方法。

沥青混合料试验与检测

第一节 沥青混合料中沥青含量试验

沥青混合料的沥青含量是沥青的质量占沥青混合料总质量之比,是沥青混合料配合比的重要指标,也是影响沥青路面质量与工程造价的关键指标。沥青混合料中的沥青含量测定方法主要有离心分离法、燃烧炉法、射线法三种。

一、离心分离法

1. 目的与适用范围

离心分离法适用于测定黏稠石油沥青混合料中的沥青含量(或油石比),也适用于热拌热铺沥青混合料路面施工时的沥青用量检测,以评定拌合厂产品质量,还适用于旧路调查时检测沥青混合料的沥青用量,用此法抽提的沥青溶液可用于回收沥青,以评定沥青的老化性质。

2. 仪器与材料

(1)离心抽提仪如图 6-1 所示。转速不小于 3 000 r/min。
(2)圆环形滤纸、回收瓶(容量为 1 700 mL 以上)、压力过滤装置、天平(感量不大于 0.01 g、1 mg 的天平各一台)、量筒(分度值为 1 mL)、电烘箱(装有温度自动调节器)、三氯乙烯(工业用)、碳酸铵饱和溶液(供燃烧法测定滤纸中的矿粉含量用)、其他(小铲、金属盘、大烧杯)等。

3. 方法与步骤

(1)准备工作。按沥青混合料取样方法,在拌合厂从运料车采取沥青混合料试样,放在金属盘中适当拌和,待温度稍下降后至 100 ℃以下时,用大烧杯取混合料试样质量

图 6-1 离心抽提仪

1 000~1 500 g(粗粒式沥青混合料用高限,细粒式用低限,中粒式用中限),准确至 0.1 g。

当试样在施工现场用钻机法或切割法取得时,应用电风扇吹风使其完全干燥,置烘箱中适当加热后成松散状态取样,不得用锤击,以防集料破碎。

(2)试验步骤。

1)向装有试样的烧杯中注入三氯乙烯溶剂,将其浸没,浸泡 30 min,并用玻璃棒适当搅动混合料,使沥青充分溶解(也可直接在离心分离器中浸泡)。

· 114 ·

2)将混合料及溶液全部倒入离心分离器，用少量溶剂将烧杯及玻璃棒上的黏附物全部洗入分离器中。

3)称取洁净的圆环形滤纸质量，准确至 0.01 g。注意滤纸不宜多次反复使用，有破损者不能使用，有石粉黏附时应用毛刷清除干净。

4)将滤纸垫在分离器边缘上，加盖紧固，在分离器出口处放上回收瓶。上口注意密封，防止流出液成雾状散失。

5)开动离心机，转速逐渐增至 3 000 r/min，沥青溶液通过排出口注入回收瓶中，待流出停止后停机。

6)从上盖的孔中加入数量相同的新溶剂，稍停 3~5 min 后，重复上述操作，如此数次直至流出的抽提液成清澈的淡黄色为止。

7)卸下上盖取下圆环形滤纸，在通风橱或室内空气中蒸发干燥，然后放入 105 ℃±5 ℃的烘箱中干燥，称取质量，其增重部分(m_2)为矿粉的一部分。

8)将容器中的集料仔细取出，在通风橱或室内空气中蒸发后放入 105 ℃±5 ℃烘箱中烘干（一般需 4 h），然后放入大干燥器中冷却至室温称取集料质量(m_1)。

9)用压力过滤器过滤回收瓶中的沥青溶液，由滤纸的增重 m_3 得出泄漏入滤液中矿粉，无压力过滤器时，也可用燃烧法测定。

10)用燃烧法测定抽提液中矿粉质量的步骤如下：

①将回收瓶中的抽提液倒入量筒中，准确定量至 mL(V_a)。

②充分搅匀抽提液，取出 10 mL(V_b)放入坩埚中，在热浴上适当加热使溶液试样变成暗黑色后，置高温炉(500 ℃～600 ℃)中烧成残渣，取出坩埚冷却。

③向坩埚中按每 1 g 残渣 5 mL 的用量比例，注入碳酸铵饱和溶液，静置 1 h，放入 105 ℃±5 ℃炉箱中干燥。

④取出坩埚放在干燥器中冷却，称取残渣质量(m_4)，准确至 1 mg。

4. 计算

(1)沥青混合料中矿料的总质量按式(6-1)计算：

$$m_a = m_1 + m_2 + m_3 \tag{6-1}$$

式中　m_a——沥青混合料中矿料部分的总质量(g)；

　　　m_1——容器中留下的集料干燥质量(g)；

　　　m_2——圆环形滤纸在试验前后的增重(g)；

　　　m_3——泄漏入抽提液中的矿粉质量(g)，用燃烧法时可按式(6-2)计算：

$$m_3 = m_4 \times (V_a/V_b) \tag{6-2}$$

　　　V_a——抽提液的总量(mL)；

　　　V_b——取出燃烧干燥的抽提液数量(mL)；

　　　m_4——坩埚中燃烧干燥的残渣质量(g)。

(2)沥青混合料中的沥青含量按式(6-3)计算，油石比按式(6-4)计算：

$$P_b = \frac{m - m_a}{m} \tag{6-3}$$

$$P_a = \frac{m - m_a}{m_a} \tag{6-4}$$

式中　m——沥青混合料的总质量(g)；

　　　P_b——沥青混合料的沥青含量(%)；

　　　P_a——沥青混合料的油石比(%)。

5. 报告

同一沥青混合料试样至少平行试验两次，取其平均值作为试验结果。两次试验结果的差值应小于0.3%，当大于0.3%但小于0.5%时，应补充平行试验一次，以三次试验结果的平均值作为试验结果，三次试验的最大值与最小值之差不得大于0.5%。

二、燃烧炉法

燃烧炉法测定沥青含量的基本原理是将一定质量的沥青混合料放入密闭的高温燃烧炉中充分燃烧，可燃的沥青被烧掉，只留下不可燃的无机矿物质，从而达到油石分离的目的。

1. 目的与适用范围

本方法适用于采用燃烧炉法测定沥青混合料中沥青含量，也适用于对燃烧后的沥青混合料进行筛分分析，还用于热拌沥青混合料以及从路面取样的沥青混合料在生产、施工过程中的质量控制。

2. 仪具与材料

(1)燃烧炉：由燃烧室、称量装置、自动数据采集系统、控制装置、空气循环装置、试样篮及其附件组成，如图6-2所示。

1)燃烧室的尺寸应能容纳3 500 g以上的沥青混合料试样，并有警示钟和指示灯，当试样质量的变化在连续3 min内不超过试样质量的0.01%时，可以发出提示声音。燃烧室的门在试验过程中应锁死。

2)称量装置：该标准方法的称量装置为内置天平，感量为0.1 g，能够称量至少3 500 g的试样(不包括试样篮的质量)。

3)燃烧炉：具有数据自动采集系统，在试验过程中可以实时检测并且显示质量，有一套内置的计算机程序来计算试样篮质量的变化，并且能够输入集料损失的修正系数。进行自动计算、显示试验结果并可以将试验结果打印出来。试验时间为30~45 min/次。

图6-2 智能型燃烧法测沥青含量

4)试样篮：2个及2个以上的试样篮可套放在一起。由网孔板做成，一般采用打孔的不锈钢或者其他合适的材料做成，通常网孔的尺寸最大为2.36 mm，最小为0.6 mm。

5)托盘：放置于试样篮下方，以接受从试样篮中滴落的沥青和集料。

(2)烘箱：温度应控制在设定值±5 ℃。

(3)天平：满足称量试样篮以及试样的质量，感量不大于0.1 g。

(4)防护装置：防护眼镜、隔热面罩、隔热手套、可以耐高温650 ℃的隔热罩，试验结束后试样篮应该放在隔热罩内冷却。

燃烧炉法试验

(5)其他：大平底盘(比试样篮稍大)、刮刀、盆、钢丝刷等。

3. 方法与步骤

(1)试样取样。对于在拌合厂从运料卡车采取沥青混合料试样，宜趁热放在金属盘(或搪瓷盘)中适当拌和，待温度下降至100 ℃以下时，称取混合料试样，准确至0.1g。当用钻孔法或切割法从路面上取得试样时，应用电风扇吹风使其完全干燥，但不得用锤击以防集料破碎；然后置烘箱125 ℃±5 ℃加热成松散状态，并至恒重；适当拌和后称取试样质量，准确至0.1g。当混合料已经结团时，不得用刮刀或者铲刀处理，应将试样置于托盘中放在烘箱125 ℃±5 ℃中加热成松散状态取样。

试样最小质量根据沥青混合料的集料公称最大粒径按表6-1选用。

表 6-1 试样最小质量要求

公称最大粒径/mm	试样最小质量/g	公称最大粒径/mm	试样最小质量/g
4.75	1 200	19	2 000
9.5	1 200	26.5	3 000
13.2	1 500	31.5	3 500
16	1 800	37.5	4 000

(2)试样标定。对每一种沥青混合料都必须进行标定，以确定沥青用量的修正系数和筛分级配的修正系数。当混合料中任何一档料的料源变化或者单档集料配合比变化超过5%时均需要标定，具体标定步骤如下：

1)按照沥青混合料配合比设计的步骤，取代表性各档集料，将各档集料放入105 ℃±5 ℃烘箱加热至恒重，冷却后按配合比配出5份集料混合料（含矿粉）。

2)将其中2份集料混合料进行水洗筛分。取筛分结果平均值为燃烧前的各档筛孔通过百分率 P_{Bi}，其级配需满足被检测沥青混合料的目标级配范围要求。

3)分别称量3份集料混合料质量 m_{B1}，准确至0.1g。按照配合比设计时成型试件的相同条件拌制沥青混合料，如沥青的加热温度、集料的加热温度和拌和温度等。

4)在拌制2份标定试样前，先将1份沥青混合料进行洗锅，其沥青用量宜比目标沥青用量 P_b 多0.3%~0.5%，目的是使拌合锅的内侧先附着一些沥青和粉料，这样可以防止在拌制标定用的试样过程中拌合锅粘料导致试验误差。

5)正式分别拌制2份标定试样，其沥青用量为目标沥青用量 P_b。将集料混合料和沥青加热后，先将集料混合料全部放入拌合机，然后称量沥青质量 m_{B2}，准确至0.1g。将沥青放入拌合锅开始拌和，拌和后的试样质量应满足表6-1要求。拌和好的沥青混合料应直接放进试样篮中。

6)预热燃烧炉。将燃烧温度设定为538 ℃±5 ℃。设定修正系数为0。

7)称量试样篮和托盘质量 m_{B3}，准确至0.1 g。

8)试样篮放入托盘中，将加热的试样均匀地在试样篮中摊平，尽量避免试样太靠近试样篮边缘。称量试样、试样篮和托盘总质量 m_{B4}，准确至0.1g。计算初始试样总质量 m_{B5}（即 $m_{B4}-m_{B3}$），并将 m_{B5} 输入燃烧炉控制程序中。

9)将试样篮、托盘和试样放入燃烧炉，关闭燃烧室门，检查燃烧炉控制程序中显示的 m_{B4} 质量是否准确，即试样、试样篮和托盘总质量（m_2）与显示质量（m_{B4}）的差值不得大于5 g，否则需调整托盘的位置。

10)锁定燃烧室的门，启动开始按钮进行燃烧。燃烧至连续3 min试样质量每分钟损失率小于0.01%时，燃烧炉会自动发出警示声音或者指示灯亮起警报，并停止燃烧。燃烧炉控制程序自动计算试样燃烧损失质量 m_{B6}，准确至0.1 g。按下停止按钮，燃烧室的门会解锁，并打印试验结果，从燃烧室中取出试样盘。燃烧结束后，罩上保护罩适当冷却。

11)将冷却后的残留物倒入大盘子中，用钢丝刷清理试样篮确保所有残留物都刷到盘子中待用。

12)重复以上6)~11)步骤将第2份混合料燃烧。

13)根据下式分别计算两份试样的质量损失系数 C_{fi}：

$$C_{fi} = \left(\frac{m_{B6}}{m_{B5}} - \frac{m_{B2}}{m_{B1}}\right) \times 100 \tag{6-5}$$

式中 C_{fi}——质量损失系数；

m_{B1}——每份集料混合料质量(g)；

m_{B2}——沥青质量(g)；

m_{B5}——初始试样总质量(g)；

m_{B6}——试样燃烧损失质量(g)。

①当两个试样的质量损失系数差值不大于 0.15%，则取平均值作为沥青用量的修正系数 C_f；

②当两个试样的质量损失系数差值大于 0.15%，则重新准备两个试样按以上步骤进行燃烧试验，得到 4 个质量损失系数，除去 1 个最大值和 1 个最小值，将剩下的两个修正系数取平均值作为沥青用量的修正系数 C_f。

14)当沥青用量的修正系数 C_f 小于 0.5% 时，按照第 17)条规定的方法进行级配筛分。

15)当沥青用量的修正系数 C_f 大于 0.5% 时，设定 482 ℃±5 ℃ 燃烧温度按照 1)~13)重新标定，得到 482 ℃的沥青用量的修正系数 C_f。如果 482 ℃与 538 ℃得到的沥青用量的修正系数差值在 0.1% 以内，则仍以 538 ℃的沥青用量作为最终的修正系数 C_f；如果修正系数差值大于 0.1%，则以 482 ℃的沥青用量作为最终修正系数 C_f。

16)确保试样在燃烧室得到完全燃烧。如果试样燃烧后仍然有发黑等物质，说明没有完全燃烧干净。如果沥青混合料试样的数量超过了设备的试验能力，或者一次试样质量太多燃烧不够彻底时，可将试样分成两等份分别测定，再合并计算沥青含量。不宜人为延长燃烧时间。

17)级配筛分。用最终沥青用量修正系数 C_f 所对应的 2 份试样的残留物，进行筛分，取筛分平均值为燃烧后沥青混合料各筛孔的通过率 P'_{Bi}。燃烧前、后各筛孔通过率差值均符合表 6-2 的范围时，则取各筛孔的通过百分率修正系数 $C_{Pi}=0$，否则应按式(6-6)进行燃烧后混合料级配修正。

$$C_{Pi} = P'_{Bi} - P_{Bi} \tag{6-6}$$

式中 P'_{Bi}——燃烧后沥青混合料各筛孔的通过率(%)；

P_{Bi}——燃烧前的各档筛孔通过百分率(%)。

表 6-2 燃烧前后混合料级配允许差值

筛孔/mm	≥2.36	0.15~0.18	0.075
允许差值	±5%	±3%	±0.5%

(3)试验方法和步骤。

1)将燃烧炉预热到设定温度(设定温度与标定温度相同)。将沥青用量的修正系数 C_f 输入到控制程序中，将打印机连接好。

2)将试样放在 105 ℃±5 ℃ 的烘箱中烘至恒重。

3)称量试验篮和托盘质量 m_1，准确至 0.1 g。

4)试样篮放入托盘中，将加热的试样均匀地摊平在试样篮中。称量试样、试验篮和托盘总质量 m_2，准确至 0.1 g。计算初始试样总质量 m_3(即 m_2-m_1)，将 m_3 作为初始的试样质量输入燃烧炉控制程序中。

5)将试样篮、托盘和试样放入燃烧炉，关闭燃烧室的门。查看燃烧炉控制程序显示质量，即试样、试验篮和托盘总质量(m_2)与显示质量(m_{B4})的差值不得大于 5 g，否则需调整托盘的位置。

6)锁定燃烧室的门,启动开始按钮进行燃烧。

7)按照标定的燃烧方法进行燃烧,连续 3 min 试样质量每分钟损失率小于 0.01% 时结束,燃烧炉控制程序自动计算试样损失质量 m_4,准确至 0.1 g。

8)按照式(6-7)计算修正后的沥青用量 P,准确至 0.01%。此值也可由燃烧炉控制程序自动计算。

$$P = \left(\frac{m_4}{m_3} \times 100\right) - C_f \tag{6-7}$$

9)燃烧结束后,取出试样篮罩上保护罩,待试样适当冷却后,将试样篮中残留物倒入大盘子中,用钢丝刷将试样篮所有残留物都清理到盘子中,然后进行筛分,得到燃烧后沥青混合料各筛孔的通过率 P_i',修正得到混合料级配 P_i(即 $P_i' - C_{P_i}$)。

10)沥青用量的重复性试验允许误差为 0.11%,再现性试验的允许误差为 0.17%。

4. 报告

同一沥青混合料试样至少平行测定两次,取平均值作为试验结果。报告内容应包括燃烧炉类型、试验温度、沥青用量的修正系数、试验前后试样质量和测定的沥青用量试验结果,并将标定和测定时的试验结果打印并附到报告中。当需要进行筛分试验时,还应包括混合料的筛分结果。

三、射线法

射线法是利用放射性元素测定沥青含量的方法,原理与核子密度仪相同,仪器由放射源、探测器、微处理机组成。放射源发生的高能中子与沥青混合料中的氢原子碰撞后被减速慢化,从快中子被慢化的程度按标定的曲线,计算混合料中的沥青含量。此方法操作简单、方便快捷,一般为 8 min(急需时也可采用 4 min)就可以得出测定结果,且取样较大,代表性强,不存在测定时矿粉损失对结果的影响问题,精度较高,适用于大型沥青拌合站的质量控制。不足之处是它只能测定出沥青含量,不能同时测出矿料级配,且只适用黏稠石油沥青。使用时应注意不同标号品种的沥青,要对仪器进行标定。该法受环境影响较大,挪动地点必须重新标定,操作人员必须进行培训,持证上岗,试验时做好防护,严格遵守操作规程,经常对仪器进行放射性安全鉴定。

第二节 沥青混合料的马歇尔稳定度试验

马歇尔试验是目前沥青混合料中最重要的一个试验方法,是按标准击实的试件在规定的温度和速度条件下受压,测定沥青混合料的稳定度和流值等指标所进行的试验。

一、马歇尔稳定度试验

1. 目的与适用范围

本方法用于马歇尔稳定度试验和浸水马歇尔稳定度试验,以进行沥青混合料的配合比设计或沥青路面施工质量检验。浸水马歇尔稳定度试验(根据需要,也可进行真空饱水马歇尔试验)供检验沥青混合料受水损害时抵抗剥落的能力时使用,通过测试其水稳定性检验配合比设计的可行性。

本方法适用于标准的马歇尔试件圆柱体和大型马歇尔试件圆柱体。

2. 仪具与设备

(1)沥青混合料马歇尔试验仪：分为自动式和手动式。自动马歇尔试验仪(图 6-3)应具备控制装置、记录荷载—位移曲线、自动测定荷载与试件垂直变形，能自动显示和存储或打印试验结果等功能。手动式由人工操作，试验数据通过操作者目测后读取数据。

对用于高速公路和一级公路的沥青混合料宜采用自动马歇尔试验仪。

1)当集料公称最大粒径小于或等于 26.5 mm 时，宜采用 ϕ101.6 mm× 63.5 mm 标准马歇尔试件，试验仪最大荷载不小于 25 kN，读数准确至 0.1 kN，加载速率应保持 50 mm/min±5 mm/min。钢球直径为 16 mm± 0.05 mm，上下压头曲率半径为 50.8 mm±0.08 mm。

2)当集料公称最大粒径大于 26.5 mm 时，宜采用 ϕ152.4 mm× 95.3 mm 大型马歇尔试件，试验仪最大荷载不得小于 50 kN，读数准确至 0.1 kN。上下压头曲率内径为 ϕ152.4 mm±0.2 mm，上下压头间距为 19.05 mm±0.1 mm。大型马歇尔试件的压头尺寸如图 6-4 所示。

图 6-3　自动马歇尔试验仪

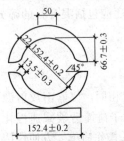 

图 6-4　大型马歇尔试件压头

(2)恒温水槽：控温准确至 1 ℃，深度不小于 150 mm。

(3)真空饱水容器：包括真空泵及真空干燥器。

(4)烘箱。

(5)天平：感量不大于 0.1 g。

(6)温度计：分度值为 1 ℃。

(7)卡尺。

(8)其他：棉纱、黄油。

3. 马歇尔标准试件的制备

采用击实法制作马歇尔标准试件的成型步骤如下：

(1)按照规范要求拌和沥青混合料。当集料公称最大粒径小于或等于 26.5 mm 时，采用标准击实法。一组试件的数量不少于 4 个。当集料公称最大粒径大于 26.5 mm 时，宜采用大型击实法。一组试件数量不少于 6 个。

(2)将拌好的沥青混合料，用小铲适当拌和均匀，称取一个试件所需的用量(标准马歇尔试件约 1 200 g，大型马歇尔试件约 4 050 g)。当已知沥青混合料的密度时，可根据试件的标准尺寸计算并乘以 1.03 得到要求的混合料数量。当一次拌和几个试件时，宜将其倒入经预热的金属盘中，用小铲适当拌和均匀分成几份，分别取用。在试件制作过程中，为防止混合料温度下降，应连盘放在烘箱中保温。

(3)从烘箱中取出预热的试模及套筒，用蘸有少许黄油的棉纱擦拭套筒、底座及击实锤底面，将试模装在底座上，放一张圆形的吸油性小的纸，用小铲将混合料铲入试模中，用插刀或大螺丝刀沿周边插捣 15 次，中间捣 10 次。插捣后将沥青混合料表面整平。对大型击实法的试件，混合料分两次加入，每次插捣次数同前。

(4)插入温度计至混合料中心附近，检查混合料温度。

(5)待混合料温度符合要求的压实温度后，将试模连同底座一起放在击实台上固定。在装好的混合料上面垫一张吸油性小的圆纸，再将装有击实锤及导向棒的压实头放入试模中。开启电机，使击实锤从 457 mm 的高度自由落下到击实规定的次数(75 次或 50 次)。对大型试件，击实次数为 75 次(相应于标准击实的 50 次)或 112 次(相应于标准击实 75 次)。

(6)试件击实一面后，取下套筒，将试模翻面，装上套筒；然后以同样的方法和次数击实另一面。

乳化沥青混合料试件在两面击实后，将一组试件在室温下横向放置 24 h；另一组试件置温度为 105±5 ℃的烘箱中养生 24 h。将养生试件取出后，再立即两面锤击各 25 次。

(7) 试件击实结束后，立即用镊子取掉上下面的纸，用卡尺量取试件离试模上口的高度，并由此计算试件高度。高度不符合要求时，试件应作废，并按下式调整试件的混合料质量，以保证高度符合 63.5mm±1.3mm(标准试件)或 95.3 mm±2.5 mm(大型试件)的要求。

$$\text{调整后的混合料质量} = \frac{\text{要求试件高度} \times \text{原用混合料质量}}{\text{所得试件的高度}} \tag{6-8}$$

(8) 卸去套筒和底座，将装有试件的试模横向放置冷却至室温后(不少于 12 h)，置脱模机上脱出试件。用于现场马歇尔指标检验的试件，在施工质量检验过程中如急需试验，允许采用电风扇吹冷 1 h 或浸水冷却 3 min 以上的方法脱模；但浸水脱模法不能用于测量密度、空隙率等各项物理指标。

(9) 将试件仔细置于干燥、洁净的平面上，供试验用。

4. 标准马歇尔试验方法

(1) 准备工作。

1) 按照标准击实法成型马歇尔试件，标准的马歇尔试件尺寸应符合直径 101.6 mm±0.2 mm、高 63.5 mm±1.3 mm 的要求；对于大型马歇尔试件，尺寸应符合直径 152.4 mm±0.2 mm、高 95.3 mm±2.5 mm 的要求。

2) 量测试件直径和高度：用卡尺测量试件中部的直径，用马歇尔试件高度测定器或卡尺在十字对称的 4 个方向量测距离试件边缘 10 mm 处的高度，准确至 0.1 mm，并取 4 个值的平均值作为试件的高度。如试件高度不符合 63.5 mm±1.3 mm 或 95.3 mm±2.5 mm 要求或两侧高度差大于 2 mm 时，此试件应作废。

3) 按《公路工程沥青及沥青混合料试验规程》(JTG E20—2011)规定的方法测定试件的密度，并计算空隙率、沥青体积百分率、沥青饱和度、矿料间隙率等物理指标。

4) 将恒温水槽调节至要求的试验温度，对黏稠石油沥青或烘箱养护过的乳化沥青混合料为 60 ℃±1 ℃，对煤沥青混合料为 33.8 ℃±1 ℃，对空气养护的乳化沥青或液体沥青混合料为 25 ℃±1 ℃。

(2) 试验步骤。

1) 将试件置于已达规定温度的恒温水槽中保温，保温时间对于标准的马歇尔试件需 30～40 min，对于大型的马歇尔试件需 45～60 min。试件之间应有间隔，底下应垫起，距离水槽底部不小于 5 cm。

2) 将马歇尔试验仪的上下压头放入水槽或烘箱中达到同样温度。将上下压头从水槽或烘箱中取出擦拭干净内表面。为使上下压头滑动自如，可在上下压头的导棒上涂少许黄油。再将试件取出置于下压头上，盖上上压头，然后装在加载设备上。

3) 在上压头的球座上放妥钢球，并对准荷载测定装置的压头。

4) 当采用自动马歇尔试验仪时，将自动马歇尔试验仪的压力传感器、位移传感器与计算机或 $X-Y$ 记录仪正确连接，调整好适宜的放大比例，压力和位移传感器调零。

5) 当采用压力环和流值计时，将流值计安装在导棒上，使导向套管轻轻地压住上压头，同时将流值计读数调零。调整压力环中百分表，对零。

6) 启动加载设备，使试件承受荷载，加载速度为 50 mm/min±5 mm/min。计算机或 $X-Y$ 记录仪自动记录传感器压力和试件变形曲线并将数据自动存入计算机。

7) 当试验荷载达到最大值的瞬间，取下流值计，同时读取应力环中百分表或荷载传感器读数及流值计的流值读数。

8) 从恒温水槽中取出试件至测出最大荷载值的时间，不应超过 30 s。

5. 结果计算

(1)试件稳定度及流值。

1)当采用自动马歇尔试验仪时,将计算机采集的数据绘制成压力和试件变形曲线,或由 $X-Y$ 记录仪自动记录的荷载—变形曲线,按图 6-5 所示的方法在切线方向延长曲线与横坐标相交于 O_1,将 O_1 作为修正原点,从 O_1 起量取相应于最大荷载值时的变形作为流值(FL),以 mm 计,准确至 0.1 mm。最大荷载即为稳定度(MS),以 kN 计,准确至 0.01 kN。

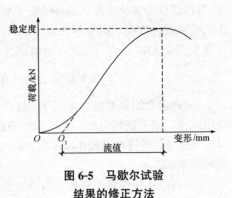

图 6-5 马歇尔试验结果的修正方法

2)采用应力环百分表和流值计测定时,根据压力环标定曲线,将压力环中百分表的读数换算为荷载值,或者由荷载测定装置读取的最大值即试件的稳定度(MS),以 kN 计,准确至 0.01 kN。由流值计及位移传感器测定装置读取的试件垂直变形,即为试件的流值(FL),以 mm 计,准确至 0.1 mm。

(2)试件的马歇尔模数计算。

$$T=\frac{MS}{FL} \tag{6-9}$$

式中 T——试件的马歇尔模数(kN/mm);

MS——试件的稳定度(kN);

FL——试件的流值(mm)。

6. 报告

(1)当一组测定值中某个数值与平均值之差大于标准差 k 倍时,该测定值应予舍弃,并以其余测定值的平均值作为试验结果。当试验数 n 为 3、4、5、6 时,k 值分别为 1.15、1.46、1.67、1.82。

(2)报告中需列出马歇尔稳定度、流值、马歇尔模数,以及试件尺寸、试件的密度、空隙率、沥青用量、沥青体积百分率、沥青饱和度、矿料间隙率等各项物理指标。当采用自动马歇尔试验时,试验结果应附上荷载—变形曲线或自动打印结果。

二、沥青路面芯样马歇尔试验

1. 目的与适用范围

本方法适用于从沥青路面钻取的芯样进行马歇尔试验,供评定沥青路面施工质量是否符合设计要求或进行路况调查。标准芯样钻孔试件的直径为 100 mm,适用的试件高度为 30~80 mm;大型钻孔试件的直径为 150 mm,适用的试件高度为 80~100 mm。

2. 仪具与材料

本方法所用的仪具与材料与沥青混合料马歇尔试验相同。

3. 方法与步骤

(1)按现行《公路路基路面现场测试规程》(JTG E60—2008)的方法钻取压实沥青混合料路面芯样试件。

(2)试验前,必须将芯样试件黏附的黏层油、透层油和松散颗粒等清理干净。对与多层沥青混合料联结的芯样,宜采用以下方法进行分离:

1)在芯样上对不同沥青混合料层间画线做标记,然后将芯样在 0 ℃以下冷却 20~25 min;

2)取出芯样,用宽 5 cm 以上的凿子对准层间画线标记处,用锤子敲打凿子,在敲打过程中

不断旋转试件,直到试件分开;

3)如果以上方法无法将试件分开,特别是层与层之间的界线难分清时,宜采用切割方法进行分离。切割时需要连续加冷却水切割,并注意观察切割后的试件不能含有其他层次的混合料。

(3)试件宜在阴凉处存放(温度不宜高于35 ℃),且放置在水平的地方,注意不要使试件产生变形等。

(4)如缺乏沥青用量、矿料配合比及各种材料的密度数据时,按《公路工程沥青及沥青混合料试验规程》(JTG E20—2011)测定沥青混合料的理论最大相对密度。

(5)按上述规定的方法测定试件的密度,并计算空隙率、沥青体积百分率、沥青饱和度、矿料间隙率等体积指标。

(6)用卡尺测定试件的直径,取两个方向的平均值。

(7)测定试件的高度,取4个对称位置的平均值,准确至0.1 mm。

(8)按上述规定的方法进行马歇尔试验,由试验实测稳定度乘以表6-3或表6-4的试件高度修正系数K得到标准高度试件的稳定度MS,其余与沥青混合料马歇尔稳定度试验方法相同。

表6-3 现场钻取芯样试件高度修正系数(适用于ϕ100 mm的试件)

试件高度/cm	修正系数K	试件高度/cm	修正系数K
2.47~2.61	5.56	5.16~5.31	1.39
2.62~2.77	5.00	5.32~5.46	1.32
2.78~2.93	4.55	5.47~5.62	1.25
2.94~3.09	4.17	5.63~5.80	1.19
3.10~3.25	3.85	5.81~5.94	1.14
3.26~3.40	3.57	5.95~6.10	1.09
3.41~3.56	3.33	6.11~6.26	1.04
3.57~3.72	3.03	6.27~6.44	1.00
3.73~3.88	2.78	6.45~6.60	0.96
3.89~4.04	2.50	6.61~6.73	0.93
4.05~4.20	2.27	6.74~6.89	0.89
4.21~4.36	2.08	6.90~7.06	0.86
4.37~4.51	1.92	7.07~7.21	0.83
4.52~4.67	1.79	7.22~7.37	0.81
4.68~4.87	1.67	7.38~7.54	0.78
4.88~4.99	1.50	7.55~7.69	0.76
5.00~5.15	1.47		

表6-4 现场钻取芯样试件高度修正系数(适用于ϕ150 mm的试件)

试件高度/cm	试件体积/cm³	修正系数K
8.81~8.97	1 608~1 636	1.12
8.98~9.13	1 637~1 665	1.09
9.14~9.29	1 666~1 694	1.06
9.30~9.45	1 695~1 723	1.03
9.46~9.60	1 724~1 752	1.00
9.61~9.76	1 753~1 781	0.97
9.77~9.92	1 782~1 810	0.95
9.93~10.08	1 811~1 839	0.92
10.09~10.24	1 840~1 868	0.90

第三节 沥青混合料的车辙试验

沥青混合料是一典型的流变性材料,其强度和劲度模量随温度升高而降低,所以,沥青路面在夏季高温时,在重交通荷载重复作用下,由于交通的渠化,在轮迹带逐渐形成中间下凹,两侧鼓起的变形,称为车辙。其是沥青路面常见的病害之一。

沥青混合料高温稳定性是指沥青混合料夏季高温(通常为60 ℃)条件下,经车辆荷载长期重复作用后,不产生车辙和波浪等病害的性能。车辙试验主要是用来测定沥青混合料的高温抗车辙能力,供沥青混合料配合比设计的高温稳定性检验使用。具体试验是用轮碾成型机碾压成型的长300 mm、宽300 mm,厚50~100 mm的板块状试件。根据工程需要也可采用其他尺寸的试件,也可以现场切割板块状试件,切割试件的尺寸根据现场面层的实际情况由试验确定。

车辙试验的温度与轮压(试验轮与试件的接触压强)可根据有关规定和需要选用,非经注明,试验温度为60 ℃,轮压为0.7 MPa。根据需要,如在寒冷地区也可采用45 ℃,在高温条件下试验温度可采用70 ℃等,对重载交通的轮压可增加至1.4 MPa,但应在报告中注明。计算动稳定度的时间原则上为试验开始后45~60 min。动稳定度是指标准试件在规定的条件下,以一定荷载的轮子在同一轨迹作一定时间的反复行走,然后计算试件变形1 mm所需车轮行走的次数,以此作为沥青混合料车辙试验的结果。

一、仪具与材料

1. 车辙试验机

车辙试验机如图6-6和图6-7所示,主要由下列部分组成。

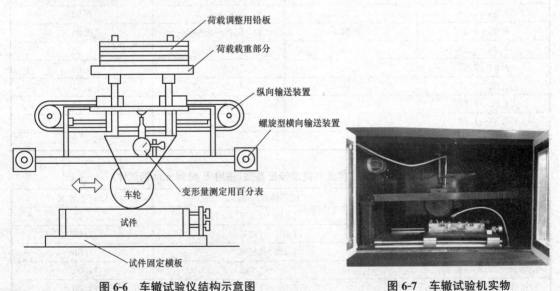

图6-6 车辙试验仪结构示意图　　图6-7 车辙试验机实物

(1)试件台:可牢固地安装两种宽度(300 mm及150 mm)的规定尺寸试件的试模。
(2)试验轮:橡胶制的实心轮胎。外径为200 mm,轮宽为50 mm,橡胶层厚为15 mm。橡胶硬度(国际标准硬度)20 ℃时为84±4,60 ℃时为78±2。试验轮行走距离为230 mm±10 mm,

往返碾压速度为 42±1 次/min(往返 21 次/min),采用曲柄连杆驱动加载轮往返运行方式。

(3)加载装置:通常情况下试验轮与试件的接触压强在 60 ℃时为 0.7±0.05 MPa,施加的总荷载为 780 N 左右,根据需要可以调整接触压强大小。

(4)试模:钢板制成,由底板及侧板组成,试模内侧尺寸宜采用长为 300 mm,宽为 300 mm,厚为 50~100 mm,也可根据需要对厚度进行调整,如图 6-8 所示。

(5)试件变形测量装置:自动采集车辙变形并记录曲线的装置,通常用位移传感器 LVDT 或非接触位移计。位移测量范围为 0~130 mm,精度为±0.01 mm。

图 6-8 试模

(6)温度检测装置:自动检测并记录试件表面及恒温室内温度的温度传感器,精度为±0.5 ℃。温度应能自动连续记录。

(7)恒温室:恒温室应具有足够的空间。车辙试验机必须整机安放在恒温室内,装有加热器、气流循环装置及装有自动温度控制设备,同时恒温室还应有至少能保温 3 块试件并进行试验的条件。保持恒温室温度 60 ℃±1 ℃(试件内部温度 60 ℃±0.5 ℃),根据需要也可采用其他试验温度。

2. 轮碾成型机

轮碾成型机如图 6-9 所示,具有与钢筒式压路机相似的圆弧形碾压轮,轮宽为 300 mm,压实线荷载为 300 N/cm,碾压行程等于试件长度,经碾压后的板块状试件可达到马歇尔试验标准击实密度的 100%±1%。

3. 试验室用沥青混合料拌合机

能保证拌和温度并充分拌和均匀,可控制拌和时间,宜采用容量大于 30 L 的大型沥青混合料拌合机,也可采用容量大于 10 L 的小型拌合机。

图 6-9 轮碾成型机

4. 烘箱

大、中型各 1 台,装有温度调节器。

5. 台秤、天平或电子秤

称量 5 kg 以上的,感量不大于 1 g;称量 5 kg 以下的,用于称量矿料的感量不大于 0.5 g,用于称量沥青的感量不大于 0.1 g。

6. 沥青黏度测定设备

布洛克菲尔德黏度计、真空减压毛细管。

7. 小型击实锤

钢制端部断面 80 mm×80 mm,厚 10 mm。带手柄,总质量 0.5 kg 左右。

8. 温度计

分度值 1 ℃。宜采用有金属插杆的插入式数显温度计,金属插杆的长度不小于 150 mm。量程 0~300 ℃。

9. 其他

电炉或煤气炉、沥青熔化锅、拌合铲、标准筛、滤纸、胶布、卡尺、秒表、粉笔、垫木、棉纱等。

二、试验方法与步骤

轮碾法适用于长 300 mm×宽 300 mm×厚 50～100 mm 板块状试件的成型,此试件也可用切割机切制成棱柱体试件,或在试验室用取芯机钻取试样。成型试件的密度应符合马歇尔标准击实试样密度 100%±1%的要求。

沥青混合料试件制作时的试件厚度,可根据集料粒径大小及工程需要进行选择。对于集料公称最大粒径小于或等于 19 mm 的沥青混合料,宜采用长 300 mm×宽 300 mm×厚 50 mm 的板块试模成型;对于集料公称最大粒径大于或等于 26.5 mm 的沥青混合料,宜采用长 300 mm×宽 300 mm×厚 80～100 mm 的板块试模成型。

轮碾法制作沥青混合料试件的方法与步骤如下:

1. 准备工作

(1)用击实法决定制作沥青混合料试件的拌和与压实温度。常温沥青混合料的拌和及压实在常温下进行。

(2)按《公路工程沥青及沥青混合料试验规程》(JTG E20—2011)中的规定,在拌合厂或施工现场采取代表性的沥青混合料,如混合料温度符合要求,可直接用于成型。在试验室人工配制沥青混合料时,按击实法准备矿料及沥青。常温沥青混合料的矿料不加热。

(3)将金属试模及小型击实锤等置 100 ℃左右烘箱中加热 1 h 备用。常温沥青混合料用试模不加热。

(4)按规定方法拌制沥青混合料。当采用大容量沥青混合料拌合机时,宜一次拌和;当采用小型混合料拌合机时,可分两次拌和。混合料质量及各种材料数量由试件的体积按马歇尔标准密度乘以 1.03 的系数求得。常温沥青混合料的矿料不加热。

2. 轮碾成型方法

(1)将预热的试模从烘箱中取出,装上试模框架;在试模中铺一张裁好的普通纸(可用报纸),使底面及侧面均被纸隔离;将拌和好的全部沥青混合料(注意不得散失,分两次拌和的应倒在一起),用小铲稍加拌和后均匀地沿试模由边至中按顺序转圈装入试模,中部要略高于四周。

(2)取下试模框架,用预热的小型击实锤由边至中转圈夯实一遍,整平成凸圆弧形。

(3)插入温度计,待混合料达到规定的压实温度(为使冷却均匀,试模底下可用垫木支起)时,在表面铺一张裁好尺寸的普通纸。

(4)成型前将碾压轮预热至 100 ℃左右;然后,将盛有沥青混合料的试模置于轮碾机的平台上,轻轻放下碾压轮,调整总荷载为 9 kN(线荷载 300 N/cm)。

(5)启动轮碾机,先在一个方向碾压 2 个往返(4 次);卸荷;再抬起碾压轮,将试件调转方向;再加相同荷载碾压至马歇尔标准密实度 100%±1%为止。试件正式压实前应经试压,测定密度后确定试件的碾压次数。对普通沥青混合料,一般 12 个往返(24 次)左右可达要求(试件厚度为 50 mm)。

(6)压实成型后,揭去表面的纸,用粉笔在试件表面标明碾压方向。

(7)盛有压实试件的试模,置室温下冷却,至少 12 h 后方可脱模。如图 6-10 所示,为制作好的试件。

图 6-10 车辙试件

3. 车辙试验

(1)准备工作。

1)试验轮接地压强测定:测定在 60 ℃时进行,在试验台上放置一块 50 mm 厚的钢板,其上铺一张毫米方格纸,上铺一张新的复写纸,以规定加载 700 N 荷载后试验轮静压复写纸,即可在方格纸上得出轮压面积,由此求出接地压强,应符合 0.7±0.05 MPa。如不符合,应适当调整荷载。

2)当直接在拌合厂取拌和好的沥青混合料样品制作车辙试验试件,检验生产配合比设计或混合料生产质量时,必须将混合料装入保温桶中,在温度下降至成型温度之前迅速送达试验室制作试件。如果温度稍有不足,可放在烘箱中稍适加热(时间不超过 30 min)后成型,但不得将混合料放冷却后二次加热重塑制作试件。重塑制件的试验结果仅供参考,不得用于评定配合比设计检验是否合格的标准。

3)如需要,将试件脱模按规定的方法测定密度及空隙率等各项物理指标。

4)试件成型后,连同试模一起在常温条件下放置的时间不得少于 12 h。对聚合物改性沥青混合料,放置的时间以 48 h 为宜,使聚合物改性沥青充分固化后方可进行车辙试验,室温放置时间不得长于一周。

(2)试验步骤。

1)将试件连同试模,置于已达到试验温度 60 ℃±1 ℃的恒温室中,保温不少于 5 h,也不得超过 12 h。在试件的试验轮不行走的部位上,粘贴一个热电偶温度计,控制试件温度稳定在 60 ℃±0.5 ℃。

2)将试件连同试模移置于车辙试验机的试验台上,试验轮在试件的中央部位,其行走方向须与试件碾压方向一致。开动车辙变形自动记录仪,然后启动试验机,使试验轮往返行走,时间约 1 h 或最大变形达到 25 mm 为止。试验时,记录仪自动记录变形曲线(图 6-11)及试件温度。

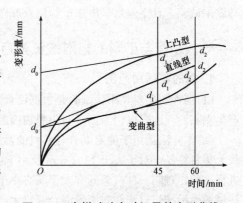

图 6-11 车辙试验自动记录的变形曲线

对于试验变形较小的试件,也可对同一试件在两侧 1/3 位置上进行两次试验,然后取平均值。

三、结果计算

(1)从图 6-11 读取 45 min(t_1)及 60 min(t_2)时的车辙变形 d_1 及 d_2,准确至 0.01 mm。如变形过大,在未到 60 min 变形已达到 25 mm 时,则以达到 25 mm(d_2)时的时间为 t_2,将其前 15 min 为 t_1,此时的变形量为 d_1。

(2)沥青混合料试件的动稳定度按式(6-10)计算。

$$DS = \frac{(t_2 - t_1) \times N}{d_2 - d_1} \times C_1 \times C_2 \tag{6-10}$$

式中 DS——沥青混合料的动稳定度(次/mm);

d_1——对应于时间 t_1 的变形量(mm);

d_2——对应于时间 t_2 的变形量(mm);

C_1——试验机类型系数,曲柄连杆驱动加载轮往返运行方式为 1.0;

C_2——试件系数,试验室制备宽 300 mm 的试件的试件系数为 1.0;

N——试验轮往返碾压速度,通常为 42 次/min;

四、报告

(1)同一沥青混合料或同一路段的路面,至少应做3个试件的平行试验。当3个试件动稳定度变异系数小于20%时,取其平均值作为试验结果。如果变异系数大于20%时,应分析原因并追加试验。如计算动稳定度值大于6 000次/mm时,记作>6 000次/mm。

重复性试验动稳定度变异系数的允许值为20%。

(2)试验报告应注明试验温度、试验轮接地压强、试件密度、空隙率及试件制作方法等。

第四节 沥青混合料水稳定性试验

由水引起的沥青路面损坏通称为水损坏。评价沥青路面的水稳性通常采用的方法分为两大类:第一类是沥青与矿料的黏附性试验,主要用于判断沥青与粗集料(不包含矿粉)的粘结能力。黏附性试验有水煮法和水浸法。第二类是沥青混合料的水稳性试验,主要检验沥青混合料在水的作用下力学性质发生变化的程度,这与沥青在路面中的使用状态较为接近。测试方法有浸水马歇尔试验、真空饱水马歇尔试验以及冻融劈裂试验。

一、沥青与矿料的黏附性试验方法

1. 目的和适用范围

(1)沥青与矿料黏附性试验是根据沥青黏附在粗集料表面的薄膜在一定温度下,受水的作用产生剥离的程度,以判断沥青与集料表面的黏附性能。

(2)本方法适用于测定沥青与矿料的黏附性及评定集料的抗水剥离能力。根据沥青混合料的最大集料粒径,对于大于13.2 mm及小于(或等于)13.2 mm的集料,分别选用水煮法或水浸法进行试验;对同一种料源既有大于又有小于13.2 mm不同粒径的集料时,取大于13.2 mm水煮法试验为标准,对细粒式沥青混合料以水浸法试验为标准。

2. 仪具与材料

(1)天平:称量500 g感量不大于0.01 g。

(2)恒温水槽:能保持温度80 ℃±1 ℃。

(3)拌和用小型容器:500 mL。

(4)烧杯:1 000 mL。

(5)试验架。

(6)细线:尼龙线或棉线、铜丝线。

(7)钢丝网。

(8)标准筛9.5 mm、13.2 mm、19 mm各1个(也可用圆孔筛:10 mm、15 mm、25 mm代替)。

(9)烘箱:装有自动温度调节器。

(10)电炉、燃气炉。

(11)玻璃板:200 mm×300 mm左右。

(12)搪瓷盘:300 mm×400 mm左右。

(13)其他:拌合铲、石棉网、纱布、手套等。

3. 水煮法(适用于大于13.2 mm粗集料的试验方法)

(1)准备工作。

1)将集料用 13.2 mm、19 mm(或圆孔筛 15 mm、25 mm)过筛,取粒径 13.2~19 mm(圆孔筛 15~25 mm)形状接近立方体的规则集料 5 个,用洁净水洗净,置温度为 105 ℃±5 ℃的烘箱中烘干,然后放在干燥器中备用。

2)将大烧杯中盛水,并置加热炉的石棉网上煮沸。

(2)试验步骤。

1)将集料逐个用细线在中部系牢,再置于 105 ℃±5 ℃烘箱内 1 h。准备沥青试样。

2)逐个取出加热的矿料颗粒用线提起,浸入预先加热的沥青(石油沥青 130 ℃~150 ℃、煤沥青 100 ℃~110 ℃)试样中 45 s 后,轻轻拿出,使集料颗粒完全为沥青膜所裹覆。

3)将裹覆沥青的集料颗粒悬挂于试验架上,下面垫一张废纸,使多余的沥青流掉并在室温下冷却 15 min。

4)待集料颗粒冷却后,逐个用线提起,浸入盛有煮沸水的大烧杯中央,调整加热炉,使烧杯中的水保持微沸状态,但不允许有沸开的泡沫,如图 6-12 所示。

5)浸煮 3 min 后,将集料从水中取出,观察矿料颗粒上沥青膜的剥落程度,并按表 6-5 所列评定其黏附性等级。

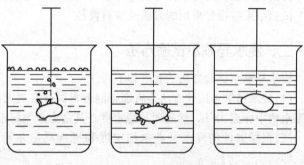

图 6-12 水煮法试验

6)同一试样应平行试验 5 个集料颗粒,并由两名以上经验丰富的试验人员分别评定后,取平均等级作为试验结果。

表 6-5 沥青与集料黏附性的等级评定

试验后集料表面上沥青膜剥落情况	黏附性等级
沥青膜完全保存,剥离面积百分率接近于 0	5
沥青膜少部被水所移动,厚度不均匀,剥离面积百分率小于 10%	4
沥青膜局部明显地被水所移动,基本保留在集料表面上,剥离面积百分率小于 30%	3
沥青膜大部被水所移动,局部保留在集料表面上,剥离面积百分率大于 30%	2
沥青膜完全被水所移动,集料基本裸露,沥青全浮于水面上	1

4. 水浸法(适用于小于 13.2 mm 粗集料的试验方法)

(1)准备工作。

1)将集料用 9.5 mm、13.2 mm 过筛,取粒径 9.5~13.2 mm 形状规则的集料 200 g 用洁净水洗净,并置温度为 105 ℃±5 ℃的烘箱烘干,然后放在干燥器中备用。

2)准备沥青试样加热至与矿料的拌和温度。

3)将煮沸过的热水注入恒温水浴中,维持 80 ℃±1 ℃恒温。

(2)试验步骤。

1)按四分法称取集料颗粒(9.5~13.2 mm)100 g 置搪瓷盘中,连同搪瓷盘一起放入已升温至沥青拌和温度以上 5 ℃的烘箱中持续加热 1 h。

2)按每 100 g 矿料加入沥青 5.5±0.2 g 的比例称取沥青,准确至 0.1 g。放入小型拌合容器中,一起置入同一烘箱中加热 15 min。

3)将搪瓷盘中的集料倒入拌合容器的沥青中后,从烘箱中取出拌合容器,立即用金属铲均匀拌和 1~1.5 min，使集料完全被沥青膜裹覆。然后，立即将裹有沥青的集料取 20 个，用小铲移至玻璃板上摊开，并置室温下冷却 1 h。

4)将放有集料的玻璃板浸入温度为 80 ℃±1 ℃的恒温水槽中，保持 30 min，并将剥离及浮于水面的沥青用纸片捞出。

5)从水中小心取出玻璃板，浸入水槽内的冷水中，仔细观察裹覆集料的沥青薄膜的剥落情况。由两名以上经验丰富的试验人员分别目测，评定剥离面积的百分率，评定后取平均值表示。

为使估计的剥离面积百分率较为正确，宜先制取若干个不同剥离率的样本，用比照法目测评定。不同剥离率的样本，可用加不同比例抗剥离剂的改性沥青与酸性集料拌和后浸水得到，也可由同一种沥青与不同集料品种拌和后浸水得到，样本的剥离面积百分率逐个仔细计算得出。

6)由剥离面积百分率评定沥青与集料黏附性的等级。

试验结果应报告采用的方法及集料粒径。

二、浸水马歇尔试验方法

浸水马歇尔试验方法的要求如下：

(1)浸水马歇尔试验方法是将沥青混合料试件在规定温度（黏稠沥青混合料为 60 ℃±1 ℃）的恒温水槽中保温 48 h，然后测其稳定度。其余方法与标准马歇尔试验方法相同。

(2)根据试件的浸水马歇尔稳定度和标准马歇尔稳定度的比为残留稳定度，以百分比表示。即

$$MS_0 = \frac{MS_1}{MS} \times 100 \tag{6-11}$$

式中 MS_0——试件的浸水残留稳定度(%)；

MS_1——试件浸水 48 h 后的稳定度(kN)。

MS——试件按标准试验方法的稳定度(kN)。

三、真空饱水马歇尔试验方法

试件先放入真空干燥器中，关闭进水胶管，开动真空泵，使干燥器的真空度达到 98.3 kPa (730 mmHg)以上，维持 15 min，然后打开进水胶管，靠负压进入冷水流使试件全部浸入水中，浸水 15 min 后恢复常压，取出试件再放入已达规定温度（黏稠沥青混合料为 60 ℃±1 ℃）的恒温水槽中保温 48 h，进行马歇尔试验。与标准马歇尔试验方法相同。测真空饱水稳定度与标准马歇尔稳定度的比值为真空饱水残留稳定度，以百分数表示。即

$$MS'_0 = \frac{MS_2}{MS} \times 100 \tag{6-12}$$

式中 MS'_0——试件的真空饱水残留稳定度(%)；

MS_2——试件真空饱水后浸水 48 h 后的稳定度(kN)。

MS——试件按标准试验方法的稳定度(kN)。

四、冻融劈裂试验方法

冻融劈裂试验方法是将标准件马歇尔试件随机分为两组，每组不少于 4 个。将第一组试件置于平台上，在室温下保存备用。将第二组试件按规程要求的标准饱水试验方法真空饱水，在 98.3~98.7 kPa(730~740 mmHg)条件下保持 15 min。然后，打开阀门，恢复常压，试件在水中放置 0.5 h。取出试件放入塑料袋中，加入约 10 mL 的水，扎紧袋口，将试件放入恒温冰箱，冷冻温度为－18 ℃±2 ℃，保持 16±1 h。将试件取出后，立即放入已保温为 60 ℃±0.5 ℃的恒

温水槽中,撤去塑料袋,保温 24 h。将第一组与第二组全部试件浸入温度为 25 ℃±0.5 ℃的恒温水槽中不少于 2 h,水温高时可适当加入冷水或冰块调节,保温时试件之间的距离不小于 10 mm。

取出试件立即进行劈裂试验,得到试验的最大荷载(具体试验设备及方法步骤可参见本章第五节内容),按下式计算劈裂抗拉强度。

(1)劈裂抗拉强度按下两式计算:

$$R_{T1} = 0.006\ 287 \times \frac{P_{T1}}{h_1} \tag{6-13}$$

$$R_{T2} = 0.006\ 287 \times \frac{P_{T2}}{h_2} \tag{6-14}$$

式中 R_{T1}——未进行冻融循环的第一组单个试件的劈裂抗拉强度(MPa);
R_{T2}——经受冻融循环的第二组单个试件的劈裂抗拉强度(MPa);
P_{T1}——第一组单个试件的试验荷载值(N);
P_{T2}——第二组单个试件的试验荷载值(N);
h_1——第一组每个试件的高度(mm);
h_2——第二组每个试件的高度(mm)。

(2)冻融劈裂抗拉强度比按下式计算:

$$TSR = \frac{\overline{R}_{T2}}{\overline{R}_{T1}} \times 100 \tag{6-15}$$

式中 TSR——冻融劈裂试验强度比(%);
$\overline{R}_{T2}$——冻融循环后第二组有效试件的劈裂抗拉强度平均值(MPa);
$\overline{R}_{T1}$——未冻融循环的第一组有效试件的劈裂抗拉强度平均值(MPa)。

冻融劈裂抗拉强度比越大,表示抗水害性能越好。

第五节 沥青混合料的劈裂强度试验

一、目的与适用范围

本方法适用于测定沥青混合料在规定温度和加载速率时劈裂破坏或处于弹性阶段时的力学性质,也可供沥青路面结构设计选择沥青混合料力学设计参数及评价沥青混合料低温抗裂性能时使用。试验温度与加载速率可由当地气候条件根据试验目的或有关规定选用,但试验温度不得高于 30 ℃。如无特殊规定,宜采用试验温度 15 ℃±0.5 ℃,加载速率为 50 mm/min。当用于评价沥青混合料低温抗裂性能时,宜采用试验温度-10 ℃±0.5 ℃及加载速率 1 mm/min。

本方法测定时采用的沥青混合料泊松比 μ 值见表 6-6,其他试验温度的 μ 值由内插法确定。也可由试验实测的垂直变形及水平变形计算实际的 μ 值,但计算的 μ 值必须在 0.2~0.5 的范围内。

表 6-6 劈裂试验使用的泊松比 μ

试验温度/℃	≤10	15	20	25	30
泊松比 μ	0.25	0.30	0.35	0.40	0.45

采用的圆柱体试件应符合下列要求:
(1)当集料公称最大粒径小于或等于 26.5 mm 时,用马歇尔标准击实法成型的直径为

101.6±0.25 mm、高为 63.5±1.3 mm 的试件。

(2)从轮碾机成型的板块试件或从道路现场钻取直径 100±2 mm 或 150±2.5 mm、高为 40±5 mm 的圆柱体试件。

二、仪具与材料

1. 试验机

能保持规定的加载速率及试验温度的材料试验机，当采用 50 mm/min 的加载速率时，也可采用具有相当传感器的自动马歇尔试验仪代替，但均必须配置有荷载及试件变形的测定记录装置。荷载由传感器测定，应满足最大测定荷载不超过其量程的 80% 且不小于其量程的 20% 的要求，宜采用 40 kN 或 60 kN 传感器，分辨率为 10 N。

2. 位移传感器

采用 LVDT 或电测百分表。水平变形宜用非接触式位移传感器测定，量程应大于预计最大变形的 1.2 倍，通常不小于 5 mm。测定垂直变形精密度不低于 0.01 mm，测定水平变形的精密度不低于 0.005 mm。

3. 数据采集系统或 $X-Y$ 记录仪

能自动采集传感器及位移计的电测信号，在数据采集系统中储存或在 $X-Y$ 记录仪上绘制荷载与跨中挠度曲线。

4. 恒温水槽

用于试件保温，温度范围能满足试验要求，控温精度±0.5 ℃。当试验温度低于 0 ℃ 时，恒温水槽可采用 1:1 的甲醇水溶液或防冻液作冷媒介质。恒温水槽中的液体应能循环回流。

5. 压条

如图 6-13 所示，上下各 1 根。试件直径为 100±2 mm 或 101.6±0.25 mm 时，压条宽度为 12.7 mm，内侧曲率半径为 50.8 mm；试件直径为 150±2.5 mm 时，压条宽度为 19 mm，内侧曲率半径为 75 mm。压条两端均应磨圆。

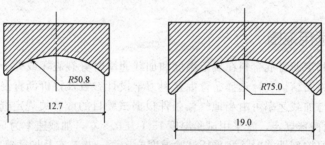

图 6-13 压条形状(尺寸单位：mm)

6. 劈裂试验夹具

下压条固定在夹具上，上压条可上下自由活动。

7. 其他

卡尺、天平、记录纸、胶皮手套等。

三、方法与步骤

1. 准备工作

(1)按马歇尔击实法制作圆柱体试件。

(2)在试件两侧通过圆心画上对称的十字标记,用游标卡尺测定试件的直径及高度,准确至 0.1 mm。

(3)测定试件的密度、空隙率等各项物理指标。

(4)使恒温水槽达到要求的试验温度±0.5 ℃。将试件浸入恒温水槽保温不少于 1.5 h。当为恒温空气箱时保温不少于 6 h,直至试件内部温度达到试验温度±0.5 ℃为止。保温时试件之间的距离不少于 10 mm。

(5)使试验机环境保温箱达到要求的试验温度,当加载速率大于或等于 50 mm/min 时,也可不用环境保温箱。

2. 试验步骤

(1)从恒温水槽中取出试件,迅速置于试验台的夹具中安放稳定,其上下均安放有圆弧形压条,与侧面的十字画线对准,上下压条应居中、平行。

(2)迅速安装试件变形测定装置。水平变形测定装置应对准水平轴线并位于中央位置;垂直变形的支座与下支座固定,上端支于上支座上。

(3)将记录仪与荷载及位移传感器连接,选择好适宜的量程开关及记录速度。当以压力机压头的位移作为垂直变形时,宜采用 50 mm/min 速率加载。记录仪走纸速度根据试验温度确定。

(4)开动试验机,使压头与上下压条接触,荷载不超过 30 N,迅速调整好数据采集系统或 X—Y 记录仪到零点位置。

(5)开动数据采集系统或记录仪,同时启动试验机,以规定的加载速率向试件加载劈裂至破坏,记录仪记录荷载及水平变形(或垂直位移)。当试验机无环境保温箱时,自恒温水槽中取出试件至试验结束的时间应不超过 45 s。记录的荷载—变形曲线如图 6-14 所示。

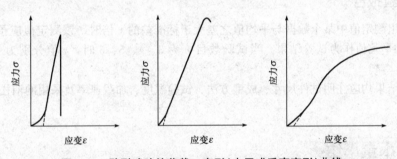

图 6-14 劈裂试验的荷载—变形(水平或垂直变形)曲线

四、结果计算

(1)将图 6-14 中的荷载—变形曲线的直线段按图示方法延长与横坐标相交作为曲线的原点,由图中量取峰值时的最大荷载 P_T 及最大变形(Y_T 或 X_T)。

当试件直径为 100±2.0 mm、压条宽度为 12.7 mm 及试件直径为 150±2.5 mm、压条宽度为 19.0 mm 时,劈裂抗拉强度 R_T 分别按式(6-16)及式(6-17)计算,泊松比 μ、破坏拉伸应变 ε_T 及破坏劲度模量 S_T 按式(6-18)~式(6-20)计算。

$$R_T = 0.006\ 287 P_T/h \tag{6-16}$$

$$R_T = 0.004\ 25 P_T/h \tag{6-17}$$

$$\mu = (0.135\ 0A - 1.794\ 0)/(-0.5A - 0.031\ 4) \tag{6-18}$$

$$\varepsilon_T = X_T \times (0.030\ 7 + 0.093\ 6\mu)/(1.35 + 5\mu) \tag{6-19}$$

$$S_T = P_T \times (0.27 + 1.0\mu)/(h \times X_T) \tag{6-20}$$

式中　R_T——劈裂抗拉强度（MPa）；
　　　ε_T——破坏拉伸应变；
　　　S_T——破坏劲度模量（MPa）；
　　　μ——泊松比；
　　　P_T——试验荷载的最大值（N）；
　　　h——试件高度（mm）；
　　　A——试件垂直变形与水平变形的比值；

$$A = Y_T / X_T$$

　　　Y_T——试件相应于最大破坏荷载时的垂直方向总变形（mm）；
　　　X_T——按图 6-14 的方法量取的相应于最大破坏荷载时水平方向的总变形（mm）；当试验仅测定垂直方向变形 Y_T 或由实测的 Y_T、X_T 计算的 μ 值大于 0.5 或小于 0.2 时，水平变形（X_T）可由表 6-7 规定的泊松比（μ）按式（6-21）求算。

$$X_T = Y_T \times (0.135 + 0.5\mu)/(1.794 - 0.0314\mu) \tag{6-21}$$

(2) 计算加载过程中任一加载时刻的应力、应变、劲度模量的方法同上，只需读取该时刻的荷载及变形代替上式的最大荷载及破坏变形即可。

(3) 当记录的荷载—变形曲线在小变形区有一定的直线段时，可以 (0.1～0.4)P_T 范围内的直线段部分的斜率计算弹性阶段的劲度模量，或以此范围内各测点的应力 σ、应变 ε 数据计算的 $S = \sigma/\varepsilon$ 的平均值作为劲度模量，并以此作为路面设计用的力学参数。σ、ε 及 S 的计算方法同本节中的 R_T、ε_T、S_T 的计算方法。

五、试验报告

(1) 当一组测定值中某个数据与平均值之差大于标准差的 k 倍时，该测定值应予舍弃，并以其余测定值的平均值作为试验结果。当试验数目 n 为 3、4、5、6 时，k 值分别为 1.15、1.46、1.67、1.82。

(2) 试验结果均应注明试件尺寸、成型方法、试验温度、加载速率及采用的泊松比 μ 值。

本章小结

沥青混合料是现代高等级路面最主要的路面材料，其性能的优劣直接影响着道路的路用性能和使用品质。沥青混合料在配合比时应具有最佳沥青含量；还应具备高温稳定性、水稳定性及低温抗裂性等优良的力学性能。

沥青含量是沥青的质量占沥青混合料总质量之比，可用离心分离法、燃烧炉法、射线法进行测定。马歇尔稳定度试验是按标准击实的试件在规定的温度和速度条件下受压，测定沥青混合料的稳定度和流值等指标。混合料的高温性能（通常为 60 ℃）通过混合料的车辙试验来评价，以动稳定度作为评价指标，数值越大，表明性能越好。

沥青路面水稳性包括沥青与矿料的黏附性试验和沥青混合料的水稳性试验两个方面。主要检验沥青混合料在水作用下力学性质变化的程度。测试方法有浸水马歇尔试验、真空饱水马歇尔试验以及冻融劈裂试验。水稳定性影响着沥青路面使用的耐久性。

沥青混合料的劈裂强度试验，是沥青路面结构设计选择沥青混合料力学设计参数及评价沥青混合料低温抗裂性能的参考指标。

复习思考题

一、填空题

1. 沥青混合料的沥青含量是_____质量占_____质量之比。测定方法主要有：_____、_____、_____三种。
2. 马歇尔模数的计算是_____与_____之比。
3. 动稳定度是指标准试件在规定的条件下，以一定荷载的轮子在同一轨迹作一定时间的反复行走，然后计算试件变形_____所需车轮行走的次数。
4. 冻融劈裂试验未经注明，试验温度为_____，加载速率为_____。

二、选择题

1. 离心抽提仪转速为（　　）r/min。
   A. 2 500　　　　B. 2 800　　　　C. 3 000　　　　D. 3 200
2. 燃烧法测定沥青含量通常燃烧温度是（　　）。
   A. 482 ℃±5 ℃　　B. 538 ℃±5 ℃　　C. 528 ℃±5 ℃　　D. 483 ℃±5 ℃
3. 沥青混合料马歇尔稳定度试验的温度和试件加载速率是（　　）。
   A. 60 ℃±1 ℃；50±5 mm/min　　　　B. 65 ℃±1 ℃；50±5 mm/min
   C. 60 ℃±1 ℃；1±0.1 mm/min　　　　D. 65 ℃±1 ℃；1±0.1 mm/min
4. 标准马歇尔试件尺寸应符合（　　）。
   A. ϕ101.6±0.3 mm、高 63.5±1.2 mm
   B. ϕ101.6±0.2 mm、高 63.5±1.3 mm
   C. ϕ100.6±0.3 mm、高 63.5±1.5 mm
   D. ϕ101.6±0.2 mm、高 63.5±1.2 mm
5. 随着沥青含量的增加，下列指标会逐渐减小的是（　　），持续增加的是（　　）。
   A. 稳定度　　　　B. 密度　　　　C. 空隙率　　　　D. 流值
6. 车辙试验时，恒温室的温度要求和试件的温度要求为（　　）。
   A. 60 ℃±1 ℃；60 ℃±1 ℃　　　　B. 60 ℃±0.5 ℃；60 ℃±1 ℃
   C. 60 ℃±0.5 ℃；60 ℃±0.5 ℃　　D. 60 ℃±1 ℃；60 ℃±0.5 ℃
7. 冻融劈裂试验冰冻环节的温度要求为（　　）。
   A. −18 ℃±0.5 ℃　B. −18 ℃±1.0 ℃　C. −18 ℃±1.5 ℃　D. −18 ℃±2.0 ℃

三、简答题

1. 沥青混合料中沥青含量试验方法有哪些？什么是油石比及沥青含量？
2. 沥青混合料中马歇尔稳定度、动稳定度、残留稳定度的含义是什么？各指标分别反映沥青混合料哪些性质？在测试方法中各有何不同？
3. 进行车辙试验时应注意的主要问题是什么？
4. 评价沥青路面水稳性方面采用的方法通常有两大类，分别是什么？

四、计算题

1. 当一组马歇尔试验所测得的稳定度分别是8.4 kN、7.8 kN、9.5 kN、10.0 kN时，最终的稳定度是多少？
2. 有一马歇尔试件的质量为1 200 g，高度为65.5 mm，制作高度为63.5 mm的试件，混合料的用量应是多少？

第七章 路基路面压实度检测技术

> **学习建议**
>
> 通过本章的学习，了解检测压实度的意义；熟悉各种压实度的方法和适用范围；会用灌砂法、环刀法测定结构层的压实度；能对试验数据进行处理分析，并进行质量评定。

第一节 概述

一、压实度在公路工程中的意义

公路施工生产实践证明，提高土体和路面材料结构的密实度，对其强度和稳定性有显著的提高，对路面使用寿命有明显的增长。密度的提高一般是通过施工机具压实来实现的。压实就是在使土体或路面材料压缩到更小体积的过程中，土颗粒或路面材料颗粒相互挤压在一起，从而消除了土体与混合料中的大部分孔隙。单位体积的质量增加，密度就增大，强度则增大。

路基路面结构层压实度的检测（一）

对于土基来说，增大密度，可以降低透水性，减少毛细水上升速度与高度，减轻冻胀与翻浆，提高路基抗变形能力，可保证在不利季节有足够的强度和稳定性。对于路面基层、垫层来说，如未经压实或压实不好，基层、垫层材料中孔隙常趋于相互连通。因此，地下水容易上升浸湿底基层或基层，而地表水又容易下渗，致使底基层或基层因含水量增大而引起强度和稳定性不足。对于沥青路面，则由于孔隙大，空气和水进入后，将使沥青结合料发生氧化或形成水损害，极易引起松散、凹陷、坑槽和裂缝等破坏。所以，压实度是公路施工过程中一项很重要的质量控制指标，要经常不断地进行检测。

各结构层压实度要求见表 7-1。

表 7-1 路基路面结构层压实度要求

工程项目类型			规定值			检验方法和频率
			高速公路、一级公路	其他公路		
				二级公路	三、四级公路	
土方路基	上路床/m		0～0.3	≥96	≥95	≥94	按有关方法检查；密度法：每200 m每压实层测2处
	下路床/m	轻、中等及重交通	0.3～0.8	≥96	≥95	≥94	
		特重、极重交通	0.3～1.2	≥96	≥95	—	
	上路堤/m	轻、中等及重交通	0.8～1.5	≥94	≥94	≥93	
		特重、极重交通	1.2～1.9	≥94	≥94	—	
	下路堤/m	轻、中等及重交通	>1.5	≥93	≥92	≥90	
		特重、极重交通	>1.9				

续表

工程项目类型			规定值			检验方法和频率
			高速公路、一级公路	其他公路		
				二级公路	三、四级公路	
填隙碎石（矿渣）（固体体积率,%）	基层	代表值	—	≥98		密度法：每200 m测2点
		极值	—	≥82		
	底基层	代表值	≥96			
		极值	≥80			
级配碎（砾）石	基层	代表值	≥98			按有关方法检查；每200 m测2点
		极值	≥94			
	底基层	代表值	≥96			
		极值	≥92			
稳定土	基层	代表值	—	≥95		按有关方法检查；每200 m测2点
		极值	—	≥91		
	底基层	代表值	≥95	≥93		
		极值	≥91	≥89		
稳定粒料	基层	代表值	≥98	≥97		按有关方法检查；每200 m测2点
		极值	≥94	≥93		
	底基层	代表值	≥96	≥95		
		极值	≥92	≥91		
沥青混凝土面层和沥青碎（砾）石面层			≥试验室标准密度的96%（＊98%） ≥最大理论密度的92%（＊94%） ≥试验段密度的98%（＊99%）			按有关方法检查；每200 m测1点。核子（无核）密度仪每200 m测一处，每处5点

注：1. 表列压实度是按现行《公路土工试验规程》(JTG E40—2007)重型击实试验所得最大干密度求得的压实度。
2. 当三、四级公路铺筑沥青混凝土和水泥混凝土路面时，应采用二级公路的规定值。
3. 路堤采用粉煤灰、工业废渣等特殊填料，或处于特殊干旱或特殊潮湿地区时，在保证路基强度和回弹模量要求的前提下，通过试验论证，压实度标准可降低1~2个百分点。
4. 表内压实度，高速公路、一级公路应选用2个标准评定，以合格率低的作为评定结果；其他公路选用一个标准进行评定。带＊号者是指SMA路面。

二、检测压实度的方法

测定密度的目的，主要是检验压实度是否达到了规定的要求。压实度是工地上要求的密度与实验室得到的标准密度的比值。对于不同的材料，测定其标准密度的方法也不同。

表 7-2 为标准密度确定方法及适用范围。

表 7-2 标准密度的确定方法及适用范围

试验方法	适用范围
击实法	适用于含有土的，含水量对其有影响的，粒径不大于 40 mm 的基层（或底基层）材料及路基土填料的标准密度，即最大干密度的确定
振动台法或表面振实仪法	适用于无黏性自由排水粗粒土和巨粒土（包括堆石料）的最大干密度；适用于通过 0.074 mm 标准筛的土颗粒质量百分数≤15%的无黏性自由排水粗粒土和巨粒土；对于最大颗粒大于 60 mm 的巨粒土，因受试筒允许最大粒径的限制，宜按相似级配法的规定处理
固体体积率法	适用于级配碎（砾）石和填隙碎石基层或底基层
马歇尔试验法	适用于粒径不大于 25 mm 的细粒式沥青混凝土和沥青碎石混合料的标准密度确定
试验路法	适用于粒径大于 25 mm 的粗粒式沥青混凝土和沥青碎石混合料的标准密度确定

由于工地上压实后的密度很难达到试验室的标准密度。因此，在实际工作中，要求用其相对比值即压实度 K 来表示。用公式表示为

$$K = \frac{\rho_d}{\rho_m} \times 100 \tag{7-1}$$

式中　K——测试地点的施工压实度(%)；

　　　ρ_d——工地实测密实度(g/cm^3)；

　　　ρ_m——试验室得到的标准密实度(g/cm^3)。

关于压实度 K 值指标，表 7-1 为《公路工程质量检验评定标准　第一册　土建工程》(JTG F80/1—2017)中的指标要求。

工地密实度测定的方法有很多种，归纳起来有两大类，一类是无破损检测法，如核子湿度密度仪、无核密度仪；另一类是破损检测法，有环刀法、灌砂法、表干法、蜡封法等。

表 7-3 为现场密实度常用检测方法及适用范围。

表 7-3 现场密实度常用检测方法及适用范围

试验方法	适用范围
灌砂法	适用于在现场测定基层（或底基层）、砂石路面及路基土各种材料压实层的密度和压实度。也适用于沥青表面处治、沥青贯入式面层的密度和压实度检测，但不适用于填石路堤等有大孔洞或大空隙材料的压实度检测
环刀法	适用于细粒土及无机结合料稳定土的密度测试。但对无机结合料稳定细粒土，其龄期不宜超过 2 d 且适用于施工过程中的压实度检测
核子法	适用于现场用核子仪以散射法或直接透射法测定路基或路面材料的密度和含水量，并计算施工压实度。适用于施工质量的现场快速评定，不宜用作仲裁试验或验收试验
钻芯法	适用于检验从压实的沥青路面上钻取的沥青混合料芯样试件的密度，以评定沥青面层的施工压实度，同时适用于龄期较长的无机结合料稳定类基层和底基层的密度检测

第二节 灌砂法测定压实度

一、适用条件

灌砂法是测定压实度的标准方法。适用于在现场测定基层（或底基层）、砂石路面及路基土的各种材料压实层的密度和压实度检测，但不适用于填石路堤等有大孔洞或大孔隙材料的压实度检测。测定结果得到的是整个碾压层的平均密度。

用灌砂法测定密度和压实度时，应符合下列规定：

(1)当集料的最大粒径小于 13.2 mm，测定层的厚度不超过 150 mm 时，宜采用直径为 ϕ100 mm 的小型灌砂筒测试。

(2)当集料的最大粒径等于或大于 13.2 mm，但不大于 31.5 mm，测定层的厚度不超过 200 mm 时，应用直径为 ϕ150 mm 的大型灌砂筒测试。

二、仪器设备

(1)灌砂筒。有大小两种，根据需要采用。灌砂筒形式如图 7-1 和 7-2 所示，主要尺寸见表 7-4。

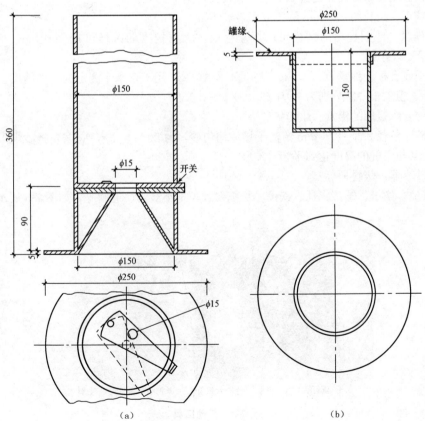

图 7-1 灌砂筒和标定罐结构图(尺寸单位：mm)

图 7-2　灌砂筒、标定罐、基板实物图

灌砂筒主要分两部分：上部为储砂筒，筒底中心有一个圆孔；下部安装一倒置的圆锥形漏斗；漏斗上端开口，直径与储砂筒的圆孔相同。漏斗焊接在一块铁板上。铁板中心有一圆孔与漏斗相接。在储砂筒底与漏斗顶端铁板之间有开关，开关为一薄铁板，一端与筒底及漏斗铁板铰接在一起，另一端伸出筒身外。开关铁板上也有一个相同直径的圆孔，将开关向左移动时，开关铁板上的圆孔恰好与筒底圆孔及漏斗上开口相对(即三个圆孔重叠在一起)，砂就可以通过圆孔自由落下，将开关向右移动时，开关将筒底堵塞，砂即停止下落。

(2)金属标定罐。用薄铁板制作的金属罐，上端周围有一罐缘。

(3)基板。用薄铁板制作的金属方盘，盘的中心有一圆孔。

(4)玻璃板。边长约 500 mm 的正方形玻璃板。

(5)试样盘。小洞挖出的试样可用饭盒存放，大洞挖出的试样可用 300 mm×500 mm×40 mm 的搪瓷盘存放。

(6)天平或台秤。称量 10~15 kg，感量不大于 1 g，用于含水率测定的天平精度。对于细粒土、中粒土、粗粒土，宜分别为 0.01 g、0.1 g、1.0 g。

(7)测定含水量用的铝盒、烘箱等。

(8)量砂。粒径 0.3~0.6 mm 清洁干燥的均匀砂，为 20~40 kg，应该先将砂烘干并放置足够时间，使其与空气的湿度达到平衡。

(9)盛砂容器。塑料桶等。

(10)其他。凿子、螺钉旋具、铁锤、长把勺、长把小簸箕、毛刷等，如图 7-3 所示。

凿子　螺钉旋具　铁锤　　长把勺　　长把小簸箕　　毛刷

图 7-3　其他工具

表 7-4　灌砂仪主要尺寸表

结构		小型灌砂筒	大型灌砂筒
储砂筒	直径/mm	100	150
	容积/mm³	2 120	4 600
流砂孔	直径/mm	10	15
金属标定罐	内径/mm	100	150
	外径/mm	150	200
金属方向基板	边长/mm	350	400
	深/mm	40	50
中孔	直径/mm	100	150

注：如集料的最大粒径超过 31.5 mm，则应相应地增大灌砂筒和标定罐的尺寸；如集料的最大粒径超过 53 mm，灌砂筒和现场试洞的直径应为 200 mm。

三、仪器标定

1. 确定灌砂筒下部圆锥体内砂的质量

锥砂质量标定如图 7-4 所示。

图 7-4　锥砂质量标定

(1)在储砂筒筒口高度上，向灌砂筒内装砂至距筒顶 15 mm 左右为止；称取筒内砂的质量 m_1，准确至 1 g，以后每次标定及试验都应维持装砂高度与质量不变。

(2)将开关打开，让砂自由流出，并使流出的砂的体积与工地所挖试洞的体积相当(或等于标定灌的体积)，然后关上开关，并称量筒内砂的质量 m_5，准确至 1 g。

(3)不晃动储砂筒的砂，轻轻地将灌砂筒放在玻璃板上，将开关打开，让砂流出。直到储砂筒内砂不再下流时，将开关关上并细心地取走灌砂筒。

(4)收集并称量留在玻璃上的砂或称量筒内的砂，准确到 1 g，玻璃板上的砂就是填满灌砂筒下部圆锥体的砂。

(5)重复上述测量，至少 3 次。最后取其平均值 m_2，准确至 1 g。

2. 确定量砂的密度 ρ_s

(1)用水确定标定罐的容积 $V(cm^3)$ 准确至 1 mL(图 7-5)。将空罐放在台秤上，使罐的上口处于水平位置，读记

图 7-5　标定罐容积确定

罐质量 m_7，准确至 1 g。向标定罐中灌水，注意不要将水弄到台秤上或罐的外壁。将一直尺放在罐顶，当罐中水面快要接近直尺时，用滴管往罐中加水，直到水面接触直尺。移去直尺，读记罐和水的总质量 m_8。重复测量时，仅需用吸管从罐中取出少量水，并用滴管重新将水加满到接触直尺。标定罐的体积按下式计算：

$$V = m_8 - m_7 \tag{7-2}$$

(2) 在储砂筒中装入质量为 m_1 的砂，将灌砂筒放在标定罐上，将开关打开，让砂流出（在整个流砂过程中，不要碰动灌砂筒）。直到储砂筒的砂不再下流时，将开关关闭。拿下灌砂筒，称量筒内余砂的质量，准确至 1 g。

(3) 由下式计算填满标定罐所需砂的质量 m_a(g)：

$$m_a = m_1 - m_2 - m_3 \tag{7-3}$$

式中　m_1——灌砂入标定罐前，筒内砂的质量(g)；

　　　m_2——灌砂筒下部圆锥体内砂的平均质量(g)；

　　　m_3——灌砂入标定罐后，筒内剩余砂的质量(g)。

(4) 重复上述测量，至少 3 次。最后取其平均 m_3，准确至 1 g。

(5) 用下式计算砂的密度 ρ_s：

$$\rho_s = \frac{m_a}{V} \tag{7-4}$$

式中　ρ_s——量砂松方的密度(g/cm³)，计算至 0.01；

　　　V——标定罐的体积(cm³)；

　　　m_a——标定罐所装砂的质量(g)。

四、操作步骤

(1) 在试验地点，选取一块约 40 cm×40 cm 的平坦表面并将其清扫干净。

(2) 将基板放在此平坦表面上。则将盛有量砂 m_5 的灌砂筒放在基板中间的圆孔上。将灌砂筒的开关打开，让砂流入基板的中孔内，直到储砂筒内的砂不再下流时关闭开关。取下灌砂筒，并称量筒内砂的质量 m_6，准确至 1 g。当需要检测厚度时，应先测量厚度后，再进行这一步骤。

(3) 取走基板，并将留在试验地点的量砂收回，重新将表面清扫干净。

(4) 将基板放在清扫干净的表面上（尽量放在原处），沿基板中孔凿洞（洞的直径与灌砂筒一致）。凿洞过程中，应注意不使凿出的材料丢失，并随时将凿松的材料取出放入已知质量塑料袋内，密封。试洞的深度应等于测定层厚度。凿洞完毕，称此塑料袋中全部试样质量，准确至 1 g。减去已知塑料袋质量后，即为试样的总质量 m_t。

(5) 从挖出的全部材料中取出代表性的样品，放在铝盒内，测定其含水率 w，样品的数量：用小灌砂筒测定时，对于细粒土，不少于 100 g；对于各种中粒土，不少于 500 g。用大灌砂筒测定时，对于细粒土，不少于 200 g；对于各种中粒土，不少于 1 000 g。对于粗粒土或水泥、石灰、粉煤灰等无机结合料稳定材料，宜将取出的全部材料烘干且不少于 2 000 g，称其质量，精确至 1 g。

(6) 将基板安放在试坑上，将灌砂筒安放在基板中间（储砂筒内放满砂到恒重 m_1），使灌砂筒的下口对准基板的中孔及试洞。打开灌砂筒的开关，让砂流入试洞内。在此期间，应注意勿碰动灌砂筒。直到储砂筒内的砂不再下流时，关闭开关，仔细取走灌砂筒，称量筒内余砂的质量 m_4，准确至 1 g。

(7) 如清扫干净的平坦表面粗糙度不大，则可省去(2)和(3)的操作。在试洞挖好后，将灌砂筒直接对准在试坑上，中间不需要放基板。打开筒的开关，让砂流入试坑内。在此期间，应注意勿碰动灌砂筒。直到储砂筒内的砂不再下流时,关闭开关。仔细取走灌砂筒,并称量筒内余砂的质量 m_4',准确至 1 g。

(8)取出试筒内的量砂,过筛(0.3 mm 和 0.6 mm 两个筛孔)后回收,以备下次试验时再用。若量砂的湿度已发生变化,则应重新烘干并放置一段时间,使其与空气的湿度达到平衡后再用。

(9)如试洞中有较大孔隙,量砂可能进入孔隙时,则应按试洞外形松弛地放入一层柔软的纱布,然后再进行灌砂的工作。

五、结果整理

1. 计算填满试坑所需的量砂质量 m_b

灌砂时试坑上放有基板的情况:

$$m_b = m_1 - m_4 - (m_5 - m_6) \tag{7-5}$$

灌砂时试坑上不放基板的情况:

$$m_b = m_1 - m_4' - m_2 \tag{7-6}$$

式中 m_1——灌砂前灌砂筒内砂的质量(g);
  m_2——灌砂筒下部圆锥体内砂的质量(g);
  m_4,m_4'——灌砂后,灌砂筒内剩余砂的质量(g);
  (m_5-m_6)——灌砂筒下部圆锥体内及基板和粗糙表面间砂的合计质量(g)。

2. 计算试验地点或稳定土的湿密度 ρ_w

$$\rho_w = \frac{m_t}{m_b} \times \rho_s \tag{7-7}$$

式中 m_t——试坑中取出的全部土样的质量(g);
  m_b——填满试洞所需砂的质量(g);
  ρ_s——量砂的密度(g/cm³)。

3. 计算土的干密度

$$\rho_d = \frac{\rho_w}{1+0.01w} \tag{7-8}$$

式中 ρ_d——土的干密度(g/cm³);
  ρ_w——土的湿密度(g/cm³);
  w——土的含水率(%)。

4. 计算压实度

$$K = \frac{\rho_d}{\rho_m} \times 100 \tag{7-9}$$

式中 K——测试地点的施工压实度(%);
  ρ_d——试样的干密度(g/cm³);
  ρ_m——由击实试验得到的试样的最大干密度(g/cm³)。

当试坑材料组成与击实试验的材料有较大差异时,可用试坑材料做标准击实,以求取实际的最大干密度。

六、报告与记录

各种土或稳定土干密度均应取到 0.01 g/cm³。试验记录见表 7-5。

表 7-5　密实度试验记录(灌砂法)

工程名称	××工程		最大干密度 $\rho_m/(g \cdot cm^{-3})$	2.30	标定量砂的密度 $\rho_s/(g \cdot cm^{-3})$		1.45	
结构层	级配碎石底基层		检测路段	K38+000～K39+000	检测日期			
取样桩号				K38+175	K38+310	K38+494	K38+699	
测点位置(距中线距离)/m				右1.47	左4.57	右4.29	左4.27	
灌入试洞前筒内砂质量	g		m_1	6 500	6 500	6 500	6 500	
灌砂筒下部圆锥体内砂的平均质量	g		m_2	770	770	770	770	
灌砂入试洞后筒内剩余砂质量	g		m_4、m_4'	3 146	2 879	2 657	2 745	
地面粗糙表面间消耗砂的质量	g		m_5-m_6					
填满试洞所需要砂质量	g		$m_b=m_1-m_4'-m_2$	2 584	2 851	3 073	2 985	
试洞中湿试样质量	g		m_w	4 210	4 665	5 005	4 835	
湿密度	g/cm³		ρ_w	2.36	2.37	2.36	2.35	
含水率	%		ω	4.0	4.1	4.2	4.3	
干密度	g/cm³		ρ_d	2.27	2.28	2.26	2.25	
压实度	%		K	98.7	99.1	98.3	97.8	

七、操作注意事项

(1)量砂要经常标定，灌砂筒内的量砂在重复使用时应烘干，处理一致，否则影响量砂的松方密度。若更换量砂，必须重测其堆积密度。

(2)在进行标定罐容积标定时，罐外的水一定擦干。

(3)在标定和现场灌砂过程中，应使灌砂筒呈自然状态，不要晃动灌砂筒。

(4)地表面处理要平，只要表面凸出一点，就会使整个表面高出一薄层，其体积便会算到试坑中。

(5)在挖坑时，试坑周壁应笔直，避免出现上大下小或上小下大的情形，并且不得使凿出的试样丢失，以免检测密度偏大或偏小。

第三节　环刀法测定压实度

环刀法适用于公路工程现场测定细粒土及无机结合料稳定细粒土的密度。但对无机结合料稳定细粒土，其龄期不宜超过2 d，并且宜于施工过程中进行压实度检验。由于取样深度较浅，故检测值偏大。

一、检测器具与材料

(1)人工取土器(图7-6)：包括环刀、环盖、定向筒和击实锤系统(导杆、落锤、手柄)。环刀内径为6～8 cm，高为2～3 cm，壁厚为1.5～2 mm，如图7-7所示。

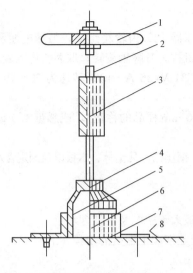

图 7-6 人工取土器　　　　　　　图 7-7 环刀与环刀盖

1—手柄；2—导杆；3—落锤；4—环盖；5—环刀；
6—定向筒；7—定向筒齿钉；8—试验地面

(2)电动取土器(图 7-8、图 7-9)：由底座、行走轮、立柱、齿轮箱、升降机构、取芯头等组成。

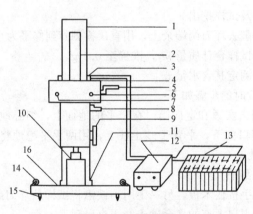

图 7-8 电动取土器　　　　　　图 7-9 电动取土器实物

1—立柱；2—升降轴；3—电源输入；4—直流电机；
5—升降手柄；6、7—电源指示；8—锁紧手柄；9—升降手轮；
10—取芯斗；11—立柱套；12—调速器；13—蓄电池；
14—行走轮；15—定位销；16—底座平台

1)底座：由底座平台 16、定位销 15、行走轮 14 组成。平台是整个仪器支撑基础；定位销供操作时仪器定位用；行走轮供换点取芯时仪器近距离移动用；定位时，四只轮子可扳起离开地表。

2)立柱：由立柱 1 与立柱套 11 组成，安装在底座平台上，作为升降机构、取芯机构、动力和传动机构的支架。

3)升降机构：由升降手轮 9、锁紧手柄 8 组成，供调整取芯机构高低用。松开锁紧手柄，转动升降手轮，取芯机构即可升降，到所需位置时拧紧手柄定位。

4)取芯机构：由取芯头 10、升降轴 2 组成。取芯头为金属圆筒，下口对称焊接两个合金钢切削刀头，上端面焊有平盖，其上焊螺母，靠螺旋接于升降轴上。取芯头有三种规格，即 50 mm×50 mm、70 mm×70 mm、100 mm×100 mm，取芯头为可换式。另配有相应的取芯套筒、扳手、铝盒等。

5)动力和传动机构：主要由直流电机 4、调速器 12、齿轮箱组成，另配电瓶和充电器。当电机工作时，通过齿轮箱的齿轮将动力传给取芯机构，升降轴旋转，取芯头进入旋切工作状态。

6)电动取土器主要技术参数为：工作电压 DC24 V(36 A·h)；转速为 50～70 r/min，无级调速；整机质量约为 35 kg。

(3)天平。感量 0.1 g(用于取芯头内径小于 70 mm 样品的称量)，或感量 1.0 g(用于取芯头内径为 100 mm 样品的称量)。

(4)其他：镐、小铁锹、修土刀、毛刷、直尺、钢丝锯、凡士林、木板以及测定含水率设备等。

二、检测步骤

对检测试样用同种材料进行击实试验，得到最大干密度及最佳含水量。

(1)用人工取土器测定黏性土及无机结合料稳定细粒土密度的步骤如下：

1)擦净环刀，称取环刀质量 m_2，准确至 0.1 g。

2)在试验地点，将面积约 30 cm×30 cm 的地面清扫干净。并将压实层铲去表面浮动及不平整的部分。达到一定深度，使环刀打下后能达到要求的取土深度，但不得将下层土扰动。

3)将定向筒齿钉固定于铲平的地面上，顺次将环刀、环盖放入筒内与地面垂直。

4)将导杆保持垂直状态，用取土器落锤将环刀打入压实层中，至环盖顶面与定向筒上口齐平为止。

5)去掉击实锤和定向筒，用镐将环刀及试样挖出。

6)轻轻取下环盖，用修土刀从边至中削去环刀两端余土，用直尺检测直到修平为止。

7)擦净环刀外壁，用天平称取环刀及试样合计质量 m_1，准确至 0.1 g。

8)从环刀中取出具有代表性的试样，测定其含水量 w。

(2)用人工取土器测定砂土或砂层密度时的步骤如下：

1)如为湿润的砂土，试验时不需使用击实锤和定向筒。在铲平的地面上，细心地挖出一个直径较环刀外径略大的砂土柱，将环刀刃口向下，平置于砂土柱上，用两手平稳地将环刀垂直压下，直至砂土柱突出环刀上端约 2 cm 为止。

2)削掉环刀口上多余砂土，并用直尺刮平。

3)在环刀上口盖一块平滑的木板，一手按住木板，另一手用小铁锹将试样从环刀底部切断，然后将装满试样的环刀反过来，削去环刀刃口上部的多余砂土并用直尺刮平。

4)擦净环刀外壁，称环刀与试样合计质量 m_1，准确至 0.1 g。

5)从环刀中取具有代表性的试样，测定其含水率。

6)干燥的砂土不能挖成砂土柱时，可直接将环刀压入或打入土中。

(3)用电动取土器测定无机结合料稳定细粒土和硬塑土密度的步骤如下：

1)装上所需规格的取芯头，在施工现场取芯前，选择一块平整的路段，将四只车轮打起，四根定位销钉采用人工加压的方法，压入路基土层中，松开锁紧手柄，旋动升降手轮，使取芯头刚好与土层接触，锁紧手柄。

2)将蓄电池与调速器接通，调速器的输出端接入取芯机电源插口。指示灯亮，显示电已通；启动开关，电动机工作，带动取芯机构转动。根据土层含水量调节转速，操作升降手柄，上提取芯机构，停机，移开机器，由于取芯头圆筒外表有几条螺旋状突起，切下的土屑排在筒外螺纹上旋抛出地表。因此，将取芯套筒在切削好的土芯立柱上，摇动即可取出样品。

3)取出样品，立即按取芯加套筒长度用修土刀或钢丝锯修平两端，制成所需规格土芯，如拟进行其他试验项目，需装入铝盒，送试验室备用。

4)用天平称量土芯加套筒质量 m_1，从土芯中心部分取试样测其含水率。

本试验进行两次平行测定，其平行差值不得大于 0.03 g/cm³，求其算术平均值。

三、检测结果计算

1. 计算试样的湿密度和干密度

$$\rho = \frac{4(m_1 - m_2)}{\pi \cdot d^2 \cdot h} \tag{7-10}$$

$$\rho_d = \frac{\rho}{1 + 0.01w} \tag{7-11}$$

式中　ρ——试样湿密度(g/cm³)，计算至 0.01；

　　　ρ_d——试样的干密度(g/cm³)，计算至 0.01；

　　　m_1——环刀或取芯套筒与试样合计质量(g)；

　　　m_2——环刀或取芯套筒质量(g)；

　　　d——环刀或取芯套筒直径(定期校正)(cm)；

　　　h——环刀或取芯套筒高度(定期校正)(cm)；

　　　w——试样的含水率(%)。

2. 计算施工压实度

$$K = \frac{\rho_d}{\rho_m} \times 100 \tag{7-12}$$

式中　K——测试地点的施工压实度(%)；

　　　ρ_d——试样的干密度(g/cm³)；

　　　ρ_m——由击实试验得到的试验的最大干密度(g/cm³)。

四、检测报告

检测报告内容包括土的鉴别分类、土的含水率、湿密度、最大干密度、压实度等。记录格式见表 7-6 所列。

表 7-6　压实度检测表(环刀法)

工程名称××工程　　结构层　土方路堤(>1.5 m)　　路段桩号K18+000～K19+000　　最大干密度1.772 g/cm³

试验者＿＿＿＿　　　计算者＿＿＿＿　　　　　　校核者＿＿＿＿　　　　　　　　　检测日期＿＿＿＿

测点桩号	K18+175 右 1.47		K18+310 左 4.57		K18+494 右 4.29		…	…
环刀号或取芯筒编号	1	2	3	4	5	6	…	…
环刀体积 V/cm³	200	200	200	200	200	200		
环刀或取芯套筒 m_2/g	178.87	182.81	180.76	178.44	150.06	182.83		
环刀或取芯套筒与试样合计质量 m_1/g	575.51	578.75	581.08	576.10	544.80	582.55		
试样质量/g	396.64	395.94	400.32	397.66	394.74	399.72		
湿密度 ρ_w/(g·cm⁻³)	1.983	1.980	2.002	1.988	1.974	1.999		
含水率/%	15.3	15.1	15.7	15.6	16.1	16.2		
ρ_d/(g·cm⁻³)	1.72	1.72	1.73	1.72	1.70	1.72		
平均干密度/(g·cm⁻³)	1.72		1.72		1.71			
压实度 K/%	97.1		97.1		96.5			

第四节 钻芯法测定沥青面层压实度

一、适用条件与范围

沥青混凝土路面密度试验是检验从路面上挖(钻)取试件的密度,用以检查路面的压实度。本方法适用于试验室测定从沥青混凝土路面上挖(钻)取试件的密度,也可以测定沥青混合料试件的毛体积密度。

路基路面结构层压实度的检测(二)

对于吸水率≤2%的各种沥青混合料,用表干法测定(包括密级配沥青混凝土、沥青玛琋脂碎石混合料 SMA 和沥青稳定碎石等);水中重法适用于测定吸水率<0.5%的密实沥青混合料;对于吸水率>2%的沥青混凝土或沥青碎石混合料试件毛体积密度可用蜡封法测定;对于不能用表干法、蜡封法测定的空隙率较大的沥青碎石混合料及大空隙透水性开级配的沥青混合料 OGFC,其毛体积密度可用体积法测定。

测定的基本原理是先称量试件在空气中的质量,再称量试件(或封蜡后)在水中的质量。在工地上检查沥青路面的密实度可采用钻芯法、核子密度仪法等。

二、仪器与用具

(1)路面取芯钻机:如图 7-10 所示。
(2)天平:感量不大于 0.1 g,如图 7-11 所示。
(3)溢流水槽。
(4)吊篮。

图 7-10 路面取芯钻机

图 7-11 静水天平实物图

(5)石蜡。
(6)其他:卡尺、毛刷、小勺、取样袋(容器)、电风扇。

三、方法与步骤

1. 钻取芯样

按现行《公路路基路面现场测试规程》(JTG E60—2008)中"路面钻孔"(图 7-12)、钻取路面芯样(图 7-13),芯样直径不宜小于 ϕ100 mm。当一次钻孔取得的芯样包含有不同层位的沥青混合料时,应根据结构组合情况,用切割机将芯样沿各层结合面锯开,分层进行测定。

钻孔取样应在路面完全冷却后进行,对普通沥青路面通常在第二天取样,对改性沥青及 SMA 路面宜在第三天取样。

2. 测定试件密度

(1)将钻取的试件在水中用毛刷轻轻刷净黏附的粉尘。如试件边角有浮动颗粒,应仔细清除。

(2)将试件晾干或用电吹风吹干不少于 24 h,直至恒重。

(3)按现行《公路工程沥青及沥青混合料试验规程》(JTG E20—2011)和沥青混合料试件密度试验方法测定试件密度。测试标准温度为 25 ℃±0.5 ℃。

图 7-12 路面钻孔

图 7-13 芯样实物图

四、结果计算

1. 路面试件的密度

(1)水中重法测定的沥青混合料试件的表观密度按下式计算,取 3 位小数:

$$\rho_a = \frac{m_a}{m_a - m_w} \rho_w \tag{7-13}$$

(2)表干法按下式计算其密度:

$$\rho_f = \frac{m_a}{m_f - m_w} \rho_w \tag{7-14}$$

(3)蜡封法其毛体积密度按下式计算:

$$\rho_f = \frac{m_a}{m_p - m_c - \dfrac{m_p - m_a}{\gamma_p}} \rho_w \tag{7-15}$$

(4)体积法毛体积密度的计算:

圆柱体试件的毛体积: $V = \dfrac{\pi d^2}{4} h$ (7-16)

棱柱体试件的毛体积: $V = L \times b \times h$ (7-17)

则试件的毛体积密度: $\rho_s = \dfrac{m_a}{V}$ (7-18)

式中 ρ_a——在 25 ℃温度条件下试件的表观密度(g/cm³);

m_a——试件在空气中的质量(g);

m_w——试件在水中的质量,指试件于网篮中浸水 3~5 min 后称取的水中质量(g);

ρ_w——在 25 ℃温度条件下水的密度,取 0.997 1 g/cm³;

ρ_f——试件的毛体积密度(g/cm³);

m_f——试件的表干质量(g);

m_p——蜡封试件的空气中质量(g);

m_c——蜡封试件的水中质量(g);

γ_p——在 25 ℃温度条件下石蜡对水的相对密度,无量纲;

ρ_s——用体积法测定的试件的毛体积密度(g/cm³);

d——表示圆柱体试件的直径(cm);

h——试件的高度(cm);

L——试件长度(cm);

b——试件的宽度(cm)。

2. 沥青标准密度和压实度计算

(1)当标准密度采用马歇尔击实密度或试验路密度时,沥青面层的压实度按式(7-19)计算:

$$K = \frac{\rho_s}{\rho_0} \times 100 \qquad (7-19)$$

式中 K——沥青面层某一测定部位的压实度(%);

ρ_s——沥青混合料芯样试件的实际密度(g/cm³);

ρ_0——沥青混合料的标准密度(g/cm³)。

(2)当标准密度采用最大理论密度时,沥青面层的压实度按式(7-20)计算:

$$K = \frac{\rho_s}{\rho_t} \times 100 \qquad (7-20)$$

式中 ρ_s——沥青混合料芯样试件的实际密度(g/cm³);

ρ_t——沥青混合料的最大理论密度(g/cm³)。

五、试验过程中的注意事项

(1)电子天平校准后进行称量。

(2)钻取试件应将黏附层刮干净,再进行称量。

(3)称量试件在水中的质量时,水面不晃动,数据稳定时再读数。

(4)测定试件的表干质量时,将试件在 25 ℃的水中泡 3~5 min 称水中质量,取出后用湿毛巾擦干表面称表干质量。

(5)蜡封法将试件冷冻后再封蜡,防止蜡进入试件内部。

第五节 核子密湿度仪测定压实度

核子密湿度仪适用于现场以散射法或直接透射法测定路基或路面材料的密度和含水率,并计算施工压实度。仪器按规定方法标定后,其检测结果可以作为工程质量评定与验收的依据。

核子密湿度仪可检测土壤、碎石、土石混合物、沥青混合料和非硬化水泥混凝土等材料。当测定沥青混合料面层的压实密度或硬化水泥混凝土等难以打孔材料的密度时,宜使用散射法;当测定土基、基层材料或非硬化水泥混凝土等可以打孔材料的密度及含水率时,应使用直接透射法。在表面用散射法测定时,所测定沥青面层的层厚应根据仪器的性能决定最大厚度。用于测定土或基层材料的压实度及含水率时,打洞后用直接透射法测定所测定的层厚不宜大于 30 cm。

一、检测器具与材料

(1)核子密湿度仪,如图 7-14 所示。符合国家规定的关于健康保护和安全使用标准,密度的测定范围为 1.12~2.73 g/cm³,测定误差不大于±0.03 g/cm³。含水率测量范围为 0~0.64 g/cm³,测定误差不大于±0.015 g/cm³。它主要包括下列部件:

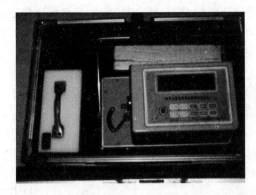

图 7-14　核子密湿度仪

1)γ 射线源:双层密封的同位素放射源,如铯—137、钴—60 或镭—226 等。
2)中子源:如镅(241)—铍等。
3)探测器:γ 射线探测器,如 G—M 计数管、氦—3、闪烁晶体或热中子探测器等。
4)读数显示设备:如液晶显示器、脉冲计数器、数率表或直接读数表。
5)标准计数块:密度和含氢量都均匀不变的材料块,用于标定仪器运行状况和提供射线计数的参考标准。
6)安全防护设备:符合国家规定要求的设备。
7)刮平板:钻杆、接线等。
(2)细砂,粒径为 0.15~0.3 mm。
(3)天平或台秤。
(4)其他:毛刷等。

二、核子密度仪工作原理

仪器内部有一个含铯—137 的放射源,可以产生 γ 射线,用来测量密度;还有一个含镅—241 或铍的放射源,可以产生中子,用来测量含水量。另外,还有一套 γ 射线探测器和中子探测器。

1. 密度测量的原理

γ 射线进入被测材料后会发生散射和吸收,散射和吸收后的 γ 射线能量将减少,方向会改变。若物质的密度越小,空隙越多,γ 射线被吸收和散射得就越多。于是通过测量接收回来的 γ 射线的数量,即可判断被测物质的密度。

2. 含水量测量的原理

由镅—241 产生的快中子进入被测材料中,与材料层内物质发生碰撞散射、减速、扩散,使快中子最后变成慢中子,慢中子可被探测器探测。由快中子变成慢中子的作用过程主要是由物质中的含氢量决定,而氢主要在水中。若被测材料含水量大,产生的慢中子数就多,反之就少。因此,探测慢中子数的多少,即可反映其含水量的大小。

三、检测方法与步骤

1. 准备工作

(1)每天使用前,按下列步骤用标准计数块测定仪器的标准值:

1)接通电源,按照仪器使用说明书建议的预热时间,预热测定仪。

2)在测定前,应检查仪器性能是否正常。将仪器在标准计数块上放置平稳,按照仪器使用说明书的要求进行标准化计数并判断仪器标准化计数值是否符合要求。如标准化计数值超过仪器使用说明书规定的界限时,应重复此项标准的测量;若第二次标准计数仍超出规定的限界时,需视作故障并进行仪器检查。

(2)在进行沥青混合料压实层密度测定前,应用核子仪对钻孔取样的试件进行标定;测定其他材料密度时,宜与挖坑灌砂法的结果进行标定。标定的步骤如下:

1)选择压实的路表面,按要求的测定步骤用核子仪测定密度,读数。

2)在测定的同一位置用钻芯法或灌砂法取样,量测厚度,按规定的标准方法测定材料的密度。

3)对于同一种路面厚度及材料类型,在使用前至少测定15处,求取两种不同方法测定的密度的相关关系,其相关系数应不小于0.95。

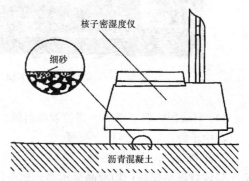

图7-15 用细砂填平测试位置的方法图

(3)选择测点。

1)按照随机取样的方法确定测试位置,但与距路面边缘或其他物体的最小距离不小于30 cm。核子仪距其他的射线源不小于10 m。

2)当用散射法测定时,按图7-15的方法用细砂填平测试位置路表结构凸凹不平的空隙,使路面平整,能与仪器紧密接触。

3)当使用直接透射法测定时,应按图7-16的方法在路面上用钻杆打孔,孔深略深于要求的测定深度,也应竖直、圆滑并稍大于射线源探头。

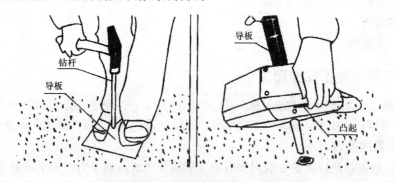

图7-16 在路表面上打孔的方法

(4)按照规定的时间预热仪器。

2. 检测步骤

(1)如用散射法测定时,应按图7-17的方法将仪器平稳地置于测试位置上。

(2)如用直接透射法测定时,应按图7-18的方法将放射源棒放下插入已预先打好的孔内。

(3)打开仪器,测试员退出仪器2 m以外,按照选定的测定时间进行测量,到达测定时间后,读取显示的各项数值并迅速关机。

有关各种型号的仪器在具体操作步骤上有所不同,可按照说明书进行。

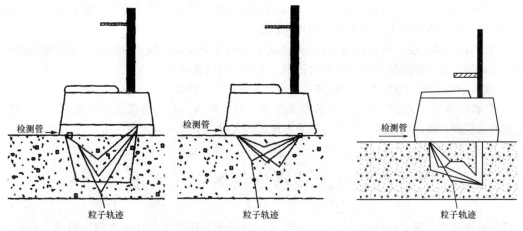

图 7-17 用散射法测定的方法　　　　图 7-18 用直接透射法测定的方法

四、结果计算

按下式计算施工干密度及压实度:

$$\rho_d = \frac{\rho_w}{1+0.01w} \tag{7-21}$$

$$K = \frac{\rho_d}{\rho_c} \times 100 \tag{7-22}$$

式中　K——测试地点的施工压实度(%);

　　　w——试样的含水率(%);

　　　ρ_w——试样的湿密度(g/cm³);

　　　ρ_d——试样的干密度(g/cm³);

　　　ρ_c——由击实试验得到的试样的最大干密度(g/cm³)。

五、检测报告

测定路面密度及压实度的同时,应记录气温、路面的结构深度、沥青混合料类型、面层结构及测定厚度等数据和资料。记录格式见表 7-7。

表 7-7　压实度检测记录(核子仪法)

工程名称××工程　　结构名称二灰稳定粒料基层　　最大干密度　2.16 g/cm³　　检验日期＿＿＿＿

检验温度＿＿＿＿　　试验者＿＿＿＿＿＿＿　　计算者＿＿＿＿＿＿　　校核者＿＿＿＿＿＿

测点桩号	测点编号	湿密度 ρ_w/(g·cm⁻³)	含水率 w/%	干密度 ρ_d/(g·cm⁻³)	压实度 K/%
K8+250	1	2.24	9.0	2.05	95.0
K8+300	2	2.23	8.2	2.06	95.6
K8+350	3	2.23	8.5	2.06	95.3
K8+400	4	2.22	7.9	2.05	95.1
K8+450	5	2.24	8.3	2.07	95.9

六、使用安全注意事项

(1)在操作过程中和存放核子密度仪时，要注意放射性防护：仪器工作时，所有人员均应退至距离仪器 2 m 以外的地方，等工作完成后再读数。

(2)被测结构层厚度、材料有变化且进行灌砂法与核子密度仪的校正标定时，灌砂法挖的试坑深度要标准。核子密度仪与灌砂法配合使用，才能收到较好效果。

(3)仪器不使用时，应装入专用的仪器箱内，放置在符合核辐射安全规定的地方。

(4)仪器应由经有关部门审查合格的专人保管、专人使用，对从事仪器保管及使用的人员，应遵照有关核辐射检测的规定。不符合核防护规定的人员，不宜从事此项工作。

第六节　无核密度仪测定压实度

核子密度仪在实现无损检测的同时，会带来由放射元素所产生的环保和健康问题。而采用无核密度仪无放射元素，不产生任何辐射，可真正实现对路面压实度既安全、环保、健康和绿色，又快速、高效的无损检测。

无核密度仪利用电磁法原理测量沥青路面的均匀性和相对密度，该仪器采用先进的专利技术，能可靠、快速地测试沥青路面各层沥青混合料的密度，并计算施工压实度。但由于测试结果受影响因素较多，因而应用无核密度仪时必须严格标定，通过对比试验检验，确认其可靠性。且其测试结果不宜用于评定验收或仲裁。

一、检测器具与材料

(1)无核密度仪：内含电子模块和可充电电池，如图 7-19 所示。

1)探头：无核，无电容，用于野外测量。

2)探测深度：≥4.0 cm。

3)测量时间：1 s。

4)精度：0.003 g/cm³。

5)操作环境温度：0 ℃～70 ℃。

6)测试材料表面最高温度：150 ℃。

7)湿度：98%且不结露。

(2)标准密度块：供密度标准计数用。

(3)交流充电器或直流充电器。

(4)打印机：用于打印测试数据。

图 7-19　无核密度仪实物照

二、方法与步骤

1. 准备工作

(1)所测定沥青面层的层厚不应大于该仪器性能探测的最大深度。在进行沥青混合料压实层密度测定前，应用无核密度仪与钻孔取样的试件进行标定。

(2)第一次使用前需要对软件进行设置。仪器存储了软件的设置后，操作者无须每次开机后都进行软件的设置。

(3)按照仪器使用说明书的要求，综合标定仪器的测量精度。

(4)按照不同的需要选择想要的测量模式。
(5)按照使用说明要求的高度,进行修正值设置。

2. 测试步骤

(1)为了保证测量精度,正式测量前应正确选择测量场地。
(2)将仪器放置平稳,保证仪器不晃动。
(3)为了确保精确测量,仪器应与测量面紧密接触。
(4)在开始测量前应检查仪器的工作状态,如电池电压、内部温度、选择的测量单位、运行参考读数的日期和时间等。
(5)根据需要选择测量模式进行测试。

三、检测结果计算

按下式计算测试地点的施工压实度:

$$K = \frac{\rho_d}{\rho_c} \times 100 \tag{7-23}$$

式中 K——测试地点的施工压实度(%);
ρ_d——无核密度仪测定的压实沥青混合料的实际密度(g/cm³),一组不少于13个点,取平均值;
ρ_c——沥青混合料的标准密度(g/cm³)。

四、检测报告

测定路面密度及压实度的同时,应记录气温、路面的结构深度、沥青混合料类型、面层结构及测定厚度等数据和资料。

第七节 压实度的评定

路基和路面基层、底基层的压实度以重型击实标准为准。沥青层压实度以《公路沥青路面施工技术规范》(JTG F40—2004)的规定为准。对于干旱、潮湿地区或过湿土,以《公路路基设计规范》(JTG D30—2015)、《公路路基施工技术规范》(JTG F10—2006)规定的压实度标准进行评定。

标准密度应作平行试验,求其平均值作为现场检验的标准值。对于均匀性差的路基土质和路面结构层材料,应根据实际情况增补标准密度试验,求得相应的标准值。

路基、路面压实度1~3 km长的路段为检验评定单元,按要求的检测频率及方法进行现场压实度抽样检查,求算每一测点的压实度 K_i。细粒土现场压实度检查可用灌砂法或环刀法;粗粒土及路面结构层压实度检查可采用灌砂法、水袋法或钻孔取样蜡封法。应用核子仪时,应经对比试验检验,确认其可靠性。

检测评定路段的压实度代表值 K_L(算数平均值的下置信界限)为

$$K_L = \overline{K} - S \cdot \frac{t_a}{\sqrt{n}} \geqslant K_0 \tag{7-24}$$

式中 $\overline{K}$——检验评定段内各测点压实度的平均值;
t_a——t 分布表中随测点数和保证率(或置信度 α)而变的系数(查附表2);高速公路、一级公路:基层、底基层为99%,路基、路面面层为95%;其他公路:基层、底基层为95%,路基、路面面层为90%。
S——检测值的均方差;

n——检测点数;
K_0——压实度标准值。

1. 路基、基层、底基层

(1) $K_L \geq K_0$,且单点压实度 K_i 全部大于等于规定值减 2 个百分点。评定路段压实度合格率为 100%。

(2) $K_L \geq K_0$,且单点压实度 K_i 全部大于等于规定极值时,按测定值低于规定值减 2 个百分点的测点数计算合格率。

(3) 当 $K_L < K_0$ 或某一单点压实度 K_i 小于规定极值时,该评定路段压实度为不合格,相应分项工程评为不合格。

(4) 路基施工段落短时,分层压实度要全部符合要求且样本数不小于 6 个。

2. 沥青面层

(1) $K_L \geq K_0$,且全部测点大于或等于规定值减 1 个百分点时,评定路段的压实度合格率为 100%。

(2) $K_L \geq K_0$,按测定值不低于规定值减 1 个百分点的测点数计算合格率。

(3) 当 $K_L < K_0$ 时,评定路段压实度为不合格,相应分项工程评为不合格。

【例 7-1】 某新建公路路基施工中,对其中的一段压实质量进行检查,压实度检测结果见表 7-8,压实度标准为 95%,规定极值为 91%。请按保证率为 95% 计算该路段的压实度的代表值及合格率,并进行压实质量评定。

表 7-8 压实度检测结果

序号	1	2	3	4	5	6	7	8	9	10
压实度/%	96.4	95.4	93.5	97.3	96.3	95.8	95.9	96.7	95.3	95.6
序号	11	12	13	14	15	16	17	18	19	20
压实度/%	97.6	95.8	96.8	95.7	96.1	96.3	95.1	95.5	97.0	95.3

解:经计算:$\overline{K} = 95.97\%$,$S = 0.91$,查附表 2 得 $\dfrac{t_\alpha}{\sqrt{n}} = 0.387$。

压实度代表值 K_L 为算术平均值的下置信界限,即

$$K_L = \overline{K} - S \cdot \dfrac{t_\alpha}{\sqrt{n}} = 95.97 - 0.91 \times 0.387 = 95.62\%$$

由于压实度代表值 $K_L > K_0 = 95\%$。

单点压实度 $K_{i\max} = 97.6\%$,$K_{i\min} = 93.5\%$。

$K_L > K_0 - 2\% = 95\% - 2\% = 93\%$,全部单点压实度检验都符合要求。

且单点压实度全部大于规定极值,$K_L > K_{极} = 91\%$。

合格点数 $m = 20$,检测点数 $n = 20$。

合格率 $P = \dfrac{m}{n} \times 100 = \dfrac{20}{20} \times 100 = 100\%$。

所以该路段的压实度质量是合格的。

本章小结

压实度是路基路面施工质量检测的关键指标之一,是指工地上要求的密度与实验室得到的

标准密度的比值。表征现场压实后的密度状况，压实度越高，路基、路面材料结构的密度越大，强度和稳定性越好。常用的检测方法有无破损检测法和破损检测法两类。

灌砂法是测定压实度的标准方法，适用于在现场测定基层（或底基层）、砂石路面及路基土的各种材料压实层的密度和压实度检测，测定结果得到的是碾压层的平均密度。

环刀法仅适用于公路工程现场测定细粒土及无机结合料稳定细粒土的密度；且宜于施工过程中进行压实度检验；由于取样深度较浅，检测值偏大。

沥青混凝土路面密度的测定采用钻芯法。从路面上挖（钻）取试件，根据试件的孔隙大小，可采用表干法、水中重法、蜡封法、体积法测定其毛体积密度；试件毛体积密度与标准密度之比，即为计算的压实度。

核子密度仪、无核密度仪，属于无破损检验方法。核子密度仪适用于现场以散射法或直接透射法测定路基或路面材料的密度和含水率，无核密度仪可测试沥青路面各层沥青混合料的密度，通过计算得到施工压实度。两种方法均能快速检验材料密度，要进行对比试验，以确认其可靠性。

路基、路面压实度 1～3 km 长的路段为检验评定单元，按要求的检测频率及方法进行现场压实度抽样检查，计算检测评定路段的压实度代表值 K_L 和合格率。

复习思考题

一、填空题

1. 压实度是＿＿＿＿与＿＿＿＿的比值。对于不同的材料，测定其标准密度的方法也不同。
2. ＿＿＿＿是测定压实度的标准方法。测定结果得到的是整个碾压层的＿＿＿＿密度。
3. 测定沥青混合料试件的毛体积密度，对于吸水率＞2%的沥青混凝土或沥青碎石混合料试件，毛体积密度可用＿＿＿＿测定。＿＿＿＿适用于测定吸水率＜0.5%的密实沥青混合料。
4. 路基、路面压实度以＿＿＿＿长的路段为检验评定单元。$K_L \geqslant K_0$ 且单点压实度 K_i 全部大于等于＿＿＿＿，评定路段压实度合格率为 100%。

二、选择题

1. 环刀法测定压实度时，环刀取样位置应位于压实层的（　　）。
   A. 上部　　　　B. 中部　　　　C. 下部　　　　D. 中下部
2. 沥青混凝土的标准密度，应由（　　）得到。
   A. 马歇尔试验　　B. 击实试验　　C. 无侧限抗压强度　　D. 钻芯取样试验
3. 测定二灰稳定碎石基层压实度，应优先选用（　　）。
   A. 环刀法　　　B. 灌砂法　　　C. 蜡封法　　　D. 核子密度仪法
4. 有关灌砂法测定现场密度的说法中，下列正确的是（　　）。
   A. 采用灌砂法测定路面结构层的压实度时，应使试坑的深度与标定罐的深度一致
   B. 计算施工压实度 K 时，已知 $K = \dfrac{\rho_d}{\rho_m} \times 100$，式中的 ρ_m 指的是试样的干密度
   C. 灌砂法测定路基压实度时，表面粗糙可采用不放基板的测试方法进行测试
   D. 灌砂时试洞的深度应为整个碾压层厚度

三、简答题

1. 常用路基路面压实度的检测方法有哪些？压实度检测有何意义？
2. 简述灌砂法试验中，灌砂筒下部圆锥体内砂的质量标定的过程。

3. 灌砂法测定压实度的目的和操作步骤是什么？
4. 沥青混凝土面层压实度测定的方法有哪几种？
5. 核子仪适用于测定哪些结构层？在测试过程中注意什么？有何优缺点？

四、计算题

1. 已知某路段基层需检测压实度，压实度要求 96%，测得其最大干密度为 2.40 g/cm³。现用灌砂法进行测试，已知储砂筒质量为 5 200 g，灌完后剩余砂为 2 900 g，砂的密度为 1.41 g/cm³，试坑取出的湿土为 3 200 g，含水率为 6%，锥砂质量为 456 g。

(1) 计算该基层的该点的密度。

(2) 该点的压实度是否达到要求？

2. 某新建二级公路石灰土路基施工中，对其中的一段压实质量进行检查，压实度检测结果见表 7-9，压实度标准 $K_0=95\%$，规定极值为 91%。请按保证率为 95% 计算该路段的压实度的代表值及合格率，并进行压实质量评定。

表 7-9　压实度检测结果

序号	1	2	3	4	5	6	7	8	9	10
压实度/%	96.0	95.4	93.5	97	96.3	95.0	95.9	96.7	95.3	95.6
序号	11	12	13	14	15	16	17	18	19	20
压实度/%	97.6	95.8	96.8	95.7	96.1	95.1	95.5	97.0	95.3	96.3

第八章 路面平整度检测

学习建议

通过本章的学习，熟悉平整度检测的各种技术指标和要求；会使用 3 m 直尺检测平整度；掌握连续式平整度仪进行平整度检测的方法；熟悉颠簸累积仪、激光式平整度测定仪的检测方法；会将颠簸累积仪、激光式平整度仪与国际平整度指数建立相关关系。

路面平整度检测

第一节 概述

路面平整度是评定路面使用质量、施工质量及现有路面破坏程度的重要指标之一。其涉及行车的安全、舒适，以及路面所受冲击力的大小和使用寿命。不平整的路表面会增大行车阻力，造成行车颠簸，影响行车的速度和安全以及驾驶的平稳和乘客的舒适性。同时，振动作用对路面施加了冲击力，加剧了路面和汽车机件的损坏和轮胎的磨损，并增大油料的消耗。对位于水网地区，不平整的路面还会积滞雨水，加速路面的水损坏。因此，为了减少振动冲击力，提高行车速度和增进行车舒适性，路面应保持一定的平整度。

影响路面平整度因素涉及设计、施工、自然条件等方面，优良的路面平整度，要依靠优良的施工装备、精细的施工工艺、严格的施工质量控制以及经常和及时的养护来保证。

路面平整度的检测设备，可分为断面类及反应类两大类。断面类检测设备是测定路面表面凸凹情况的一种仪器，如最常用的 3 m 直尺及连续式平整度仪。国际平整度指数便是以此为基准建立的，这是平整度最基本的指标。反应类检测设备是测定由于路面凹凸不平引起车辆颠簸的情况，这是司机和乘客直接感受到的平整度指标，因此，它实际上是舒适性能指标。最常用的是车载式颠簸累积仪。现已有更新型的自动化测试设备，如纵断面分析仪、路面平整度数据采集系统测定车等。本章仅介绍几种常见的平整度测定方法。国际上通用国际平整度指数 IRI 衡量路面行驶舒适性或路面行驶质量，可通过标定试验得出 IRI 与标准差 σ 或单向累计值 VBI 之间的关系。

常用平整度测试方法的特点及技术指标比较表见表 8-1。公路各结构层的平整度要求见表 8-2。

表 8-1 平整度测试方法比较

方法	特点	技术指标
3 m 直尺	设备简单，结果直观，间断测试，工作效率低，反应凸凹程度	最大间隙 h/mm
连续式平整度仪	设备较复杂，连续测试，工作效率高，反应凸凹程度	标准差 σ/mm
颠簸累积仪	设备复杂，工作效率高，连续测试，反应舒适性	单项累计值 $VBI/(\text{cm} \cdot \text{km}^{-1})$
激光平整度仪	设备复杂，工作效率高，测试精度高，反应路面相对高程	国际平整度指数 $IRI/(\text{m} \cdot \text{km}^{-1})$

表 8-2 路基、面层、基层、底基层的平整度要求

结构类型	规定值或允许偏差								检查方法和频率
	3 m 直尺：最大间隙 h/mm				平整度仪：σ/mm		IRI/(m·km^{-1})		
	高速公路、一级公路		其他公路		高速公路一级公路	其他公路	高速公路一级公路	其他公路	
	基层	底基层	基层	底基层					
土方路基	≤15		≤20						
填石路基	≤20		≤30						
水泥混凝土面层	3		5		≤1.32	≤2.0	≤2.2	≤3.3	平整度仪：全线每车道连续检测，每 100 m 计算 σ、IRI；3 m 直尺：每 200 m 测 2 处×5 尺；对于水泥混凝土面层，每半幅车道每 200 m 测 2 处×5 尺
沥青混凝土面层和沥青碎(砾)石面层	—		≤5		≤1.2	≤2.5	≤2.0	≤4.2	
沥青贯入式面层(或上拌下贯面层)	≤8				≤3.5		≤5.8		
沥青表面处治面层	≤10				≤4.5		≤7.5		
稳定土基层和底基层	—	≤12	≤12	≤15					
稳定粒料基层和底基层	≤8	≤12	≤12	≤15					
级配碎(砾)石基层和底基层	≤8	≤12	≤12	≤15					
填隙碎石(矿渣)基层和底基层	—	≤12	≤12	≤15					

第二节 3 m 直尺测定平整度

3 m 直尺测定法有单尺测定最大间隙和等距离(1.5 m)连续测定两种，前者常用于施工时质量控制和检查验收，单尺测定时要计算出测定段的合格率。等距离连续测试也同样可用于施工质量检查验收，但要算出标准差，用标准差来表示平整度程度。

3 m 直尺测定尺底距离路表面的最大间隙来表示路面的平整度，以 mm 计。它适用于测定压实成型的路面各层表面的平整度，以此评定路面的施工质量及使用质量；它也可用于路基表面成型后的施工平整度检测。

一、检测器具与材料

(1) 3 m 直尺：测量基准面长度为 3 m，基准面应平直，硬木或铝合金钢制成，如图 8-1 所示。

(2) 最大间隙测量器具。

1) 楔形塞尺：硬木或金属制的三角形塞尺，有手柄。塞尺的长度与高度之比不小于 10，宽度不大于 15 mm，边部有高度标记，刻度精度不小于 0.2 mm，如图 8-2 所示；实物图如图 8-3 所示。

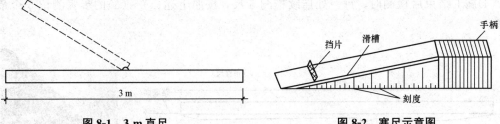

图 8-1　3 m 直尺　　　　　　　　图 8-2　塞尺示意图

图 8-3　3 m 直尺与楔形塞尺实物

2)深度尺：金属制的深度测量尺，有手柄。深度尺测量杆端头直径不小于 10 mm，刻度读数分辨率不小于 0.2 mm。

(3)其他：皮尺或钢尺、粉笔等。

二、方法与步骤

1. 准备工作

(1)选择测试路段。

(2)测试路段的测试地点选择：当为沥青路面施工过程中的质量检测时，测试地点应选在接缝处，以单杆测定评定；除沥青路面的高速公路、一级公路以外，可用于其他等级公路路基路面工程质量检查验收或进行路况评定，每 200 m 测 2 处，每处连续测量 5 尺。除特殊需要者外，应以行车道一侧车轮轮迹(距车道线 0.8~1.0 m)作为连续测定的标准位置，如图 8-4 所示。对旧路已形成车辙的路面，应取车辙中间位置为测定位置，用粉笔在路面上做好标记。

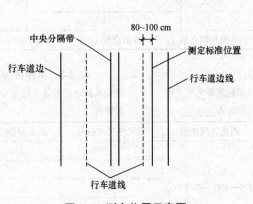

图 8-4　测点位置示意图

(3)清扫路面测定位置处的污物。

2. 测试步骤

(1)施工过程中检测时，按根据需要确定的方向，将 3 m 直尺摆在测试地点的路面上。

(2)目测 3 m 直尺底面与路面之间的间隙情况，确定最大间隙的位置。

(3)用有高度标线的塞尺塞进间隙处，量测其最大间隙的高度(mm)；或者用深度尺在最大间隙位置量测直尺上顶面距地面的深度，该深度减去尺高即为测试点的最大间隙的高度，准确至 0.2 mm，如图 8-5 所示。

(4)施工结束后检测时,每一处连续检测5尺,按照上述(1)~(3)的步骤测记5个最大间隙。

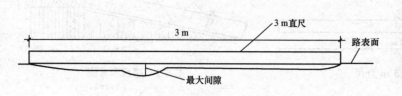

图 8-5　3 m 直尺测平整度示意

三、检测数据的处理与评定

单尺检测路面的平整度计算,以 3 m 直尺与路面的最大间隙为测定结果,连续测定 5 尺时,判断每个测定值是否合格,根据要求计算合格百分率,并计算 5 个最大间隙的平均值。

$$合格率(\%) = \frac{合格尺数}{总测尺数} \times 100 \tag{8-1}$$

单尺检测的结果应随时记录测试位置及检测结果。连续测定 5 尺时,应报告平均值、合格百分率、不合格尺数。记录格式见表 8-3 和表 8-4。

表 8-3　平整度检测记录表

工程名称××二级公路　　施工单位××工程公司　　结构层类型沥青混凝土面层　　检测日期_____

桩号	读数/mm					最大值/mm
K154+200	1	2	3	2	2	3
K154+300	2	2	1	1	3	3
本段检测点数 10 个,合格点数 10 个,合格率 100%					

表 8-4　平整度检测汇总表(3 m 直尺法)

工程名称××工程　　结构名称水泥混凝土路面　　规定值5 mm　　路段桩号K0+400~K0+600
检验者_____　　计算者_____　　校核者_____　　检验日期_____

测定区间桩号	测尺序号或桩号	最大间隙/mm	合格尺数	合格率/%	平均值/mm
K0+400~K0+500	1	4.4	4	80	4.84
	2	6			
	3	4.8			
	4	5			
	5	4			
K0+500~K0+600	1	4.6	4	80	4.44
	2	5.2			
	3	4.2			
	4	4.2			
	5	4			

第三节　连续式平整度仪测定平整度

连续式平整度仪通过量测路面的不平整度的标准差 σ，以表示路面的平整度，以 mm 计，其主要优点是可沿路面连续测量。它一般采用先进的微机处理技术，可自动计算、自动打印，自动显示路面平整度的标准差、正负超差等各项技术指标，并绘出路面平整度偏差曲线。

连续式平整度仪法适用于测定路表面的平整度，评定路面的施工质量和使用质量，但不适用于在已有较多坑槽、破损严重的路面上测定。

一、检测器具

(1)连续式平整度仪。连续式平整度仪构造如图 8-6 所示，实物图如图 8-7 所示。除特殊情况外，其标准长度为 3 m，其质量应符合仪器标准的要求。中间为一个 3 m 长的机架，机架可缩短或折叠，前后各有 4 个行走轮，前后两组轮的轴间距离为 3 m。标准差测量传感器安装在机架中间，可以是能起落的测定轮，也可以是非接触位移传感器，如激光或超声位移测量传感器。机架上装有蓄电池电源及可拆卸的检测箱，检测箱可采用显示、记录、打印或绘图等方式输出测试结果。测定轮上装有位移传感器、距离传感器等检测器，自动采集位移数据时，测定间距为 10 cm，每一计算区间的长度为 100 m，输出一次结果。连续式平整度仪可记录测试长度(m)、曲线振幅大于某一定值(如 3 mm，5 mm，8 mm，10 mm 等)的次数、曲线振幅的单向(凸起或凹下)累积值及以 3 m 机架为基准的中点路面偏差曲线图，计算打印。机架头装有一牵引钩及手拉柄，可用人力或汽车牵引。

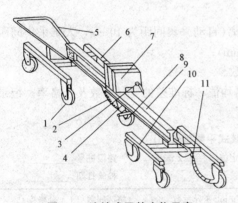

图 8-6　连续式平整度仪示意

1—脚轮；2—拉簧；3—离合器；4—测量架；
5—牵引架；6—前架；7—记录计；8—测定轮；
9—纵梁；10—后架；11—软轴

图 8-7　连续式平整度仪实物图

(2)牵引车。小面包车或者其他小型牵引车。
(3)皮尺或测绳。

二、检测步骤

1. 准备工作

(1)选择测试路段。

(2)当施工过程中质量检测需要时,测试地点根据需要决定;当路面工程质量检查验收或进行路况评定需要时,通常以行车道一侧车轮轮迹带作为连续测定的标准位置。对旧路已形成车辙的路面,取一侧车辙中间位置为测定位置。当以内侧轮迹(或外侧轮迹带)作为测定位置时,测定位置距车道标线 80～100 cm。

(3)清扫路面测定位置处的杂物。

(4)检查仪器检测箱各部分是否完好、灵敏,并将各连接线接妥,安装记录设备。

2. 测试步骤

(1)将连续式平整度测定仪置于测试路段路面起点上。

(2)在牵引汽车的后部,将平整度仪的挂钩挂上后,放下测定轮,启动检测器及记录仪,随即启动汽车,沿道路纵向行驶,横向位置保持稳定,并检测平整度检测仪表上测定数字显示、打印、记录的情况。如遇检测设备中某项仪表发生故障,即须停止检测。牵引平整度仪的速度应保持匀速,速度宜为 5 km/h,最大不超过 12 km/h。

在测试路段较短时,也可用人力拖拉平整度仪测定路面的平整度,但拖拉时应保持匀速前进。

三、检测数据的处理与评定

(1)连续式平整度仪测定后,可按每 10 cm 间距采集的位移值自动计算得到每 100 m 计算区间的平整度标准差(mm),还可记录测试长度(m)。

(2)每一计算区间的路面平整度以该区间测定结果的标准差表示。按下式计算:

$$\sigma_i = \sqrt{\frac{\sum d_i^2 - (\sum d_i)^2/N}{N-1}} \tag{8-2}$$

式中 σ_i——各计算区间的平整度计算值(mm);

d_i——以 100 m 为一个计算区间,每隔一定距离(自动采集间距为 10 cm,人工采集间距为 1.5 m)采集的路面凹凸偏差位移值(mm);

N——计算区间用于计算标准差的测试数据个数。

(3)计算一个评定路段内各区间平整度标准差的平均值、标准差的变异系数及合格率。记录格式见表 8-5。

表 8-5 平整度检测记录(连续式平整度仪法)

工程名称_____ 结构名称<u>沥青路面面层</u> 规定值$[\sigma]$=1.2 mm 路段桩号_____

检验者_____ 计算者_____ 校核者_____ 检验日期_____

测定区间桩号	序号	标准差/mm	平均值/mm	标准差/mm	变异系数/%	合格区间数	合格率/%
K18+100	01	0.48					
K18+200	02	0.46					
K18+300	03	0.51					
K18+400	04	0.50					
K18+500	05	0.65	0.55	0.083	15	9	100
K18+600	06	1.67 (桥头伸缩缝)					
K18+700	07	1.00 (桥头伸缩缝)					

续表

测定区间桩号	序号	标准差/mm	平均值/mm	标准差/mm	变异系数/%	合格区间数	合格率/%
K18+800	08	0.71					
K18+900	09	0.50					
K19+000	10	0.54	0.55	0.083	15	9	100
K19+100	11	0.57					
K19+200	12	0.91 (路面污染)					

【例 8-1】 某高速公路,用连续式平整度仪对其沥青混凝土路面面层进行测定,测得结果见表 8-5,试判断路面面层平整度合格与否(平整度规定值为 $\sigma=1.2$ mm)。

解:测试当中对于桥头(包括通道两侧)伸缩缝、路面污染,其数据应予以剔除。在测试当中这些情况就随时记录在测试纸上。

因此,该路段的平整度均方差的平均值应为

$\bar{\sigma}=(0.48+0.46+0.51+0.50+0.65+0.71+0.50+0.54+0.57)/9=0.55$(mm)

因此,$\bar{\sigma}=0.55$ mm$<\sigma=1.20$ mm

所以该层平整度评定合格。

第四节 车载式颠簸累积仪测定平整度

用车载式颠簸累积仪测量车辆在路面上通行时后轴与车厢之间的单向位移累积值 VBI,以此表示路面的平整度,以 cm/km 表示。本方法适用于测定路面表面的平整度,评定路面的施工质量和使用期的舒适性,但不适用于在已有较多坑槽、破损严重的路面上测定。

车载式颠簸累积仪的工作原理是测试车以一定的速度(以 30 km/h 为宜,一般不超过 40 km/h)在路面上行驶,由于路面上凹凸不平,引起汽车的激振,通过机械传感器可测量后轴;同车厢之间的单向位移累积值 VBI。VBI 越大,说明路面平整度越差,舒适性也越差。

一、检测器具

1. 测试系统组成

测试系统由承载车辆、距离测量装置、颠簸累计值测试装置和主控制系统组成,如图 8-8 所示。主控制系统对测试装置的操作实施控制,完成数据采集、传输、存储与计算过程。

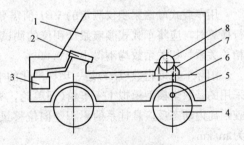

图 8-8 车载试验颠簸累积仪安装示意

1—测试车;2—数据处理器;3—电瓶;
4—后桥;5—挂钩;6—底板;
7—钢丝绳;8—颠簸累积仪传感器

2. 测试系统基本技术要求和参数

(1)测试速度:30~80 km/h。
(2)最大测试幅值:±20 cm。
(3)垂直位移分辨率:1 mm。
(4)距离标定误差:<0.5%。
(5)系统工作环境温度:0 ℃~60 ℃。
(6)系统软件能够依据相关关系公式自动对颠簸

累计值进行换算，间接输出国际平整度指数 IRI。

二、准备工作

(1)测试车辆具备下列条件之一时，都应进行仪器测值与国际平整度指数 IRI 的相关性标定：相关系数不应低于 0.99；在正常状态下行驶超过 20 000 km；标定的时间间隔超过 1 年；减震器、轮胎等发生更换、维修。

(2)检查测试车轮胎气压，应达到车辆轮胎规定的标准气压；车胎应清洁；车上载重、人数以及分布应与仪器相关性标定试验时一致。

(3)距离测量系统需要现场安装的，根据设备操作手册说明进行安装，确保紧固装置安装牢固。

(4)检查测试系统，各部分应符合测试要求，不应有明显的可视性破损。

(5)打开系统电源，启动控制程序，检查系统各部分的工作状态。

三、检测步骤

(1)测试开始之前应让测试车以测试速度行驶 5～10 km，按照设备操作手册规定的预热时间对测试系统进行预热。

(2)测试车停在测试起点前 300～500 m 处，启动平整度测试系统程序，按照设备操作手册的规定和测试路段的现场技术要求设置完毕所需的测试状态。

(3)驾驶员在进入测试路段前应保持车速在规定的测试速度范围内，沿正常行车轨迹驶入测试路段。

(4)进入测试路段后，测试人员启动系统的采集和记录程序，在测试过程中必须及时准确地将测试路段的起终点和其他需要特殊标记的位置输入测试数据记录中。

(5)当测试车辆驶出测试路段后，仪器操作人员停止数据采集和记录，并恢复仪器各部分至初始状态。

(6)操作人员检查数据文件，文件应完整，内容应正常，否则需要重新测试。

(7)关闭测试系统电源，结束测试。

四、颠簸累计仪测定值与国际平整度指数的相关关系

1. 国际平整度指数

用车载式颠簸累积仪测定的 VBI 值需要与其他平整度指标[如国际平整度指数(IRI)等]进行换算时，应将车载式颠簸累计积仪的测试结果进行标定，即与相关的平整度仪测量结果建立相关关系，相关系数均不得小于 0.99。

国际平整度指数(IRI)是一项标准化的平整度指标。它同反应类平整度测定系统类似，但是采用的是数学模型模拟 1/4 车轮(即单轮，类似于拖车)以规定速度行驶在路面断面上，分析行驶距离内动态反应悬挂系的累积竖向位移量。标准的测定速度为 80 km/h，其测定结果的单位为 m/km。

为与其他平整度指标建立相关关系，选择的标定路段应符合下列要求：

(1)按照每段 IRI 值变化幅度不小于 1.0 的范围选择不少于 4 段不同平整度水平的路段，且有足够加速或减速长度的路段。根据实际测试道路 IRI 的分布情况，增加某些范围内的标定路段。

(2)每段路长度不小于 300 m。

(3)每一段中的平整度应均匀,包括路段前 50 m 的引道。
(4)标定路段应选纵坡变化较小的平坦、直线地段。
(5)选择交通量小或可以疏导的路段,减少标定时车辆的干扰。
(6)标定宜选择在车道的正常行驶轮迹上进行,明确标出标定路段的轮迹、起终点。

2. 标定步骤

(1)距离标定:
1)选择坡度变化较小的平坦直线路段,标出起终点和行驶轨迹。
2)标定开始之前应让测试车以测试速度行驶 5~10 km,按照设备操作手册规定预热时间对测试系统进行预热。
3)将测试车的前轮对准起点线,启动距离校准程序,然后令车辆沿着路段轨迹直线行驶,避免突然加速或减速,接近终点时,看指挥人员手势减速停车,确保测试车的前轮对准终点线,结束距离校准程序。重复此过程,确保距离传感器脉冲当量的准确性,应在允许误差范围内。

(2)用颠簸累计仪按选定的测试速度测试每个标定路段的颠簸累计值,重复测试至少 5 次,取其平均值作为该路段的反应值。

(3)IRI 值的确定:以精密水准仪作为标准仪具,分别测量标定路段两个轮迹的纵断高程,要求采样间隔为 250 mm,高程测试精度为 0.5 mm;然后用 IRI 标准计算程序对每个轮迹的纵断面测量值进行模型计算,得到该轮迹的 IRI 值。两个轮迹 IRI 值的平均值即为该路段的 IRI 值。

3. 试验数据处理

用数理统计的方法将各标定路段的 IRI 值和相应的颠簸累计仪测值进行回归分析,建立相关关系方程式,相关系数 R 不得小于 0.99。

$$IRI = a + b \cdot VBI_v \tag{8-3}$$

式中　IRI——国际平整度指数(m/km);
　　　VBI_v——测试速度为 v(km/h)时颠簸累积仪测得的颠簸累积值(cm/km);
　　　a,b——回归系数。

五、检测报告

(1)应列表报告每一个评定路段内测定区间的颠簸累积值 VBI、国际平整度 IRI 平均值和现场测试速度。
(2)颠簸累计值 VBI 与国际平整度指数 IRI 在选定测试条件下的相关关系式及相关系数。

第五节　车载式激光平整度仪测定平整度

激光路面平整度测定仪是一种与路面无接触的测量仪器,测试速度快,精度高。它适用于在无严重坑槽、车辙等病害及无积水、积雪、泥浆的正常通车条件下连续采集路段平整度数据,评定验收新建、改建路面工程质量。

激光平整度仪采集的数据是路面相对高程值,应以 100 m 为计算区间长度用 IRI 的标准计算程序计算 IRI 值,以 m/km 计。

一、检测仪具

1. 测试系统

测试系统由承载车辆、距离传感器、纵断面高程传感器和主控制系统组成。主控制系统对测试装置的操作实施控制，完成数据采集、传输、存储与计算过程。

2. 测试系统基本技术要求和参数

(1)测试速度：30～100 km/h。

(2)采样间隔：≤500 mm。

(3)传感器测试精度：0.5 mm。

(4)距离标定误差：<0.1%。

(5)系统工作环境温度：0 ℃～60 ℃。

二、准备工作

(1)设备安装到承载车上以后按规定进行相关性试验。

(2)根据设备操作手册的要求对测试系统各传感器进行校准。

(3)检查测试车轮胎气压，应达到车辆轮胎规定的标准气压，车胎应清洁。

(4)距离测量装置需要现场安装的，根据设备操作手册说明进行安装，确保机械紧固装置安装牢固。

(5)检查测试系统各部分应符合测试要求，不应有明显的可视性破损。

(6)打开系统电源，启动控制程序，检查各部分的工作状态。

三、测试步骤

(1)测试开始之前应让测试车以测试速度行驶 5～10 km，按照设备操作手册规定的预热时间对测试系统进行预热。

(2)测试车停在测试起点前 50～100 m 处，启动平整度测试系统程序，按照设备操作手册的规定和测试路段的现场技术要求设置完毕所需的测试状态。

(3)驾驶员按照规定的测试速度驾驶测试车，测试速度宜在 50～80 km/h 之间，避免急加速和急减速，急弯路段应放慢车速，沿正常行车轨迹驶入测试路段。

(4)进入测试路段后，测试人员启动系统的采集和记录程序，在测试过程中必须及时准确地将测试路段的起终点和其他需要特殊标记的位置输入测试数据记录中。

(5)当测试车辆驶出测试路段后，仪器操作人员停止数据采集和记录，并恢复仪器各部分至初始状态。

(6)检查测试数据文件，文件应完整，内容应正常，否则需要重新测试。

(7)关闭测试系统电源，结束测试。

四、激光平整度仪测值与国际平整度指数 IRI 相关关系

1. 试验条件

(1)按照每段 IRI 值变化幅度不小于 1.0 的范围选择不少于 4 段不同平整度水平的路段，且有足够加速或减速长度的路段。根据实际测试道路 IRI 的分布情况，增加某些范围内的标定路段。

(2)每路段路长度不小于 300 m。

(3)每一段中的平整度应均匀,包括路段前50 m的引道。
(4)选择坡度变化较少的直线路段,路段交通量小,便于疏导。
(5)有多个激光测头的系统需要分别标定。
(6)标定宜选择在车道的正常行驶轮迹上进行,明确画出轮迹带测线和起终点位置。

2. 试验步骤

(1)距离标定:
1)选择坡度变化较小的平坦直线路段,标出起终点和行驶轨迹。
2)标定开始之前应让测试车以测试速度行驶5～10 km,按照设备操作手册规定预热时间对测试系统进行预热。
3)将测试车的前轮对准起点线,启动距离校准程序,然后令车辆沿着路段轨迹直线行驶,应避免突然加速或减速,接近终点时,看指挥人员手势减速停车,确保测试车的前轮对准终点线,结束距离校准程序。重复此过程,确保距离传感器测试结果的准确性,应在允许误差范围内。
(2)将激光平整度仪所标定的纵断面高程传感器对准测线重复测试5次,取其 IRI 计算值的平均值作为该路段的测试值。
(3)IRI 值的确定:以精密水准仪作为标准仪具,分别测量标定路段两个轮迹的纵断高程,要求采样间隔为250 mm,高程测试精度为0.5 mm;然后用 IRI 标准计算程序对每个轮迹的纵断面测量值进行模型计算,得到标定线路的 IRI 值。

3. 试验数据处理

用数理统计的方法将各标定路段的 IRI 值和相应的平整度仪测值进行回归分析,建立相关关系方程,相关系数 R 不得小于0.99。

五、检测报告

(1)国际平整度指数 IRI 平均值。
(2)激光平整度仪测值与国际平整度指数 IRI 在选定测试条件下的相关关系式及相关系数。

本章小结

路面平整度是评定路面使用质量、施工质量及现有路面破坏程度的重要指标,检测设备分为断面类及反应类两大类。最常用的3 m直尺及连续式平整度仪属于断面类检测设备,颠簸累积仪是反应类检测设备。国际上通用国际平整度指数 IRI 衡量路面行驶舒适性或路面行驶质量,可通过标定试验得出 IRI 与标准差 σ 或单向累计值 VBI 之间的关系。

3 m直尺测定尺底距离路表面的最大间隙来表示路面的平整度,适用于测定压实成型的路面各层表面的平整度,以评定路面的施工质量及使用质量。测定法有单尺测定最大间隙和等距离(1.5 m)连续测定两种。单尺检测时连续测定5尺,判断每个测定值是否合格,根据要求计算合格百分率。

连续式平整度仪通过量测路面的不平整度的标准差 σ,来表示路面的平整度。适用于测定路表面的平整度,评定路面的施工质量和使用质量,但不适用于在已有较多坑槽、破损严重的路面上测定。连续式平整度仪测定后,可按每10 cm间距采集的位移值自动计算得到每100 m计算区间的平整度标准差(mm)。计算一个评定路段内各区间平整度标准的平均值、标准变异系数及合格率。

车载式颠簸累积仪测量车辆在路面上通行时后轴与车厢之间的单向位移累积值 VBI，以此表示路面的平整度，VBI 越大，说明路面平整度越差，舒适性也越差。

激光路面平整度测定仪是一种与路面无接触的测量仪器，测试速度快，精度高。激光平整度仪采集的数据是路面相对高程值，以 100 m 为计算区间长度用 IRI 的标准计算程序计算 IRI 值，以 m/km 计。

复习思考题

一、填空题

1. 路面平整度的检测设备分为_____及_____两大类；国际上通用_____衡量路面行驶舒适性或路面行驶质量。

2. 3 m 直尺测定尺底距离路表面的_____来表示路面的平整度，以 mm 计。

3. 连续式平整度仪自动采集位移数据时，测定间距为_____，每一计算区间的长度为_____，输出一次结果。

4. 当连续式平整度仪进行路面工程质量检查验收或路况评定需要时，通常以_____作为连续测定的标准位置。

5. 车载式颠簸累积仪测量车辆在路面上通行时后轴与车厢之间的单向位移累积值_____，以此表示路面的平整度，VBI _____，说明路面平整度越差，舒适性也越差。

二、选择题

1. 连续式平整度仪测定平整度时，其技术指标为（　　）。
   A. 最大间隙　　　B. 标准偏差　　　C. 单项累计值　　　D. 国际平整度指标

2. 牵引连续式平整度仪测试的速度应保持匀速，速度宜为（　　）km/h，最大不超过（　　）km/h。
   A. 5；10　　　B. 5；12　　　C. 8；12　　　D. 8；15

3. 车载式颠簸累积仪测试速度以 30 km/h 为宜，一般不超过（　　）km/h。
   A. 42　　　B. 40　　　C. 45　　　D. 48

4. 国际平整度指数（IRI）是一项标准化的平整度指标，标准的测定速度为（　　）km/h，其测定结果的单位为（　　）。
   A. 70；m/km　　　　　　B. 60；cm/km
   C. 80；m/km　　　　　　D. 80；cm/km

三、简答题

1. 常见测试路面平整度的方法有哪几种？各有何特点？
2. 颠簸累积仪、连续平整度仪检测结果分别是什么？它们能否互换？
3. 简述 3 m 直尺测定路面平整度的主要步骤。

四、计算题

某高速公路，用连续式平整度仪对其沥青混凝土路面面层作了测定，测得该路段的平整度标准差分别为：0.48，0.46，0.51，0.50，0.65，1.67（桥头伸缩缝），1.00（桥头伸缩缝），0.71，0.50，0.54，0.57，0.91(mm)，试判断路面面层平整度合格与否。（平整度规定值为 $[\sigma]=1.2$ mm）

第九章 路面抗滑性能和渗水系数检测

学习建议

通过本章的学习，了解路面抗滑及渗水检测的意义；掌握路表构造深度的检测方法；会使用摆式仪进行路面摩擦系数的测定及数据整理；能进行路面渗水性能的测定。

路面抗滑性能和渗水系数检测

第一节 概述

路面的表面应有足够的抗滑能力，以保证行车安全。若路面抗滑能力不足时，汽车起动，会发生空转打滑现象；汽车在弯道上行驶，会产生侧向滑移；紧急制动，所需的制动距离就会增长。这些都容易发生交通事故。经调查，80%以上的交通事故与路面摩擦系数较低有关。因此，对于路面来说，抗滑性能是一项非常重要的安全质量评定指标。通常，抗滑性能被看作是路面的表面特性，并用轮胎与路面间的摩阻系数来表示。表面特性包括路表面微观构造（通常用石料磨光值 PSV 表示）和宏观构造（用构造深度表示）。影响抗滑性能的因素有路面表面特性、路面潮湿程度和行车速度。

路表面微观构造深度是指集料表面的粗糙程度，它随车轮的反复磨耗而渐渐磨光。通常，采用石料的磨光值（PSV）表征抗磨光的性能。微观构造在低速（30～50 km/h 以下）时对路表抗滑性能起决定性作用。而在高速时主要起作用的是宏观构造，它是由路表外露集料形成的构造，功能是使轮胎的路表水迅速排出，以避免形成水膜。宏观构造由构造深度表征。

一、抗滑性能检测指标

由于影响路面抗滑性能的因素是多种多样的，因此路面的抗滑性能指标也不是单一的，应当用多项指标来控制。《公路沥青路面施工技术规范》(JTG F40—2004) 中规定：高速公路、一级公路沥青路面的表面层（或磨耗层）的粗集料的磨光值应符合表 9-1 的要求。

表 9-1 石料磨光值的技术要求

雨量气候	1（潮湿区）	2（湿润区）	3（半干区）	4（干旱区）
年降雨量/mm	>1 000	500～1 000	250～500	<250
粗集料的磨光值 PSV，不小于 高速公路、一级公路表面层	42	40	38	36

沥青路面面层抗滑性能指标有以下几项：

（1）摩阻系数。高速公路、一级公路宜在竣工后第一个夏季，采用摩阻系数测定车，以 (50 ± 1) km/h 的车速测定横向力系数 SFC。

(2) 路面宏观构造深度。在路面竣工后第一个夏季用铺砂法或激光构造深度仪测定。

(3) 一般于第一个夏季测定沥青面层横向力系数或摆值、路面宏观构造深度。

《公路沥青路面设计规范》(JTG D50—2017)中规定，高速公路、一级公路以及山岭重丘区二级和三级公路的路面在交工验收时，其抗滑技术指标应满足表9-2的技术要求。

表9-2 沥青路面抗滑性能标准

年平均降雨量/mm	交工检测指标值	
	横向力系数 SFC_{60}①	构造深度 TD②/mm
≥1 000	≥54	≥0.55
500~1 000	≥50	≥0.50
250~500	≥45	≥0.45

① 横向力系数 SFC_{60} 用横向力系数测试车，在 60 km/h±1 km/h 车速下测定。
② 构造深度 TD 用铺砂法测定。

水泥混凝土路面抗滑性能检查方法为铺砂法，检查频率为每 200 m 测 1 处，评定标准要求如下：

高速公路、一级公路：一般路段构造深度 TD 不小于 0.7 mm 且不大于 1.1 mm；特殊路段 TD 不小于 0.8 mm 且不大于 1.2 mm。

其他公路：一般路段构造深度 TD 不小于 0.5 mm 且不大于 1.0 mm；特殊路段 TD 不小于 0.6 mm 且不大于 1.1 mm。

二、常用路面抗滑性能指标的测定方法

目前抗滑性能测试方法有：构造深度测试法（手工铺砂法、电动铺砂法、激光构造深度仪法）、摆式仪法、横向力系数测试法等。各方法的特点和测试指标见表9-3所列。

表9-3 路面抗滑性能测试方法比较

测试方法	测试指标	原理	特点及适用范围
制动距离法	摩阻系数 f	以一定速度在潮湿路面上行驶的4轮小客车或轻货车，当4个车轮被制动时，测试出从车辆减速滑移到停止的距离，运用动力学原理，算出摩阻系数	测试速度快，必须中断交通
摆式仪法	摩阻摆值 BPN	摆式仪的摆锤底面装一橡胶滑块，当摆锤从一定高度自由下摆时，滑块面同试验表面接触。由于两者间的摩擦而损耗部分能量，使摆锤只能回摆一定高度。表面摩阻力越大，回摆高度越小（即摆值越大）	定点测量，原理简单，不仅可以用于室内，而且可用于野外测试沥青路面及水泥混凝土路面的抗滑值
手工铺砂法 电动铺砂法	构造深度 TD/mm	将已知体积的砂，摊铺在所要测试路表的测点上，量取摊平覆盖的面积。砂的体积与所覆盖平均面积的比值，即为构造深度	定点测量，原理简单，便于携带，结果直观。适用于沥青路面及水泥混凝土路面表面构造深度，用以评定路面表面的宏观粗糙度、排水性能及抗滑性

续表

测试方法	测试指标	原理	特点及适用范围
激光构造深度测试法	构造深度 TD/mm	中子源发射的许多束光线,照射到路表面的不同深度处,用200多个二极管接收返回的光束,利用二极管被点亮的时间差算出所测路面的构造深度	测试速度快,适用于测定沥青路面干燥表面的构造深度,用以评价路面抗滑及排水能力,但不适用于许多坑槽、显著不平整或裂缝过多的路段
摩擦系数测定车测定路面横向力系数	横向力系数 SFC	测试车上安装有试验轮胎,它们对车辆行驶方向偏转一定的角度。汽车以一定速度在潮湿路面上行驶时,试验轮胎受到侧向摩阻作用。此摩阻力除以试验轮胎上的载重,即为横向力系数	测试速度快,用于标准的摩阻系数测试车测定沥青或水泥混凝土路面的横向力系数,结果作为竣工验收或使用期评定路面抗滑能力的依据

路面抗滑性能检测方法较多,本章仅介绍几种常见的检测方法。

第二节 路面构造深度检测

一、手工铺砂法测定路面构造深度

路面的宏观构造深度是指一定面积的路表面凹凸不平的开口孔隙的平均深度。它是影响抗滑性能的重要因素之一。本方法适用于测定沥青路面及水泥混凝土路面表面构造深度,用以评定路面的宏观粗糙、路面表面的排水性能及抗滑性能。构造深度的检测频率按每200 m一处。

1. 仪具与材料

(1)人工铺砂仪:由量砂筒、推平板组成,如图9-1所示。

图9-1 人工铺砂仪实物图

1)量砂筒:一端是封闭的,内径 $\phi20$ mm,外径 $\phi26$ mm,总高为90 mm,容积为(25 ± 0.15)mL。可通过称量砂筒中水的质量以确定其容积 V,并调整其高度,使其容积符合高度要求,如图9-2所示。

2)推平板:推平板应为木制或铝制,直径为50 mm,底面贴一层厚1.5 mm的橡胶片,上面有一圆把手,如图9-3所示。

3)刮平尺:可用30 cm钢板尺代替。

(2)量砂:足够数量的干燥洁净的匀质砂,粒径为0.15~0.3 mm。

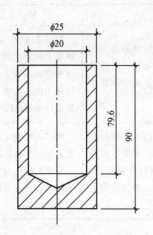
图 9-2 量砂筒(尺寸单位：mm)

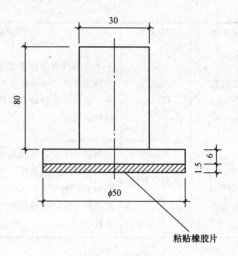
图 9-3 推平板(尺寸单位：mm)

(3)量尺：钢板尺、钢卷尺，或采用专门的构造深度尺。

(4)其他：装砂容器、小铲、扫帚或毛刷、挡风板等。

2. 方法与步骤

(1)准备工作。

1)量砂准备：将洁净的细砂晾干、过筛，取 0.15～0.3 mm 的砂置于适当的容器中备用。量砂只能在路面上使用一次，不宜重复使用。回收砂必须经干燥、过筛处理后方可使用。

2)确定测点：对测试路段按随机取样选点的方法，决定测点所在横断面位置。测点应选在行车道的轮迹带上，距路面边缘不应小于 1 m，如图 9-4 所示。

(2)测试步骤。

1)用扫帚或毛刷将测点附近的路面清扫干净，面积不小于 30 cm×30 cm，如图 9-5 所示。

图 9-4 行车道轮迹带位置

图 9-5 路面清扫面积

2)用小铲装砂，沿筒向圆筒中注满砂，如图 9-6 所示。手提圆筒上方，在硬质路上轻轻叩打 3 次，使砂密实，补足砂面，用钢尺一次刮平。注意不可直接用量筒装砂，以免影响量砂密度的均匀性。

3)将砂倒在路面，用底面黏有橡胶片的推平板由里向外重复做摊铺运动。稍稍用力将砂细心地尽可能地向外摊开，如图 9-7 所示，使砂填入凹凸不平的路表面孔隙中。尽可能将砂摊成圆形，并不得在表面上留有浮动的余砂。注意摊铺时不可用力过大或向外推挤。

图 9-6 向量砂筒中装砂

图 9-7 推平板摊铺砂

4)用钢板尺测量所构成圆的两个垂直方向的直径,如图 9-8 所示,取其平均值,准确至 5 mm。

5)按上述方法,同一处平行测定不少于 3 次,3 个测点均位于轮迹带上,测点间距 3~5 m。该处的测定位置以中间测点的位置表示。

路面表面构造深度测定点结果按下式计算:

$$TD = \frac{1\,000V}{\pi D^2/4} = \frac{31\,831}{D^2} \quad (9\text{-}1)$$

式中 TD——路面构造深度(mm);
V——砂的体积,25 cm³;
D——摊平砂的平均直径(mm)。

图 9-8 测量所摊圆的直径

当平均值小于 0.2 mm 时,试验结果以"<0.2 mm"表示。同时,还要计算每个评定路段路面构造深度的平均值、标准差、变异系数等。一般来说,手工铺砂法误差较大,其原因很多,例如,装砂的方法无标准,致使量筒中的砂紧密程度不一样,影响砂量;还有摊砂用摊平板无标准,更主要的是砂摊开到多大程度为止,无明确规定,故各人掌握不一样。为了克服手工铺砂法掌握不统一、测量不准的缺点,可采用电动铺砂法和激光法。

以下为某公路中粒式沥青混凝土路面用铺砂法测定路面构造深度的原始记录,仅供参考(表 9-4)。

表 9-4 手工铺砂路面构造深度试验记录

承包单位:　　　　　　　　　　　　　　　　　　　　合同号:
监理单位:　　　　　　　　　　　　　　　　　　　　编号:

工程名称				试验日期				
起止桩号				K0+200~K0+600				
测点桩号	测点位置距中桩(m)左(+)右(-)	试验次数	砂体积/cm³	摊平砂直径 D/mm			构造深度 TD/mm	构造深度平均值/mm
				上下方向	左右方向	平均值		
K0+200	5.5	1	25	200	200	200	0.80	0.80
		2	25	210	200	205	0.76	
		3	25	200	190	195	0.84	
K0+400	−5.5	1	25	215	205	210	0.72	0.63
		2	25	225	235	230	0.60	
		3	25	230	240	235	0.57	

续表

测点桩号	测点位置距中桩(m)左(+)右(−)		试验次数	砂体积/cm³	摊平砂直径 D/mm			构造深度 TD/mm	构造深度平均值/mm
					上下方向	左右方向	平均值		
K0+600	5.5		1	25	200	200	200	0.80	0.79
			2	25	200	190	195	0.84	
			3	25	210	210	210	0.72	
测点数	3	规定值/mm	≥0.55	平均值/mm	0.74	标准差/mm	0.10	变异系数/%	13.5	合格率/%	100

二、电动铺砂仪测定路面构造深度

本方法适用于测定沥青路面及水泥混凝土路面表面构造深度，用以评定路面表面的宏观粗糙度及路面表面的排水性能和抗滑性能。

1. 检测器具及材料

(1)电动铺砂仪。利用可充电直流电源，将量砂通过砂漏铺设成宽度 5 cm、厚度均匀一致的器具，如图 9-9 和图 9-10 所示。

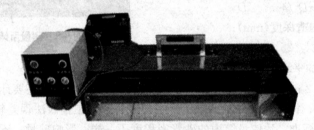

图 9-9 电动铺砂仪实物图

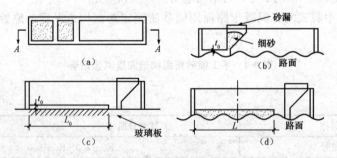

图 9-10 电动铺砂仪示意

(2)量砂：足够数量的干燥洁净的匀质砂，粒径为 0.15～0.3 mm。
(3)标准量筒：容积 50 mL。
(4)玻璃板：面积大于铺砂器，厚 5 mm。
(5)其他：直尺、扫帚、毛刷等。

2. 准备工作

(1)量砂准备。取洁净的细砂晾干，过筛。取 0.15～0.3 mm 的砂置于适当的容器中备用。

已在路面上使用过的砂若回收重复使用时,应重新过筛并晾干。

(2)确定测点。对测试路段按随机取样选点的方法,决定测点所在的断面的位置。测点应选在行车道的轮迹带上,距路边缘不小于 1 m。

(3)电动铺砂器标定。

1)将铺砂器平放在玻璃板上,将砂漏移至铺砂器端部。

2)使灌砂漏斗口和量筒大致齐平,通过漏斗向量筒中缓缓注入准备好的量砂至高出量筒成尖顶状,用直尺沿筒口一次刮平,其容积为 50 mL。

3)使漏斗口与铺砂器砂漏斗上口大致齐平。将砂通过漏斗均匀倒入砂漏,漏斗前后移动,使砂的表面大致齐平,但不得用任何其他工具刮动砂。

4)开动电动机,使砂漏向另一端缓缓运动,量砂沿砂漏底部成图 9-11 所示宽度为 5 cm 的带状,待砂全部漏完后停止。

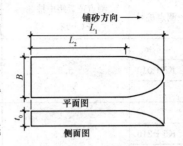

图 9-11 决定 L_0 及 L 的方法

5)按图 9-11 由 L_1 及 L_2 的平均值决定量砂的摊铺长度 L_0,准确至 1 mm。

$$L_0 = \frac{L_1 + L_2}{2} \tag{9-2}$$

6)重复标定 3 次,取平均值决定 L_0,准确至 1 mm。标定应在每次测试前进行,用同一种量砂,由承担测试的同一试验员进行。

铺砂仪在玻璃板上摊铺的量砂厚度 t_0(mm)为

$$t_0 = \frac{V}{B \times L_0} \times 1\,000 = \frac{1\,000}{L_0} \tag{9-3}$$

式中 V——量砂体积,50 cm³;

B——铺砂仪铺砂宽度,50 mm。

3. 测试步骤

(1)将测试地点用毛刷刷净,面积大于铺砂仪。

(2)将铺砂仪沿道路纵向平稳地放在路面上,将砂漏移至端部。

(3)按电动铺砂器标定步骤 2)~5),在测试地点摊铺 50 cm³ 量砂,按图示 9-11 的方法量取摊铺长度 L_1 及 L_2,计算 L,准确至 1 mm。

$$L = (L_1 + L_2)/2$$

(4)按以上方法,同一处平行测定不少于 3 次,3 个测点均位于轮迹带上,测点间距 3~5 m,该处的测定位置以中间测点的位置表示。

按下式计算路面构造深度 TD:

$$TD = \frac{L_0 - L}{L} \times t_0 = \frac{L_0 - L}{L \times L_0} \times 1\,000 \tag{9-4}$$

式中 TD——路面的构造深度(mm);

L——路面上 50 cm³ 量砂摊铺的长度(mm);

t_0——铺砂仪在玻璃板上摊铺的量砂厚度(mm);

L_0——玻璃板上 50 cm³ 量砂摊铺的长度(mm),按式(9-2)计算。

每一处均取 3 次路面构造深度的测定结果平均值作为试验结果,准确至 0.1 mm,见表 9-5,其他要求同手工铺砂法。

表 9-5　电动铺砂法路面构造深度试验记录

承包单位：　　　　　　　　　　　　　　　　　　　　　　　　　　　合同号：
监理单位：　　　　　　　　　　　　　　　　　　　　　　　　　　　编　号：

工程名称				试验日期					
起止桩号				K5+010～K5+410					
测点桩号	测点位置距中桩/m 左(+)右(−)	L_0/mm	t_0/mm	L_1/mm	L_2/mm	L/mm	TD/mm	平均值 TD/mm	
K5+010	5.5	263	3.8	234	215	225	0.64	0.65	
				237	214	226	0.62		
				232	212	222	0.70		
K5+210	−5.5	263	3.8	239	215	227	0.60	0.66	
				230	211	221	0.72		
				233	215	224	0.66		
K5+410	5.5	263	3.8	234	214	224	0.66	0.67	
				231	213	222	0.70		
				238	212	225	0.64		
测点数	3	规定值/mm	≥0.55	平均值/mm	0.67	标准差/mm	0.01	变异系数/%	1.5	合格率/%	100

应当注意，我国公路路面构造深度以铺砂法为标准测试方法。利用激光构造深度仪测出的构造深度与铺砂法测试结果不同，但两者具有良好的相关关系。因此，激光构造深度仪所测出的构造深度不能直接用来评定路面的抗滑性能，必须换算成铺砂法的构造深度后，才能判断路面抗滑性能是否满足要求。

三、车载式激光构造深度仪测定路面构造深度

车载式激光构造深度仪是智能化仪器，可用于无严重破损病害及无积水、积雪、泥浆等正常行车条件下测定路面构造深度，但不适用于带有沟槽构造的水泥混凝土路面构造深度的测定。

1. 检测器具与材料的技术要求

（1）测试系统由承载车辆、距离传感器、激光传感器和主控制系统组成（图 9-12）。主控制系统对测试装置的操作实施控制，完成数据采集、传输、存储与计算过程。

（2）测试系统基本技术要求和参数：

1）最大测试速度：≤50 km/h。
2）采样间隔：≤10 mm。
3）传感器测试精度：0.1 mm。
4）距离标定误差：＜0.1%。
5）系统工作环境温度：0 ℃～60 ℃。

图 9-12　激光构造深度仪

2. 准备工作

（1）设备安装到承载车上后先进行相关性标定试验。
（2）根据设备操作手册的要求对测试系统各传感器进行校准。

(3)距离测量装置需要现场安装的,根据设备操作手册说明进行安装,确保机械紧固装置安装牢固。

(4)测试系统各部分应符合测试要求,不应有明显的可视性破损。

(5)打开系统电源,启动控制程序,检查各部分的工作状态。

3. 测试步骤

(1)按照设备使用说明规定的预热时间对测试系统预热。

(2)测试车停在测试起点前 50~100 m 处,启动测试系统程序,按照设备操作手册的规定和测试路段的现场技术要求设置完毕所需的测试状态。

(3)驾驶员应按照设备操作手册要求的测试速度范围驾驶测试车,避免急加速和急减速,急弯路段应放慢车速,沿正常行车轨迹驶入测试路段。

(4)进入测试路段后,测试人员启动系统的采集和记录程序,在测试过程中必须及时准确地将测试路段的起终点和其他需要特殊标记的位置输入测试数据记录中。

(5)当测试车辆驶出测试路段后,测试人员停止数据采集和记录,并恢复仪器各部分至初始状态。

(6)检查:测试数据文件应完整,内容应正常,否则需要重新测试。

(7)关闭测试系统电源,结束测试。

4. 激光构造深度仪测值与铺砂法构造深度值相关关系对比试验

由于计算模式的差别,激光构造深度仪与铺砂法的测定结果存在一定的差异,因此必须在完成两者相关性试验和转换后才能进行结果的评定。

(1)选择构造深度分别在 0~0.3 mm,0.3~0.55 mm,0.55~0.8 mm,0.8~1.2 mm 范围的 4 个各长 100 m 的试验路段。试验前将路面清扫干净,并在起终点做上标记。

(2)在每个试验路段上沿一侧行车轮迹用铺砂法测试至少 10 点的构造深度值,并计算平均值。

(3)驾驶测试车以 30~50 km/h 速度驶过试验路段,并且保证激光构造深度仪的激光传感器探头沿铺砂法所测构造深度的行车轮迹运行,计算试验路段的构造深度平均值。

(4)建立两种方法的相关关系式,要求相关关系 r 不小于 0.97。

5. 报告

构造深度检测报告包括以下内容:

(1)测试路段构造深度平均值、标准差。

(2)提供激光构造深度仪测值与铺砂法构造深度值在选定测试条件下的相关关系式及相关系数。

第三节 路面摩擦系数测定

一、摆式仪测定路面摩擦系数

摆式仪法的测试指标是摆值 F_B,以 BPN 为单位。路面的抗滑摆值是指标准的手提式摆式摩阻系数测定仪(摆式仪)测定路面在潮湿条件下对摆的摩擦阻力的一个指标。摆式仪属于轻便型测量仪器,它具有结构简单、操作方便、数据稳定的优点。但它是一种比照试验法,其试验条件与路面实际行车条件没有直接关系,故有一定的局限性。

本方法适用于测定沥青路面、标线或其他材料试件的抗滑值,用以评定路面或路面材料试件在潮湿状态下的抗滑能力。摆式仪构造如图 9-13 所示。

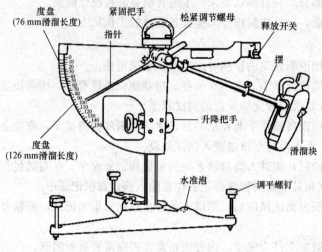

图 9-13　摆式仪结构示意图

1. 检测器具及材料

(1)摆式仪。摆及摆的连接部分总质量为 1 500 g±30 g,摆动中心至摆锤的重心距离为 410 mm±5 mm,测定时摆在路面上滑动长度为 126 mm±1 mm,摆上橡胶片端部与摆动中心的距离为 510 mm,橡胶片对路面的正向静压力为 22.2 N±0.5 N。实物图如图 9-14 所示。

(2)橡胶片:当用于测定路面抗滑值时,其尺寸为 6.35 mm×25.4 mm×76.2 mm。橡胶质量应符合表 9-6 的要求。当橡胶片使用后,端部在长度方向上磨耗超过 1.6 mm 或边缘在宽度方向上磨耗超过 3.2 mm,或有油类污染时,即应更换新橡胶片。新橡胶片应先在干燥路面上测试 10 次后再用于测试。橡胶片的有效使用期从出厂日期起算为 12 个月。

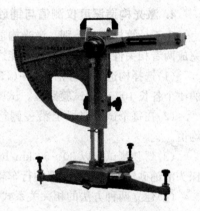

图 9-14　摆式仪实物图

表 9-6　橡胶物理性质技术要求

性质指标	温度/℃				
	0	10	20	30	40
弹性/%	43~49	58~65	66~73	71~77	74~79
硬度(IR)	55±5				

(3)标准量尺:长 126 mm。

(4)喷水壶。

(5)硬毛刷。

(6)路表温度计:分度不大于 1 ℃,如图 9-15 所示。

(7)其他:皮尺或钢卷尺、扫帚、粉笔等。

2. 准备工作

(1)检查摆式仪的调零灵敏情况，并定期进行仪器的标定。当用于路面工程检查验收时，必须重新标定。

(2)对测试路段按随机取样选点的方法选定测点。在横断面上测点选在行车道的轮迹带上，距路面边缘不应小于 1 m，并用粉笔作出标记。

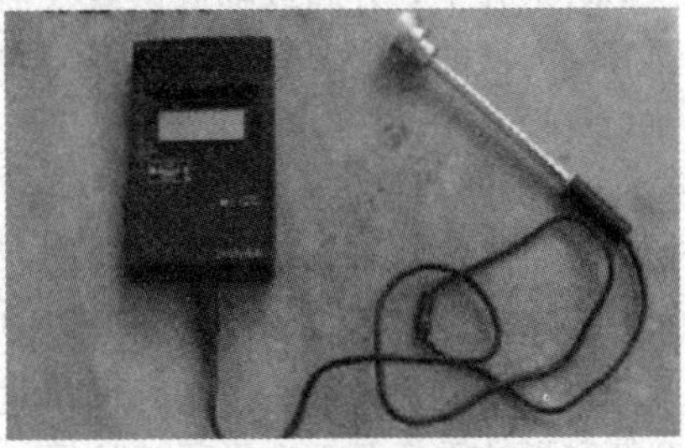

3. 测试步骤

(1)清洁路面。用扫帚将测点处的路面打扫干净。

图 9-15 路表温度计

(2)仪器调平。

1)将仪器置于路面测点上，并使摆的摆动方向与行车方向一致。

2)转动底板上的调平螺栓，使水准泡居中，如图 9-16 所示。

(3)调零。

1)放松两个紧固把手，转动升降把手使摆升高，并能自由摆动，然后旋紧紧固把手。

2)将摆向右运动，按下安装于悬臂上的释放开关，使摆上的卡环进入开关槽，放开释放开关，摆即处于水平释放位置，并把指针抬至与摆杆平行处。

3)按下释放开关，使摆向左带动指针摆动，当摆达到最高位置下落时，用左手将摆杆接住，此时指针应指零。若不指零时，可稍旋紧或放松摆的调节螺母，重复本项操作，直至指针指零，如图 9-17 所示。调零允许误差为 ±1 BPN。

图 9-16 摆式仪调平

图 9-17 摆式仪调零

(4)校核滑动长度。

1)让摆处于自然下垂状态，松开固定把手，转动升降把手，使摆下降。与此同时，提起举升柄使摆向左侧移动，然后放下举升柄使橡胶片下缘轻轻触地，紧靠橡胶片摆放滑动长度量尺，使量尺左端对准橡胶片下缘，再提起举升柄使摆向右侧移动，然后放下举升柄使橡胶片下缘轻轻触地，检查橡胶片下缘应与滑动长度量尺的右端齐平，如图 9-18 所示。

2)若齐平，则说明橡胶片两次触地的距离(滑动长度)符合 126 mm 的规定。校核滑动长度时，应以橡胶片长边刚刚接触路面为准，不可借摆的力量向前滑动，以免标定的滑动长度与实际不符。

图 9-18 校核滑动长度

3)若不齐平,升高或降低摆或仪器底座的高度。微调时用旋转仪器底座上的调平螺丝调整仪器底座高度的方法比较方便,但需注意保持水准泡居中。

4)重复上述动作,直至滑动长度符合 126 mm 的规定。

(5)检测路面摆值。

1)将摆固定在右侧悬臂上,使摆处于水平释放的位置,并把指针拨至右侧与摆杆平行处。

2)用喷壶浇洒测点,使路面处于湿润状态。

3)按下释放开关,使摆在路面滑过。当摆杆回落时,用左手接住摆,读数但不记录。然后使摆杆和指针重新置于水平释放位置。

4)重复 2)和 3)的操作测定 5 次,并读取每次测定的摆值,即 BPN。单点测定的 5 次数值中最大值与最小值的差值不得大于 3 BPN。如差数大于 3 BPN,应检查产生的原因,并再次重复上述各项操作直至符合规定为止。取 5 次测定的平均值作为每个测点路面的抗滑值(即摆值 BPN_t),取整数,以 BPN 表示。

5)在测点位置上用路表温度计测记潮湿路面的温度,准确至 1 ℃。

6)按以上方法,同一处平行测定不少于 3 次,3 个测点均位于轮迹带上,每个测点平行测定 5 次,3 个测点间距为 3~5 m。该处的测点位置以中间测点的位置表示。每一处均取 3 次测定结果的平均值作为试验结果,准确至 1 BPN。

4. 抗滑值的温度修正

当路面温度为 t(℃)时测得的摆值为 BPN_t,必须按下式换算成标准温度 20 ℃ 的摆值 BPN_{20}:

$$BPN_{20} = BPN_t + \Delta BPN \tag{9-5}$$

式中 BPN_{20}——换算成标准温度 20 ℃ 的摆值;

BPN_t——路面温度 t 时测得的摆值;

ΔBPN——温度修正值,按表 9-7 采用。

表 9-7 温度修正值

温度/℃	0	5	10	15	20	25	30	35	40
温度修正值 ΔBPN	−6	−4	−3	−1	0	+2	+3	+5	+7

5. 检测报告

(1)测试日期,测点位置,天气情况,洒水后潮湿路面的温度,并描述路面类型、外观、结构类型等。

(2)列表逐点报告路面抗滑值的测定值 BPN_t,经温度修正后的 BPN_{20} 及 3 次测定的平均值。

(3)评定路段路面抗滑值的平均值、标准值、变异系数。

某公路中粒式沥青混凝土路面用摆式仪测定抗滑值的原始记录见表 9-8,仅供参考。

表 9-8 路面摩擦系数检测记录

工程名称 ××工程　　路面类型 中粒式沥青　　路段桩号 K1+020~K1+620　　检查日期＿＿＿＿

检验者＿＿＿＿　　计算者＿＿＿＿　　校核者＿＿＿＿　　路面温度 25 ℃

测点位置		试验次数	摆值/BPN						测点摆值/BPN	修正后摆值		
桩号	测点距中桩位置/m 左(+)右(−)		1	2	3	4	5	平均值		路表潮湿状态下的温度/℃	温度修正值	标准温度 20 ℃ 时的摆值
K1+020	+0.85	1	44	43	46	45	46	45	47	25	2	49
		2	47	48	45	46	48	47				
		3	46	48	49	47	48	48				

续表

测点位置		试验次数	摆值/BPN						测点摆值/BPN	修正后摆值		
桩号	测点距中桩位置/m左(+)右(-)		1	2	3	4	5	平均值		路表潮湿状态下的温度/℃	温度修正值	标准温度20℃时的摆值
K1+340	+0.90	1	45	46	45	47	46	46	46	25	2	48
		2	46	47	48	45	46	46				
		3	48	46	49	47	46	47				
K1+560	+0.90	1	49	46	48	49	47	48	45	25	2	47
		2	45	42	43	44	45	44				
		3	46	43	45	43	44	44				
测点数	3	规定值/BPN	≥45	平均值/BPN		48	标准差/BPN		1	变异系数/%	2.1	合格率/%	100

二、单轮式横向力系数测试系统测定路面摩擦系数

当测定轮与行车方向成20°偏角且以一定速度行驶时，专用轮胎与潮湿路面之间的测试轮轴向摩擦阻力与垂直荷载的比值，称为路面横向力系数，代号 SFC，无量纲。

本方法适用于在新建、改建路面工程质量验收和无严重坑槽、车辙等病害的正常行车条件下连续采集路面的横向力系数。测试结果可作为竣工验收或使用期评定路面抗滑能力的依据。本方法的数据采集、传输、记录和处理分别由专门软件自动控制进行。

1. 检测设备

(1)测试系统构成。测试系统由承载车辆、距离测试装置、横向力测试装置(图9-19)、供水装置

图9-19 横向力测试装置

和主控制系统组成，如图9-20、图9-21所示。主控制系统除实施对测试装置和供水装置的操作控制外，同时，还控制数据的传输、记录与计算等环节。

(a)

(b)

(c)

图9-20 横向力系数测定车

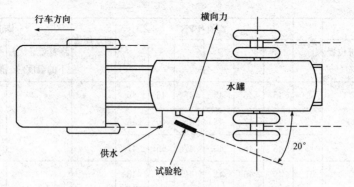

图 9-21　单轮式横向力系数测定系统构造示意图

(2)设备承载车基本技术要求和参数。横向力系数测试系统的承载车辆应为能够固定和安装测试、储供水、控制和记录等系统的载货车底盘,具有在水罐满载状态下最高车速大于 100 km/h 的性能。

(3)测试系统技术要求和参数。
1)测试轮胎类型:光面天然橡胶充气轮胎。
2)测试轮胎规格:3.00/20。
3)测试轮胎标准气压:350 kPa±20 kPa。
4)测试轮偏置角:19.5°~21°。
5)测试轮静态垂直标准荷载:2 000 N±20 N。
6)拉力传感器非线性误差:<0.05%。
7)拉力传感器有效量程:0~2 000 N。
8)距离标定误差:<2%。

2. 准备工作

(1)每个测试项目开始前或连续测试超过 1 000 km 后必须按照设备使用手册规定的方法进行测试系统的标定,记录标定数据并存档。

(2)检查测试车轮胎气压,应达到车辆轮胎规定的标准气压。

(3)检查测试轮胎磨损情况,当其直径比新轮胎减小达 6 mm(也即胎面磨损 3 mm)以上或有明显磨损裂口时,必须立即更换新轮胎。更换的新轮胎在正式测试前应试测 2 km。

(4)检测测试轮气压,应达到 0.35 MPa±0.02 MPa 的要求。

(5)检查测试轮固定螺栓应拧紧。将测试轮放到正常测试时的位置,检查其应能够沿两侧滑柱上下自由升降。

(6)根据测试里程的需要向水罐加注清洁测试用水。

(7)检查洒水口出水情况和洒水位置应正常;洒水位置应在测试轮触地面中点沿行驶方向前方 400 mm±50 mm 处,洒水宽度应为中心线两侧各不小于 75 mm。

(8)将控制面板电源打开,检查各项控制功能键、指示灯和技术参数选择状态应正常。

3. 测试步骤

(1)正式开始测试前,首先应按设备操作手册规定的时间要求对系统进行通电预热。

(2)进入测试路段前应将测试轮胎降至路面上预跑约 500 m。

(3)按照设备操作手册的规定和测试路段的现场技术要求设置完毕所需的测试状态。

(4)驾驶员在进入测试路段前应保持车速在规定的测试速度范围内,沿正常行车轨迹驶入测试路段。

(5)进入测试路段后,测试人员启动系统的采集和记录程序。在测试过程中必须及时准确地将测试路段的起终点和其他需要特殊标记点的位置输入测试数据记录中。

(6)当测试车辆驶出测试路段后,仪器操作人员停止数据采集和记录,提升测量轮并恢复仪器各部分至初始状态。

(7)操作人员检查数据文件应完整,内容应正常,否则需要重新测试。

(8)关闭测试系统电源,结束测试。

4. SFC值的修正

(1)SFC值的速度修正。测试系统的标准测试速度范围规定为50 km/h±4 km/h,其他速度条件下测试的SFC值必须通过下式转换至标准速度下的等效SFC值:

$$SFC_{标} = SFC_{测} - 0.22(v_{标} - v_{测}) \tag{9-6}$$

式中 $SFC_{标}$——标准测试速度下的等效SFC值;

$SFC_{测}$——现场实际测试速度条件下的SFC测试值;

$v_{标}$——标准测试速度,取值50 km/h;

$v_{测}$——现场实际测试速度。

(2)SFC值的温度修正。测试系统的标准现场测试地面温度范围为20 ℃±5 ℃,其他地面温度条件下测试的SFC值须通过表9-9转换至标准温度下的等效SFC值。系统测试要求地面温度控制在8 ℃~60 ℃范围内。

表9-9 SFC值温度修正

温度/℃	10	15	20	25	30	35	40	45	50	55	60
修正	−3	−1	0	+1	+3	+4	+6	+7	+8	+9	+10

5. 不同类型摩擦系数测试设备间相关关系对比试验

(1)基本要求。不同类型摩擦系数测试设备的测值应换算成SFC值后使用,所以,制动式摩擦系数测试设备和其他类型横向力式测试设备在使用时必须和SCRIM系统进行对比试验,建立测试结果与SCRIM系统测值(SFC值)的相关关系。

(2)试验条件。

1)按SFC值0~30、30~50、50~70、70~100的范围选择4段不同摩擦系数的路段,路段长度可为100~300 m。

2)对比试验路段地面应清洁干燥,地面温度应在10 ℃~30 ℃范围内,天气条件宜为晴天无风。

(3)试验步骤。

1)测试系统和需要进行对比试验的其他类型设备分别按规定的方法及其操作手册规定的程序准备就绪。

2)两套设备分别以40 km/h、50 km/h、60 km/h、70 km/h、80 km/h的速度在所选择的4种试验路段上各测试3次,3次测试的平均值的绝对差值不得大于5,否则重测。

3)两种试验设备设置的采样频率差值不应超过一倍,每个试验路段的采样数据量不应少于10个。

(4)试验数据处理。

1)分别计算出每种速度下各路段3次测试结果的总平均值和标准差,超过3倍标准差的值应予以舍弃。

2)用数理统计的回归分析方法建立试验设备测值与速度的相关关系式,相关系数 R 不得小于 0.95。

3)建立不同速度下试验设备测值 SFC 的相关关系式,相关系数 R 不得小于 0.95。

6. 路面横向力摩擦系数评定

横向力摩擦系数使用代表值进行工程质量评定,按路面 SFC 的设计或验收标准值评定路面抗滑性合格与否。

SFC 代表值为 SFC 算术平均值的下置信界限值,即

$$SFC_r = \overline{SFC} - \frac{t_a}{\sqrt{n}} \cdot S \tag{9-7}$$

式中 SFC_r——SFC 代表值;

$\overline{SFC}$——SFC 算术平均值;

S——标准差;

n——数据个数;

t_a——t 分布表中随测点数和保证率(或置信度 α)而变的系数,可查附表 2。采用的保证率:高速公路、一级公路为 95%,其他公路为 90%。

当 SFC 代表值大于设计值或验收标准时,按单个 SFC 值计算合格率;当 SFC 代表值小于设计或标准值时,相应分项工程评为不合格。

【**例 9-1**】 用横向力摩擦力系数测定车对某高速公路沥青路面抗滑性进行检测验收,按 20 m 一点采样间距连续检测,结果如下:测点数 $n=100$,SFC 算术平均值 $=63.05$,SFC 标准差 $=6.031$,问该路面抗滑性是否合格?

解: 已知保证率为 95%,$n=100$,查附表 2,$t_a/\sqrt{n}=0.166$

$$SFC_r = \overline{SFC} - \frac{t_a}{\sqrt{n}} \cdot S = 63.05 - 0.166 \times 6.031 = 62.05$$

由于 $SFC_r > 54$,故该路面抗滑性能满足要求。

第四节 沥青路面渗水系数检测

大气降水通过路面孔隙或者裂缝渗入沥青路面结构中,会导致基层承载力下降而发生的路面破坏所占的比例相当大,如沥青面层的开裂、松散等病害。虽然在沥青混合料结构设计时强调面层必须有一层以上是基本不透水的,但由于在配合比设计阶段没有对渗水系数提出要求,当混合料铺筑完成后,即使路面透水严重,也已无法补救。所以,沥青混合料配合比设计阶段的渗水试验是非常重要的。路面渗水系数是指在规定的条件下,单位时间内渗入路面结构中水的体积,用 C_w 表示,单位是 mL/min。

一、器具与材料

(1)路面渗水仪:形状及尺寸如图 9-22 所示。上部盛水量筒由透明有机玻璃制成,容积 600 mL,上有刻度,在 100 mL 及 500 mL 处有粗标线,下方通过 ϕ10 mm 的细管与底座相接,中间有一开关(阀门)。量筒通过支架联结,底座下方开口内径 ϕ150 mm,外径 ϕ220 mm,仪器附铁圈压重 2 个,每个质量约 5 kg,内径 ϕ160 mm。

(2)水筒及大漏斗。

(3)秒表。

(4)密封材料：防水腻子、油灰或橡皮泥等。

(5)其他：水、粉笔、塑料圈、刮刀、扫帚等。

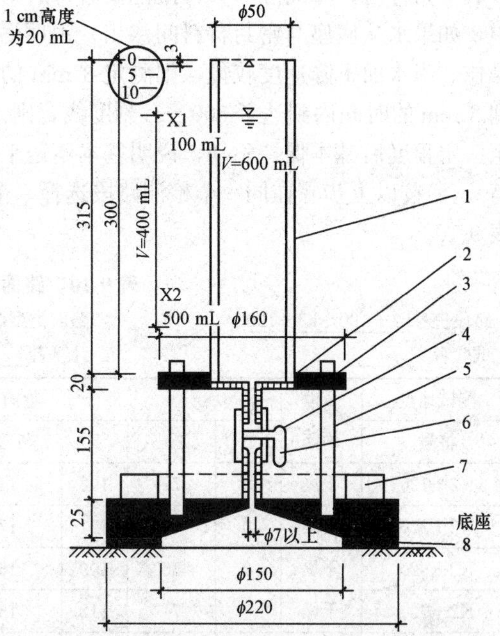

二、准备工作

(1)在测试路面的行车道上，按随机取样方法选择测试位置，每一个检测路段应测定 5 个测点，并用粉笔画上测试标记。

(2)试验前，首先用扫帚清扫表面，并用刷子将路面表面的杂物刷去。杂物的存在一方面会影响水的渗入；另一方面也会影响渗水仪和路面或者试件的密封效果。

图 9-22 渗水仪结构(尺寸单位：mm)
1—透明有机玻璃筒；2—螺纹连接；3—顶板；
4—阀；5—立柱支架；6—把手；
7—压重钢圈；8—密封材料

三、测试步骤

(1)将密封圈置于试件中央或者路面表面的测点上，用粉笔分别沿塑料圈的内侧和外侧画上圈，如图 9-23 所示。在外环和内环之间的部分就是需要用密封材料进行密封的区域。

(2)用密封材料对环状密封区域进行密封处理，注意不要使密封材料进入内圈，如图 9-24 所示。如果密封材料不小心进入内圈，必须用刮刀将其刮走。然后再将搓成拇指粗细的条状密封材料擦在环状密封区域的中央，并且擦成一圈。

图 9-23 标记密封区域

图 9-24 涂抹密封材料

(3)将渗水仪放在试件或者路面表面的测点上，如图 9-25 所示。注意使渗水仪的中心尽量和圆环中心重合，然后略微使劲将渗水仪压在条状密封材料表面，再将配重加上，以防压力水从底座与路面间流出。

(4)将开关关闭，向量筒中注满水，然后打开开关，使量筒中的水下流排出渗水仪底部内的空气，当量筒中水面下降速度变慢时用双手轻压渗水仪使渗水仪底部的气泡全部排出。关闭开关，并再次向量筒中注满水。

(5)将开关打开，待水面下降至 100 mL 刻度时，立即开动

图 9-25 安放渗水仪

秒表开始计时，每间隔 60 s，读记仪器管的刻度一次，至水面下降至 500 mL 时为止。测试过程中，如果水从底座与密封材料间渗出，说明底座与路面密封不好，应移至附近干燥路面处重新操作。当水面下降速度较慢，则测定 3 min 的渗水量即可停止；如果水面下降速度较快，在不到 3 min 的时间内到达了 500 mL 刻度线，则记录到达了 500 mL 刻度线时的时间；若水面下降至一定程度后基本保持不动，说明基本不透水或根本不透水，在报告中注明。

（6）按以上步骤在同一个检测路段选择 5 个测点测定渗水系数，取平均值作为检测结果，见表 9-10。

表 9-10 路面渗水系数试验记录

路段桩号k2+120～k3+120　　　　路面类型沥青混凝土路面　　　　试验日期_____
试验者_____　　　　　　　　　计算者_____　　　　　　　　校核者_____

测试地点		路况描述	量筒读数/mL						渗水系数 /(mL·min⁻¹)	备注
桩号			0	30″	1′	1′30″	2′	2′30″	3′	
K2+120		干燥	0	77	102	149	215	325	500	199	
K2+320		干燥	0	65	121	178	227	331	487	183	
K2+520		干燥	0	55	109	167	216	319	406	149	
K2+720		干燥	0	71	112	159	214	318	426	157	
K2+920		干燥	0	50	95	181	218	342	398	152	
测点数		5	频率/(点·km⁻¹)		5	渗水系数规范要求/(mL·min⁻¹)				≤300	
平均渗水系数/(mL·min⁻¹)		168	最大渗水系数/(mL·min⁻¹)		199	合格率/%				100	

四、计算

沥青混合料试件的渗水系数按式(9-8)计算，计算时以水面从 100 mL 下降至 500 mL 所需的时间为标准，若渗水时间过长，也可以采用 3 min 通过的水量计算：

$$C_w = \frac{V_2 - V_1}{t_2 - t_1} \times 60 \tag{9-8}$$

式中　C_w——路面渗水系数(mL/min)；
　　　V_1——第一次计时的水量(通常为 100 mL)(mL)；
　　　V_2——第二次计时的水量(通常为 500 mL)(mL)；
　　　t_1——第一次计时的时间(s)；
　　　t_2——第二次计时的时间(s)。

渗水试验

五、报告

现场检测，每一个检测路段应测定 5 个测点，计算其平均值作为检测结果。若路面不透水，在报告中注明渗水系数为 0。

本章小结

抗滑是路面的表面特性，表面特性包括路表面微观构造和宏观构造。微观构造在低速时对路表抗滑性能起决定性作用,在高速时主要起作用的是宏观构造,因此路面的抗滑性能用多项指标来控制。目前抗滑性能测试方法有:构造深度测试法、摆式仪法、横向力系数测试法等。

路面宏观构造深度是指一定面积的路表面凹凸不平开口孔隙的平均深度。手工铺砂法、电动铺砂法适用于测定沥青路面及水泥混凝土路面表面构造深度,以评定路面表面的宏观粗糙度及路面表面的排水性能和抗滑性能。车载式激光构造深度仪用于无严重破损病害及无积水、积雪、泥浆等正常行车条件下测定路面构造深度,但不适用于带有沟槽构造的水泥混凝土路面构造深度的测定。

摆式仪法的测试指标是摆值 F_B,以 BPN 为单位。测定路面在潮湿条件下对摆的摩擦阻力。它用于测定沥青路面、标线或其他材料试件的抗滑值,以评定路面或路面材料试件在潮湿状态下的抗滑能力。

横向力系数测试系统,适用于新建、改建路面工程质量验收和无严重坑槽、车辙等病害的正常行车条件下,连续采集路面的横向力系数。用代表值进行工程质量评定,测试结果可作为竣工验收或使用期评定路面抗滑能力的依据。

大气降水通过路面孔隙或裂缝渗入沥青路面结构中,导致基层承载力下降而发生的面层开裂、松散等病害。路面渗水系数是在规定的条件下,单位时间内渗入路面结构中水的体积,用 C_W 表示,单位是 mL/min。

复习思考题

一、填空题

1. 路面的宏观构造深度是指一定面积的路表面凹凸不平的开口孔隙的_____。使用手工铺砂法进行路面构造深度的测定时,同一处平行测定应该不少于_____次。

2. 摆式仪法的测试指标是摆值 F_B,以_____为单位。摆式仪测定路面在_____条件下对摆的摩擦阻力的一个指标。

3. 路面渗水系数是指在规定的条件下,_____时间内渗入路面结构中水的体积,用 C_W 表示,单位是_____。

二、选择题

1. 用铺砂法测定路面表面构造深度,我国规定使用(　　)mm 的砂。
   A. 0.15~0.2　　B. 0.1~0.15　　C. 0.1~0.3　　D. 0.15~0.3

2. 使用手工铺砂法进行路面构造深度时,对测试路段按随机选点的方法,决定测点所在横断面的位置,测点应选在车道轮迹带上,距路面边缘不应小于(　　)m。
   A. 1　　B. 2　　C. 1.5　　D. 2.5

3. 用摆式仪法测定路面摩擦系数时,如果标定的滑动长度大于标准值(126 mm),则 BPN 的测定值比实际值(　　)。
   A. 偏大　　B. 偏小　　C. 一样　　D. 不确定

4. 摆式仪调零允许误差为(　　)BPN。
   A. ±1　　B. ±2　　C. ±3　　D. ±4

5. 计算渗水系数时,以水面从 100 mL 下降到 500 mL 所需时间为标准,若渗水时间过长,可采用(　　)min 通过的水量计算。
   A. 2　　B. 3　　C. 4　　D. 5

6. 横向力系数 SFC 表征的含义为(　　)。

A. 测试车制动时轮胎与路面的摩阻系数
B. 测试轮侧面测得的横向力与轮荷载大小之比
C. 测试轮在刹车时横向力的大小
D. 测试轮侧面测得的横向力与测试车重量的比值

三、简答题

1. 测试路面抗滑性能的常用方法有哪几种？各方法的测试指标、测试原理、特点及适用范围是什么？
2. 为什么要测路面横向力系数？如何进行评定？
3. 如何采用摆式仪、手工铺砂法、电动铺砂法检测路面抗滑性能？

四、计算题

用摆式摩擦仪测定某高速公路沥青路面的摩擦摆值（路面温度为 30 ℃），其测定结果见表 9-11，试计算该处路面的摩擦摆值，并评定该路面抗滑性是否合格。

表 9-11 公路沥青路面的摩擦摆值

测点桩号	测定平行值/BPN				
	1	2	3	4	5
K3+315	52	51	53	52	51
K3+320	53	54	55	56	54
K3+325	52	54	53	55	54

第十章 路基路面几何尺寸及路面厚度、外观检测

学习建议

通过本章的学习,掌握路基路面现场试验随机选点的方法;熟悉路面几何尺寸的测定方法;会进行路面厚度检测;能进行路面破损检测。

路基路面几何尺寸及
路面厚度、外观检测

第一节 路基路面现场测试随机选点方法

对公路路基路面各个层次进行各种测定时,为采取代表性试验数据,往往用随机取样选点的方法确定测点区间、测定断面、测定位置。随机取样选点是按照数理统计原理,在路基路面现场测定时决定区间、测定断面、测点位置的方法。

随机取样选点法需要的材料有:钢尺、皮尺、硬纸片(共28块,编号1~28,每块大小2.5 cm×2.5 cm,装在一个布袋内)、骰子(2个)、毛刷、粉笔等。

一、测定断面或区间的确定方法

检测路段可以是一个作业段、一天完成的路段或路线全程。在路基路面工程检查验收时,通常取1 km为一个检测路段。下面主要介绍测定断面的确定步骤(检测路段的确定与此相同):

(1)将检测路段按桩号间距(一般为20 m)划分若干个断面,依次编号为1,2,3,…,T,总的断面数为T个。

(2)从布袋中随机摸出一块硬纸片,硬纸片上的数字为表10-1的栏号(表中仅列1~5栏)。共28栏。从1~28栏中选出该栏号对应的一栏。

表10-1 一般取样的随机数表

栏号1			栏号2			栏号3			栏号4			栏号5		
A	B	C	A	B	C	A	B	C	A	B	C	A	B	C
15	0.033	0.578	05	0.048	0.879	21	0.013	0.220	18	0.089	0.716	17	0.024	0.863
21	0.101	0.300	17	0.074	0.156	30	0.036	0.853	10	0.102	0.330	24	0.060	0.032
23	0.129	0.916	18	0.102	0.191	10	0.052	0.746	14	0.111	0.925	26	0.074	0.639
30	0.158	0.434	06	0.105	0.257	25	0.061	0.954	28	0.127	0.840	07	0.167	0.512
24	0.177	0.397	28	0.179	0.447	29	0.062	0.507	24	0.132	0.271	28	0.194	0.776
11	0.202	0.271	26	0.187	0.844	18	0.087	0.887	19	0.285	0.089	03	0.219	0.166
16	0.204	0.012	04	0.188	0.482	24	0.105	0.849	01	0.326	0.037	29	0.264	0.284
08	0.208	0.418	02	0.208	0.577	07	0.139	0.159	30	0.334	0.938	11	0.282	0.262
19	0.211	0.798	03	0.214	0.402	01	0.175	0.647	22	0.405	0.295	14	0.379	0.994

191

续表

栏号1		栏号2		栏号3		栏号4		栏号5	
29	0.233 0.070	07	0.245 0.080	23	0.196 0.873	05	0.421 0.282	13	0.394 0.405
07	0.260 0.073	15	0.248 0.831	26	0.240 0.981	13	0.451 0.212	06	0.410 0.157
17	0.262 0.308	29	0.261 0.037	14	0.255 0.374	02	0.461 0.023	15	0.438 0.700
25	0.271 0.180	30	0.302 0.883	06	0.310 0.043	06	0.487 0.539	22	0.453 0.635
06	0.302 0.672	21	0.318 0.088	11	0.316 0.653	08	0.497 0.396	21	0.472 0.824
01	0.409 0.406	11	0.376 0.936	13	0.324 0.585	25	0.503 0.893	05	0.488 0.118
13	0.507 0.693	14	0.430 0.814	12	0.351 0.275	15	0.594 0.603	01	0.525 0.222
02	0.575 0.654	27	0.438 0.676	20	0.371 0.535	27	0.620 0.894	12	0.561 0.980
18	0.591 0.318	08	0.467 0.205	08	0.409 0.495	21	0.629 0.841	08	0.652 0.508
20	0.610 0.821	09	0.474 0.138	16	0.445 0.740	17	0.691 0.583	18	0.668 0.271
12	0.631 0.597	10	0.492 0.474	03	0.494 0.929	07	0.708 0.689	30	0.736 0.634
27	0.651 0.281	13	0.498 0.892	27	0.543 0.387	07	0.709 0.012	02	0.763 0.253
04	0.661 0.953	19	0.511 0.520	17	0.625 0.171	11	0.714 0.049	23	0.804 0.140
22	0.692 0.089	23	0.591 0.770	02	0.699 0.073	23	0.720 0.695	25	0.828 0.425
05	0.779 0.346	20	0.604 0.730	19	0.702 0.934	03	0.748 0.413	10	0.843 0.627
09	0.787 0.173	24	0.654 0.330	22	0.816 0.802	20	0.781 0.603	16	0.858 0.849
10	0.818 0.837	12	0.728 0.523	04	0.838 0.166	26	0.830 0.384	04	0.903 0.327
14	0.905 0.631	16	0.753 0.344	15	0.904 0.116	04	0.843 0.002	09	0.912 0.382
26	0.912 0.376	01	0.806 0.134	28	0.969 0.742	12	0.884 0.582	27	0.935 0.162
28	0.920 0.163	22	0.878 0.884	09	0.974 0.046	29	0.926 0.700	20	0.970 0.582
03	0.945 0.140	25	0.930 0.162	05	0.977 0.494	16	0.951 0.601	19	0.975 0.327

注：此表共 28 个栏号，第 6~28 栏号中的 A、B、C 值可参照有关规程、规范或标准。

(3)按照检测频度的要求，确定测定断面的取样总数 n。依次找出与 A 列中 01、02、03、…、n 对应的 B 列中的值，共 n 对对应 A、B 值。当 $n>30$ 时，应分次进行。

(4)将 n 个 B 值与总的断面数 T 相乘，四舍五入成整数，即得到 n 个断面的编号。

(5)查断面编号对应的桩号，即为拟检测的断面。

【例 10-1】 拟从 K18+000~K19+000 的检测路段中选择 20 个断面测定路面宽度、高程、横坡度等外形尺寸，断面桩号决定方法如下：

(1)1 km 总长的断面数 $T=1\,000$ m/20 m=50(个)，编号 1、2、…、50。

(2)从布袋里取出一块硬纸片，其编号为 5，以及采用表 10-1 中的第 5 栏。

(3)从第 5 栏中 A 列中挑出小于 20 所对应的 B 列数值，将 B 列数值与 T 相乘，四舍五入得到 20 个编号，将断面编号×20 m 即得到 20 个断面的桩号。

计算过程见表 10-2。

表 10-2 路面宽度、高程、横坡度检测断面随机选点计算

断面序号	5 栏 A 列	B 列	B×T	断面编号	桩号
1	17	0.024	1.20	1	K18+020
2	07	0.167	8.35	8	K18+160
3	03	0.219	10.95	11	K18+220
4	11	0.282	14.10	14	K18+280
5	14	0.379	18.95	19	K18+380
6	13	0.394	19.70	20	K18+400
7	06	0.410	20.50	21	K18+420
8	15	0.438	21.90	22	K18+440
9	05	0.488	24.40	24	K18+480

续表

断面序号	5栏A列	B列	B×T	断面编号	桩号
10	01	0.525	26.25	26	K18+520
11	12	0.561	28.05	28	K18+560
12	08	0.652	32.60	33	K18+660
13	18	0.668	33.40	33	K18+680
14	02	0.763	38.00	38	K18+760
15	10	0.843	42.15	42	K18+840
16	16	0.858	42.90	43	K18+860
17	04	0.903	45.15	45	K18+900
18	09	0.912	45.60	46	K18+920
19	20	0.970	48.50	49	K18+980
20	19	0.975	48.75	49	K19+000

二、测点位置确定方法

(1)从布袋中任意取出一个硬纸片，纸片上的号即为表10-1中的栏号。从1~28栏中选出该栏号的一栏。

(2)按照测点数的频率要求(取样总数为n)，依次找出所定栏号的A列所需取样位置的全部数，如01，02，03，…，n。当$n>30$时，应分次进行。

(3)确定取样位置的纵向距离。找出与A列中相对应的B列中数值，以此数乘以检测区间的总长度，并加上该段的起点桩号，即得出取样位置距该段起点的距离或桩号。

(4)确定取样位置的横向距离。找出与A列中相对应的C列中数值。以此数乘以检测路面(路基)的宽度，再减去宽度的一半，即得出取样位置距离路中心线的距离。如差值是正值，表示在中心线的右侧；如差值是负值，表示在中心线的左侧。

【例10-2】 拟从K18+000~K19+000的检测路段中选择6个测点进行钻孔取样检测压实度、结构层厚度等，钻孔位置决定方法如下：

(1)选定随机数编号为3，即采用表10-1中的第3栏。
(2)从第3栏A列中挑出小于6的数为：01，06，03，02，04，05。
(3)从B列中挑出与这6个数对应的6个数填于表10-3中。
(4)取样路段长度为1 000 m，将B列中6个数分别乘以1 000 m即为距起点的距离。
(5)距起点的距离加上该段的起点桩号即为取样位置桩号。
(6)从C列中挑出与A列对应的数分别列于表中。
(7)路面宽度为10 m，用10分别乘C列数值，得出6个数值，即距边缘距离，距边缘距离分别减去路面宽度的一半即可得到测点距中心线的距离。计算结果列于表10-3中。

表10-3 钻孔位置取样选点计算表

测点编号	A列	B列	距起点距离/m	桩号	C列	距边缘距离/m	距中线距离/m
1	01	0.175	175	K18+175	0.647	6.47	右1.47
2	06	0.310	310	K18+310	0.043	0.43	左4.57
3	03	0.494	494	K18+494	0.929	9.29	右4.29
4	02	0.699	699	K18+699	0.073	0.73	左4.27
5	04	0.838	838	K18+838	0.166	1.66	左3.34
6	05	0.977	977	K18+977	0.494	4.94	左0.06

第二节 路基路面几何尺寸检测

一、检测项目与要求

在路基路面施工过程中、交工验收期间及旧路调查中,都需要检测路基路面各部分的几何尺寸,以保证其符合规定的要求。几何尺寸检测所用的仪器与材料有:钢卷尺、经纬仪、全站仪、精密水准仪、塔尺、粉笔等。几种结构层的几何尺寸检测项目的要求见表 1-10。其他结构层检测项目的要求参见《公路工程质量检验评定标准 第一册 土建工程》(JTG F80/1—2017)。

二、准备工作

(1)在路基或路面上准确恢复桩号。

(2)按随机取样的方法,在一个检测路段内选取测定的断面位置及里程桩号,在测定断面作上记号。通常,将路面宽度、横坡、高程及中线偏位选在同一断面位置,且宜在整数桩号上测定。

(3)根据道路设计的要求,确定路基路面各部分的设计宽度的边界位置,在测定位置上用粉笔作上记号。

(4)根据道路设计的要求,确定设计高程的纵断面位置,在测定位置上用粉笔作上记号。

(5)根据道路设计的要求,在与中线垂直的横断面上确定成型后的路面的实际中线位置。

(6)根据道路设计的路拱形状,确定曲线与直线部分的交界位置及路面与路肩(或硬路肩)的交界处,作为横坡检验的标准;当有路缘石或中央分隔带时,以两侧路缘石边缘为横坡测定的基准点,用粉笔作上记号。

三、纵断面高程测定

(1)将精密水准仪架设在路面平顺处调平,将塔尺竖立在中线的测定位置上,以路线附近的水准点高程作为基准,测记测定点的高程读数,以 m 表示,准确至 0.001 m。

(2)连续测定全部测点,并与水准点闭合。

(3)计算各测点的实测高程 h_i 与设计高程 h_{0i} 差为

$$\Delta h = h_i - h_{0i} \tag{10-1}$$

四、路面横坡测定

公路横断面是指中线上各点的法向切面,它由横断面设计线和地面线组成。其中,横断面设计线包括行车道、路肩、中央分隔带、边沟、边坡、截水沟、护坡道以及取土坑、弃土堆、环境保护设施等。两侧路肩外缘之间的部分称作路幅。

高速公路、一级公路的路基横断面可分为整体式和分离式两类。整体式断面路幅范围内主要包括车道、中间带(中央分隔带及左侧路缘带)以及路肩(硬路肩及土路肩),如图 10-1 所示。分离式断面路幅范围内主要包括车道和两侧路肩(硬路肩及土路肩)。

二、三、四级公路的路基标准横断面示意如图 10-2 所示,在路幅范围内包括行车道、路肩以及错车道等。

1. 对于有中央分隔带的公路路面

有中央分隔带的公路路面横坡是指路面与中央分隔带交界处及路面边缘与路肩交界处两点

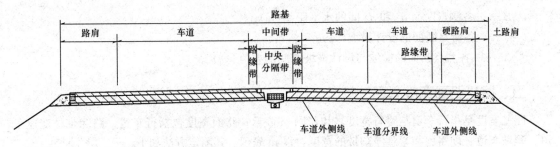

图 10-1 高速公路、一级公路整体式路基标准横断面示意图

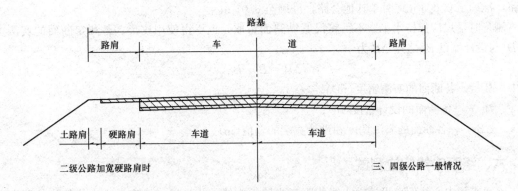

图 10-2 二、三、四级公路路基标准横断面示意

的高程差与水平距离的比值，以%表示。其测定方法如下：

(1)将精密水准仪架设在路面平顺处调平。

(2)将塔尺分别竖立在路面与中央分隔带分界的路缘带边缘 d_1 处以及路面与路肩交界（或外侧路缘石边缘）的标记 d_2 处，d_1 和 d_2 测点必须在同一横断面上。

(3)测量 d_1 和 d_2 处的高程，记录高程读数 h_{d1} 和 h_{d2}，以 m 表示，准确至 0.001 m。

2. 无中央分隔带的公路路面

无中央分隔带的公路路面横坡度是指路拱两侧直线部分的坡度。测定横坡时，其测定方法如下：

(1)将精密水准仪架设在路面平顺处调平。

(2)将塔尺分别竖在路拱曲线与直线部分的交界位置 d_1 处以及路面与路肩交界位置 d_2 处，d_1 和 d_2 测点必须在同一横断面上。

(3)测量 d_1 与 d_2 处的高程，记录高程读数 h_{d1} 和 h_{d2}，以 m 表示，准确至 0.001 m。

3. 各断面 d_1 和 d_2 两测点间的水平距离测量

用钢尺测量各测点断面 d_1 和 d_2 之间两测点的水平距离 B_i，以 m 表示。对于高速公路及一级公路，准确至 0.005 m；对于其他等级公路，准确至 0.01 m。

4. 各测点断面的横坡度 i_i 计算

各测点断面的横坡度 i_i 按式(10-2)计算，准确至一位小数。按式(10-3)计算实测横坡 i_i 与设计横坡 i_{0i} 之差 Δi_i。

$$i_i = \frac{h_{d1} - h_{d2}}{B_i} \times 100\% \tag{10-2}$$

$$\Delta i_i = i_i - i_{0i} \tag{10-3}$$

式中 i_i——各测点断面的横坡(%)；

h_{d1}，h_{d2}——各测定断面两测点 d_1 和 d_2 的高程读数(m)；

B_i——各测点断面 d_1 和 d_2 间的水平距离(m);

i_{0i}——各测点断面的设计横坡(%);

Δi_i——各测点断面的横坡与设计横坡之间的差值(%)。

五、路基路面宽度测定

路基宽度是指行车道与路肩宽度之和,以 m 表示;路面宽度包括行车道、路缘带、变速车道、爬坡车道、硬路肩和紧急停车带的宽度,以 m 表示。其测定方法如下:

用钢尺沿中心线垂直方向水平量取路基路面各部分的宽度,以 m 计。对于高速公路及一级公路,准确至 0.005 m;对于其他公路,准确至 0.01 m。

测量时量尺应保持水平,不得将尺紧贴路面量取,也不得使用皮尺。各测定断面的实测宽度 B_i 与设计宽度 B_{0i} 之差 ΔB_i 为

$$\Delta B_i = B_i - B_{0i} \tag{10-4}$$

式中 B_i——各断面的实测密度(m);

B_{0i}——各断面的设计密度(m);

ΔB_i——各断面的实测宽度和设计宽度的差值(m)。

六、路面中线偏位测试

路面实际中心线偏离设计中心线的距离为路面中线偏位,以 mm 表示。中线偏位的测定方法如下:

(1)有中线坐标的道路:首先从设计资料中查出待测点 P 的设计坐标,用全站仪或经纬仪对该设计坐标进行放样,并对放样点 P' 做好标记,量取 PP' 的长度,即为中线平面偏位 Δ_α,以 mm 表示。对高速公路及一级公路,准确至 5 mm;对其他等级公路,准确至 10 mm。

(2)无中桩坐标的低等级道路:应首先恢复交点或转点,实测偏角和距离,然后采用链距法、切线支距法或偏角法等传统方法敷设道路中线的设计位置,量取设计位置与施工位置之间的距离,即为中线平面偏位 Δ_α,以 mm 表示,准确至 10 mm。

七、检测路段数据整理

将路基路面几何尺寸检测结果汇总于表 10-4,然后计算一个评定路段内各测定断面测定值的平均值、标准差、变异系数,但加宽及超高部分的测定值不参与计算。

表 10-4 路基路面几何尺寸检测记录

序号	测点桩号	纵断高程/m			横坡/%			宽度/m			中线偏位/mm
		实测值 h_i	设计值 h_{0i}	差值 Δh_i /mm	实测值 i_i	设计值 i_{0i}	差值 Δi_i	实测值 B_i	设计值 B_{0i}	差值 ΔB_i/mm	实测值
1	K18+020	90.470	90.465	+5	0.6	0.5	+0.1	21.515	21.5	15	10
2	K18+160	90.942	90.948	−6	0.7	0.5	+0.2	21.510	21.5	10	15
3	K18+220	95.140	95.144	−4	0.4	0.5	−0.1	21.505	21.5	5	5
4	K18+280	95.693	95.690	+3	0.5	0.5	0	21.510	21.5	10	10
⋮	⋮	⋮	⋮	⋮	⋮	⋮	⋮	⋮	⋮	⋮	⋮
20	K19+000	96.466	90.465	+1	0.7	0.5	+0.2	21.515	21.5	15	10

注:不符合规范的测点应作标记。

八、检测报告

(1)以评定路段为单位列出桩号、宽度、高程、横坡以及中线偏位测定的记录表,记录平均值、标准差、变异系数。注明不符合规范要求的断面。

(2)纵断面高程测试报告中应报告实测高程与设计高程的差值,低于设计高程为负,高于设计高程为正。

(3)路面横坡测试报告中应报告实测横坡的差值。实测横坡小于设计横坡差值为负;实测横坡大于设计横坡为正。

第三节 路面结构层厚度检测

在路面工程中,各个层次的结构厚度是与道路整体强度密切相关的。在路面设计中,无论是刚性路面,还是柔性路面,各个层次的厚度都是强度的主要决定因素,只有在保证厚度的情况下,路面的各个层次及整体的强度才能得到保证。除保证强度外,严格控制各结构层的厚度,还能对路面的高程起到一定的控制作用;在路面施工完成后,路面结构层的厚度是工程竣工验收的基础资料。

路面各结构层厚度的检测一般与压实度检测同时进行,当用灌砂法进行压实度检测时,可量取挖坑灌砂深度为结构厚度;当用钻芯法检测压实度时,可直接量取芯样作为结构厚度,还可以用雷达及超声波法进行无破损检测,直接测出结构厚度。

一、路面厚度代表值与极值的允许偏差

路面各结构层厚度的检测方法与结构层的层位和种类有关,基层和砂石路面的厚度可用挖坑法测定,沥青面层及水泥混凝土路面板的厚度应用钻孔法测定。对于路面各层施工完成后及工程交工验收检查使用时,必须进行厚度的检测。几种常用的路面结构层厚度的代表值与极度值的允许偏差见表10-5。

表10-5 几种常用的路面结构层厚度的规定值或允许偏差

类型与层位		检查项目	规定值或允许偏差		检查方法和频率
			高速公路 一级公路	其他公路	
水泥混凝土面层		板厚度/mm	代表值	−5		按有关规定检查 每200 m测2点
			合格值	−10		
			极值	−15		
沥青混凝土面层和 沥青碎(砾)石面层		厚度/mm	代表值	总厚度:−5%H 上面层:−10%H	−8%H	按有关规定检查 每200 m测1点
			合格值	总厚度:−10%H 上面层:−20%H	−15%H	
稳定土	基层	厚度 /mm	代表值	—	−10	按有关规定检查 每200 m测2点
			合格值	—	−20	
	底基层		代表值	−10	−12	
			合格值	−25	−30	

续表

类型与层位		检查项目		规定值或允许偏差		检查方法和频率
				高速公路 一级公路	其他公路	
稳定粒料	基层	厚度 /mm	代表值	−8	−10	按有关规定检查 每200 m测2点
			合格值	−10	−20	
	底基层		代表值	−10	−12	
			合格值	−25	−30	

注：表列沥青层厚度仅规定负允许偏差。H 为沥青层总厚度，h 为沥青上面层厚度；其他公路的厚度代表值和合格值允许偏差按总厚度计，当 $H \leqslant 60$ mm 时，允许偏差分别为 −5 mm 和 −10 mm；当 $H > 60$ mm 时，允许偏差分别为 −8%H 和 −15%H。

二、挖坑法与钻孔取样法检测路面厚度

（一）仪具与材料

(1)挖坑用的镐、铲、凿子、锤子、小铲、毛刷。

(2)路面取芯样钻机及钻头、冷水机。钻头的标准直径为 ϕ100 mm，如芯样仅供测量厚度，不做其他试验时，对沥青面层与水泥混凝土板也可用直径 ϕ50 mm 的钻头；对基层材料有可能损坏试件时，也可用直径 ϕ150 mm 的钻头，但钻孔深度均必须达到层厚。

(3)量尺：钢板尺、钢卷尺、卡尺。

(4)补坑材料：与检查层位的材料相同。

(5)补坑用具：夯、热夯（图10-3）、水等。

(6)其他：搪瓷盘、棉纱等。

图 10-3　电夯实物图

（二）挖坑法测定路面厚度

1. 适用范围

本方法适用于检测路面基层或砂石路面的厚度。

2. 准备工作

(1)按随机选点法决定挖坑检查的位置。如为旧路，测点有坑洞等显著缺陷或处于接缝处时，可在其旁边检测。

(2)选一块约 40 cm×40 cm 的平坦表面作为试验地点，用毛刷将其清扫干净。

3. 检测步骤

(1)根据材料坚硬程度，选择镐、铲、凿子等适当的工具开挖这一层材料，直至层位底面。在便于开挖的前提下，开挖面积应尽量缩小，坑洞大体呈圆形。边开挖边将材料铲出置于方盘内。

(2)用毛刷将坑底清扫，作为下一层的顶面。

(3)将一把钢板尺平放横跨于坑的两边，用另一把钢尺或卡尺等量具在坑的中部位置垂直伸至坑底（图10-4），测量坑底至钢板尺底面的距离，即为检查层的厚度，以 mm 计，准确至 1 mm。

(4)用取样层的相同材料填补试坑。对有机结合料稳定类结构层,应按相同配比用新拌的材料分层填补,并用小锤夯实整平;对无机结合粒料结构层,可用挖坑时取出的材料,适当加水拌和后分层填补,并用小锤夯实整平。

图 10-4　量测检查层厚度

(三)钻孔取样法测定路面厚度

1. 适用范围

本方法适用于路面取芯机在现场钻取路面的代表性试样;也适用于对水泥、石灰、粉煤灰等无机结合料稳定基层或水泥混凝土面层、沥青混合料面层取样,以测定其密度或其他物理力学性质。

2. 准备工作

(1)按随机选点法决定挖坑检查的位置。如为旧路,该测点有坑洞等显著缺陷或处于接缝处时,可在其旁边检测。

(2)将取样位置清扫干净。

(3)在选取采样地点的路面上,先用粉笔对钻孔位置做出标记。

3. 检测步骤

(1)按钻取芯样的方法用路面取芯机(图 10-5)钻孔。钻芯的直径应符合规定的要求,钻孔深度必须达到层厚。步骤如下:

1)用钻机在取样地点垂直对准路面放下钻头,牢固安放钻机,使其在运转过程中不得移动。

2)开放冷却水,启动马达,徐徐压下钻杆,钻取芯样,但不得使劲下压钻头。待钻透全厚后,上抬钻头,停止转动,不使芯样损坏,取出芯样。沥青混合料芯样及水泥混凝土芯样可用清水漂洗干净备用。

3)当试验需要不能用水冷却时,应采用干钻孔,此时为保护钻头,可先用干冰约 3 kg 放在取样位置上冷却路面约 1 h,钻孔时通过低温 CO_2 等冷却气体以代替冷却水。

图 10-5　钻芯机实物图

(2)仔细取出芯样,清除表面灰土,找出与下层的分界。

(3)清扫坑边,用钢板尺或卡尺沿圆周对称的十字方向四处量取表面至上下层界面的高度,取其平均值,即为该层的厚度,准确至 1 mm。

在沥青路面施工过程中,当沥青混合料尚未冷却时,可根据需要随机选择测点,用大螺钉旋具插入至沥青层底面深度后用尺读数,量取沥青层的厚度(必要时用小锤轻轻敲打,但不得使用铁镐扰动四周的沥青层),以 mm 计,准确至 1 mm。

(4)取样时应注意以下几项:

1)取得的路面试块应保持边角完整,颗粒不得散失。

2)采取的路面混合料试样应整层取样,试样不得破碎。

3)将钻取的芯样或切割的试块,妥善盛放于盛样器中,必要时用塑料袋封装。

4)填写样品标签,一式两份,一份粘贴在试样上,另一份作为记录备查。

5)钻孔采取芯样的直径宜不小于最大集料粒径的 3 倍。

(四)坑洞或钻孔填补

挖坑法或钻孔取样法对取样路面造成的坑洞或钻孔,应采用与取样层相同的材料填补压实,并按下列步骤填补坑洞或钻孔:

(1)适当清理坑中残留物,钻孔时留下的积水应用棉纱吸干,待干燥后再补坑。

(2)对无机结合料稳定层及水泥混凝土路面板,应按相同配比用新拌的材料分层填补并用小锤夯实。水泥混凝土中宜掺加少量快凝早强的外加剂。

(3)对于无机结合料粒料基层,可用挖坑取出的材料,适当加水拌和后分层填补,并用小锤压实。

(4)对于正在施工的沥青路面,用相同级配的热拌沥青混合料分层填补,并用热的铁锤或热夯夯实整平,旧路钻孔也可用乳化沥青混合料修补。

(5)所有补坑结束时,宜比原面层略高出少许,用重锤或压路机压实平整。

(6)特别注意,挖坑或钻孔均应仔细,并保证填补质量,以免造成路面隐患而导致开裂。

(五)检测结果计算

(1)按下式计算实测厚度与设计厚度之差:

$$\Delta T_i = T_{ii} - T_{0i} \tag{10-5}$$

式中 T_{ii}——路面的实测厚度(cm);

T_{0i}——路面的设计厚度(cm);

ΔT_i——路面实测厚度与设计厚度的差值(mm)。

(2)计算一个评定路段检测厚度的平均值、标准差、变异系数,并计算代表厚度。

(3)当为检查路面总厚度时,将各层平均厚度相加即为路面总厚度。

(六)检测报告

路面厚度检测报告应列表填写,并记录与设计厚度之差,不足设计厚度为负,大于设计厚度为正。将路面厚度检测结果汇总于表10-6中,计算一个评定路段内测定值的平均值、标准差、变异系数,注明不符合要求的断面。

表10-6 路面厚度检测记录(钻芯法)

工程名称××工程　　路段桩号K18+000～K19+000　　结构名称沥青混凝土面层
检验者_____　　计算者_____　　校核者_____　　检测日期_____

序号	测点桩号	距中线距离/m	路面厚度/cm		差值 ΔT_i/mm
			实测值 T_i	设计值 T_d	
1	K18+175	右1.47	4.1	4	+1
2	K18+310	左4.57	3.9	4	−1
3	K18+494	右4.29	4.2	4	+2
4	K18+699	左4.27	3.7	4	−3
5	K18+838	左3.34	4.1	4	+1
6	K18+977	左0.06	3.8	4	−2
平均值 $\bar{T}$/cm	4.0	标准差 S/cm	0.2	变异系数 C_v/%	5	代表值 T_L/cm	3.8

三、短脉冲雷达检测路面面层厚度

用钻芯法检测路面面层厚度时，会对面层有一定的破坏作用。随着科学技术的发展，发达国家自 20 世纪 80 年代开始研究用地质雷达检测路面面层厚度技术，并取得了成功。该项检测技术是一种先进的、高效的、不损坏路面的、连续的检测路面面层厚度的方法。

1. 地质雷达路面检测仪的工程应用

地质雷达路面检测仪应用领域逐渐扩大，在考古、建筑、铁路、公路、水利、电力、采矿、航空各领域都有重要的应用，它可解决场地勘察、线路选择、工程质量检测、病害诊断、超前预报以及地质构造研究问题。如在隧道工程建设中，地质雷达主要用于检测隧道施工质量（衬砌厚度、空洞等）、隧道超前预报，提前探明隧道前方的工程地质情况，以保证施工人员、设备安全，保证施工工期和质量。

在公路工程施工过程中，就已应用地质雷达检测仪检测的沥青混凝土与水泥混凝土路面厚度情况来看，效果比较理想。例如，用公路型 SIR-10H 型地质雷达对高等级公路路面面层测试结果为沥青混凝土层设计厚度 10 cm，探测 10.7 cm，挖测 10.1 cm，绝对误差为 6 mm；水泥混凝土设计厚度 23 cm，探测 21.8 cm，钻测 22.1 cm，绝对误差为 3 mm。由此测量数据可以看出，利用雷达检测路面厚度是可取的。

随着雷达技术的发展，检测精度将会提高。在长距离、快速路面厚度的测量中，雷达将有广阔的应用前景。例如，要知道某新铺的沥青路面厚度是否合格，用检测车不到半小时就能一目了然。通过实地检测，地质雷达路面检测设备记录测出所铺沥青的厚度，如测出该路面黑色沥青厚度为 9 cm，其中 SBS 改性沥青厚度为 4 cm，中粒式沥青厚度为 5 cm，符合道路设计标准。

雷达检测设备有两种：一种是便携式，宜于野外与局部检测；另一种是车载式，适合于高速、大面积检测。便携式雷达路面检测设备如图 10-6 所示，车载式雷达路面检测设备如图 10-7 所示。

图 10-6　便携式雷达路面检测仪

图 10-7　车载式雷达路面检测车

2. 雷达路面检测仪主要结构与功能

目前，国内通常由越野车、主机、单体屏蔽天线、空气耦合线组成雷达路面检测车。这种检测车是将地质雷达路面检测系统安装在越野车车身后排座椅上。地质雷达路面检测系统测厚技术的装置主要有固体腔、天线（发射与接收）、时窗、波形显示与打印输出五部分。第一部分固体腔，是雷达的核心，脉冲高频电磁波就由此产生，它是一种特制的共振腔，产生的频率可达到 2 GHz 以上。共振腔要求振源稳定，选频准确。第二部分是天线，它分发射天线与接收天线两部分。发射天线是将波源的尖频电磁波定向向路基路面发送的主要器件，要求定向性好，发射稳定，功率损失小，这是一般材料所达不到的。为了使天线不贴地发射，以便车载快速扫描测定，天线特制成空气耦合聚焦型，并制成横向电磁波喇叭形。天线发射器具有很高的分辨率，有最高输出电压为 5 V。根据检测用途，天线可分成 50 MHz、100 MHz、300 MHz、500 MHz、1 GHz 等多种。对于接收天线可组成发、收两用型。第三部分是时窗记录器，是发射记时脉冲的主要器件，由于是时间的集中器，故称时间窗。采样收发时间为雷达测时的主要工作，因此，时间窗对雷达检测更加显得重要。第四部分是波形显示器，它能真实、直观地将测量体显示在波形图上。第五部分是打印输出部分，主要将被测波形体与时间记录打印在纸上，以便使用。雷达测量时覆盖面积为 30 cm×40 cm。

3. 地质雷达快速检测厚度的基本原理

地质雷达检测公路路面面层厚度属于反射探测法，是用高频无线电波来确定介质内部物质分布规律的一种地球物理方法。路面测厚技术结构框如图 10-8 所示，其基本原理是，不同介质具有不同的介电常数，地质雷达通过发射天线向地下发射一定强度的高频电磁脉冲波，电磁波在地下传播的过程中遇到不同介电常数的界面时，一部分能量产生反射波，一部分能量继续向地下传播，如图 10-9 所示。通过接收天线接收反射回地面的电磁波，地质雷达根据接收到电磁波的波形、振幅、强度和时间的变化特征，推断地下介质的空间位置、结构、形态和埋藏深度。

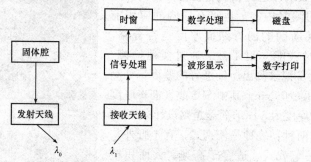

图 10-8　雷达路面测厚技术结构框图

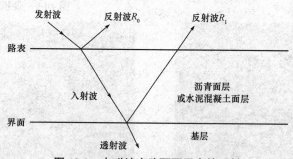

图 10-9　电磁波在路面面层中的反射

由于地下介质具有不同的介电常数，造成各种介质具有不同的电导性，电导性的差异影响电磁波的传播速度。

相对于雷达所用的高频电磁波(900～2 500 MHz)而言，路面面层所用的材料都是低损耗介质，电磁波在面层中的传播速度为

$$v = c/\sqrt{\varepsilon_r} \tag{10-6}$$

式中　v——电磁波在介质中的传播速度(mm/ns)；

c——电磁波在空气中的传播速度,取 300 mm/ns;

ε_r——介质相对介电常数,它取决于构成面层的所有物质的介电常数。

根据雷达波在路面面层中的双程走时以及材料的相对介电常数,按下式计算面层的厚度 T:

$$T=\frac{\Delta t \times c}{2\sqrt{\varepsilon_r}} \tag{10-7}$$

式中 T——面层厚度(mm);

c——电磁波在空气中的传播速度,取 300 mm/ns;

ε_r——相对介电常数;

Δt——雷达波在路面面层中的双程走时(ns)。

为了准确反算出路面厚度,必须知道路面材料的介电常数,通常采用在路面上钻芯取样方法以获取路面材料的介电常数。做法是首先令雷达天线在需要标定芯样点的上方采样,然后钻芯,最后将芯样的真实厚度数据输入到计算程序中,反算出路面材料的介电常数或者雷达波在材料中的传播速度;路面材料的介电常数会随集料类型、沥青产地、密度、湿度等而不同。测试过程中应根据实际情况增加芯样数量,以保证测试厚度的准确性。

四、路面结构层厚度评定

评定路段内路面结构层厚度应按代表值和单个合格值的允许偏差进行评定。应按规定的频率,采用挖验或钻芯取样测定厚度。厚度代表值为厚度的算术平均值的下置信界限值,即

$$T_L=\overline{T}-S\cdot\frac{t_a}{\sqrt{n}} \tag{10-8}$$

式中 T_L——厚度代表值;

$\overline{T}$——厚度平均值;

S——标准差;

n——检查数量;

t_a——t 分布中随测点数和保证率(置信度 α)而变的系数(查附表2)。采用的保证率为:高速、一级公路:基层、底基层为 99%,面层为 95%。其他公路:基层、底基层为 95%,面层为 90%。

当厚度代表值大于或等于设计厚度减去代表值允许偏差时,则按单个检查的偏差不超过单点合格值来计算合格率;当厚度代表值小于设计厚度减去代表值允许偏差时,该评定路段厚度不合格,相应分项工程评为不合格。

代表值和单点合格值的允许偏差见表 10-5。

沥青面层宜按沥青铺筑层总厚度进行评定,高速公路和一级公路分为 2~3 层铺筑时,还应进行上面层厚度检查和评定。

对于用路面雷达测试系统等快速、高效无损检测的方法,检测效率高一些,仍可按此评定。

【例 10-3】 某高速公路的某一路段水泥混凝土路面板厚度检测数据见表 10-7。保证率为 95%,设计厚度 T_d=25 cm,代表值容许偏差 ΔT=5 mm,试对该路段的板厚进行评价。

表 10-7 水泥混凝土路面板厚度检测结果   cm

序号	1	2	3	4	5	6	7	8	9	10	11	12	13	14	15
厚度 T_i	25.1	24.8	25.1	24.6	24.7	25.4	25.2	25.3	24.7	24.9	24.9	24.8	25.3	25.3	25.2
序号	16	17	18	19	20	21	22	23	24	25	26	27	28	29	30
厚度 T_i	25.0	25.1	24.8	25.0	25.1	24.7	24.9	25.0	25.4	25.2	25.1	25.0	25.0	25.5	25.4

解：经计算得：$\overline{T} = 25.05$ cm，$S = 0.24$ cm
根据 $n = 30$，$\alpha = 95\%$，查附表 2 得

$$\frac{t_\alpha}{\sqrt{n}} = 0.310$$

厚度代表值为算术平均值的下置信界限，即

$$T_L = \overline{T} - S \cdot \frac{t_\alpha}{\sqrt{n}}$$

$$= 25.05 - 0.310 \times 0.24 = 24.98 \text{(cm)}$$

已知 $T_d = 25$ cm，$\Delta T = 5$ mm
因为 $T_L > T_d - \Delta T = 25 - 0.5 = 24.5$ (cm)，所以该路段的板厚满足要求。
查表 10-5 得：$\Delta T_{合格} = -10$ mm
$T_i > T_d - \Delta T_{合格} = 25 - 1.0 = 24$ (cm)
且 $T_{imax} = 25.5$ cm > 24 cm
$T_{imin} = 24.6$ cm $> T_d - \Delta T_{合格} = 24$ cm
又因合格数 $m = 30$，检测点数 $n = 30$
合格率 $P = \dfrac{m}{n} \times 100\% = \dfrac{30}{30} \times 100\% = 100\%$
所以该路段板厚合格率为 100%。

第四节　路面错台与沥青路面车辙检测

一、路面错台检测

路面在人工构造物端部接头、水泥混凝土路面或桥梁的伸缩缝以及沥青路面裂缝两侧由于沉降所造成的错台（台阶）病害，影响行车的舒适性。通过错台检测，为计算维修工作量提供依据。

1. 检测器具与材料

检测器具与材料有：皮尺、水准仪、3 m 直尺、钢板尺、钢卷尺、粉笔等。

2. 准备工作

在检测之前，应选择需要测定的断面，记录检测位置及桩号，并描述发生错台的原因。未经注明错台的测定位置以行车道错台最大处纵断面为准，根据需要也可以其他代表性纵断面为测定位置。

3. 检测方法

(1)对于构造物端部接头处的错台。
1)将精密水准仪架在距构造物端部不远的路面平顺处调平。
2)从构造物端部无沉降或鼓包的断面位置起，沿路线纵向用皮尺量取一定距离，作为测点，在该处立起塔尺，测量高程。再向前量取一定距离，作为测点，测量高程。如此重复，直至无明显沉降的断面为止。无特殊需要，从构造物端部起的 2 m 内，应每隔 0.2 m 量测一次，2～5 m 内宜每隔 0.5 m 量测一次，5 m 以上每隔 1 m 量测一次，由此得出沉降纵断面及最大沉降值，即最大错台高度 D_m，准确至 1 mm。

(2)对于水泥混凝土接缝、桥梁伸缩缝及沥青路面裂缝处的错台。

1)按前述方法用水准仪测定接缝或裂缝两侧一定范围内的道路纵断面,确定最大错台位置及高度 D_m,精确至 1 mm。

2)当发生错台变形的范围不足 3 m 时,可在错台最大位置沿路线纵向用 3 m 直尺架在路面上,其一端位于错台的高出的一侧,另一端位于无明显沉降变形处,作为基准线。用钢板尺或钢卷尺每隔 0.2 m 量取路面与基准线之间高度 D,同时测记最大错台高度 D_m,准确至 1 mm。

3)以测定的错台读数 D 与各测点的距离绘成纵断面图作为测定结果。图中应标明相应断面的设计纵断面高程,最大错台的位置与高度 D_m,准确至 1 mm。

4)新建水泥混凝土路面错台的测定:按每条胀缝 2 点,每 200 m 抽纵、横接缝各 2 条,每条 2 点进行,允许偏差,高速公路、一级公路为 2 mm,其他等级公路为 3 mm。

二、沥青路面车辙测试

车辙是路面在车轮荷载重复作用下,沿行车轨迹上产生的纵向带状凹陷,也常伴有以纵向为主的裂缝。车辙深度以 mm 计,车辙面积以 m^2 计。车辙是高等级沥青路面的主要破坏形式之一。它足以影响车辆的正常行驶。车辙的控制指标,国内还没有建立,国外是以车辙深度作为指标。

1. 仪具与材料技术要求

(1)路面横断面仪:如图 10-10 所示。其长度不小于一个车道宽度,横梁上有一位移传感器,可自动记录横断面形状,测试间距小于 20 cm,测试精度 1 mm。

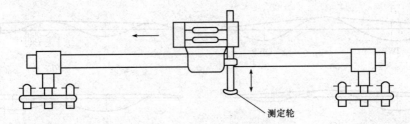

图 10-10 路面横断面仪

(2)激光或超声波车辙仪:包括多点激光或超声波车辙仪、线激光车辙仪和线扫描激光车辙仪等类型,通过激光测距技术或激光成像和数字图像分析技术得到车道横断面相对高程数据,并按规定模式计算车辙深度。要求激光或超声波车辙仪有效测试宽度不小于 3.2 m,测点不少于 13 点,测试精度 1 mm。

(3)横断面尺:如图 10-11 所示。硬木或金属制直尺,刻度间距 5 cm,长度不小于一个车道宽度。顶面平直,最大弯曲不超过 1 mm,两端有把手及高度为 10~20 cm 的支脚,两支脚的高度相同。

(4)量尺:钢板尺、卡尺、塞尺,量程大于车辙深度,刻度至 1 mm。

(5)其他:皮尺、粉笔等。

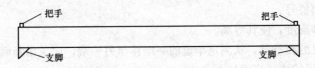

图 10-11 路面横断面尺

2. 方法与步骤

(1)车辙测定的基准测量宽度应符合下列规定：

1)对高速公路及一级公路，以发生车辙的一个车道两侧标线宽度中点到中点的距离为基准测量宽度。

2)对二级及二级以下公路，有车道区画线时，以发生车辙的一个车道两侧标线宽度中点到中点的距离为基准测量宽度；无车道区画线时，以形成车辙部位的一个设计车道宽作为基准测量宽度。

(2)以一个评定路段为单位，用激光车辙仪连续检测时，测定断面间隔不大于 10 m。用其他方法非连续测定时，在车道上每隔 50 m 作为一测定断面，用粉笔画上标记进行测定。根据需要也可按在行车道上随机选取测定断面，在特殊需要的路段如交叉口前后可予加密。

(3)采用激光或超声波车辙仪的测试步骤如下：

1)将检测车辆就位于测定区间起点前。

2)启动并设定检测系统参数。

3)启动车辙和距离测试装置，开动测试车沿车道轮迹位置且平行于车道线平稳行驶，测试系统自动记录出每个横断面和距离数据。

4)到达测定区间终点后，结束测定。

5)系统处理软件按照图 10-12 规定的模式通过各横断面相对高程数据计算车辙深度。

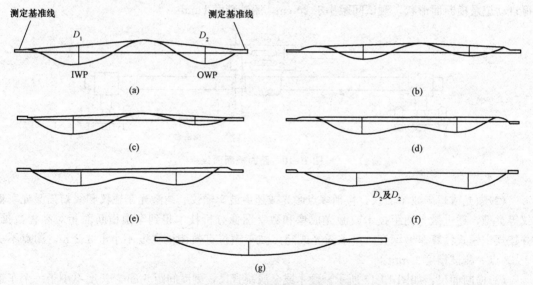

图 10-12　不同形状、不同程度的路面车辙示意

注：IWP、OWP 表示内侧轮迹带及外侧轮迹带

(4)采用路面横断面仪的测试步骤如下：

1)将路面横断面仪就位于测定断面上，方向与道路中心线垂直，两端支脚立于测定车道的两侧边缘，记录断面桩号。

2)调整两端支脚高度，使其等高。

3)移动横断面仪的测量器，从测定车道的一端移至另一端，记录出断面形状。

(5)采用横断面尺的测试步骤如下：

1)将横断面尺就位于测定断面上，两端支脚置于测定车道两侧。

2)沿横断面尺每隔 20 cm 一点，用量尺垂直立于路面上，用目平视测记横断面尺顶面与路面之间的距离，准确至 1 mm。如断面的最高处或最低处明显不在测定点上应加测该点距离。

3)记录测定读数，绘出断面图，最后连接成圆滑的横断面曲线。

4)横断面尺也可用线绳代替。

5)当不需要测定横断面，仅需要测定最大车辙时，也可用不带支脚的横断面尺架在路面上由目测确定最大车辙位置用尺量取。

3. 计算

(1)根据断面线按图 10-12 的方法画出横断面图及顶面基准线。通常为其中之一种形式。

(2)在图上确定车辙深度 D_1 及 D_2，读至 1 mm。以其中最大值作为断面的最大车辙深度。

(3)求取各测定断面最大车辙深度的平均值作为该评定路段的平均车辙深度。

4. 报告

测试报告应记录下列事项：

(1)采用的测定方法。

(2)路段描述，包括里程桩号、路面结构及横断面、使用年限、交通情况等。

(3)各测定断面的横断面图。

(4)各测定断面的最大车辙深度表。

(5)各评定路段的最大车辙深度及平均车辙深度。

(6)根据测定目的应记录的其他事项或数据。

本章小结

路基路面几何尺寸与路面厚度是保证路面使用性能的基本条件，路面厚度的变化将导致路面受力不均匀，局部将可能有应力集中现象，加快路面结构的破坏。因此必须控制路基路面的几何尺寸与路面厚度。

为采取代表性试验数据，往往用数理统计的方法随机取样选点确定测点区间、测定断面、测定位置。几何尺寸的检测包括纵断高程、中线偏位、宽度、横坡度等。路面各结构层厚度的检测一般与压实度检测同时进行，当用灌砂法进行压实度检测时，可量取挖坑灌砂深度为结构厚度；当用钻芯法检测压实度时，可直接量取芯样作为结构厚度；还可以用雷达及超声波法进行无破损检测，直接测出结构厚度。

路面在人工构造物端部接头、水泥混凝土路面或桥梁的伸缩缝以及沥青路面裂缝两侧，由于沉降所造成的错台病害，影响行车舒适性。车辙是高等级沥青路面的主要破坏形式之一。通过检测，为计算维修工作量提供依据。

复习思考题

一、填空题

1. 公路路基路面各个层次进行各种测定时，为采取代表性试验数据，往往用_____的方法确定测点区间、测定断面、测定位置。

2. 路基路面几何尺寸检测的主要项目有_____、_____、_____和_____。

3. 路面厚度检测中，对基层和砂石路面厚度的检测可采用_____测定，对沥青面层及水泥混凝土面板的厚度应用_____测定。

二、选择题

1. 利用挖坑法测定检查层厚度时，测定方法是( )。
   A. 钢板尺沿圆周对称的十字方向四处中的任一处量取坑底至平面的距离，即为检查层的厚度
   B. 钢板尺沿圆周对称的十字方向四处量取坑底至平面的距离，取其平均值，即为检查层的厚度
   C. 直接用钢尺或卡尺等量具在坑的中部位置垂直伸至坑底，测量坑底至平面的距离
   D. 将钢板尺平放横跨于坑的两边，用另一把钢尺或卡尺等量具在坑的中部位置垂直伸至坑底，测量坑底至钢板尺的距离

2. 路面错台的测试以( )作为测定结果。
   A. 测定的错台读数与各测点的距离绘成的纵断面图
   B. 设计纵断面高程
   C. 最大错台位置
   D. 最大错台高度 D_m

3. 钻芯取样法测定路面厚度时，钻头的标准直径为( )。
   A. ϕ50 mm   B. ϕ100 mm   C. ϕ150 mm   D. ϕ200 mm

4. 利用挖坑法进行检查层厚度测定时，测定结果( )。
   A. 以 cm 计，精确至 1 cm
   B. 以 cm 计，精确至 0.1 cm
   C. 以 mm 计，精确至 1 mm
   D. 以 mm 计，精确至 0.1 mm

5. 车辙测定的基准测量宽度应符合的规定是( )。
   A. 对于高速公路，以发生车辙的一个车道两侧标线宽度中点到中点的距离为基准测量宽度
   B. 对于二级及二级以下公路，有车道区画线时，以发生车辙的一个车道两侧标线宽度中点到中点的距离为基准测量宽度
   C. 对于二级及二级以下公路，无车道区画线时，以发生车辙的一个设计车道宽度作为基准测量宽度
   D. 对于一级公路，以发生车辙的一个设计车道宽作为基准测量宽度

三、简答题

1. 基层、砂石路面、沥青面层及水泥混凝土路面板的厚度通常采用什么方法检测？
2. 简述地质雷达检测公路路面面层厚度的基本原理。
3. 沥青路面车辙检测的方法与步骤是什么？

四、计算题

1. 拟从 K11+000～K12+00 的检测路段中选择 9 个点检测压实度和结构层厚度，试确定测点的位置(随机抽样编号为 5，路面宽 10 m)。

2. 某一级公路稳定粒料基层设计厚度为 20 cm，该评定路段的检测值为 21.1、22.3、19.2、19.4、20.2、21.8、21.3、22.6、19.9(单位：cm)，评定其厚度是否满足要求(已知厚度代表值容许偏差为 −8 mm，单值容许偏差为 −15 mm，$\frac{t_{0.99}}{\sqrt{9}}=0.996$)，并计算合格率。

第十一章 路基路面排水与防护工程检测

> **学习建议**
>
> 通过本章的学习,熟悉路基路面排水工程检测的项目和方法,会进行相关项目的质量检测;熟悉路基路面防护工程各部分质量检查的方法和检测标准,并会进行相应的质量检测;熟悉排水管道基础与管节安装以及砌体构造物的施工检测项目与标准。

第一节 排水管道和沟渠的施工质量检测

路基路面的排水工程是为了使路基作为路面结构的基础,在承受车辆荷载作用下保证具有足够的强度和稳定性,因此,排水工程应满足设计要求并符合施工规范的规定,依照实际地形,选择合适的位置,将地面水和地下水排出路基范围以外。

一、排水管节预制

1. 基本要求

(1)混凝土应满足耐久性(抗冻、抗渗、抗侵蚀)等设计要求。

(2)不得出现露筋和空洞现象。

2. 实测项目

管节预制的实测项目应符合表11-1的规定。

表11-1 管节预制实测项目

项次	检查项目	规定值或允许偏差	检查方法和频率
1	混凝土强度/MPa	在合格标准内	按有关规定检查
2	内径/mm	不小于设计值	尺量:抽查10%管节,每管节测2个断面,且不少于5个断面
3	壁厚/mm	−3	尺量:抽查10%管节,每管节测2个断面,且不少于5个断面
4	顺直度	矢度不大于0.2%管节长	抽查10%管节,沿管节拉线测量,取最大矢高
5	长度/mm	+5,0	尺量:抽查10%管节,每管节测1点,且不少于5点

3. 外观质量

不应出现小型预制构件外观限制性缺陷。

二、混凝土排水管安装

1. 基本要求

(1)排水管基础应满足设计要求。

(2)管节应逐节检查,不得有裂缝、破损。

(3)管节铺设应平顺、稳固,管底坡度不得出现反坡,管节接头处流水面高差不得大于5 mm。管内不得有泥土、砖石、砂浆等杂物。

(4)管径大于750 mm时,应在管内作整圈勾缝。

(5)抹带前,管口必须洗刷干净,管口表面应平整密实,无裂缝现象。抹带后应及时覆盖养护。

(6)设计中要求防渗漏的排水管应做渗漏试验,渗漏量应满足设计要求。

2. 实测项目

混凝土排水管安装实测项目应符合表11-2的规定。

表11-2 混凝土排水管安装实测项目

项次	检查项目		规定值或允许偏差	检查方法和频率
1	混凝土抗压强度或砂浆强度/MPa		在合格标准内	按有关规定检查
2	管轴线偏位/mm		15	全站仪或尺量:每两井间测3处
3	流水面高程/mm		±10	水准仪、尺量:每两井间进出水口各1处,中间1～2处
4	基础厚度/mm		不小于设计值	尺量:每两井间测3处
5	管座	肩宽/mm	+10,-5	尺量:每两井间测2处
		肩高/mm	±10	
6	抹带	宽度/mm	不小于设计值	尺量:按10%抽查
		厚度/mm	不小于设计值	

3. 外观质量

(1)不应出现结构混凝土外观质量限制缺陷中基础外观限制缺陷。

(2)管口缝带圈不得开裂脱皮;管口内缝砂浆不得有空鼓。

(3)抹带接口表面不应有间断和空鼓。

三、浆砌水沟

1. 基本要求

(1)浆砌片(块)石、混凝土预制块的质量和规格,应符合国家和行业强制性标准以及合同约定的其他标准的规定,并满足设计要求。

(2)砌体砂浆配合比准确,砌缝内砂浆均匀饱满,勾缝密实。

(3)基础中缩缝应与墙身缩缝对齐。

2. 实测项目

浆砌水沟检测项目应符合表11-3的规定。

表11-3 浆砌水沟实测项目

项次	检查项目	规定值或允许偏差	检查方法和频率
1	砂浆强度/MPa	在合格标准内	按有关规定检查
2	轴线偏位/mm	50	全站仪或尺量:每200 m测5点
3	沟底高程/mm	±15	水准仪:每200 m测5点

续表

项次	检查项目	规定值或允许偏差	检查方法和频率
4	墙面直顺度/mm	30	20 m 拉线：每 200 m 测 2 点
5	坡度	满足设计要求	坡度尺：每 200 m 测 2 点
6	断面尺寸/mm	±30	尺量：每 200 m 测 2 个断面。且不少于 5 个断面
7	铺砌厚度/mm	不小于设计值	尺量：每 200 m 测 2 点
8	基础垫层宽度、厚度/mm	不小于设计值	尺量：每 200 m 测 2 点

3. 外观质量

(1)砌体抹面不得有空鼓。

(2)沟内不应有杂物，无排水不畅。

四、盲沟

1. 基本要求

盲沟的设置、填料规格、质量等应符合规范规定，并满足设计要求。

2. 实测项目

盲沟检测项目应符合表 11-4 的规定。

表 11-4　盲沟实测项目

项次	检查项目	规定值或允许偏差	检查方法和频率
1	沟底高程/mm	±15	水准仪：每 20 m 测 1 点
2	断面尺寸/mm	不小于设计值	尺量：每 20 m 测 1 点

3. 外观质量

盲沟的外观质量应符合进出水口不应排水不畅。

第二节　路基路面防护工程检测

一、一般规定

(1)砌体、片石混凝土挡土墙当平均墙高大于或等于 6 m 且墙身面积大于或等于 1 200 m² 时为大型挡土墙，每处应作为分部工程进行评定。

(2)桩板式、锚杆、锚定板等组合式挡土墙，每处应作为分部工程进行检验。

(3)桩板式挡土墙的桩按基础的相关规定检验，面板预制及安装按锚杆、锚定板和加筋土挡土墙相关规定检验。

(4)抗滑桩根据成桩工艺，可按基础的相关规定检验。

(5)丁坝、护岸可参照挡土墙的相关规定进行检验。

(6)钢筋混凝土结构或构件均应包含钢筋加工及安装分项工程，按照钢筋、预应力筋及管道压浆的相关规定进行检验。

二、砌体、片石混凝土挡土墙

1. 基本要求

(1) 勾缝砂浆强度不得小于砌筑砂浆强度。

(2) 地基承载力、基础埋置深度应满足设计要求。

(3) 砌筑应分层错缝。浆砌时坐浆挤紧，嵌填饱满密实，不得出现空洞；干砌时不得出现松动、叠砌和浮塞。

(4) 混凝土应分层浇筑，施工缝及片石埋放应符合施工技术规范的规定。

(5) 沉降缝、伸缩缝、泄水孔的位置、尺寸和数量应满足设计要求；沉降缝及伸缩缝应竖直、贯通，采用弹性材料填充密实，填充深度应满足设计要求。

2. 实测项目

砌体、片石混凝土挡土墙实测项目应符合表 11-5～表 11-7 的规定。

表 11-5　浆砌挡土墙实测项目

项次	检查项目		规定值或允许偏差	检查方法和频率
1	砂浆强度/MPa		在合格标准内	按有关规定检查
2	平面位置/mm		≤50	全站仪：测墙顶外边线，长度不大于 30 m 时测 5 点，每增加 10 m 增加 1 点
3	墙面坡度/%		≤0.5	铅锤法：长度不大于 30 m 时测 5 处，每增加 10 m 增加 1 处
4	断面尺寸/mm		≥设计值	尺量：长度不大于 50 m 时测 10 个断面，每增加 10 m 增加 1 个断面
5	顶面高程/mm		±20	水准仪：长度不大于 30 m 时测 5 点，每增加 10 m 增加 1 点
6	表面平整度/mm	块石	≤20	2 m 直尺：每 20 m 测 3 处，每处测竖直、墙长两个方向
		片石	≤30	
		混凝土预制块、料石	≤10	

表 11-6　干砌挡土墙实测项目

项次	检查项目	规定值或允许偏差	检查方法和频率
1	平面位置/mm	≤50	全站仪：测墙顶外边线，长度不大于 30 m 时测 5 点，每增加 10 m 增加 1 点
2	墙面坡度/%	≤0.5	铅锤法：长度不大于 30 m 时测 5 处，每增加 10 m 增加 1 处
3	断面尺寸/mm	≥设计值	尺量：长度不大于 50 m 时测 10 个断面，每增加 10 m 增加 1 个断面
4	顶面高程/mm	±50	水准仪：长度不大于 30 m 时测 5 点，每增加 10 m 增加 1 点
5	表面平整度/mm	≤50	2 m 直尺：每 20 m 测 3 处，每处测竖直、墙长两个方向

表 11-7 片石混凝土挡土墙实测项目

项次	检查项目	规定值或允许偏差	检查方法和频率
1	混凝土强度/MPa	在合格标准内	按有关规定检查
2	平面位置/mm	≤50	全站仪：测墙顶外边线，长度不大于 30 m 时测 5 点，每增加 10 m 增加 1 点
3	墙面坡度/%	≤0.3	铅锤法：长度不大于 30 m 时测 5 处，每增加 10 m 增加 1 处
4	断面尺寸/mm	≥设计值	尺量：长度不大于 50 m 时 10 个断面，每增加 10 m 增加 1 个断面
5	顶面高程/mm	±20	水准仪：长度不大于 30 m 时测 5 点，每增加 10 m 增加 1 点
6	表面平整度/mm	≤8	2 m 直尺：每 20 m 测 3 处，每处测竖直、墙长两个方向

3. 外观质量

(1) 浆砌缝开裂、勾缝不密实和脱落的累计换算面积不得超过该面面积的 1.5%，且单个最大换算面积不应大于 0.08 m^2。换算面积应按缺陷缝长度乘以 0.1 m 计算。

(2) 混凝土表面不应存在结构混凝土外观质量限制缺陷。

(3) 墙体不得出现外鼓变形。

(4) 泄水孔应无反坡、堵塞。

三、墙背填土

1. 基本要求

(1) 墙背填土应采用设计要求的填料，不应含有机物、冰块、草皮、树根等杂物或生活垃圾，其化学及电化学性能应符合锚杆、拉杆、筋带的防腐和耐久性要求，严禁采用膨胀土、高液限黏土、腐殖土、盐渍土、淤泥和冻土块等不良填料。

(2) 墙背填土应和挖方路基、填方路基搭接，并应满足设计要求。

(3) 应分层填筑压实，每层表面平整，顶层路拱合适。

(4) 反滤层的材料、铺设范围应满足设计要求。

(5) 墙身强度达到设计强度的 75% 以上时方可开始填土。

2. 实测项目

锚杆、锚定板和加筋土挡土墙距面板 1 m 范围以内压实度实测项目见表 11-8，其他部分填土和其他类型挡土墙填土的压实度要求均与路基相同。

表 11-8 锚杆、锚定板和加筋土挡土墙墙背填土实测项目

项次	检查项目	规定值或允许偏差	检查方法和频率
1	距面板 1 m 范围以内压实度/%	≥90	按有关规定检查，每 50 m 每压实层测 1 处，且不得少于 1 处
2	反虑层厚度/mm	≥设计厚度	尺量：长度不大于 50 m 时测 5 处，每增加 10 m 增加 1 处

3. 外观质量

(1)填土表面不平整的累计长度不得超过总长度的10%。
(2)不得出现亏坡。

四、砌体坡面防护

1. 基本要求

(1)勾缝砂浆强度不得小于浆砌砂浆强度。
(2)坡面下端基础埋置深度及其地基承载力应满足设计要求。
(3)坡面下填土密实度应满足设计要求,对坡面刷坡整平后方可铺砌。
(4)砌块应相互错缝、咬扣紧密,嵌缝饱满密实。
(5)应按设计要求设置沉降缝、伸缩缝、泄水孔、坡面防排水设施。

2. 实测项目

砌体坡面防护实测项目应符合表11-9的规定。

表11-9 砌体坡面防护实测项目

项次	检查项目		规定值或允许偏差	检查方法和频率
1	砂浆强度/MPa		在合格标准内	按有关规定检查
2	顶面高程/mm	料、块石	±30	水准仪:长度不大于30 m时测5点,每增加10 m增加1点
		片石	±50	
3	表面平整度/mm	料、块石	≤25	2 m直尺:除锥坡外每50 m测3处,每处纵、横向各1尺;锥坡处顺坡测3尺
		片石	≤35	
4	坡度		≤设计值	坡度尺:长度不大于30 m时测5处,每增加10 m增加1处
5	厚度或断面尺寸/mm		≥设计值	尺量:长度不大于50 m时测10个断面,每增加10 m增加1个断面
6①	框格间距/mm		±150	尺量:抽查10%

注:①仅适用于框格式护面。

3. 外观质量

(1)浆砌缝开裂、勾缝不密实和脱落的累计换算面积不得超过该面面积的1.5%,且单个最大换算面积不应大于0.08 m²。换算面积按缺陷缝长度乘以0.1 m计算。
(2)框格梁不得与坡面脱空。
(3)坡面不得出现塌陷、外鼓变形。

五、石笼防护

1. 基本要求

(1)石笼、绑扎线及填充料的种类、规格和质量应满足设计要求。
(2)地基处理及承载力应满足设计要求。

(3)石笼应充填饱满,填充料密实。

(4)石笼的坐码或平铺应错缝,绑扎应牢固,不得出现松脱、遗漏。

2. 实测项目

石笼防护检测项目应符合表 11-10 的规定。

表 11-10 石笼防护实测项目

项次	检查项目	规定值或允许偏差	检查方法和频率
1	平面位置偏位/mm	≤300	全站仪:按设计控制坐标测
2	长度/mm	≥设计长度－300	尺量:每段测
3	宽度/mm	≥设计宽度－200	尺量:每段测 5 处
4	高度/mm	≥设计值	水准仪或尺量:每段测 5 处

3. 外观质量

(1)坐码石笼不得出现通缝。

(2)不得出现外鼓变形。

六、其他砌石构筑物

1. 基本要求

(1)勾缝砂浆强度不得小于浆砌砂浆强度。

(2)砌块应错缝砌筑、相互咬紧;浆砌时砌块应坐浆挤紧,砂浆饱满;干砌时无松动、无叠砌和浮塞。

2. 实测项目

其他砌石构筑物实测项目应符合表 11-11 和表 11-12 的规定。

表 11-11 浆砌砌体实测项目

项次	检查项目		规定值或允许偏差	检查方法和频率
1	砂浆强度/MPa		在合格标准内	按有关规定检查
2	顶面高程/mm	料、块石	±15	水准仪:长度不大于 30 m 时测 5 点,每增加 10 m 增加 1 点
		片石	±20	
3	坡度/%	料、块石	≤0.3	铅锤法:长度不大于 30 m 时测 5 点,每增加 10 m 增加 1 处
		片石	≤0.5	
4	断面尺寸/mm	料石	±20	尺量:长度不大于 50 m 时测 10 个断面,每增加 10 m 增加 1 个断面
		块石	±30	
		片石	±50	
5	表面平整度/mm	料石	≤15	2 m 直尺:每 20 m 测 3 处,每处测竖直、水平两个方向
		块石	≤25	
		片石	≤35	

表 11-12　干砌片石砌体实测项目

项次	检查项目		规定值或允许偏差	检查方法和频率
1	顶面高程/mm		±30	水准仪：长度不大于 30 m 时测 5 点，每增加 10 m 增加 1 点
2	断面尺寸/mm	高度	±100	尺量：长度不大于 30 m 时测 5 处，每增加 10 m 增加 1 处
		厚度	±50	
3	表面平整度/mm		≤50	2 m 直尺：每 20 m 测 3 处，每处测竖直、水平两个方向

3. 外观质量

其他砌石构筑物外观质量应符合前述砌体坡面防护外观质量的规定。

(1)浆砌缝开裂，勾缝不密实和脱落的面积累计换算面积不得超过该面面积的 1.5%，且单个最大换算面积不应大于 0.08 m²，换算面积应按缺陷缝长度乘以 0.1 m 计算。

(2)砌体不得出现塌陷，外鼓变形。

七、导流工程

1. 基本要求

(1)导流堤、坝的基础埋置深度及地基承载力应满足设计要求。

(2)填筑材料应分层压实。

(3)导流堤、坝的接缝应按设计要求施工，与边坡、岸坡的结合处理应稳定、牢靠。

2. 实测项目

导流工程实测项目应符合表 11-13 的规定。

表 11-13　导流工程实测项目

项次	检查项目	规定值或允许偏差	检查方法和频率
1	砂浆和混凝土强度/MPa	在合格标准内	有关规定检查
2	堤(坝)体压实度/%	满足设计要求	密度法：每压实层测 3 处
3	平面位置偏位/mm	30	全站仪：按设计控制坐标测
4	长度/mm	≥设长度－100	尺量：测每个
5	断面尺寸/mm	≥设计值	尺量：测 5 个断面
6	坡度	≤设计值	坡度尺：测 5 处
7	顶面高程/mm	±30	水准仪：测 5 点

3. 外观质量

(1)导流堤、坝体不得出现亏坡。

(2)表面不规整、边线不顺畅的累计长度不得超过总长度的 10%。

本章小结

路基路面排水工程是为使路基作为路面结构的基础，在车辆荷载作用下有足够的强度和稳定性，因此排水工程应满足设计要求并符合施工规范的规定，从基本要求、实测项目、外观质量方面提出详细规定。主要包括：排水管节预制、混凝土排水管安装、浆砌水沟、盲沟等。

路基路面防护工程是为防止降水或水流侵蚀、冲刷以及温度、湿度变化的风化作用造成路基及其边坡失稳的工程措施。因此防护工程应满足设计要求并符合施工规范的规定，从基本要求、实测项目、外观质量方面提出详细规定。主要包括：砌体、片石混凝土挡土墙，墙背填土，砌体坡面防护，石笼防护，其他砌石构筑物(浆砌砌体、干砌片石砌体)，导流工程等。

复习思考题

一、填空题

1. 路基路面排水与防护工程的检测主要从_____、_____、_____三个方面提出要求。
2. 排水管节预制混凝土应满足耐久性_____、_____、_____等设计要求。
3. 墙背填土应_____压实，每层表面平整，顶层路拱合适。

二、选择题

1. (　　)属于路基的地面排水设施。
   A. 边沟　　　　　B. 渗沟　　　　　C. 暗沟　　　　　D. 渗井
2. 常见的石砌挡土墙墙背一般由(　　)的主要部分构成。
   A. 墙身　　　　　B. 排水设备　　　C. 基础　　　　　D. 跌水
3. 干砌片石砌体的实测项目包括(　　)。
   A. 顶面高程　　　B. 断面尺寸　　　C. 表面平整度　　D. 坡度
4. 砌体、片石混凝土挡土墙当平均墙高≥(　　)m且墙身面积≥(　　)m²时为大型挡土墙，每处应作为分部工程进行评定。
   A. 8；1 000　　　B. 8；1 200　　　C. 6；1 000　　　D. 6；1 200

三、简答题

1. 排水管道基础与管节安装的施工检测项目有哪些？检测过程中外观质量有何要求？
2. 砌体挡土墙的检测项目有哪些？检测过程中外观质量有何要求？
3. 如何进行砌体结构的质量检测？检测过程中外观质量有何要求？
4. 简述路基路面防护工程检测的一般规定。

第十二章 桥梁基础检测

学习建议

通过本章的学习,熟悉地基承载力检测;会用规范法确定地基容许承载力;掌握平板荷载试验和标准贯入试验的方法;了解钻(挖)孔灌注桩施工过程检测;熟悉基桩完整性检测的常用方法;掌握反射波和超声波法;了解基桩静荷载试验;熟悉高应变动力检测法检测基桩承载力。

第一节 地基承载力检测

地基容许承载力是在保证建筑物安全可靠,并符合正常使用要求的前提下,地基土在单位面积上所能承受荷载的能力,通常用荷载强度(kPa)表示。

地基容许承载力的确定要考虑两个方面的要求,即基础沉降量不超过容许值和保证地基有足够的稳定性。

地基容许承载力的测定方法有:野外荷载试验法、理论公式法、临近旧桥涵调查对比综合分析确定法、灌入试验法以及按《公路桥涵地基与基础设计规范》(JTG D63—2007)推荐的方法确定地基容许承载力。

地基承载力的理论公式法只考虑地基的强度,没有考虑沉降的要求,而且是在做了一定简化、在假定的条件下得到的,且多数只针对条形荷载而言,因此很少使用。

一、规范法确定地基容许承载力

1. 地基岩土分类

公路桥涵地基的岩土可分为以下六类:

(1)岩石:可按坚硬程度、完整程度、节理发育程度、软化程度和特殊性岩石进行细分。
(2)碎石土:按颗粒形状和粒组含量又分为漂石、块石、卵石、碎石、圆砾和角砾6类。
(3)砂土:按粒组含量可分为砾砂、粗砂、中砂、细砂和粉砂5类。
(4)粉土:粉土的密实度可划分为密实、中密和稍密;湿度可划分为稍湿、湿和很湿。
(5)黏性土:可根据沉积年代分为老黏性土、一般黏性土和新近沉积黏性土。
(6)特殊性岩土:包括软土、膨胀土、湿陷性土、红黏土、冻土、盐渍土和填土等。

2. 确定地基承载力基本容许值

地基承载力基本容许值$[f_{a0}]$可根据岩土类别、状态及其物理力学特性指标按表12-1~表12-7选用。

(1)一般岩石地基。一般岩石地基可根据强度等级、节理按表12-1确定承载力基本容许值$[f_{a0}]$。对于复杂的岩石(如溶洞、断层、软弱夹层、易溶岩石、软化岩石等)应按各项因素综合确定。

表 12-1　岩石地基承载力基本容许值 $[f_{a0}]$

坚硬程度 \ $[f_{a0}]$/kPa \ 节理发育	节理不发育	节理发育	节理很发育
坚硬岩、较硬岩	>3 000	3 000~2 000	2 000~1 500
较软岩	3 000~1 500	1 500~1 000	1 000~800
软岩	1 200~1 000	1 000~800	800~500
极软岩	500~400	400~300	300~200

(2)碎石土地基。碎石土地基可根据其类别和密实程度按表 12-2 确定承载力基本容许值 $[f_{a0}]$。

表 12-2　碎石土地基承载力基本容许值 $[f_{a0}]$

土名 \ $[f_{a0}]$/kPa \ 密实程度	密实	中密	稍密	松散
卵石	1 200~1 000	1 000~650	650~500	500~300
碎石	1 000~800	800~550	550~400	400~200
圆砾	800~600	600~400	400~300	300~200
角砾	700~500	500~400	400~300	300~200

注：①由硬质岩组成，填充砂土者取高值；由软质岩组成，填充黏性土者取低值。
②半胶结的碎石土，可按密实的同类土的 $[f_{a0}]$ 值提高 10%~30%。
③松散的碎石土在天然河床中很少遇见，需特别注意鉴定。
④漂石、块石的 $[f_{a0}]$ 值，可参照卵石、碎石适当提高。

(3)砂土地基。砂土地基可根据土的密实度和水位情况按表 12-3 确定承载力基本容许值 $[f_{a0}]$。

表 12-3　砂土地基承载力基本容许值 $[f_{a0}]$

土名及水位情况	$[f_{a0}]$/kPa \ 密实度	密实	中密	稍密	松散
砾砂、粗砂	与湿度无关	550	430	370	200
中砂	与湿度无关	450	370	330	150
细砂	水上	350	270	230	100
	水下	300	210	190	—
粉砂	水上	300	210	190	—
	水下	200	110	90	—

(4)粉土地基。粉土地基可根据土的天然空隙比 e 和天然含水量 $w(\%)$ 按表 12-4 确定承载力基本容许值 $[f_{a0}]$。

表 12-4　粉土地基承载力基本容许值 $[f_{a0}]$

$[f_{a0}]$/kPa　　w/%　　e	10	15	20	25	30	35
0.5	400	380	355	—	—	—
0.6	300	290	280	270	—	—
0.7	250	235	225	215	205	—
0.8	200	190	180	170	165	—
0.9	160	150	145	140	130	125

(5)老黏性土地基。老黏性土地基可根据压缩模量 E_S 按表 12-5 确定承载力基本容许值 $[f_{a0}]$。

表 12-5　老黏性土地基承载力基本容许值 $[f_{a0}]$

E_S/MPa	10	15	20	25	30	35	40
$[f_{a0}]$/kPa	380	430	470	510	550	580	620

注：当老黏性土 $E_S<10$MPa 时，承载力基本容许值 $[f_{a0}]$ 按一般黏性土(表 12-6)确定。

(6)一般黏性土地基。一般黏性土可根据液性指数 I_L 和天然空隙比 e 按表 12-6 确定地基承载力基本容许值 $[f_{a0}]$。

表 12-6　一般黏性土地基承载力基本容许值 $[f_{a0}]$

$[f_{a0}]$/kPa　　I_L　　e	0	0.1	0.2	0.3	0.4	0.5	0.6	0.7	0.8	0.9	1.0	1.1	1.2
0.5	450	440	430	420	400	380	350	310	270	240	220	—	—
0.6	420	410	400	380	360	340	310	280	250	220	200	180	—
0.7	400	370	350	330	310	290	270	240	220	190	170	160	150
0.8	380	330	300	280	260	240	230	210	180	160	150	140	130
0.9	320	280	260	240	220	210	190	180	160	140	130	120	100
1.0	250	230	220	210	190	170	160	150	140	120	110	—	—
1.1	—	—	160	150	140	130	120	110	100	90	—	—	—

注：①土中含有粒径大于 2 mm 的颗粒质量超过总质量 30%以上者，$[f_{a0}]$ 可适当提高。
②当 $e<0.5$ 时，取 $e=0.5$；当 $I_L<0$ 时，取 $I_L=0$。此外，超过表列范围的一般黏性土，$[f_{a0}]=57.22E_s^{0.57}$。

(7)新近沉积黏性土地基。新近沉积黏性土地基可根据液性指数 I_L 和天然空隙比 e 按表 12-7 确定承载力基本容许值 $[f_{a0}]$。

表 12-7　新近沉积黏性土地基承载力基本容许值 $[f_{a0}]$

$[f_{a0}]$/kPa ＼ I_L ＼ e	≤0.25	0.75	1.25
≤0.8	140	120	100
0.9	130	110	90
1.0	120	100	80
1.1	110	90	—

3. 计算修正后的地基承载力容许值

根据《公路桥涵地基与基础设计规范》(JTG D63—2007),地基承载力的验算,应以修正后的地基承载力容许值 $[f_a]$ 控制。该值是在地基原位测试或在规范给出的各类岩土承载力基本容许值 $[f_{a0}]$ 的基础上,经修正而得。

修正后的地基承载力容许值 $[f_a]$ 按式(12-1)确定。当基础位于水中不透水地层上时,$[f_a]$ 按平均水位至一般冲刷线的水深每米再增大 10 kPa。

$$[f_a] = [f_{a0}] + k_1 \gamma_1 (b-2) + k_2 \gamma_2 (h-3) \tag{12-1}$$

式中　$[f_a]$——修正后的地基承载力容许值(kPa);

　　　b——基础底面的最小边宽(m);当 $b<2$ m 时,取 $b=2$ m;当 $b>10$ m 时,取 $b=10$ m;

　　　h——基底埋置深度(m),自天然地面起算,有水流冲刷时自一般冲刷线起算;当 $h<3$ m 时,取 $h=3$ m;当 $h/b<4$ 时,取 $h=4b$;

　　　k_1,k_2——基底宽度、深度修正系数,根据基底持力层土的类别按表 12-8 确定;

　　　γ_1——基底持力层土的天然重度(kN/m³);若持力层在水面以下且未透水者,应取浮重度;

　　　γ_2——基底以上土层的加权平均重度(kN/m³);换算时若持力层在水面以下,且不透水时,不论基底以上土的透水性质如何,一律取饱和重度;当透水时,水中部分土层应取浮重度。

表 12-8　地基土承载力宽度、深度修正系数 k_1、k_2

土类 系数	黏性土			粉土	砂土							碎石土			
	老黏性土	一般黏性土		新近沉积黏性土	—	粉砂		细砂		中砂		砾砂、粗砂	碎石、圆砾、角砾		卵石	
		$I_L \geqslant 0.5$	$I_L < 0.5$			中密	密实	中密	密实	中密	密实	中密	密实	中密	密实	中密	密实
k_1	0	0	0	0	0	1.0	1.2	1.5	2.0	2.0	3.0	3.0	4.0	3.0	4.0	3.0	4.0
k_2	2.5	1.5	2.5	1.0	1.5	2.0	2.5	3.0	4.0	4.0	5.5	5.0	6.0	5.0	6.0	6.0	10.0

注：①对于稍密和松散状态的砂、碎石土,k_1、k_2 值可采用表列中密值的 50%。
②强风化和全风化的岩石,可参照所风化成的相应土类取值;其他状态下的岩石不修正。

(1)软土地基承载力基本容许值 $[f_{a0}]$ 应由荷载试验或其他原位测试取得。荷载试验和原位测试有困难时,对于中小桥、涵洞基地未经处理的软土地基,承载力容许值 $[f_a]$ 可采用以下两种方法确定：

1)根据原状土天然含水量 w,按表 12-9 确定软土地基承载力基本容许值 $[f_{a0}]$,然后按式

(12-2)计算修正后的地基承载力容许值$[f_a]$：

$$[f_a]=[f_{a0}]+\gamma_2 h \tag{12-2}$$

式中，γ_2、h 的意义同式(12-1)。

表 12-9 软土地基承载力基本容许值

天然含水率 $w/\%$	36	40	45	50	55	65	75
$[f_{a0}]/\mathrm{kPa}$	100	90	80	70	60	50	40

2)根据原状土强度指标确定软土地基承载力容许值$[f_a]$：

$$[f_a]=\frac{5.14}{m}k_p C_u+\gamma_2 h \tag{12-3}$$

$$k_p=\left(1+0.2\frac{b}{l}\right)\left(1-\frac{0.4H}{blC_u}\right) \tag{12-4}$$

式中　m——抗力修正系数，可视软土灵敏度及基础长度比等原因选用 1.5～2.5；

　　　C_u——地基土不排水抗剪强度标准值(kPa)；

　　　k_p——系数；

　　　H——由作用(标准值)引起的水平力(kN)；

　　　b——基础宽度(m)，有偏心作用时，取 $b-2e_b$；

　　　l——垂直于 b 边的基础长度(m)，有偏心作用时，取 $l-2e_l$；

　　　e_b，e_l——偏心作用在宽度和长度方向的偏心距；

　　　γ_2，h——意义同式(12-1)。

(2)经排水固结方法处理的软土地基，其承载力基本容许值$[f_{a0}]$应通过载荷试验或其他原位测试方法确定；经复合地基方法处理的软土地基，其承载力基本容许值应通过载荷试验确定，然后按式(12-2)计算修正后的软土地基地基承载力容许值$[f_a]$。

4. 抗力系数——地基承载力容许值的提高

地基承载力容许值$[f_a]$应根据地基受荷阶段及受荷情况，乘以下列规定的抗力系数 γ_R：

(1)使用阶段。

1)当地基承受作用短期效应组合或作用效应偶然组合时，可取 $\gamma_R=1.25$；但对承载力容许值$[f_a]$小于 150 kPa 的地基，应取 $\gamma_R=1.0$。

2)当地基承受的作用短期效应组合仅包括结构自重、预加力、土重、土侧压力、汽车和人群效应时，应取 $\gamma_R=1.0$。

3)当基础建于经多年压实未遭破坏的旧桥基(岩石旧桥基除外)上时，不论地基承受的作用情况如何，抗力系数均可取 $\gamma_R=1.5$；对$[f_a]$小于 150 kPa 的地基，可取 $\gamma_R=1.25$。

4)基础建于岩石旧桥基上，应取 $\gamma_R=1.0$。

(2)施工阶段。

1)地基在施工荷载作用下，可取 $\gamma_R=1.25$。

2)当墩台施工期间承受单向推力时，可取 $\gamma_R=1.5$。

二、平板载荷试验

平板载荷试验是用于确定地基承压板下应力主要影响范围内土层承载力和变形模量的原位测试方法。它要求岩土体在原有位置上、保持土的天然结构、含水率及应力状态下来测定岩土的性质。

1. 试验原理

平板载荷试验是确定天然地基承载能力的一种方法。它是通过向置于天然地基上的模型基础施加荷载,测量模型在不同荷载等级作用下的沉降量,根据荷载和沉降量的关系计算地基土的变形模量和评定地基的承载能力。平板载荷试验属于古老的原位试验方法,该方法能克服室内压缩试验土样处于无侧胀条件下单向受力状态的局限性,可以模拟桥梁基础与地基之间的实际受力状态。

2. 试验步骤

(1)在要建造墩台基础的土层挖试坑,坑的大小应以使试验人员下坑工作不发生困难为原则,且其宽度必须为载荷板宽度的三倍以上。

(2)试验加载方式分两大类:一类为平台加载装置,荷载(钢、铁等物)分级加在平台上;另一类是千斤顶加载装置,千斤顶直接压在载荷板上,而千斤顶的反力由上面的重物承受。

(3)加载是分级进行的,视土质的坚硬程度,每级荷载增量为地基土层预估极限承载力的 $1/10 \sim 1/8$。最大加载量不应小于设计要求的 2 倍或接近试验土层的极限荷载。

(4)试验精度不应低于最大荷载的 1‰,载荷板的沉降采用百分表或电测位移计量测,其精度不应低于 0.01 mm。

(5)加荷稳定标准:每级加载后,按间隔 10 min、10 min、10 min、15 min、15 min,以后为每隔半小时测读一次沉降量。当在连续两小时内,每小时的沉降量小于 0.1 mm 时,则认为已趋于稳定,可加下一级荷载。

(6)逐级施加荷载到破坏荷载时,试验即可结束。破坏荷载有时较难确定,一般认为凡满足下列条件之一的荷载即可取为地基破坏荷载:

1)载荷板周围土体有明显侧向挤出或发生裂纹。

2)在某一级荷载下,24 小时内沉降速率不能达到稳定标准。

3)沉降量急剧增大,荷载—沉降曲线出现陡降段,本级荷载的沉降量大于前级荷载沉降的 5 倍。

4)沉降量与载荷板宽度或直径之比等于或大于 0.06。

3. 试验数据处理

根据试验数据绘制板载荷试验的 $t-s$ 曲线(时间—沉降曲线,图 12-1)和 $P-s$ 曲线(荷载—沉降曲线,图 12-2)。

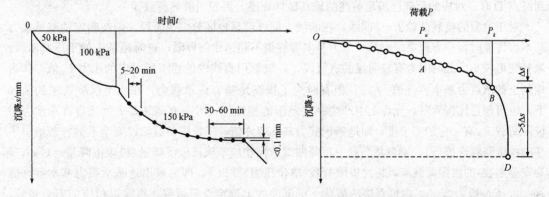

图 12-1 板载荷试验的时间—沉降曲线图　　图 12-2 板载荷试验的荷载—沉降曲线图

图 12-1 是压力 $P=50$ kPa、100 kPa、150 kPa……的时间—沉降曲线,它反映了施加每级荷载时的沉降过程。从这条曲线的沉降休止点得出该压力下荷载板的沉降量 s。

地基在荷载作用下达到破坏状态的过程可以分为三个阶段(图12-3)：

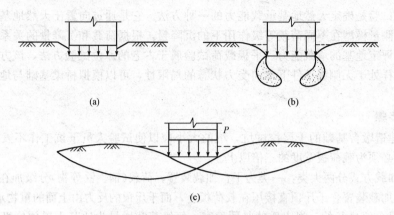

图 12-3　地基破坏过程的三个阶段
(a)压密阶段；(b)剪切阶段；(c)破坏阶段

(1)压密阶段(直线变形阶段)：相当于$P-s$曲线上的OA段，$P-s$曲线接近于直线，说明地基的压力与变形成直线关系。土中各点的剪应力均小于土的抗剪强度，土体处于弹性平衡状态，在压力范围内，可用弹性理论公式来计算地基的变形。这一阶段荷载板的沉降主要是由于土的压密变形引起的，曲线上相应于A点的荷载称为比例界限P_u；

(2)剪切阶段。相当于$P-s$曲线上的AB段。超过了A点，地基进入塑性变形阶段。这一阶段$P-s$曲线已不再保持线性关系，沉降的增长率$\frac{\Delta S}{\Delta P}$先随荷载的增加而增大。在这个阶段，地基土中局部范围内(首先在基础边缘处)的剪应力达到土的抗剪强度，土体发生剪切破坏，这些区域也称塑性区。随着荷载的继续增加，土中塑性区的范围也逐步扩大，直到土中形成连续的滑动面，由荷载板两侧挤出而破坏。因此，剪切阶段也是地基中塑性区的发生及发展阶段。相应于$P-s$曲线上B点的荷载称为极限荷载P_k。

(3)破坏阶段。相当于$P-s$曲线上的BD段。当荷载超过极限荷载后，荷载板急剧下沉，即使不增加荷载，沉降也不能稳定，因此，$P-s$曲线陡直下降。这一阶段，由于土中塑性区范围的不断扩展，最后在土中形成连续滑动面，土从荷载板四周挤出隆起，地基土失稳而破坏。到终点D时，对应的荷载已满足前述的地基破坏标准，因而叫破坏荷载。

对于典型的荷载试验$P-s$曲线，在曲线上能够明显地区分三个阶段，则在确定地基承载力基本容许值时，一方面要求地基承载力基本容许值不超过比例界限，这时地基土处于压密阶段，地基变形较小。此时因为有较明显的直线段，一般就用直线段的拐点所对应的压力P_u值，作为地基土的承载力基本容许值$[f_{a0}]$。但有时为了提高地基容许承载力，在满足沉降要求的前提下，也可超过比例界限，允许土中产生一定范围的塑性区。另一方面又要求地基容许承载力对极限荷载P_k有一定的安全度，即地基承载力基本容许值等于极限荷载除以安全系数。若给出了基础的沉降容许值$[s]$，则可从荷载—沉降曲线求出相应于该极限沉降量(极限沉降量$=k[s]$，k为安全系数)的极限荷载来，将此极限荷载(单位压力)除以k，即可求出地基承载力基本容许值$[f_{a0}]$，k一般为2～3。也可直接从荷载—沉降曲线上确定极限荷载，再除以相应的安全系数，即可得到承载力基本容许值$[f_{a0}]$。

如果$P-s$曲线是非典型性的，在曲线上没有明显的三个阶段，也很难直接从曲线上得到比例界限，这时应按照地基基础设计规程来确定。

三、动力触探法确定地基承载力

1. 动力触探法的一般规定

动力触探适用于黏性土、砂性土和碎石类土。

动力触探可分轻型、重型和特重型。轻型动力触探可确定一般黏性土地基承载力；重型和特重型动力触探可确定中砂以上的砂类土和碎石类土地基承载力，测定圆砾土、卵石土的变形模量。动力触探还可用于查明地层在垂直和水平方向的均匀程度和确定桩基持力层。

动力触探划分土层并定名时，应与其他勘探测试手段相结合；确定地基承载力或变形模量时，动力触探孔数应根据场地大小、建筑物等级及土层均匀程度综合考虑，但同一场地应不少于3孔。

2. 动力触探设备

动力触探设备类型和规格应符合表 12-10 的规定。

表 12-10　动力触探设备类型和规格

类型及代号	重锤质量 /kg	重锤落距 /cm	探头截面积 /cm²	探杆外径 /mm	动力触探击数 符号	动力触探击数 单位
轻型 DPL	10±0.2	50±2	13	25	N_{10}	击/30 cm
重型 DPH	63.5±0.5	76±2	43	42、50	$N_{63.5}$	击/10 cm
特重型 DPSH	120±1.0	100±2	43	50	N_{120}	击/10 cm

动力触探设备主要参数应符合下列要求：

(1) 轻型动力触探探头外形尺寸应符合图 12-4 的规定。材料应采用 45 号碳素钢或采用优于 45 号碳素钢的钢材。表面淬火后硬度 HRC= 45～50。

(2) 重型、特重型动力触探设备，应符合以下要求。

1) 探头。外形尺寸应符合图 12-5 的规定，材质应符合本条上述要求。

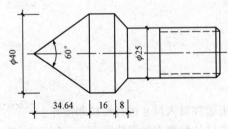

图 12-4　轻型动力触探探头
外形尺寸(尺寸单位：mm)

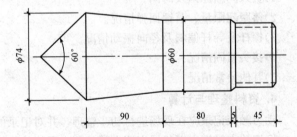

图 12-5　重型、特重型动力触探探头
外形尺寸(尺寸单位：mm)

2) 探杆。每米质量不宜大于 7.5 kg。探杆接头外径应与探杆外径相同，探杆和接头材料应采用耐疲劳、高强度的钢材。

3) 锤座直径应小于锤径的 1/2，并大于 100 mm。导杆长度应满足重锤落距的要求，锤座和导杆总质量为 20～25 kg。

4) 重锤应采用圆柱形，高径比为 1～2。重锤中心的通孔直径应比导杆外径大 3～4 mm。

3. 试验要点

(1) 动力触探作业前必须对机具设备进行检查，确定正常后方可启动。部件磨损及变形超过下列规定者,应予更换或修复。

1)探头允许磨损量:直径磨损不得大于 2 mm,锥尖高度磨损不得大于 5 mm。

2)每节探杆非直线偏差不得大于 0.6%。

3)所有部件连接处丝扣应完好,连接紧固。

(2)动力触探机具安装必须稳固,在作业过程中支架不得偏移。

(3)动力触探时,应始终保持重锤沿导杆铅直下落,锤击频率应控制在 15~30 击/min。

(4)轻型动力触探作业时,应先用轻便钻具钻至所需测试土层的顶面,然后对该土层连续贯入。当贯入 30 cm 的击数超过 90 击或贯入 15 cm 超过 45 击时,可停止作业。如需对下卧层进行测试,可用钻探方法穿透该层后继续触探。

(5)根据地层强度的变化,重型和特重型动力触探可互换使用。当重型动力触探实测击数大于 50 击/10 cm 时,宜改用特重型;当重型动力触探实测击数小于 5 击/10 cm 时,不得采用特重型重力触探。

(6)在预钻孔内进行重型或特重型动力触探作业,钻孔孔径大于 90 mm、孔深大于 3 m、实测击数大于 8 击/10 cm 时,可用小于或等于 90 mm 的孔壁管下放至孔底或用松土回填钻孔,以减小探杆径向晃动。

(7)各种类型动力触探的锤座距孔口高度不宜超过 1.5 m,探杆应保持竖直。

(8)轻型动力触探应每贯入 30 cm 记录其相应击数。

(9)重型、特重型动力触探应每贯入 10 cm 记录其相应击数。地层松软时,可采用测量每阵击(一般为 1~5 击)的贯入度,并按下式换算成相当于同类型动力触探贯入 10 cm 时的击数:

$$\frac{N_{63.5}}{N_{120}}=\frac{10n}{\Delta s} \tag{12-5}$$

式中 $N_{63.5}$、N_{120}——重型、特重型动力触探实测击数(击/10 cm);

N——每阵击的击数(击);

Δs——每阵击时相应的贯入度(cm)。

(10)现场记录按项目要求填写清晰完整,还应在备注栏中记录下列事项:

1)贯入间断原因及时间。

2)落距超限量、落锤回弹情况。

3)探杆及导杆偏斜及径向振动情况。

4)接头紧固情况。

5)其他异常情况。

4. 资料整理与计算

动力触探记录应在现场进行初步整理,并对记录的击数和贯入尺寸进行校核和换算。

轻型动力触探应以每层实测击数的算术平均值作为该层的触探击数平均值 $\overline{N}_{10}$。重型动力触探实测击数 $N_{63.5}$,应按下式进行杆长击数修正:

$$N_{63.5}=\alpha N_{63.5} \tag{12-6}$$

式中 $N_{63.5}$——重型动力触探修正后击数(击/10 cm);

α——杆长击数修正系数,可按表 12-11 确定。

特重型动力触探的实测击数,应先按下式换算成相当于重型动力触探的实测击数后,再按式(12-6)进行修正。

$$N_{63.5}=3N_{120}-0.5 \tag{12-7}$$

根据修正后的动力触探击数,应绘制动力触探击数与贯入深度曲线图。

表 12-11 杆长击数修正系数 α 值

杆长 L/m \ $N_{63.5}$(击/10 cm)	5	10	15	20	25	30	35	40	≥50
≤2	1.0	1.0	1.0	1.0	1.0	1.0	1.0	1.0	—
4	0.96	0.95	0.93	0.92	0.90	0.89	0.87	0.86	0.84
6	0.93	0.90	0.88	0.85	0.83	0.81	0.79	0.78	0.75
8	0.90	0.86	0.83	0.80	0.77	0.75	0.73	0.71	0.67
10	0.88	0.83	0.79	0.75	0.72	0.69	0.67	0.64	0.61
12	0.85	0.79	0.75	0.70	0.67	0.64	0.61	0.59	0.55
14	0.82	0.76	0.71	0.66	0.62	0.58	0.56	0.53	0.50
16	0.79	0.73	0.67	0.62	0.57	0.54	0.51	0.48	0.45
18	0.77	0.70	0.63	0.57	0.53	0.49	0.46	0.43	0.40
20	0.75	0.67	0.59	0.53	0.48	0.44	0.41	0.39	0.36

注：本表可线性内插取值。

黏性土地基的基本承载力 σ_0，当贯入深度小于 4 m 时，可根据场地土层 $\overline{N}_{10}$ 按表 12-12 确定。

表 12-12 黏性土 σ_0 值   kPa

$\overline{N}_{10}$(击/30 cm)	15	20	25	30
σ_0	100	140	180	220

注：$\overline{N}_{10}$ 为轻型动力触探击数平均值，取同一层动力触探有效击数的算术平均值。

冲积、洪积成因的中砂—砾砂土地基和碎石类土地基的基本承载力 σ_0，当贯入深度小于 20 m 时，可根据场地土层 $\overline{N}_{63.5}$ 按表 12-13 确定。

表 12-13 中砂—砾砂土、碎石类土 σ_0 值   kPa

$\overline{N}_{63.5}$(击/10 cm)	3	4	5	6	7	8	9	10	12	14
中砂—砾砂土	120	150	180	220	260	300	340	380	—	—
碎石类土	140	170	200	240	280	320	360	400	480	540
$\overline{N}_{63.5}$(击/10 cm)	16	18	20	22	24	26	28	30	35	40
碎石类土	600	660	720	780	830	870	900	930	970	1 000

注：$\overline{N}_{63.5}$ 为重型动力触探击数平均值，取同一层动力触探有效击数的算术平均值。

第二节 钻(挖)孔灌注桩检测

钻(挖)孔灌注桩检验主要包括三个方面：一是施工前的检验(原材料检验、配合比检验、施工机具检验)；二是施工过程检验；三是桩完整性检验。原材料与配合比检验在《公路建筑材料》书中讲述，本节重点介绍施工过程中的一些检测项目与方法及桩完整性检测。

一、施工过程检测

由于钻(挖)孔灌注桩是采用不同的钻孔(或挖孔)方法,在土中形成一定直径的井孔,达到设计标高后,将钢筋骨架吊入井孔中,灌注混凝土(或水下混凝土)成为桩基础的一种施工工艺,目前虽然有比较成熟的施工方法,但是,由于地质复杂或其他原因,容易出现质量事故,因此其检测项目较多。

1. 检验项目

(1)筑岛:筑岛的面积应按钻孔方法、机具大小等要求决定;高度应高于最高施工水位1.0 m以上;筑岛材料及岛面与地基承载力应满足设计要求;岛体应稳定。

(2)护筒:应检验护筒内径、护筒的连接处焊接质量;护筒埋设平面位置、倾斜度;护筒顶面高度、埋置深度。

(3)泥浆:泥浆的要求与检验见后述。

(4)灌注混凝土质量:应检验灌注混凝土的质量,灌注混凝土应满足水下混凝土各项指标要求。

(5)成孔质量检验。

另外,还有钢筋笼与导管检验、清孔及灌注桩质量检验。

2. 泥浆性能指标检测

(1)试验目的和适用范围。本项试验用于检测钻孔灌注桩护壁泥浆的质量,为灌注桩的施工质量检验提供技术依据。

(2)泥浆性能技术要求。钻孔泥浆一般由水、黏土(或膨润土)和添加剂按适当配合比配制而成,其性能指标可参照表12-14选用。

表12-14 泥浆性能指标选择

钻孔方法	地层情况	泥浆性能指标							
		相对密度	黏度/(Pa·s)	含砂率/%	胶体率/%	失水率/(mL/30 min)	泥皮厚/(mm/30 min)	静切力/Pa	酸碱度/pH
正循环	一般地层	1.05~1.20	16~22	8~4	≥96	≤25	≤2	1.0~2.5	8~10
	易坍地层	1.20~1.45	19~28	8~4	≥96	≤15	≤2	3~5	8~10
反循环	一般地层	1.02~1.06	16~20	≤4	≥95	≤20	≤3	1~2.5	8~10
	易坍地层	1.06~1.10	18~28	≤4	≥95	≤20	≤3	1~2.5	8~10
	卵石土	1.10~1.15	20~35	≤4	≥95	≤20	≤3	1~2.5	8~10
推钻冲抓	一般地层	1.02~1.06	18~22	≤4	≥95	≤20	≤3	1~2.5	8~11
	易坍地层	1.20~1.40	22~30	≤4	≥95	≤20	≤3	3~5	8~11

注:本表来源于《公路桥涵施工技术规范》(JTG/T F50—2011)。
①地下水水位高或其流速大时,指标取高限,反之取低限;
②地质状态较好,孔径或孔深较小的取低限,反之取高限。

(3)泥浆性能质量检测。

1)相对密度。用泥浆相对密度计测定。将要量测的泥浆装满泥浆杯,加盖并洗净从小孔溢出的泥浆,然后置于支架上,移动游码,使杠杆呈水平状态,读出游码左侧所示刻度,即为泥浆的相对密度 γ_s。

若工地无以上仪器,可用一口杯先称其质量 m_1,再装满清水称其质量 m_2,再倒去清水,装

满泥浆并擦去杯周溢出的泥浆，称其质量设为 m_3，则

$$\gamma_x = \frac{m_3 - m_1}{m_2 - m_1} \tag{12-8}$$

2）黏度 η。工地用标准漏斗黏度计测定。用两端开口量杯分别量取 200 mL 和 500 mL 泥浆，通过滤网滤去大砂粒后，将泥浆 700 mL 均注入漏斗，然后使泥浆从漏斗流出，流满 500 mL 量杯所需时间(s)，即为所测泥浆的黏度。

校正方法：漏斗中注入 700 mL 清水，流出 500 mL，所需时间应为 15 s，其偏差如果超过 ±1 s，测量泥浆黏度时应进行校正。

3）含砂率。工地可用含砂率计测定泥浆含砂率。量测时，把调好的泥浆 50 mL 倒进含砂率计，然后再倒进 450 mL 清水，将仪器口塞紧，摇动 1 min，使泥浆与水混合均匀。再将仪器垂直静放 3 min，仪器下端沉淀物的体积(由仪器刻度上读出)乘以 2 就是含砂率(%)。

4）胶体率。胶体率是泥浆中土粒保持悬浮状态的性能。测定方法可将 100 mL 泥浆倒入干净量杯中，用玻璃片盖上，静置 24 h 后，量杯上部泥浆可能澄清为透明的水，量杯底部可能有沉淀物，以 100－(水＋沉淀物)体积即等于胶体率。

5）失水量(mL/30 min)和泥皮厚(mm)。用一张 12 cm×12 cm 的滤纸，置于水平玻璃板上，中央画一直径 3 cm 的圆，将 2 mL 的泥浆滴入圆圈中心，30 min 后，测量湿润圆圈的平均半径减去泥浆摊平的半径(mm)，即为失水率。在滤纸上量出泥浆皮的厚度(mm)即为泥皮厚度。

6）静切力 θ。工地可用浮筒切力计测定泥浆静切力 θ。测量泥浆静切力时，可用下式表示：

$$\theta = \frac{G - \pi d \delta h \gamma}{2\pi dh - \pi d\delta} \tag{12-9}$$

式中　G——铝制浮筒质量(g)；
　　　d——浮筒的平均直径(cm)；
　　　h——浮筒的沉没深度(cm)；
　　　γ——泥浆重度(g/cm³)；
　　　δ——浮筒壁厚(cm)。

量测时，先将约 500 mL 泥浆搅匀后，立即倒入切力计中，将切力筒沿刻度尺垂直向下移至与泥浆接触时，轻轻放下，当它自由下降到静止不动时，即静切力与浮筒重力平衡时，读出浮筒上泥浆面所对应的刻度，此刻度值即为泥浆的初切力。取出切力筒，按静粘着的泥浆，用棒搅动桶内泥浆后，静置 10 min，用上述方法量测，所得即为泥浆的终切力。它们的单位均为 Pa，切力计可自制。

7）酸碱度。pH 值是常用的酸碱度标度之一。pH 值等于溶液中氢离子浓度的负对数值，即 pH＝$-\lg[H^+]$＝$\lg(1/[H^+])$。pH 值等于 7 时为中性，大于 7 时为碱性，小于 7 时为酸性。工地测量 pH 值方法，可取一条 pH 试纸放在泥浆面上，0.5 s 后拿起与标准颜色比较，即可读出 pH 值。也可用 pH 酸碱计，将其探针插入泥浆，直接读出 pH 值。

3. 成孔质量检测

(1)试验目的和适用范围。成孔是灌注桩施工中的第一个环节，成孔质量的好坏直接影响到混凝土浇筑后的成桩质量，在混凝土浇筑前对灌注桩进行成孔检测是成桩质量控制的有效手段。本章介绍的试验方法适用于湿作业灌注桩成孔质量检验。

(2)成孔质量检验标准。成孔质量检验的内容包括桩位位置，孔深、孔径、垂直度、沉渣厚度、泥浆指标等。《公路桥涵施工技术规范》(JTG/T F50—2011)中对钻、挖孔混凝土灌注桩的成孔质量检验内容、检验标准及检查方法作出了以下规定：

1）钻、挖孔在终孔和清孔后，应进行孔位、孔深检验。

2)孔径、孔形和倾斜度宜采用专用仪器测定,当缺乏专用仪器时,可采用外径为钻孔桩钢筋直径加 100 mm(不得大于钻头直径),长度为 4～6 倍外径的钢筋检孔器吊入钻孔内检测。

3)钻、挖孔成孔的质量标准见表12-15。

表 12-15　钻、挖孔成孔质量标准

项目	允许偏差
孔的中心位置/mm	群桩:100;单排桩:50
孔径/mm	不小于设计桩径
倾斜度/%	钻孔:<1;挖孔:<0.5
孔深/mm	摩擦桩:不小于设计规定 支承桩:比设计深度超深不小于 50
沉淀厚度/mm	摩擦桩:符合设计要求,当设计无要求时,对于直径≤1.5 m 的桩,≤200;对桩径>1.5 m 或桩长>40 m 或土质较差的桩,≤300 支承桩:不大于设计规定;设计未规定时≤50
清孔后泥浆指标	相对密度:1.03～1.10;黏度:17～20 Pa·s;含砂率:<2%;胶体率:>98%

注:本表来源于《公路桥涵施工技术规范》(JTG/T F50—2011)。清孔后的泥浆指标,是从桩孔的顶、中、底部分别取样检测的平均值。本项指标的测定,限指大直径桩或有特定要求的钻孔桩。

(3)成孔质量试验检测。

1)桩位偏差检查。基桩施工前应按设计桩位平面图落放桩的中心位置,施工结束后应检查中心位置的偏差,并应将其偏差绘制在桩位竣工平面图中,检测时可采用经纬仪对纵、横方向进行量测。桩孔中心位置的偏差要求,对于群桩不得大于 100 mm,排架桩不得大于 50 mm。当群桩中设置有斜桩时,应以水平面的偏差值计算。

2)孔径检查。能否保证基桩的承载能力,桩径是极为关键的因素。要保证桩径满足设计要求,必须检验桩的孔径不小于设计桩径。桩孔径可用专用球形孔径仪、伞形孔径仪和声波孔壁测定仪等测定。图 12-6 所示为伞形孔径仪。其由测头、放大器和记录仪三部分组成。测头为机械式的,测头放入测孔之前,四条测腿合拢并用弹簧锁定,测头放入孔内到达孔底时,四条测腿立即自动张开。当测头往上提升时,由于弹簧力作用,腿端部紧贴孔壁,随着孔壁凹凸不平状态相应张开或收拢,带动密封筒内的活塞杆上下移动,使四组串联滑动电阻来回滑动,将电阻变化转化为电压变化,经信号放大并记录,即可自动绘出孔壁形状而测出孔径尺寸。

3)桩倾斜度检查。在灌注桩的施工过程中,能否确保基桩的垂直度,是衡量基桩能否有效发挥作用的一个关键因素。因此,必须认真的测定桩孔的倾斜度,一般要求对于竖直桩,其允许偏差不应超过 1%,斜桩不应超过设计斜度的±2.5%。

桩倾斜度的检查可采用图 12-7 所示简易方法。在孔口沿钻孔直径方向设一标尺,标尺上 O 点与钻孔中心重合,使滑轮、标尺 O 点和钻孔中心在同一铅垂线上,其高度为 H。穿过滑轮的测绳一端连接于用钢筋弯制的圆球(圆球直径比钻孔直径略小些),另一端通过转向滑轮用手拉住。将圆球慢慢放入钻孔中,测读测绳在标尺上的偏距 e,则倾斜角 $\alpha=\arctan(e/H)$。该方法所采用的工具简单,操作方便,但测读范围以 e 值小于钻孔的半径为最大限度,且读数较为粗糙。

4)孔底沉淀土厚度检查。测定沉淀土厚度的方法目前还不够成熟,下面介绍几种工程中已试用的方法:

①垂球法。垂球法是一种惯用的简易测定沉淀土厚度的方法。其将重约 1 kg 的铜制椎体垂球,顶端系上测绳,将垂球慢慢沉入孔中,凭手感判断沉淀土顶面位置,其施工孔深和量测孔深之差值即为沉淀土厚度。

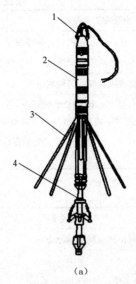 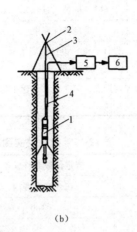 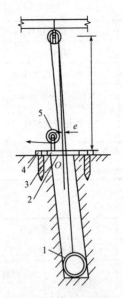

图 12-6 孔径仪
(a)测头
1—电缆；2—密封筒；3—测腿；4—锁腿装置
(b)孔径仪检测装置
1—铡头；2—三脚架；3—钢丝绳；4—电缆；5—放大器；6—记录仪

图 12-7 桩的倾斜度检查
1—钢筋圆球；2—标尺；
3—圆钉；4—木枋；
5—导向滑轮

②电阻率法。电阻率法沉淀土测定仪由测头、放大器和指示器组成。它是根据介质不同，如水、泥浆和沉淀颗粒具有不同的导电性能，由电阻阻值变化来判断沉淀土厚度。测试时将测头慢慢沉入孔中，观察表头指针的变化，当出现突变时记录深度 h_1，继续下沉测头，指针再次突变记录深度 h_2，直到测头不能下沉为止，记录深度 h_3，设施工深度为 H，各沉淀土厚度为 (h_2-h_1)、(h_3-h_2)、$(H-h_3)$……

③电容法。电容法沉淀土厚度测定原理是当金属两极板间距和尺寸不变时，其电容量和介质的电解率成正比关系，水、泥浆和沉淀土等介质的电解率有较明显差异，从而由电解率的变化量测定沉淀土的厚度。

4. 钻、挖孔灌注桩的混凝土质量检测

(1)桩身混凝土抗压强度应符合设计规定；每根桩取混凝土抗压强度试件组数为 2～4 组，检验结果应满足混凝土质量检验要求。

(2)检验方法和数量应符合设计要求。

5. 钻、挖孔灌注桩质量评定实测项目

钻、挖孔灌注桩实测项目应分别符合表 12-16 与表 12-17 的规定。

表 12-16 钻孔灌注桩实测项目

项次	检查项目			规定值或允许偏差	检查方法和频率
1	混凝土强度/MPa			在合格标准内	同结构混凝土检测方法
2	桩位/mm	群桩		≤100	全站仪：每桩测中心坐标
		排架桩	允许	≤50	
			极值	≤100	
3	孔深/m			≥设计值	测绳：每桩测量

续表

项次	检查项目	规定值或允许偏差	检查方法和频率
4	孔径/mm	≥设计值	探孔器或超声波法成孔检测仪；每桩测量
5	钻孔倾斜度/mm	≤1%桩长，且≤500	钻杆垂线法或超声波法成孔检测仪；每桩测量
6	沉淀厚度/mm	满足设计要求	沉淀盒或测渣仪；每桩测量
7	桩身完整性	设计要求；设计未要求时，每桩不低于Ⅱ类	满足设计要求；设计未要求时，采用低应变反射波法或超声波法；每桩检测

注：本表来源于《公路工程质量检验评定标准 第一册 土建工程》(JTG F80/1—2017)。计算表中规定值或允许偏差时以 mm 计。

表 12-17 挖孔桩实测项目表

项次	检查项目		规定值或允许偏差		检查方法和频率
1	混凝土强度/MPa		在合格标准内		同结构混凝土检测方法
2	桩位/mm	群桩	≤100		全站仪；每桩测中心坐标
		排架桩	允许	≤50	
			极限	≤100	
3	孔深/m		≥设计值		测绳量；每桩测量
4	孔径或边长/mm		≥设计值		井径仪；每桩测量
5	孔的倾斜度/mm		≤0.5%桩长，且不大于200		铅锤法；每桩检查
6	桩身完整性		每桩均满足设计要求；设计未要求时，每桩不低于Ⅱ类		满足设计要求；设计未要求时，采用低应变反射波法或超声波透射法；每桩检测

注：本表来源于《公路工程质量检验评定标准 第一册 土建工程》(JTG F80/1—2017)。计算表中规定值或允许偏差时以 mm 计。

二、钻(挖)孔灌注桩的完整性检测

灌注桩成桩质量通常存在两方面问题：一是桩身完整性，常见的缺陷有夹泥、断裂、缩径、扩径、混凝土离析及桩顶混凝土密实性较差等；二是嵌岩桩因灌注混凝土前清空不彻底，孔底沉淀厚度超过规定极限等质量问题影响了桩的承载能力。桩基础施工质量的检验，随着长、大桩径及高承载力桩基础迅速增加，传统的静压桩试验已很难实施。目前，常用的钻孔灌注桩的检测方法见表 12-18。

表 12-18 常用基桩完整性检测方法

序号	分类	具体方法		
1	直观检测	勘探孔检查——钻芯检验法		
2	辐射能检测	超声脉冲法(超声波法)		
		射线法		
3	振动检验法（动测法）	低应变	瞬态激励	敲击法和锤击法
				反射波法
				动力参数法
				瞬态激振机械阻抗法
				水电效应法
			稳态激励	稳态激振机械阻抗法

从以上所列的常用检测方法可见，桩基检测方法的研究和应用是一个十分活跃的领域。下面重点介绍反射波法、超声脉冲法和钻芯法。

1. 反射波法

(1) 试验目的和适用范围。该方法适用于检测桩身混凝土的完整性，推定缺陷类型及其在桩身中的位置，也可以对桩长进行校核，对桩身混凝土强度等级做出估计。

(2) 基本原理。反射波法源于应力波理论，基本原理是在桩顶进行竖向激振，弹性波沿着桩身向下传播，在桩身存在明显波阻抗界面（如桩底、断桩或严重离析等部位）或桩身截面面积变化（如缩径或扩径）部位，将发生反射波。经接收，放大滤波和数据处理，可识别来自桩身不同部位的反射信息。据此计算桩身波速、判断桩身完整性和混凝土强度等级。

(3) 仪器设备。反射波法检测系统（图 12-8）由传感器、放大器、滤波器、模/数转换器，记录、处理、监视系统以及激振设备和专用附件组成。

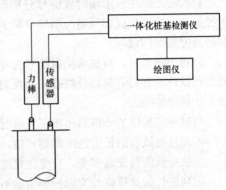

图 12-8 反射波检测系统

(4) 现场检测及注意事项。

1) 被测桩应凿去浮浆，桩头平整。

2) 检测前应对仪器设备进行检查，性能正常方可使用。

3) 每个检测工地均应进行激振方式和接收条件的选择试验，确定最佳激振方式和接收条件。

4) 激振点宜选择在桩头中心部位，传感器应稳固地安置在桩头上，对于大直径的桩可安置两个或多个传感器。

5) 当随机干扰较大时，可采用信号增强方式，进行多次重复激振与接收。

6) 为提高检测的分辨率，应使用小能量激振，并选用高截止频率的传感器和放大器。

7) 判别桩身浅部缺陷，可同时采用横向激振和水平速度型传感器接收，进行辅助判定。

8) 每一根被检测的单桩均应进行二次及以上重复测试。出现异常波形应在现场及时研究，排除影响测试的不良因素后再重复测试。重复测试的波形与原波形具有相似性。

(5) 检测数据分析与判定。

1) 桩身完整性分析宜以时域曲线为主，辅以频域分析，并结合施工情况、岩土工程勘察资料和波型特征等因素进行综合分析判定。

2) 桩身波速平均值的确定。

① 当桩长已知、桩端反射信号明显时，选取相同条件下不少于 5 根 Ⅰ 类桩的桩身波速按下式计算其平均值：

$$c_m = \frac{1}{n}\sum_{i=1}^{n} c_i \tag{12-10}$$

$$c_i = \frac{2L \times 1\,000}{\Delta t} = 2L \cdot \Delta f \tag{12-11}$$

式中　c_m——桩身波速平均值(m/s)；

　　　c_i——第 i 根桩的桩身波速计算值(m/s)；

　　　L——完整桩桩长(m)；

　　　Δt——时域信号第一峰与桩端反射波峰间的时间差(ms)；

　　　Δf——幅频曲线桩端相邻谐振峰间的频差(Hz)，计算时不宜取第一与第二峰；

　　　n——基桩数量($n \geqslant 5$)。

②当桩身波速平均值无法按上述方法确定时,可根据本地区相同桩型及施工工艺的其他桩基工程的测试结果,并结合桩身混凝土强度等级与实践经验综合确定。

3)桩身缺陷位置应按下列公式计算:

$$x = \frac{1}{2\,000} \cdot \Delta t_x \cdot c = \frac{1}{2} \cdot \frac{c}{\Delta f_x} \tag{12-12}$$

式中 x——测点至桩身缺陷之间的距离(m);

Δt_x——时域信号第一峰与缺陷反射波峰间的时间差(ms);

Δf_x——幅频曲线所对应缺陷的相邻谐振峰间的频差(Hz);

c——桩身波速(m/s),无法确定时用 c_m 值替代。

4)混凝土灌注桩采用时域信号分析时,应结合有关施工和岩土工程勘察资料,正确区分由扩径处产生的二次同相反射与因桩身截面渐扩后急速恢复至原桩径处的一次同相反射,以避免对桩身完整性的误判。

5)对于嵌岩桩,当桩端反射信号为单一反射波且与锤击脉冲信号同相时,应结合岩土工程勘察和设计等有关资料以及桩端同相反射波幅的相对高低来推断嵌岩质量,必要时采取其他合适方法进行核验。

6)桩身完整性的分析当出现下列情况之一时,宜结合其他检测方法:

①超过有效检测长度范围的超长桩,其测试信号不能明确反映桩身下部和桩端情况。

②桩身截面渐变或多变,且变化幅度较大的混凝土灌注桩。

③当桩长的推算值与实际桩长明显不符,且又缺乏相关资料加以解释或验证。

④实测信号复杂、无规律,无法对其进行准确的桩身完整性分析和评价。

⑤对于预制桩,时域曲线在接头处有明显反射,但又难以判定是断裂错位还是接桩不良。

7)桩身完整性类别应按下列原则判定:

Ⅰ类桩:桩端反射较明显,无缺陷反射波,振幅谱线分布正常,混凝土波速处于正常范围。

Ⅱ类桩:桩端反射较明显,但有局部缺陷所产生的反射信号,混凝土波速处于正常范围。

Ⅲ类桩:桩端反射不明显,可见缺陷二次反射波信号,或有桩端反射但波速明显偏低。

Ⅳ类桩:无桩端反射信号,可见因缺陷引起的多次强反射信号,或按平均波速计算的桩长明显短于设计桩长。

8)检测报告。检测报告应包括以下内容:

①委托单位名称,工程名称、地点,建设、勘察、设计、监理和施工单位,基础、结构形式,层数,设计要求,检测目的,检测依据,检测数量,检测日期;

②地基条件描述;

③受检桩的桩型、尺寸、桩号、桩位、桩顶标高和其他相关施工记录;

④检测原理、方法,检测仪器设备,检测过程叙述;

⑤受检桩的检测数据,实测曲线与计算分析曲线、表格和汇总结果;

⑥与检测内容相应的检测结论。

检测报告除应符合以上的规定外,还应包括下列内容:

①桩身混凝土波速取值;

②桩身完整性描述、缺陷位置及桩身完整性类别;

③时域信号时段所对应的桩身长度标尺、指数或线性放大的范围及倍数。

(6)实测曲线波形。由于桩身缺陷种类复杂,实测曲线判读人员的技术水平所限,实测资料的解释是一项较为困难的工作。如图 12-9 所示是一些典型的实测波形,反映了常见的缩径、扩径等缺陷的反射波特征。图 12-10~图 12-13 分别为几种基桩典型缺陷的实例。

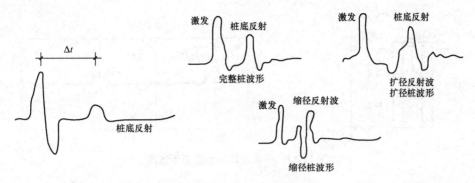

图 12-9 反射波法实测记录

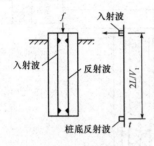 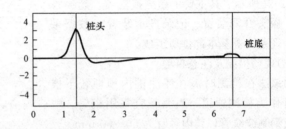

图 12-10 完整桩波形示意图

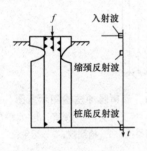 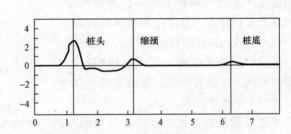

图 12-11 缩颈桩波形示意图

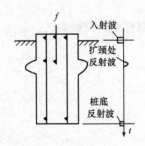 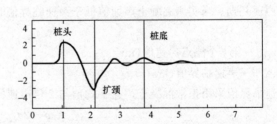

图 12-12 扩颈桩波形示意图

2. 超声脉冲法

(1) 试验目的和适用范围。超声脉冲检测法是检测混凝土灌注桩连续性、完整性、均匀性，以及混凝土强度等级的有效方法。它能准确地检测出桩内混凝土中因灌注质量问题造成的夹层、

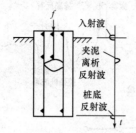
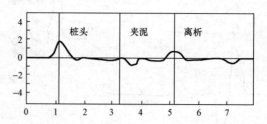

图 12-13　夹泥或离析桩波形示意图

断桩、孔洞、蜂窝、离析等内部缺陷，并能测出混凝土灌注均匀性及强度等性能指标。

(2)仪器设备。超声脉冲检测法的整体装置如图 12-14 所示。其主要由超声换能器、超声检测仪、探头升降装置、记录显示装置或数据采集及处理系统等基本部件所组成。

(3)现场检测及注意事项。

1)该法在检测时需在灌注桩内预埋若干根声测管作为检测通道，声测管宜采用钢管、塑料管或钢制波纹管，其内径宜为 50～60 mm。

2)将发射探头和接收探头置于声测管中，管内充满清水作为耦合剂，然后通过脉冲信号发生器发生一系列周期性电脉冲，由发射探头将其转换为超声脉冲，穿过待测桩体的混凝土，由接收探头接收，再转换回电信号。

3)仪器中测量系统测出超声脉冲穿过混凝土所需的时间、接收波幅值、接收脉冲主频率、接收波波形及频谱等参数。

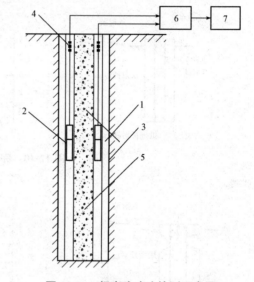

图 12-14　超声脉冲法检测示意图
1—发射探头；2—接受探头；3—测管；4—水耦合剂；
5—桩身混凝土；6—检测仪；7—记录仪

4)通过数据处理系统，对接收信号的各种参数进行综合判断和分析，确定出混凝土中各种内部缺陷的性质、大小和位置等，并给出混凝土总体均匀性和强度等评价指标。

(4)检测数据的处理与桩身完整性判定。

1)声速判据。当实测混凝土声速值低于声速临界值时应将其作为可疑缺陷区。

$$v_i < v_D \tag{12-13}$$

式中　v_i——第 i 个测点声速值(km/s)；

　　　v_D——声速临界值(km/s)。

声速临界值采用正常混凝土声速平均值与 2 倍声速标准值之差，即

$$v_D = \bar{v} - 2\sigma_v \tag{12-14}$$

$$\bar{v} = \sum_{i=1}^{n} v_i / n \tag{12-15}$$

$$\sigma_v = \sqrt{\frac{\sum_{i=1}^{n}(v_i - \bar{v})^2}{n-1}} \tag{12-16}$$

式中　n——测点数；

v_i——第 i 个测点声速值(km/s)；

$\bar{v}$——正常混凝土声速平均值(km/s)；

σ_v——声速标准差。

2) PSD 判据。采用斜率法作为辅助异常判据，当 PSD 值在某测点附近变化明显时，应将其作为可疑缺陷区。

$$PSD = \frac{(t_i - t_{i-1})^2}{z_i - z_{i-1}} \quad (12\text{-}17)$$

式中 t_i——第 i 个测点声时值(μs)；

t_{i-1}——第 $i-1$ 个测点声时值(μs)；

z_i——第 i 个测点深度(m)；

z_{i-1}——第 $i-1$ 个测点深度(m)。

3) 波幅判据。用波幅平均值减 6 dB 作为波幅临界值，当实测波幅低于波幅临界值时，应将其作为可疑缺陷区。

$$A_D = A_m - 6 \quad (12\text{-}18)$$

$$A_m = \sum_{i=1}^{n} \frac{A_i}{n} \quad (12\text{-}19)$$

式中 A_D——波幅临界值(dB)；

A_m——波幅平均值(dB)；

A_i——第 i 个测点相对波幅值(dB)；

n——测点数。

4) 桩身完整性类别判定：

Ⅰ类桩：各声测剖面每个测点的声速、波幅均大于临界值，波形正常。

Ⅱ类桩：某一声测剖面个别测点的声速、波幅略小于临界值，但波形基本正常。

Ⅲ类桩：某一声测剖面连续多个测点或某一深度桩截面处的声速、波幅值小于临界值，PSD 值变大，波形畸变。

Ⅳ类桩：某一声测剖面连续多个测点或某一深度桩截面处的声速、波幅值明显小于临界值，PSD 值突变，波形严重畸变。

(5) 检测报告。检测报告应包括每根被检桩各剖面的声速—深度、波幅—深度曲线及各自的临界值，声速、波幅的平均值，桩身缺陷位置及程度的分析说明。

3. 钻芯法

(1) 试验目的和适用范围。钻芯法不仅可以直观测试灌注桩的完整性，而且能够检测桩长、桩底沉渣厚度以及桩底岩土层的性状，钻芯法还是检验灌注桩桩身混凝土强度的可靠方法，但该法取样部位有局限性，只能反映钻孔范围内的小部分混凝土质量，存在较大的盲区，容易以点带面造成误判或漏判。钻芯法对查明大面积的混凝土疏松、离析、夹泥、空洞等比较有效，而对局部缺陷和水平裂缝等判断就不一定十分准确。另外，钻芯法还存在设备庞大、费工费时、价格昂贵的缺点。因此，钻芯法不宜用于大批量检测，而只能用于抽样检查，或作为对无损检测结构的验证手段。实践经验表明，采用钻芯法与超声法联合检测、综合判定的方法评定大直径灌注桩的质量，是十分有效的办法。

(2) 仪器设备。

1) 钻机；

2) 锯切机、磨平机和补平器；

3) 压力机。

(3)现场检测及注意事项。

1)用岩芯钻具从桩顶沿桩身直至桩尖下 1.5 倍桩径处钻孔，岩芯直径有 55 mm、71 mm、91 mm 和 100 mm 几种，钻进过程，钻头和芯样筒在一定外加压力下同时旋转，使芯样周围磨出一道沟槽，压力水进入芯管和钻头，通过循环水将岩屑带出孔外。

2)取出的芯样应在样品箱中沿深度编号摆好，岔口对上，以便检验。

3)强度试样的试件宜采用锯切法，芯样必须有夹紧装置固定，用小型锯切机切割，若没有夹紧装置而只用手扶芯样切割的，则难于保证锯切质量。抗压试件端面平整度及垂直度要求很高，可用研磨或补平方法解决。芯样强度应换算成相应于测试龄期的、边长为 150 mm 立方体试块的抗压强度值。

第三节　基桩承载力检测

现确定基桩承载力的检测方法有静载试验和动测方法两种。静载试验是确定基桩承载力最可靠的方法，而各种桩的动测方法则要在与桩静载试验结果大量对比的基础上，找出对比系数，才能推广应用。

一、基桩静荷载试验

1. 试验前的准备工作

(1)试桩的桩顶如有破损或强度不足时，应将破损和强度不足段凿除后，修补平整。

(2)做静推试验的桩，如空心桩，则应在直接受力部位填充混凝土。

(3)做静压、静拔的试桩，为便于在原地面处施加荷载，在承台地面以上部分或局部冲刷线以上部分设计不能考虑的摩擦力应予扣除。

(4)做静压、静拔的试桩，桩身需通过尚未固结新近沉积的土层或湿陷性黄土、软土等土层对桩侧产生向上的负摩擦力部分，应在桩表面涂设涂层，或设置套管等方法予以消除。

(5)在冰冻季节试桩时，应将桩周围的冻土全部融化，其融化范围：静压、静拔试验时，离试桩周围不小于 1 m；静推试验时，不小于 2 m。融化状态应保持到试验结束。

(6)在结冰的水域做试验时，桩与冰层间应保持不小于 100 mm 的间隙。

2. 静压试验

(1)试验目的。确定基桩竖向静压承载力。

(2)仪器设备。

1)加载设备：一般采用油压千斤顶加载，试验前应对千斤顶进行标定。千斤顶的反力装置可根据现场条件选用，有锚桩承载梁反力装置(图 12-15)、堆重平台反力装置(图 12-16)或锚桩压重联合反力装置。

2)位移测量装置：测量仪表必须精确，一般使用 1/20 mm 光学仪器或力学仪表，如水平仪、挠度仪、偏仪计等。

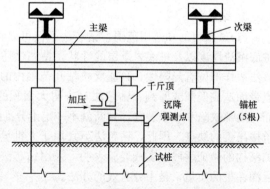

图 12-15　锚桩承载梁反力装置示意

(3)加载方法。

1)加载中心应与试桩轴线相一致。加载时应分级进行，使荷载传递均匀，无冲击。加载过程中，应不使荷载超过每级的规定值。

2）加载分级：每级加载量为预估最大荷载的 1/15～1/10。当桩的下端埋入巨粒土、粗粒土以及坚硬的黏质土中时，第一级可按 2 倍的分级荷载加载。

3）预估最大荷载：对施工检验性试验，一般可采用设计荷载的 2 倍。

(4) 沉降观测。

1）下沉未达稳定不得进行下一级加载。

2）每级加载的观测时间规定为：每级加载完毕后，每隔 15 min 观测一次；累计 1 h 后，每隔 30 min 观测一次。

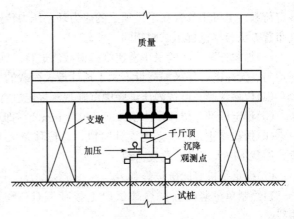

图 12-16 堆重平台反力装置示意

(5) 稳定标准。每级加载下沉量，在下列时间内如不大于 0.1 mm 时即可认为稳定：

1）桩端下为巨粒土、砂类土、坚硬黏质土，最后 30 min；

2）桩端下为半坚硬和细粒土，最后 1 h。

(6) 加载终止条件。

1）总位移量大于或等于 40 mm，本级荷载的下沉量大于或等于前一级荷载的下沉量的 5 倍时，加载即可终止。取此终止时荷载小一级的荷载为极限荷载。

2）总位移量大于或等于 40 mm，本级荷载加上后 24 h 未达稳定，加载即可终止。取此终止时荷载小一级的荷载为极限荷载。

3）巨粒土、密实砂类土以及坚硬的黏质土中，总下沉量小于 40 mm，但荷载已大于或等于设计荷载乘以设计规定的安全系数，加载即可终止。取此时的荷载为极限荷载。

4）施工过程中的检验件试验，一般加载应继续到桩的 2 倍的设计荷载为止。如果桩的总沉降量不超过 40 mm，及最后一级加载引起的沉降不超过前一级加载引起的沉降量 5 倍，则该桩可以予以检验。

(7) 确定基桩竖向静压承载力。极限荷载的确定有时比较困难，应绘制荷载—沉降曲线（$P-s$ 曲线）、沉降—时间曲线（$s-t$ 曲线）确定，必要时还应绘制 $s-\lg t$ 曲线、$s-\lg P$ 曲线（单对数法）、$s-[1-P/P_{max}]$ 曲线（百分率法）等综合比较，确定比较合理的极限荷载取值。

(8) 桩的卸载及回弹量观测。

1）卸载应分级进行，每级卸载量为两个加载级的荷载值，每级荷载卸载后，应观测桩顶的回弹量，观测办法与沉降观测相同。直到回弹稳定后，再卸下一级荷载。回弹稳定标准与下沉稳定标准相同。

2）卸载到零后，至少在 2 h 内每 30 min 观测一次，如果桩尖下为砂类土，则开始 30 min 内每 15 min 观测一次；如果桩尖下为黏质土，则每小时内每隔 15 min 观测一次。

3. 静拔试验

(1) 试验目的。在个别桩基中设计承受拉力时，用以确定单桩抗拔承载力容许值。

(2) 仪器设备。

1）加载装置：可采用油压千斤顶加载。千斤顶的反力装置一般由两根锚桩和承载梁组成，试桩和承载梁用拉杆连接。将千斤顶置于两根锚杆之上，顶推承载梁，引起试桩上放。试桩与锚桩间中心距离可按静压试验中的有关规定确定。

2）测试仪表、元件：荷载可用并联于千斤顶上的高精度压力表测定油压，并根据率定曲线核定荷载。也可用放置在千斤顶上的应力环、压力传感器直接测定。上拔量一般用百分表量测，其布置方法与单桩抗压试验相同。

(3)加载方法。一般采用慢速维持荷载法进行。施加的静拔力必须作用于桩的中轴线，加载应均匀、无冲击。每级加载量不大于预计最大荷载的 1/15～1/10。

(4)位移观测。可按静压试验中沉降观测规定进行。

(5)稳定标准。位移量小于或等于 0.1 mm/h，即可认为稳定。

(6)加载终止条件。勘测设计阶段，总位移量大于或等于 25 mm，加载即可终止。施工阶段，加载不应大于设计抗拔荷载。

(7)确定基桩竖向抗拔静载力。

1)绘制单桩竖向抗拔静载试验上拔荷载(U)和上拔量(δ)之间的 $U-\delta$ 曲线以及 $\delta-\lg t$ 曲线。

2)对于陡变形 $U-\delta$ 曲线，取陡升起始点荷载为极限承载力，对于缓变形 $U-\delta$ 曲线，根据上拔量和 $\delta-\lg t$ 曲线变化综合判定，一般取 $\delta-\lg t$ 曲线显著弯曲的前一级荷载为极限承载力。当在某级荷载下拔钢筋断裂时，取其前一级荷载值。

3)当进行桩身应力、应变量测时，尚应根据量测结果整理出有关表格，绘制桩身应力、桩侧阻力随桩顶上拔荷载的变化曲线；必要时绘制桩土相对位移曲线，以了解不同入土深度对抗拔桩破坏特征的影响。

4. 静推试验

(1)试验目的。确定桩的水平承载力、桩侧地基土水平抗力系数的比例系数。对于承受反复水平荷载的基桩，采用多循环加卸载方法；对于承受长期水平荷载的基桩，采用单循环加载方法。

(2)试验装置。

1)加载装置。试桩时一般采用卧式千斤顶加载，用测力环或测力传感器确定施加荷载值，对往复式循环试验可采用双向对往复式油压千斤顶。为保证千斤顶施加作用力水平通过桩身轴线，在千斤顶与试桩接触面处安置球形铰座。在试桩时，为防止力作用点处产生局部挤压破坏，须用钢垫板进行局部补强。

2)反力装置。反力装置的选用应充分利用试桩周围的现有条件，但必须满足：其承载力大于最大预估荷载的 1.2～1.5 倍，其作用力方向上刚度不小于试桩本身的刚度。

3)量测装置。

①桩顶水平位移量测采用大量程百分表来量测。每一试桩应在荷载作用平面和该平面以上 50 cm 左右各安装一只或两只百分表，下表量测桩身在地面处的水平位移，上表量测桩顶水平位移，根据两表位移差与两表距离的比值求出地面以上桩身的转角。如果桩身露出地面较短，也可只在荷载作用水平面上安装百分表量测水平位移。

②桩身弯矩量测：水平荷载作用下桩身的弯矩并不能直接量测得到，它只能通过量测得到的桩身应变来推算。因此，当需要研究桩身弯矩的分布规律时，应在桩身粘贴应变量测元件。一般情况下，量测预制桩和灌注桩桩身应变时，可采用在钢筋表面粘贴电阻应变片制成的应变计；对于钢桩，可直接把电阻应变片粘贴在桩表面，为防止打桩引起的应变片和导线的损坏，必须把它们设置在保护槽内。保护槽要尽量做到密封、不透水，应变片表面要采取严格的防潮措施；对于闭口钢管桩，也可将桩身剖开，把应变片粘贴在内壁，再焊接起来。

(3)多循环加卸载试验法。

1)加载分级：可按预计最大试验荷载的 1/15～1/10，一般可采用 5～10 kN，过软的土可采用 2 kN 级差。

2)加载程序与位移观测：各级荷载施加后，恒载 4 min，测读水平位移，然后卸载至零，2 min 后测读残余水平位移，至此完成一个加载循环，如此循环 5 次，便完成一级荷载的试验观测。加载时间应尽量缩短，测量位移间隔时间应严格准确，试验不得中途停歇。

3)加载终止条件。当出现下列情况之一时即可终止加载：

①桩顶水平位移超过 20～30 mm(软土取 40 mm)。

②桩身已经断裂。

③桩侧地表出现明显裂纹或隆起。

4)资料整理。由试验记录绘制水平荷载—时间—桩顶位移关系曲线($H-t-x$ 曲线，如图 12-17 所示)，水平位移荷载—位移梯度关系曲线($H-\Delta x/\Delta H$ 曲线，如图 12-18 所示)。

当桩身具有应力测量资料时，还应绘制应力沿桩身分布和水平力—最大弯曲截面钢筋应力关系曲线($H-\sigma_g$ 曲线)，如图 12-19 所示。

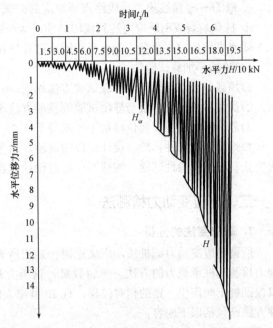

图 12-17 $H-t-x$ 曲线

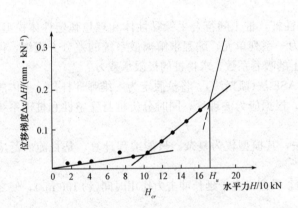

图 12-18 $H-\Delta x/\Delta H$ 曲线

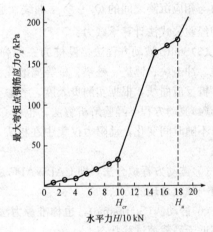

图 12-19 $H-\sigma_g$ 曲线

5)确定临界荷载(H_{cr})、极限荷载(H_u)及水平抗推容许承载力。

①临界荷载 H_{cr}：相当于桩身开裂，受拉混凝土不参加工作时桩顶压力，其数值可按下列方法综合确定：

a. 取 $H-t-x$ 曲线出现突变点的前一级荷载；

b. 取 $H-\Delta x/\Delta H$ 曲线的第一直线段的终点对应的荷载；

c. 取 $H-\sigma_g$ 曲线第一突变点对应的荷载。

②极限荷载 H_u：其数值可按下列方法综合确定：

a. 取 $H-t-x$ 曲线明显陡降的前一级荷载；

b. 取 $H-\Delta x/\Delta H$ 曲线各级荷载下水平位移包络线向下凹曲线的前一级荷载；

c. 取 $H-\sigma_g$ 曲线第二直线终点所对应的荷载；

d. 桩身断裂或钢筋应力达到流限的前一级荷载。

③水平抗推容许荷载：为水平极限荷载除以设计规定的安全系数。

(4)单循环加载试验法。

1)加载分级与多循环加卸载试验方法相同；

2)加载后测读位移量与静压试验测读的方法相同；

3)静推稳定标准：如位移量小于或等于 0.05 mm/h，可认为稳定；

4)终止加载条件：勘测设计阶段的试验，水平力作用点位移量大于或等于 50 mm，加载即可终止；施工检验性试验，加载不应超过设计的容许荷载。

二、高应变动力检测法

1. 高应变法的分类

所谓高应变动力试桩法，广义地讲，是指所有能使桩土间产生永久变形(或较大动位移)的动力检测基桩承载力的方法。毋庸置疑，这类方法要求给桩土系统施加较大能量的瞬时荷载，以保证桩土间产生一定的相对位移。自 19 世纪人们开始采用打桩公式计算基桩承载力以来，这种方法已包括以下内容：

(1)打桩公式法，用于预制桩施工时的同步测试，采用刚体碰撞过程中的动量与能量守恒原理。打桩公式法以格氏打桩公式和海利打桩公式最为流行。

(2)锤击贯入法，简称锤贯法，曾在我国许多地方得到应用，仿照静载荷试验法获得动态打击力与相应沉降之间的 $Q_d - \sum e$ 曲线，通过动静对比系数计算静承载力，也有人采用波动方程法和经验公式法计算承载力。

(3)Smith 波动方程法，设桩为一维弹性杆，桩土间符合牛顿黏性体和理想弹塑性体模型，将锤、冲击块、锤垫、桩垫、桩等离散化为一系列单元，编程求解离散系统的差分方程组，得到打桩反应曲线，根据实测贯入度，考虑土的吸着系数，求得桩的极限承载力。

(4)波动方程半经验解析解法，也称 CASE 法(凯斯法)，将桩假定为一维弹性杆件，土体静阻力不随时间变化，动阻力仅集中在桩尖，根据应力波理论，同时分析桩身完整性和桩土系统承载力。

(5)波动方程拟合法，即 CAPWAPC 法，其模型较为复杂，只能编程计算，是目前广泛应用的一种较合理的方法。

(6)静动法(Statnamic)，也称准静力法，其意义在于延长冲击力作用时间(约 100 ms)，使之更接近于静载荷试验状态。

CASE 法和 CAPWAPC 法是目前最常用的两种高应变动力试桩方法，也是狭义的高应变动力试桩法。下面介绍这两种检测基桩承载力的高应变方法。

2. 适用范围

(1)本方法适用于检测混凝土灌注桩、预制桩和钢桩的单桩轴向抗压极限承载力和桩身完整性；监测混凝土预制桩和钢桩打入时桩身应力和锤击能量传递比，为选择沉桩工艺参数及桩长选择提供依据。

(2)进行单桩的轴向抗压极限承载力检测应具有相同条件下的动—静试验对比资料和现场工程实践经验。

(3)超长桩、大直径扩底桩和嵌岩桩不宜采用本方法进行单桩的轴向抗压极限承载力检测。

3. 现场检测技术

(1)检测混凝土预制桩和钢桩的极限承载力的最短休止期应满足下列条件：砂土 7 d，粉土 10 d，非饱和黏性土 15 d，饱和黏性土 25 d。

(2)检测混凝土灌注桩的极限承载力时，其桩身混凝土强度等级应达到设计要求，且应满足上述规定的最短休止期。

(3)被检桩基本参数的设定应符合下列规定：

1)测点以下桩长和截面积可根据设计文件或施工记录提供的数据设定。

2)桩身材料的弹性模量可按下式计算：

$$E = \rho C^2 \tag{12-20}$$

式中　E——桩身混凝土弹性模量(MPa)；

　　　ρ——桩身混凝土密度(kg/m^3)；

　　　C——应力波传播的速度(m/s)。

4. 检测数据分析与判定

(1)锤击信号选取与调整应符合下列规定：

1)分析被检桩的承载力时，宜在第一和第二击实测有效信号中选取能量和贯入度较大者。

2)桩身波速平均值可根据已知桩长、力和速度信号上的桩端反射波时间或下行波上升沿的起点到上行波下降沿的起点之间的时差确定，如图 12-20 所示。

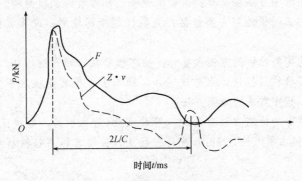

图 12-20　桩身纵波波速的确定

3)传感器安装位置处原设定波速可不随调整后的桩身平均波速而改变。确有合理原因需作调整时，应对传感器安装处桩身的弹性模量重新设置，且应对原实测力信号进行修正。

4)力和振动速度信号的上升沿重合性差时，应分析原因，不得随意调整。

(2)推算被检桩的极限承载力前，应结合工程地质条件和设计参数，利用实测信号特征对桩的荷载传递性状、桩身缺陷程度和位置及连续锤击时缺陷的逐渐扩大或闭合情况进行定性判别。

(3)采用实测曲线拟合法推算被检桩的极限承载力应符合下列规定：

1)采用的桩和土的力学模型应能分别反映被检桩和地基土的物理力学性状；在各计算单元中，所用土的弹性极限位移不应超过相应桩单元的最大计算位移。

2)分析所用的模型参数应在岩土工程的合理范围内，可根据工程地质和施工工艺条件进行桩身阻抗变化或裂隙拟合。

3)拟合曲线应与实测曲线基本吻合，贯入度的计算值应与实测值基本一致，且整体曲线的拟合质量系数宜控制在合适的范围之内。

(4)采用 CASE 法判定的单桩极限承载力可按下式计算：

$$R_c = (1-J_c) \cdot [F(t_1) + Z \cdot v(t_1)]/2 + (1+J_c) \cdot$$
$$[F(t_1 + 2L/c) - Z \cdot v(t_1 + 2L/c)]/2 \tag{12-21}$$
$$Z = A \cdot E/c \tag{12-22}$$

式中 R_c——由凯斯法判定的单桩极限承载力(kN);
J_c——CASE 法阻尼系数;
t_1——速度峰值对应的时刻(ms);
$F(t_1)$——t_1 时刻的锤击力(kN);
$v(t_1)$——t_1 时刻的质点运动速度(m/s);
Z——桩身截面力学阻抗(kN·s/m);
A——桩截面面积(m^2);
L——测点下桩长(m)。

本章小结

公路桥涵地基的岩土可分为岩石、碎石土、砂土、粉土、黏性土、特殊性岩土六类。

地基承载力容许值应根据地基受荷阶段及受荷情况,乘以相应的抗力系数。

地基承载力测试的常用方法主要有:荷载板试验、标准贯入试验两种。

钻(挖)孔灌注桩施工过程检测主要包括:泥浆性能指标检测,成孔质量检测,桩身混凝土抗压强度检测等内容。

钻(挖)孔灌注桩的完整性检测方法主要有:钻芯检验法,超声脉冲法,射线法,反射波法,动力参数法,瞬态激振机械阻抗法,水电效应法,稳态激振机械阻抗法等。其中反射波法、超声脉冲法和钻芯法为工程中常用的检测方法。

现有确定基桩承载力的检测方法有两种:静载试验(静压试验,静拔试验,静推试验)和动测方法(打桩公式法,锤击贯入法,Smith 波动方程法,波动方程半经验解析解法,波动方程拟合法,静动法)。

复习思考题

一、选择题

1. 公路桥涵地基的岩土可分为( )类。
   A. 4　　　　　B. 5　　　　　C. 6　　　　　D. 7
2. 地基在荷载作用下达到破坏状态的过程中,不包括( )。
   A. 压密阶段　　B. 剪切阶段　　C. 挤出阶段　　D. 破坏阶段
3. 在对竖直桩进行钻孔倾斜度检测时,当检测结果不超过桩长的( )时,满足使用要求。
   A. 1.0%　　　B. 2.0%　　　C. 0.3%　　　D. 0.5%
4. 采用低应变反射波法检测混凝土灌注桩桩身完整性时,测试信号显示有缺陷引起的二次反射波,桩底反射信号不明显,则应判定为( )类桩。
   A. Ⅰ　　　　　B. Ⅱ　　　　　C. Ⅲ　　　　　D. Ⅳ
5. 拟采用超声波投射波法对桩径为 1.2 m 的灌注桩进行完整性检测,应埋设声测管的数量为( )。

A. 2 根 B. 3 根
C. 4 根 D. 由检测单位自行确定

二、判断题

1. 地基和基础都是指建筑物等各种设施在地面以下的组成部分，两者概念相同。（　）
2. 浅层平板荷载试验中，地基在荷载作用下达到破坏状态的过程，可分为压密、蠕变和破坏三个阶段。（　）
3. 地基承载力基本容许值应首先考虑由荷载试验或其他原位测试取值，其值不应大于地基极限承载力的 1/3。（　）
4. 现场荷载试验确定地基容许承载力时一般采用极限荷载。（　）
5. 高应变动力试桩法的测试结果可用于分析基桩承载力和基桩质量完整性。（　）

三、简答题

1. 按桥梁规范确定地基承载力时，满足什么条件才可以提高容许承载力？
2. 标准贯入试验适用于什么场合？可做哪些内容的测试？
3. 常用的钻孔灌注桩质量检测方法有几种？适用条件各是什么？
4. 简述基桩静载试验的原理和测试主要内容。
5. 用静载法检测单桩的垂直承载力时，对基准桩的设置要求有哪些？

第十三章 桥梁上部结构检测

学习建议

通过本章的学习,了解混凝土结构构件检测一般要求,包括混凝土构件的检测项目与频率、结构外形尺寸与位置的检测项目及评定;熟悉焊接钢筋的质量检测;掌握预应力混凝土结构检测,包括预应力筋用锚具、夹具和连接器检测以及张拉设备校验。

第一节 混凝土结构构件检测

桥涵混凝土结构、钢筋混凝土结构或预应力混凝土结构或构件的检测,主要包括以下内容:一是原材料与配合比的检测;二是施工阶段质量控制;三是外观质量检测;四是构件混凝土强度评定。本章只讲述施工阶段质量控制。

一、检测项目与频率

1. 拌制和浇筑混凝土时检验

(1)混凝土及组成材料的外观,拌制每一工作班至少2次,必要时随时抽样试验;
(2)混凝土的和易性(坍落度)每工作班至少2次;
(3)砂石材料的含水量,每日开工前1次,气候或含水量变化较大时随时检测调整;
(4)钢筋、模板、支架等的稳固性和安装位置;
(5)混凝土的运输、浇筑方法和质量;
(6)外加剂的使用效果;
(7)制取混凝土试件。

2. 浇筑混凝土后的检验

(1)养护情况;
(2)混凝土强度、拆模时间;
(3)混凝土外露面及装饰品质;
(4)变形和沉降。

3. 混凝土强度检测频率

(1)不同强度及不同配合比的混凝土应分别制取试件,试件应在浇筑地点或拌合地点随机制取。
(2)浇筑一般体积的结构物(如基础、墩台)时,每一单元结构物应制取2组。
(3)连续浇筑大体积结构物混凝土时,每80~200 m³或每一工作班应制取2组。
(4)每片梁长16 m以下应制取1组,16~30 m制取2组,31~50 m制取3组,50 m以上者不少于5组。

(5)就地浇筑混凝土小桥涵，每一组或每一工作班制取不少于 2 组；原材料和配合比相同，并由同一个拌合站拌制时，可几座合并制取 2 组。

如施工需要，可制取与结构物同条件养护的试件作为考核结构混凝土在拆模、出池、吊装、施预应力、承受荷载等阶段强度的依据。

二、结构外形尺寸与位置的检测项目及评定

混凝土、钢筋混凝土部分结构构件的外形尺寸、位置的检测与评定包括：混凝土基础实测项目，承台实测项目，墩、台身实测项目，柱或双壁墩身实测项目，梁(板)预制实测专案及钢筋安装实测专案的检测与评定。其中，上部结构预制梁、板实测项目和钢筋加工及安装实测项目应符合表 13-1 和 13-2 的规定。

表 13-1　梁、板或梁段预制实测项目

项次	检查项目			规定值或允许偏差	检查方法和频率
1	混凝土强度/MPa			在合格标准内	同结构混凝土检测方法
2	梁长度/mm	总长度		+5，−10	尺量：每梁顶面中线、底面两侧
		梁段长度		0，−2	
3	断面尺寸/mm	宽度	干接缝(梁翼缘、板)	±10(±3)①	尺量：每梁测 3 个断面，板和梁段测 2 个断面
			湿接缝(梁翼缘、板)	±20	
			箱梁 顶宽	±20(±5)②	
			箱梁 底宽	±10(+5，0)②	
		高度	其他梁、板	±5	
			箱梁	+0，−5	
		顶板、底板、腹板或梁肋厚		+5，0	
4	平整度/mm			≤5	2 m 直尺：沿梁长方向每侧面每 10 m 梁长测 1 处×2 尺
5	横系梁及预埋件位置/mm			≤5	尺量：每件
6	横坡/%			±0.15	水准仪：每梁测 3 个断面，板和梁段测 2 个断面
7	斜拉索锚面③	锚点坐标/mm		±5	全站仪、钢尺：检查每锚垫板，测水平及相互垂直的锚孔中心线与锚垫板边线交点坐标推算
		锚面角度/°		≤0.5	角度仪：检查每锚垫板与水平面、立面的夹角，各测 3 处

①项次 3 对应干接缝的其他梁、板跨度括号中的数字适用于组合梁桥面板的预制。
②项次 3 箱梁宽度括号中的数字适用于节段拼装梁段的预制。
③项次 7 仅适用斜拉桥预制梁段。

表 13-2 钢筋安装实测项目

项次	检查项目		规定值或允许偏差	检查方法和频率
1	受力钢筋间距/mm	两排以上排距	±5	尺量：长度≤20 m 时，每构件检查 2 个断面；长度＞20 m 时，每构件检查 3 个断面
		同排 梁、板、拱肋及拱上建筑	±10(±5)	
		同排 基础、锚碇、墩台身、墩柱	±20	
2	箍筋、构造钢筋、螺旋筋间距/mm		±10	尺量：每构件测量 10 个间距
3	钢筋骨架尺寸/mm	长	±10	尺量：按骨架总数 30%抽测
		宽、高或直径	±5	
4	弯起钢筋位置/mm		±20	尺量：每骨架抽查 30%
5	保护层厚度/mm	梁、板、拱肋及拱上建筑	±5	尺量：每构件各立模板面每 3 m² 检查 1 处，且每侧面不少于 5 处
		基础、锚碇、墩台身、墩柱	±10	

注：1. 小型构件的钢筋安装按总数抽查 30%。
2. 表中基础不包括混凝土桩基及地下连续墙。
3. 项次 1 括号中的数字适用于刚混组合梁桥面板的预制。

三、焊接钢筋的质量检测

钢筋的连接方式有焊接与绑扎接头。轴心受压和小偏心受拉构件中钢筋接头不宜绑扎，普通混凝土中直径大于 25 mm 的钢筋宜采用焊接。

钢筋的焊接方式有闪光对焊和搭接电弧焊。钢筋接头采用闪光对焊前，必须根据施工条件进行试焊，合格后方可正式施焊。钢筋接头采用搭接电弧焊时，两钢筋搭接端部应预先折向一侧，使两接合钢筋轴线一致。接头双面焊缝的长度不应小于 $5d$，单面焊缝的长度不应小于 $10d$（d 为钢筋直径）。焊接质量应符合下列要求。

1. 钢筋闪光对焊接头

(1)批量规定。在同一台班内，由同一焊工按统一焊接参数完成的 300 个同类型（指钢筋级别和直径均相同）接头作为一批。一周内连续焊接时可以连续计算，一周内不足 300 个接头时按一批计算。

(2)外观检查、抽样频率与判定。每批抽检 10%的接头，并不得少于 10 个。焊接等长的预应力钢筋（包括螺纹端杆与钢筋）时，可按生产同条件制作模拟试件。螺纹端杆接头可只做拉伸试验。外观检查要求如下：

1)接头处不得有横向裂缝。

2)与电极接触处的钢筋表面，对 HPB300、HRB335、HRB400 钢筋，不得有明显烧伤；HRB500 钢筋不得有烧伤；低温对焊时，对 HRB335、HRB400、HRB500 钢筋，不得有烧伤。

3)接头处的弯折不得大于 4°。

4)接头处的钢筋轴线偏移不得大于 0.1 倍的钢筋直径，同时不得大于 2 mm。

当有一个接头不符合要求时，应对全部接头进行检查，剔出不合格品。不合格接头切除重焊后，可再次提交验收。

(3)力学性能试验与判定。包括拉伸与弯曲试验。应从每批成品中切取 6 个试件，3 个进行拉伸试验，3 个进行弯曲试验。

拉伸试验结果应符合下列要求：

1)2 个热轧钢筋接头试件的抗拉强度均不得低于该级别钢筋规定的抗拉强度，余热处理

HRB400级钢筋接头试件的抗拉强度均不得低于HRB400级钢筋的抗拉强度。

2)应至少有2个试件断于焊缝之外,并呈延性断裂。当试验结果有1个试件的抗拉强度小于上述规定,或有2个试件在焊缝或热影响区发生脆性断裂时,应再取6个试件进行复验,复验结果如仍有1个试件的抗拉强度小于规定值,或有3个试件断于焊缝或热影响区,呈脆性断裂,应确认该批接头为不合格品。

3)预应力钢筋与螺钉端杆闪光对焊接头拉伸试验结果,3个试件应全部断于焊缝之外,呈脆性断裂。

当试验结果有1个试件在焊缝或热影响区发生脆性断裂,应从成品中再切取3个试件进行复验,复验结果如仍有1个试件在焊缝或热影响区发生脆性断裂,应确认该批接头为不合格品。

4)模拟试件的试验结果不符合要求时,应从成品中再切取试件进行复验,其数量和要求应与初始试验时相同。

弯曲试验结果应符合下列要求:

焊缝要处于弯曲中心点,弯曲角度为90°,弯心直径为$2d$(HPB300);$4d$(HRB355);$5d$(HRB400);$7d$(HRB500)。

试验结果至少有2个试件不得发生破断,应确认该批接头为不合格品。

2. 钢筋电弧焊接头

(1)批量规定。以300个同类型接头为1批。不足300个时仍作为1批。

(2)外观检查。应在接头清渣后逐个进行目测或量测,检查结果应符合下列要求:

1)焊缝表面平整,不得有较大的凹陷、焊瘤。
2)接头处不得有裂纹。
3)咬边深度、气孔、夹渣的数量和大小以及接头偏差,不得超过表13-3的要求。
4)坡口焊及熔槽帮条焊接头,其焊缝加强高度不大于3mm。

表13-3 钢筋电弧焊接头尺寸偏差及缺陷允许值

名称		单位	接头形式		
			帮条焊	搭接焊钢筋与钢板搭接焊	坡口焊窄间隙焊熔槽帮条焊
帮条沿接头中心线的纵向偏移		mm	$0.5d$	—	—
接头处弯折		°	4	4	4
接头处钢筋轴线的偏移		mm	$0.1d$ 3	$0.1d$ 3	$0.1d$ 3
焊缝厚度		mm	$+0.05d$	$+0.05d$	/
焊缝宽度		mm	$+0.1d$	$+0.1d$	/
焊缝长度		mm	$-0.5d$	$-0.5d$	/
横向咬边深度		mm	0.5	0.5	0.5
在长$2d$的焊缝表面上的气孔及夹渣	数量	个	2	2	2
	面积	mm²	6	6	6
在全部焊缝表面上的气孔及夹渣	数量	个	/	/	2
	面积	mm²	/	/	6

注:d为钢筋直径(mm),低温焊接接头的咬边深度不得大于0.2mm。

(3)强度检验与判定。从成品中每批切取3个接头做拉伸试验，试验结果应符合下列要求：

1)3个热轧钢筋接头试件的抗拉强度均不得低于该级别钢筋的规定抗拉强度值，余热处理HRB400级钢筋接头试件抗拉强度均不得小于HRB400级钢筋规定的抗拉强度。

2)至少有2个试件呈塑性断裂，3个试件均断于焊缝之外。当检验结果有1个试件的抗拉强度低于规定指标或有2个试件发生脆性断裂时，应取双倍数量的试件进行复验，复验结果如仍有1个试件的抗拉强度低于规定指标，或有1个试件断于焊缝或有3个试件呈脆性断裂时，则该批接头即为不合格品。

第二节 预应力混凝土结构检测

在预应力混凝土结构构件检测项目中，原材料与配合比的检测、施工中的一些检测与钢筋混凝土的检测相同，钢筋钢绞线的性能与检测在建筑材料中讲述。本节只介绍预应力筋锚具、夹具和连接器、张拉设备、张拉力控制和水泥浆的检测。

一、预应力筋用锚具、夹具和连接器检测

在给预应力混凝土结构施加预应力的过程中，无论是先张法对预应力钢筋的临时固定，还是后张法对预应力钢筋的永久锚固，都需要有锚具或夹具。因此，锚夹具是保证预应力混凝土结构安全可靠的关键之一，它们必须满足受力安全可靠、预应力损失小、张拉锚固方便迅速等要求。

1. 基本常识

(1)常用术语定义。

1)锚具：在后张法结构或构件中，为保持预应力筋的拉力并将其传递到混凝土上所用的永久性锚固装置。锚具可分为两类：

①张拉端锚具：安装在预应力筋端部且可用以张拉的锚具。

②固定端锚具：安装在预应力筋端部，通常埋入混凝土中且不用以张拉的锚具。

2)夹具：在先张法构件施工时，为保持预应力筋的拉力并将其固定在生产台座(或设备)上的临时性锚固装置；在后张法结构或构件施工中，在张拉千斤顶或设备上夹持预应力筋的临时性锚固装置(又称工具锚)。

3)连接器：用于连接预应力筋的装置。

4)预应力筋：在预应力结构中用于建立预加应力的单根或成束的预应力钢丝、钢绞线或钢筋。有粘结预应力筋是和混凝土直接粘结的或是在张拉后通过灌浆使之与混凝土粘结的预应力筋；无粘结预应力筋是用塑料、油脂等涂包的预应力筋，可以布置在混凝土结构体内或体外，且不能与混凝土粘结，这种预应力筋的拉力永远只能通过锚具和变向装置传递给混凝土。

5)预应力筋－锚具组装件：单根或成束预应力筋和安装在端部的锚具组合装配而成的受力单元。

(2)分类、代号与标记。

1)产品分类：锚具、夹具、连接器按锚固方式不同，可分为夹片式(单孔或多孔夹片锚具)、支承式(墩头锚具、螺母锚具等)、锥塞式(钢质锥形锚具等)和握裹式(挤压锚具、压花锚具等)四种。

2)代号与标记。锚具、夹具或连接器的总代号可以分别用汉语拼音字母 M、J、L 表示。各类锚固方式的分类代号，见表13-4。锚具、夹具或连接器的标记由产品代号、预应力钢材

直径、预应力钢材根数三部分组成(生产企业的体系代号只在需要时加注)。例如，锚固12根直径15.2 mm预应力混凝土用钢绞线的圆形夹片式群锚锚具，标记为"YJM15－12"。

表13-4 锚具、夹具和连接器的代号

分类代号		锚具	夹具	连接器
夹片式	圆形	YJM	YJJ	YJL
	扁形	BJM		
支承式	墩头	DTM	DTJ	DTL
	螺母	LMM	LMJ	LML
锥塞式	钢质	GZM	—	—
	冷铸	LZM	—	—
	热铸	RZM	—	—
握裹式	挤压	JYM	JYJ	JYL
	压花	YHM	—	—
注：连接器的代号以续接段端部锚固方式命名。				

(3)检验项目和抽样方法。

1)检验项目。锚具、夹具和连接器的检验分出厂检验和型式检验两类。

出厂检验和型式检验的检验项目应符合表13-5的规定。

表13-5 产品检验项目

锚具、夹具、连接器类别	出厂检验项目	型式检验项目
锚具及永久留在混凝土结构或构件中的连接器	外观 硬度 静载性能检验	外观 硬度 静载性能检验 疲劳性能检验 周期荷载性能检验 辅助性试验(选项)
夹具及张拉后将要放张和拆卸的连接器	外观 硬度 静载性能检验	外观 硬度 静载性能检验

2)出厂检验时，每批零件产品的数量是指同一种产品，同一批原材料，用同一种工艺一次投料生产的数量。每个抽检组批不得超过2 000件(套)。外观检验抽取5%～10%。对有硬度要求的零件应做硬度检验，按热处理每炉装炉量的3%～5%抽样。静载试验用的锚具、夹具或连接器按成套产品抽样，应在外观及硬度检验合格后的产品中抽取，每生产组批抽取3个组装件用的样品。

3)锚具及永久留在混凝土结构或构件中的连接器的型式检验，除按上述规定抽样外，尚应为疲劳试验、周期荷载试验及辅助性试验(选项)抽取各3个组装件用的样品。

2. 技术要求

锚具、夹具和连接器应具有可靠的锚固性能、足够的承载能力和良好的适用性，以保证充分发挥预应力筋的强度，并安全地实现预应力张拉作业。

(1)锚具的基本性能要求。

1)锚具的静载锚固性能：用预应力筋—锚具组装件静载试验测定的锚具效率系数 η_a 和达到实测极限拉力时组装件受力长度的总应变 ε_{apu} 确定。

锚具效率系数 η_a 按式(13-1)计算：

$$\eta_a = \frac{F_{apu}}{\eta_p F_{pm}} \tag{13-1}$$

式中 F_{apu}——预应力筋—锚具组装件的实测极限拉力；

η_p——预应力筋—锚具组装件中预应力钢材为 1～5 根时，$\eta_p=1$；13～19 根时，$\eta_p=0.98$；20 根及以上时，$\eta_p=0.97$；

F_{pm}——预应力筋的实际平均极限抗拉力。由预应力钢材试件实测破断荷载平均值计算得出。

锚具的静载锚固性能应同时满足下列两项要求：

$$\eta_a \geqslant 0.95 \tag{13-2}$$

$$\varepsilon_{apu} \geqslant 2.0\% \tag{13-3}$$

预应力筋—锚具组装件的破坏形式应是预应力钢材的断裂(逐根或多根同时断裂)，锚具零件的变形不应过大或碎裂，且应确认锚固的可靠性。

2)锚具的疲劳荷载性能。预应力筋—锚具组装件，除应满足静载锚固性能外，还应满足循环次数为 200 万次的疲劳性能试验。

当锚固的预应力筋为钢丝、钢绞线或热处理钢筋时，试验应力上限应为预应力钢材抗拉强度标准值 f_{ptk} 的 65%，疲劳应力幅度不应小于 80 MPa。工程有特殊要求时，试验应力上限及疲劳应力幅度取值可另定。

当锚固的预应力筋为有明显屈服台阶的预应力钢材时，试验应力上限应为预应力钢材抗拉强度标准值的 80%，疲劳应力幅度宜取 80 MPa。

试件经受 200 万次循环荷载后，锚具零件不应疲劳破坏。预应力筋因锚具夹持作用发生疲劳破坏的截面面积不应大于试件总截面面积的 5%。

3)锚具的周期荷载性能。在有抗震要求的结构中使用的锚具，预应力筋—锚具组装件还应满足循环次数为 50 次的周期荷载试验。

①当锚固的预应力筋为钢丝、钢绞线或热处理钢筋时，试验应力上限应为预应力筋抗拉强度标准值 f_{ptk} 的 80%，下限应为预应力钢材抗拉强度标准值 f_{ptk} 的 40%。

②当锚固的预应力筋为有明显屈服台阶的预应力钢材时，试验应力上限应为预应力钢材抗拉强度标准值的 90%，下限应为预应力钢材抗拉强度标准值的 40%。

试件经 50 次循环荷载后预应力筋在锚具夹持区域不应发生破断。

4)锚具的其他性能要求。

①锚具应具有满足分级张拉及补张拉预应力筋的要求。

②需要孔道灌浆的锚具或其附件上宜设置灌浆孔或排气孔，灌浆孔的孔位及孔径应符合灌浆工艺要求，且应有与灌浆管连接的构造。

③张拉端钢绞线内缩量应不大于 5 mm。

④锚口(含锚下垫板)摩阻损失率合计不大于 6%。

(2)夹具的基本性能要求。

1)夹具的静载锚固性能，应由预应力筋—夹具组装件静载锚固试验测定的夹具效率系数 η_g 按式(13-4)确定：

$$\eta_g = \frac{F_{gpu}}{F_{pm}} \tag{13-4}$$

式中 F_{gpu}——预应力筋—夹具组装件的实测极限拉力。

夹具的静载锚固性能应符合 $\eta_g \geqslant 0.92$。

2)在预应力—夹具组装件达到实测极限拉力时,应当是由预应力筋的断裂,而不应由夹具的破坏所导致;夹具的全部零件均应有重复使用的质量,夹具应有可靠的自锚性能、良好的松锚性能和重复使用性能。在使用过程中,应能保证操作人员的安全。

(3)连接器的基本性能要求。在先张法或后张法施工中,在张拉预应力后永久留在混凝土结构或构件中的连接器,都应符合锚具的性能要求;如在张拉后还须放张和拆卸的连接器,则应符合夹具的性能要求。

3. 试验方法

(1)一般规定。

1)试验用的预应力筋—锚具、夹具或连接器组装件由产品零件和预应力筋组装而成。试验用的零件应是经过外观检查和硬度检验合格的产品。组装时应将锚固零件上的油污擦拭干净(允许残留微量油膜),不得在锚固零件上添加影响锚固性能的介质。组装件中组成预应力筋的各根钢材应等长平行、初应力均匀,其受力长度不应小于 3 m。

2)单根钢绞线的组装件试件及钢绞线母材力学性能试验用的试件,不包括夹持部位的受力长度不应小于 0.8 m;其他单根预应力钢材的组装件及母材试件最小长度可按照试验设备及相关标准确定。

3)对于预应力钢材在锚具夹持部位不弯折的组装件(全部锚筋孔与锚板底面垂直),各根预应力钢材平行受拉,侧面不应设置有碍受拉或产生摩擦的接触点(图 13-1);如预应力钢材的夹持部位与试件轴线有转向角度(锚筋孔与锚板底面倾斜或倾斜安装挤压头的连接器等)时,应在设计转角处加装转向约束钢环,试件受拉力时,该约束环不应与预应力钢材产生滑动摩擦。

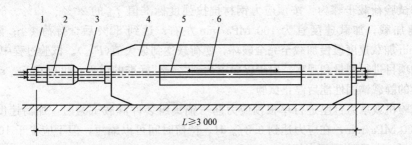

图 13-1 先锚固后张拉式预应力筋—锚具组装件静载试验装置
1—试验锚具;2—加荷载用千斤顶;3—荷载传感器;4—承力台座;
5—预应力筋;6—测量总应变的装置;7—试验锚具

4)试验用预应力钢材应有良好的匀质性,可由锚具生产厂或检验单位提供,同时还应提供该批钢材的质量合格证明书。所选用的预应力钢材,其直径公差应在受检锚具、夹具或连接器设计的匹配范围之内。试验用预应力钢材应根据抽样标准,先在有代表性的部位取至少 6 根试件进行母材力学性能试验,试验结果应符合国家现行标准的规定(供需双方也可协议采用其他国家的标准)。并且,其实测抗拉强度平均值(f_{pm})在相关钢材标准中的等级应与受检锚具、夹具或连接器的设计等级相同,超过该等级时不应采用。用某一中间强度等级的预应力钢材试验合格的锚具,在实际工程中,可用于不高于该强度等级的预应力筋。已受损伤的预应力筋不应用于组装件试验。

5)试验用的测力系统,其不确定度不应大于 2%;测量总应变的量具,其标距的不确定度不应大于标距的 0.2%,指示应变的不确定度不应大于 0.1%。

(2)静载试验。

1)预应力筋—锚具或夹具组装件应按图 13-1 的装置进行静载试验;预应力筋—连接器组装件应按图 13-2 的装置进行静载试验;被连接段预应力筋(件 11)安装预紧时,可在试验连接器(件 7)下临时加垫对开垫片,加荷后适时撤除。锚具、夹具或连接器在试验装置上的支承条件(方式、部位、面积等),应与工程实际情况一致。

2)各种量测仪表应在加载前安装调试正确,各根预应力钢材的初应力测试均匀,初应力可取钢材抗拉强度标准值 f_{ptk} 的 5%~10%。测量总应变 ε_{apu} 的量具不宜小于 1 m。如采用测量加荷千斤顶活塞伸长量(ΔL)计算 ε_{apu} 时,应减去承力台座的弹性压缩、缝隙并紧量和试验锚具(夹具或连接器)的实测内测量。而预应力筋的计算长度应为两端锚具(夹具或连接器)的起夹点之间的距离。

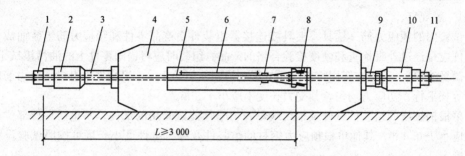

图 13-2　预应力筋—连接器组装件静载试验装置

1—试验锚具；2—1 号加荷载用千斤顶；3—荷载传感器；4—承力台座；
5—预应力筋；6—测量总应变的装置；7—转向钢环；8—连接器；
9—试验锚具；10—2 号千斤顶(预紧锚固后卸去)；11—工具锚

3)施加试验荷载步骤为:按预应力钢材抗拉强度标准值 f_{ptk} 的 20%、40%、60%、80%,分 4 级等速加载,加载速度宜为 100 MPa/min 左右;达到 80% 后,持荷 1 h;随后用低于 100 MPa/min 加载速度缓慢加载至完全破坏,使荷载达到最大值(F_{apu})。试验过程中应按下面第 5)条规定的项目进行测量和观察。对于仅要求达到"合格"标准的试件,可以在 η_a、ε_{apu}、η_g 满足锚具或夹具的静载锚固性能后停止试验。

4)用试验机或承力台座进行单根预应力筋—锚具组装件静载试验时,加荷速度可以加快,但不超过 200 MPa/min;在应力达到 $0.8f_{ptk}$ 时,持荷时间可以缩短,但不应少于 10 min。应力超过 $0.8f_{ptk}$ 后,加载速度不应超过 100 MPa/min。

5)试验过程中应测量、观察的项目和对试验结果的要求(图 13-3)。

①选取有代表性的若干根预应力钢材,按施加荷载的前 4 级,逐级测量其与锚具(夹具、连接器)之间的相对位移 Δa。Δa 应与预应力筋的受力增量成比例变化;如不成比例,应检查预应力钢材是否失锚滑动。

②选取锚具(夹具、连接器)若干有代表性的零件,按加载的前 4 级,逐级测量其间的相对位移 Δb。Δb 应与预应力筋的受力增量成比例变化;如不成比例,应检查相关零件(锚环、锚板等)是否发生了塑性变形。

③在预应力筋应力达到 $0.8f_{ptk}$ 时,在持荷 1 h 期间,Δa、Δb 应保持稳定。如继续增加不能稳定,表明已失去可靠锚固能力。

④试件达到最大拉力时,应记录极限拉力 F_{apu}(或 F_{gpu})和预应力筋自由长度的总应变 ε_{apu}。该测定值应满足锚具或夹具的静载锚固性能的规定。

⑤夹片式锚具的夹片在预应力筋应力达到 $0.8f_{ptk}$ 时不允许出现裂纹和破断;在满足锚具或夹具的静载锚固性能后允许出现微裂和纵向断裂,不允许横向、斜向断裂及碎断。因受预应力

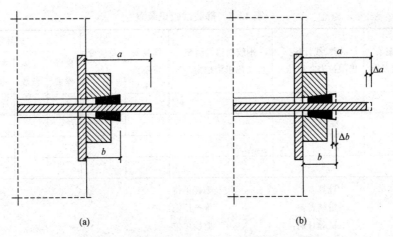

图 13-3 试验期间预应力筋及锚具零件的位移示意
(a)锚固之前,预应力筋顶紧之后;(b)加荷之中及锚固之后

筋多根或整束激烈破断的冲击引起夹片的破坏或断裂属正常情况。预应力筋拉力达到极限破断时,锚板及其锥形锚孔不允许出现过大塑性变形,锚板中心残余变形不应出现明显挠度;Δb 如比预应力筋应力为 $0.8f_{pk}$ 时成倍增加,表明已经失去可靠的锚固能力。

⑥预应力筋在未达到锚具或夹具的静载锚固性能的要求之前发生断裂时,如是预应力钢材存在对焊接口或损伤而被拉断的情况,此试件应报废,另补试件重做试验。握裹式锚具的静载试验,在满足 $\eta_a \geqslant 0.95$、$\varepsilon_{apu} \geqslant 2.0\%$ 之后失去握裹力时,属正常情况。

6)静载试验应连续进行三个组装件的试验,全部试验结果均应做出记录。据此应进行如下计算分析和评定:按式(13-1)计算锚具(或连接器)的锚具效率系数 η_a;按式(13-4)计算夹具效率系数 η_g;按本节的技术要求和上述试验过程中应测量、观察的项目和对试验结果的要求进行评定;最后对试验结果作出是否合格的结论。三个试验结果均应满足规定,不得以平均值作为试验结果。检验单位应向受检单位提出完整的检验报告,其中包括破坏部位及形式的图像记录,并有准确的文字评述。

静载试验的记录表及试验结果表见表 13-6 和表 13-7。

表 13-6 静载试验记录表

锚具类型		钢绞线	规格		计算极限拉力之和/kN			
千斤顶型号			强度级别/MPa		实测极限拉力/kN			
传感器型号			L_0/mm		破断情况			
序号	载入量/kN	夹片位移量 Δb/mm		内缩量 Δa/mm		千斤顶活塞行程	破断时	Δa/mm
		固定端	张拉端	固定端	张拉端			Δb/mm
持续时间:								
持荷后								
破短时								

参加人: 日期:

表 13-7 静载试验记录表

试件编号	锚具型号	钢绞线根数	钢绞线计算极限拉力之和/kN	钢绞线锚具组装件实测极限拉力/kN	锚具效率系数	总应变/%	破坏情况			
							破断丝数	径缩丝数	斜切口断丝数	其他

试验者：　　　　　　计算者：　　　　　　委托单位：　　　　　　　　　　　备注：
校对者：　　　　　　审核者：　　　　　　生产厂家：
试验单位：　　　　　试验日期：　　　　　监检单位：

(3)疲劳试验。

1)预应力筋—锚具或连接器组装件的疲劳试验应在疲劳试验机上进行。当疲劳试验机能力不够时，可以按试验结果有代表性的原则，在实际锚板上少安装预应力钢筋，或用本系列中较小规格的锚具组装成试验组装件，但预应力钢材根数不应少于实际根数的 1/10。为了保证试验结果具有代表性，直线形及有转折(如果锚孔有斜孔时)的预应力钢材都应包括在试验用组装件中。

2)以约 100 MPa/min 的速度加荷至试验应力上限值，在调节应力幅度达到规定值后，开始记录循环次数。

3)选择疲劳试验机的脉冲频率，不应超过 500 次/min。

(4)周期荷载试验。预应力筋—锚具或连接器组装件的周期荷载试验，可以在试验机或承力台座上进行，以 100~200 MPa/min 的速度加荷至试验应力上限值，再卸载至试验应力下限值为第 1 周期，然后荷载自下限值经上限值再回复到下限值为第 2 个周期，重复 50 个周期。

经疲劳荷载试验合格后且完整无损的预应力筋—锚具组装件，可用本项试验。

(5)外观、尺寸及硬度检验。

1)产品外观用目测法检验；裂缝可用有刻度或无刻度放大镜检验。

2)产品尺寸按机械制造常规方法用直尺、游标卡尺和塞环规等量具检验。

3)硬度检验按产品零件设计图样规定的硬度值种类，选用相应的硬度测量仪器进行检验。

(6)辅助性试验。

1)锚具的内缩量试验。本项试验可用单根或小规格锚具配合预应力筋，在 5~10 m 长的台座或构件的预应力孔道上多次张拉和放张，直接测得锚具内缩量(以 mm 计)；张拉应力为预应力筋的 $0.8f_{ptk}$。用传感器测量锚固前后预应力筋拉力差值，也可计算求得内缩量。试验用的试件每个规格不得少于 3 个，取平均值。

2)锚固端摩阻损失试验。本项试验是测定张拉千斤顶工具锚下至喇叭形垫板收口处的预应力损失。它包括预应力筋在锚具中的摩阻损失和在喇叭形垫板中两次弯折所引起的拉力损失。

试验可在模拟锚固区的混凝土块体或张拉台座上进行，锚具、垫板及附件应安装齐备，两端安装千斤顶及传感器，张拉力按预应力筋的 $0.8f_{ptk} \cdot A_p$ 取用。用传感器测出锚具前后两侧拉力差值即可算出锚固端摩阻损失，通常以张拉力的百分率计。试验用的试件可在锚具规格系列中选取三种规格，试件数量不应少于 3 个，取平均值。

3)张拉锚固工艺试验。根据预应力张拉锚固体系的构造安排，设计制作专门的钢筋混凝土模拟块体，作为试验平台，混凝土块体中，应包含多种弯曲和直线孔道、喇叭形垫板或垫板连体式锚板,各种塑料预埋件均应埋入混凝土中。用该体系的张拉设备进行分级张拉、多次张拉和放松操作。最大张拉力为预应力筋的 $0.88f_{ptk} \cdot A_p$。

通过张拉锚固工艺试验应能证明：

①本预应力体系具有分级张拉或因张拉设备倒换行程需要临时锚固的可能性；

②经过多次张拉锚固后,预应力筋内各根预应力钢材受力仍是均匀的；

③在张拉发生故障时,有将预应力筋全部放松的措施；

④单根垫板连体式锚具,有能使预应力筋在锥形夹片孔中自由对中的构造及不顶压锚固的可靠性。

4. 检验结果的判定

(1)外观检验。受检零件的外形尺寸和外观质量应符合图样规定。全部样品均不得有裂纹出现,如发现一件有裂纹,即应对本批全部产品进行逐件检验,合格者方可使用。

(2)硬度检验。按设计图样规定的表面位置和硬度范围检验和判定,如有 1 个零件不合格,则应另取双倍数量的零件重做检验；如仍有 1 个零件不合格,则应对本批零件逐个检验,合格者方可使用。

(3)静载试验、疲劳荷载试验即周期荷载试验。如符合技术要求,应判为合格；如有 1 个试件不符合要求,即判定为不合格；但允许另取双倍数量的试件重做试验,若全部试件合格,即可判定本批产品合格；如仍有 1 个试件不合格,则该批产品为不合格产品。

(4)辅助性试验为测定参数及检验工艺设备的项目,不做合格与否的判定。

二、张拉设备校验

在桥梁工程中施加预应力所用的机具设备通常称为张拉设备。常用的张拉设备为液压拉伸机,由油压千斤顶和配套的高压油泵、压力表及外接油管等组成。液压拉伸机的千斤顶按其构造可分为台座式(普通油压千斤顶)、穿心式、锥锚式和拉杆式。预应力张拉机具应与锚具配套使用,并在进场前进行检查和校验。

油压千斤顶的作用力一般用油压表测定和控制。油压表上的指示读数为油缸内的单位油压,在理论上将其乘以活塞面积即应为千斤顶的作用力。但由于油缸与活塞之间有一定的摩阻力,因此实际作用力要比理论值为小。为正确控制张拉力,一般均用校验标定的方法测定油压千斤顶的实际作用力与油压读数的关系。校验仪器可采用压力试验机、标准测力计或传感器等,一般采用长柱压力试验机。

1. 长柱压力试验机校验

压力试验机的精度不得低于 $\pm 2\%$。校验时,应采取被动校验法,即在校验时用千斤顶顶试验机,这样活塞运行方向、摩阻力的方向与实际工作时相同,校验比较准确。

在进行被动校验时,压力试验机本身也有摩阻力,且与正常使用时相反,故试验机表盘读数反映的也不是千斤顶的实际作用力。因此,用被动法校验千斤顶时,必须事先用具有足够吨位的标准测力计对试验机进行标定,以确定试验机的读盘读数值。标定后再校验千斤顶时就可以从试验机读盘上直接读出千斤顶的实际作用力以及相应的油压表的准确读数。

用压力试验机校验的步骤如下：

(1)千斤顶就位。当校验穿心式千斤顶时,如图 13-4(a)所示,将千斤顶放在试验机台面上,千斤顶活塞面或撑套与试验机压板紧密接触,并使千斤顶与试验机的受力中心线重合；当校验拉杆式千斤顶时,如图 13-4(b)所示,先把千斤顶的活塞杆推出,取下封尾板,在缸体内放入一根厚壁无缝钢管,然后将千斤顶两脚向下立于试验机的中心线部位。放好后,调整试验机,使钢管的上端与试验机上压板接紧，下端与缸体内活塞面接紧，并对准缸体中心线。

（2）校验千斤顶。开动油泵，千斤顶进油，使活塞杆上升，顶试验机上压板。在千斤顶顶试验机的平缓增加荷载的过程中（此时不得用试验机压千斤顶），自零位到最大吨位，将试验机被动标定的结果逐点标定到千斤顶的油压表上。标定点应均匀地分布在整个量测范围内，且不少于5点。当采用最小二乘法回归分析千斤顶的标定经验公式时需10~20点。各标定点应重复标定3次，取平均值，并且只测读进程，不得读回程。

（3）对千斤顶校验数值采用表13-8记录，并可根据校验结果绘制千斤顶校验曲线供预应力钢筋张拉时使用，也可采用最小二乘法求出千斤顶校验的经验公式，供预应力筋张拉时使用。

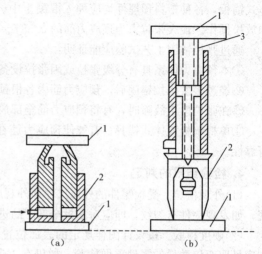

图 13-4　用压力试验机校验拉伸机

(a)校验穿心式千斤顶；(b)校验拉杆式千斤顶
1—试验机上下压板；2—拉伸机；3—无缝钢管

表 13-8　张拉设备校验记录表

张拉设备	油压千斤顶	名称	型号规格	精度等级	制造厂	出厂编号
	高压油泵					
	油压表					
检定吨位/kN		油压表校验读数				
		（一）	（二）	（三）		平均
试验机	型号规格					
	精度等级					
	制造厂					
	出厂编号					
备注						

送检单位：　　　　　　　检定地点：　　　　　　　检定日期：
检定时室温：　　　　　　有效期至：　　　　　　　检定单位（盖章）

2. 用标准测力计校验

用水银压力计、测力环、弹簧拉力计标准测力计校验千斤顶，是一种简单可靠的方法，校验穿心式千斤顶时的装置如图13-5所示（校验拉杆式千斤顶的附加装置与压力试验机校验相同）。校验时，开动油泵，千斤顶进油，活塞杆推出，顶测力计。当测力计达到一定吨位 T_1 时，立即读出千斤顶油压表相应读数 P_1，同样方法可得 T_2、P_2；T_3、P_3；此时，T_1、T_2、T_3…即为相应于油压表读数 P_1、P_2、P_3…的实际作用力。将测得的各值绘成曲线，实际使用时，即可由此曲线找出要求的 T 值和相应的 P 值。

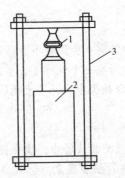

图 13-5　标准测力计校验千斤顶装置
1—标准测力计；2—千斤顶；3—框架

本章小结

施工阶段桥梁混凝土结构的检测内容主要是拌制和浇筑混凝土时的检测、浇筑混凝土后的检测。

混凝土、钢筋混凝土部分结构构件的外形尺寸、位置的检测与评定包括：混凝土基础实测项目，承台实测项目，墩、台身实测项目，柱或双壁墩身实测项目，梁(板)预制实测专案及钢筋安装实测专案的检测与评定。

钢筋的焊接方式有闪光对焊和搭接电弧焊。焊接钢筋的质量检测内容主要包括外观检查和力学性能试验，其中力学性能试验包括拉伸试验和弯曲试验。

锚具、夹具和连接器的质量检测与评定包括：静载试验，疲劳试验，周期荷载试验，外观、尺寸及硬度检验及辅助性试验。

复习思考题

一、选择题

1. 在锚具的疲劳荷载试验中，试件需经过(　　)万次循环荷载后，锚具零件不应发生疲劳破坏。
   A. 200　　　　B. 100　　　　C. 75　　　　D. 50

2. 在锚具的周期荷载试验中，将钢绞线、锚具与试验台组装时，初应力最大可取钢绞线抗拉强度标准值的(　　)。
   A. 40%　　　　B. 20%　　　　C. 30%　　　　D. 10%

3. 钢筋连接接头根据(　　)以及高应力和大变形条件下反复拉压性能的差异，可分为三个等级。
   A. 抗拉强度　　B. 残余变形　　C. 抗压强度　　D. 抗剪强度

4. 某锚具组装件3个试样在疲劳荷载试验中，锚具零件未发生疲劳破坏，钢绞线因锚具夹持作用发生疲劳破坏的面积分别为原试样总面积的2%、4%、6%，则对该锚具试验检测结果的判定为(　　)。

　　A. 合格

　　B. 不合格

　　C. 另取2个试样重做试验，如仍有一个试样不合格，则该批产品判为不合格

　　D. 另取3个试样重做试验，如仍有一个试样不合格，则该批产品判为不合格

5. 锚具摩阻损失试验中，锚口摩阻损失率合计不大于(　　)。

　　A. 3%　　　　　　B. 4%　　　　　　C. 5%　　　　　　D. 6%

二、判断题

1. 用于抗震结构中的锚具在周期性荷载试验中，试样经过50次循环荷载试验后，钢绞线在锚具加持区域不应发生破断、滑移和夹片松脱现象。(　　)

2. 锚具的静载锚固性能试验试样数量为三个组装件，试验结果取三个组试件的平均值。(　　)

3. 对锚具的硬度检验，如有一个零件不合格，则应另取双倍数量的零件重做试验。(　　)

4. 对锚具的外观及尺寸检验，如表面无裂缝，尺寸符合设计要求，判为合格；如有一套表面有裂缝并超过允许偏差，则结果判定为不合格。(　　)

5. 锚具在静载锚固性能试验过程中，若钢绞线相对位移 Δa、夹片相对位移 Δb 与预应力钢筋的受力增量不成比例，可说明锚具已失去可靠的锚固能力。(　　)

三、简答题

1. 钢筋闪光对焊接头的外观检测要求是什么？

2. 锚具的出厂检验项目有哪些？

3. 夹具的基本性能要求是什么？

4. 简述预应力筋—锚具的外观、尺寸及硬度检验的方法。

5. 桥梁工程中施加预应力的张拉设备如何校验？

第十四章　桥梁支座和伸缩装置检测

> **学习建议**
>
> 通过本章的学习，熟悉桥梁板式橡胶支座的检测项目与评定；能描述伸缩装置的检测项目。

第一节　桥梁支座检测

桥梁支座设置在梁板式体系中主梁与墩台之间，其主要功能是将上部结构的各种荷载传递给墩台，并能适应上部结构的荷载、温度变化、混凝土收缩等各种因素所产生的自由变形（水平位移及转角），使上、下部结构的实际受力情况符合设计计算图示。

目前使用广泛的桥梁支座有板式橡胶支座、盆式橡胶支座和球形橡胶支座。桥梁板式橡胶支座构造简单、成本低、安装方便，已实现了产品的标准化、系列化，也是我国桥梁支座的发展方向。本节主要介绍桥梁板式橡胶支座的检验方法。

一、板式橡胶支座的构造

1. 分类

(1) 按结构形式可分为以下几项：

1) 普通板式橡胶支座可分为矩形板式橡胶支座（代号 GJZ）、圆形板式橡胶支座（代号 GYZ）；

2) 四氟滑板式橡胶支座可分为矩形四氟滑板支座（代号 $GJZF_4$）、圆形四氟滑板橡胶支座（代号 $GYZF_4$）。

(2) 按支座材料和适用温度可分为以下几项：

1) 常温型橡胶支座，应采用氯丁橡胶（CR）生产，适用温度为 $-25\ ℃\sim 60\ ℃$。不得使用天然橡胶代替氯丁橡胶，也不允许在氯丁橡胶中掺入天然橡胶；

2) 耐寒型橡胶支座，应采用天然橡胶（NR）生产，适用温度为 $-40\ ℃\sim 60\ ℃$。

2. 产品代号

产品代号表示方法示例：

【例】　公路桥梁矩形普通氯丁橡胶支座，短边尺寸为 300 mm，长边尺寸为 400 mm，厚度为 47 mm。表示为：GJZ300×400×47(CR)。

【例】　公路桥梁圆形四氟滑板橡胶支座，直径为 300 mm，厚度为 54 mm。表示为：$GYZF_4$ 300×54(NR)。

3. 支座结构

板式橡胶支座（图 14-1）通常由若干层橡胶片与以薄钢板为刚性的加劲物组合而成，各层橡胶与上下钢板经过亚硫化牢固地粘结成为一体。支座在竖向荷载作用下，具有足够的刚度，主要是由于嵌入橡胶片之间的钢板限制橡胶的侧向膨胀。在水平力作用下，支座的水平位移量取决于橡胶片的净厚度。在运营期间为防止嵌入钢板的锈蚀,支座的上下面及四边都有橡胶保护层。

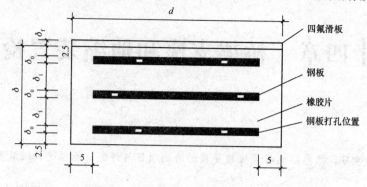

图 14-1 板式橡胶支座结构(单位:mm)

二、板式橡胶支座的技术要求

交通部行业标准《公路桥梁板式橡胶支座》(JT/T 4—2004)中规定了桥梁板式橡胶支座系列规格,支座成品力学性能要求及质量要求应符合表 14-1~表 14-5 的规定。

表 14-1 成品支座力学性能要求

项目		指标
极限抗压强度 R_u/MPa		≥70
实测抗压弹性模量 E_1/MPa		$E±E×20\%$
实测抗剪弹性模量 G_1/MPa		$G±G×15\%$
实测老化后抗剪弹性模量 G_2/MPa		$G+G×15\%$
实测转角正切值 $\tan\theta$	混凝土桥	≥1/300
	钢桥	≥1/500
实测四氟板与不锈钢表面摩擦系数 μ_f(加硅脂时)		≤0.03

表 14-2 成品支座平面尺寸偏差范围   mm

矩形支座		圆形支座	
长边范围(l_b)	偏差	直径范围(d)	偏差
l_b≤300	+2,0	d≤300	+2,0
300<l_b≤500	+4,0	300<d≤500	+4,0
l_b>300	+5,0	d>300	+5,0

表 14-3 成品支座厚度尺寸偏差范围   mm

矩形支座		圆形支座	
厚度范围(t)	偏差	厚度范围(t)	偏差
t≤49	+1,0	t≤49	+1,0
49<t≤100	+2,0	49<t≤100	+2,0
100<t≤150	+3,0	100<t≤150	+3,0
t>150	+4,0	t>150	+4,0

表 14-4 每块支座外观检验

名称	成品质量标准(不允许有下列两项以上缺陷同时存在)
气泡、杂质	气泡、杂质总面积不得超过支座平面面积的 0.1%，且每一处气泡、杂质面积不能大于 50 mm²，最大深度不超过 2 mm
凹凸不平	当支座平面面积小于 0.15 m² 时，不多于两处；大于 0.15 m² 时，不多于四处，且每处凹凸高度不超过 0.5 mm，面积不超过 6 mm²
四侧面裂纹、钢板外露	不允许
掉块、崩裂、机械损伤	不允许
钢板与橡胶粘结处开裂或剥离	不允许
支座表面平整度	1. 橡胶支座：表面不平整度不大于平面最大长度的 0.4%； 2. 四氟滑板支座：表面不平整度不大于四氟滑板平面最大长度的 0.2%
四氟滑板表面划痕、碰伤、敲击	不允许
四氟滑板与橡胶支座粘贴错位	不得超过橡胶支座短边或直径尺寸的 0.5%

表 14-5 成品支座解剖检验

名称	解剖检验标准
锯开后胶层厚度	胶层厚度应均匀，t_1 为 5 mm 或 8 mm 时，其偏差为 ±0.4 mm；t_1 为 11 mm 时，其偏差不得大于 ±0.7 mm；t_1 为 15 mm 时，其偏差不得大于 ±1.0 mm
钢板与橡胶粘结	钢板与橡胶粘结应牢固，且无离层现象，其平面尺寸偏差为 ±1 mm；上下保护层偏差为 (±0.5，0) mm
玻璃胶层(应按 HG/T 2198 规定制成试样)	剥离胶层后，测定的橡胶性能与规定的标准值相比，其拉伸强度的下降应大于 15%，扯断伸长率的下降不应大于 20%

三、板式橡胶支座的检验方法

1. 检验分类

桥梁橡胶支座检验可分为进厂原材料检验、出厂检验和型式检验。进厂原材料检验是指板式橡胶支座加工用原材料及外加工件进厂时，应进行的验收检验；支座出厂检验为每批产品交货前应进行的检验。出厂检验应由工厂质检部门进行，确认合格后方可出厂，出厂时应附有产品质量合格证明文件，并附有支座的规格、胶种、单层橡胶和钢板厚度、钢板的平面尺寸、钢板层数、橡胶总厚度，以便使用单位验收和抽检。有下列情况之一时，应进行型式检验：

(1)新产品或老产品转厂生产的试制定型鉴定；
(2)正常生产后，胶料配方、工艺、材料有较大改变，可能影响产品性能时；
(3)产品停产一年以上，恢复生产时；
(4)重要桥梁工程或用量较大的桥梁工程用户提出要求时；
(5)国家质量监督机构要求或颁发产品生产许可证时。

2. 检验项目及要求

支座出厂检验应满足表 14-6 的要求。

表 14-6 支座出厂检验项目

项目	检验内容	检验周期
外形尺寸	平面尺寸、厚度偏差	抽检 25%
外观质量	外观缺陷	每块支座
内在品质	内部缺陷	每 200 块取一块
力学性能	抗压、抗剪弹性模量、极限抗压强度、抗剪粘结性与抗剪老化交叉检验	每批产品一种

3. 支座力学性能检测方法

(1)抗压弹性模量试验。

1)抗压弹性模量应按下列步骤进行试验(图 14-2)：

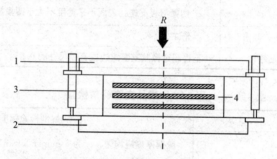

图 14-2 压缩试验设备图
1—上承载板；2—下承载板；3—位移传感器；4—支座试样

①将试样置于试验机的承载板上，上下承载板与支座接触面不得有油渍；对准中心，精度应小于 1‰ 的试件短边尺寸或直径。缓缓载入至压应力为 1.0 MPa 且稳定后，核对承载板四角对称安置的四只位移传感器，确认无误后，开始预压。

②预压。将压应力以 0.03～0.04 MPa/s 速率连续地增至平均压应力 $\sigma=10$ MPa，持荷 2 min，然后以连续均匀的速度将压应力卸至 1.0 MPa，持荷 5 min，记录初始值，绘制应力—应变图，预压 3 次。

③正式载入。每一加载循环自 1.0 MPa 开始，将压应力以 0.03～0.04 MPa/s 速率均匀加载至 4 MPa，持荷 2 min，采集支座变形值，然后以同样速率每 2 MPa 为一级载入，每级持荷 2 min 后至 $\sigma=10$ MPa 为止。采集支座变形数据直至平均压应力 σ 为止，绘制的应力—应变图应呈线性关系。然后以连续均匀的速度卸载至压应力为 1.0 MPa。10 min 后进行下一级加载循环。加载过程应连续进行三次。

④以承载板四角所测得的变化值的平均值，作为各级荷载下试样的累积竖向压缩变形 Δ_c，按试样橡胶层的总厚度 t_e 求出在各级试验荷载作用下，试样的累积压缩应变 $\varepsilon_i=\Delta_{ci}/t_e$。

2)试样实测抗压弹性模量应按下列公式计算：

$$E_1 = \frac{\sigma_{10} - \sigma_4}{\varepsilon_{10} - \varepsilon_4} \tag{14-1}$$

式中 E_1——试样实测的抗压弹性模量计算值，精确至 1 MPa；

σ_4，ε_4——第 4 MPa 级试验荷载下的压应力和累积压缩应变值；

σ_{10}，ε_{10}——第 10 MPa 级试验荷载下的压应力和累积压缩应变值。

3)结果。每一块试样的抗压弹性模量 E_1 为三次加载过程中所得的三个实测结果的算术平均值。但单项结果和算术平均值之间的偏差不应大于算术平均值的3%,否则应对该试样重新复核试验一次,如果仍超过3%,应由试验机生产厂专业人员对试验机进行检修和检定,合格后再重新进行试验。

(2)抗剪弹性模量试验。

1)抗剪弹性模量应按下列步骤进行试验(图14-3):

①在试验机的承载板上,应使支座顺其短边方向受剪,将试样及中间钢拉板按双剪组合配置好,使试样和中间钢拉板的对称轴和试验机承载板中心轴处在同一垂直面上,精度应小于1%的试件短边尺寸。为防止出现打滑现象,应在上下承载板和中间钢拉板上粘贴高摩擦板,以确保试验的准确性。

②将压应力以$(0.03\sim0.04)$MPa/s的速率连续地增至平均压应力$\sigma=10$ MPa,绘制应力—时间图,并在整个抗剪试验过程中保持不变。

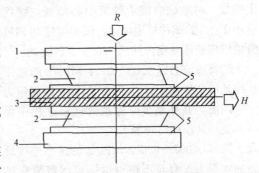

图14-3 剪切试验设备图
1—上承载板;2—支座试样;3—中间钢拉板;
4—下承载板;5—防滑摩擦板

③调整试验机的剪机试验机构,使水平油缸、负荷传感器的轴线和中间钢拉板的对称轴重合。

④预加水平力。以$(0.02\sim0.03)$MPa/s的速率连续施加水平剪应力至剪应力$\tau=1.0$ MPa,持荷5 min,然后以连续均匀的速度卸载至剪应力为0.1 MPa,持荷5 min,记录初始值,绘制应力—应变图。预载3次。

⑤正式载入。每一载入循环自$\tau=0.1$ MPa开始,每级剪应力增加0.1 MPa,持荷1 min,采集支座变形资料,至$\tau=1.0$ MPa为止,绘制的应力—应变图应呈线性关系。然后以连续均匀的速度卸载至剪应力为0.1 MPa。10 min后进行下一循环试验。加载过程应连续进行3次。

⑥将各级水平荷载作用下位移传感器所测得的试样累积水平剪切变形Δ_s,按试样橡胶层的总厚度t_e求出在各级试验荷载作用下,试样的累积剪切应变$\gamma_i=\Delta_s/t_e$。

2)试样的实测抗剪弹性模量应按下列公式计算:

$$G_1 = \frac{\tau_{1.0} - \tau_{0.3}}{\gamma_{1.0} - \gamma_{0.3}} \tag{14-2}$$

式中 G_1——试样实测的抗剪弹性模量计算值,精确至1%(MPa);

$\tau_{1.0}$,$\gamma_{1.0}$——第1.0 MPa级试验荷载下的剪应力和累积剪切应变值(MPa);

$\tau_{0.3}$,$\gamma_{0.3}$——第0.3 MPa级试验荷载下的剪应力和累积剪切应变值(MPa)。

3)结果。每对检验支座所组成试样的综合抗剪弹性模量G_1,为该对试件三次载入所得到的三个结果的算术平均值。但各单项结果与算术平均值之间的偏差应不大于算术平均值的3%,否则应对该试样重新复核试验一次,如果仍超过3%,应由试验机生产厂专业人员对试验机进行检修和检定,合格后再重新进行试验。

(3)抗剪粘结性能试验。整体支座抗剪粘结性能试验方法与抗剪弹性模量试验方法相同,将压应力以$(0.03\sim0.04)$MPa/s速率连续地增至平均压应力$\sigma=10$ MPa,绘制应力—时间图,并在整个试验过程中保持不变。然后以$0.002\sim0.003$ MPa/s的速率连续施加水平力,当剪应力达到2 MPa,持荷5 min后,水平力以连续均匀的速度连续卸载,在加、卸载过程中绘制应力—应变图。试验中随时观察试件受力状态及变化情况,水平力卸载后试样是否完好无损。

(4)抗剪老化试验。将试样置于老化箱内,在70 ℃±2 ℃温度下经72 h后取出,将试样在标准温度23 ℃±5 ℃下,停放48 h,再在标准试验室温度下进行剪切试验,试验与标准抗剪弹性模量试验方法步骤相同。老化后抗剪弹性模量 G_2 的计算方法与标准抗剪弹性模量计算方法相同。

(5) 摩擦系数试验。

1) 摩擦系数应按下列步骤进行(图 14-4):

①将四氟滑板支座与不锈钢板试样按规定摆放,对准试验机承载板中心位置,精度应小于 1% 的试件短边尺寸。试验时应将四氟滑板试样的储油槽内注满 5201—2 硅脂油。

②将压应力以 0.03~0.04 MPa/s 的速率连续地增至平均压应力 $\sigma=10$ MPa,绘制应力—时间图,并在整个摩擦系数试验过程中保持不变。其预压时间为 1 h。

③以 0.002~0.003 MPa/s 的速率连续地施加水平力,直至不锈钢钢板与四氟滑板试样接触面间发生滑动为止,记录此时的水平剪应力作为初始值。试验过程应连续进行 3 次。

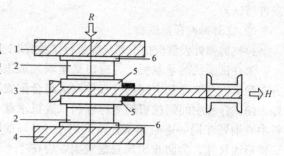

图 14-4 摩擦系数试验设备图
1—试验机上承载板;2—四氟滑板支座试样;
3—中间钢拉板;4—试验机下承载板;
5—不锈钢钢板试样;6—防滑摩擦板

2) 摩擦系数应按下列公式计算:

$$\mu_f = \frac{\tau}{\sigma} \tag{14-3}$$

$$\tau = \frac{H}{A_0} \tag{14-4}$$

$$\sigma = \frac{R}{A_0} \tag{14-5}$$

式中 μ_f——四氟滑板与不锈钢板表面的摩擦系数,精确至 0.01;

τ——接触面发生滑动时的平均剪应力(MPa);

σ——支座的平均压应力(MPa);

H——支座承受的最大不平力(kN);

R——支座最大承压力(kN);

A_0——支座有效承压面积(mm^2)。

3) 结果。每对试样的摩擦系数为三次试验结果的算术平均值。

(6) 转角试验。

1) 试验原理。施加压应力至平均压应力 σ,则试样产生垂直压缩变形;用千斤顶对中间工字梁施加一个向上的力 P,工字梁发生转动,上下试样边缘产生压缩及回弹两个相反变形。由转动产生的支座边缘的变形必须小于由垂直荷载和强制转动共同影响下的压缩变形(图 14-5 和图 14-6)。

2) 试验步骤。转角试验应按下列步骤进行:

①将试样按图 14-5 规定摆放,对准中心位置,精度应小于 1% 的试件短边尺寸。在距试样中心 L 处,安装使梁产生转动用的千斤顶和测力计,并在承载板(或板)四角对称安

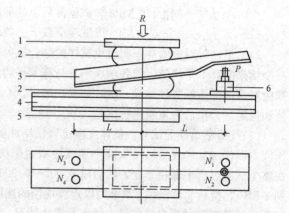

图 14-5 容许转角检测装置示意图
1—压力机上承载板;2—试样;3—中间工字梁(假想梁体);
4—承载梁(板);5—压力机下承载板;6—千斤顶

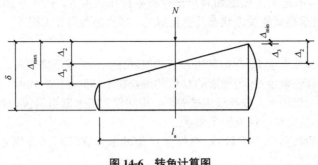

图 14-6 转角计算图

装四只高精度位移传感器(精度 0.001 mm)。

②预压。将压应力以 0.03～0.04 MPa/s 的速率连续地增至平均压应力 $\sigma=10$ MPa，绘制应力—时间图，维持 5 min，然后以连续均匀的速率卸载至压应力为 1.0 MPa，如此反复 3 遍。检查传感器是否灵敏准确。

③载入。将压应力按照抗压弹性模量试验要求增至 $\sigma=10$ MPa，采集支座变形数据，绘制应力—应变图，并在整个试验过程中维持 $\sigma=10$ MPa 不变。用千斤顶对中间工字梁施加一个向上的力 P，使其达到预期转角的正切值(偏差不大于 5%)，停 5 min 后，记录千斤顶力 P 及传感器的数值。

3)计算。

①实测转角的正切值应按下列公式计算：

$$\tan\theta = \frac{\Delta_1^2 + \Delta_3^4}{2L} \tag{14-6}$$

式中　$\tan\theta$——试样实测转角的正切值；
　　　Δ_1^2——传感器 N_1、N_2 处的变形平均值(mm)；
　　　Δ_3^4——传感器 N_3、N_4 处的变形平均值(mm)；
　　　L——转动力臂。

②各种转角下，由于垂直承压力和转动共同影响产生的压缩变形值应按下式计算：

$$\Delta_2 = \Delta_c - \Delta_1 \tag{14-7}$$

$$\Delta_1 = (\Delta_1^2 - \Delta_3^4)/2 \tag{14-8}$$

式中　Δ_c——支座最大承压力 R 时试样累积压缩变形值(mm)；
　　　Δ_1——转动试验时，试样中心平均回弹变形值(mm)；
　　　Δ_2——垂直承压力和转动共同影响下试样中心处产生的压缩变形值(mm)。

③各种转角下，试样边缘换算变形值应按下式计算：

$$\Delta_\theta = \tan\theta \cdot l_a/2 \tag{14-9}$$

式中　Δ_θ——实测转角产生的变形值(mm)；
　　　l_a——矩形支座试样的短边尺寸(mm)，圆形支座采用直径 d(mm)。

④各种转角下，支座边缘最大、最小变形值应按下列公式计算：

$$\Delta_{\max} = \Delta_2 + \Delta_\theta \tag{14-10}$$

$$\Delta_{\min} = \Delta_2 - \Delta_\theta \tag{14-11}$$

(7)极限抗压强度试验。极限抗压强度试验应按下列步骤进行：

1)将试样放置在试验机的承载板上，上下承载板与支座接触面不得有油污，对准中心位置，精度应小于 1% 的试件短边尺寸；

2)以 0.1 MPa/s 的速率连续地加载至试样极限抗压强度 R_u 不小于 70 MPa 为止,绘制应力—时间图,并随时观察试样受力状态及变化情况,试样是否完好无损。

4. 试验结果

(1)试样的抗压弹性模量 E_1 与标准的 E 值的偏差在±20%范围之内时,应认为满足要求。

(2)试样的抗剪弹性模量 G_1 与标准的 G 值的偏差在±15%范围之内时,应认为满足要求。

(3)在两倍剪应力作用下,橡胶层未被剪坏,中间层钢板未断裂错位,卸载后,支座变形恢复正常,应认为试样抗剪粘结性能满足要求。

(4)试样老化后的抗剪弹性模量 G_2 与规定 G 值的偏差在±15%范围之内时,应认为满足要求。

(5)在不小于 70 MPa 压应力时,橡胶层未被挤坏,中间层钢板未断裂,四氟滑板与橡胶未发生剥离,应认为试样的极限抗压强度满足要求。

(6)四氟滑板试样与不锈钢钢板试样的摩擦系数满足表 14-1 时,应认为满足要求。

(7)试样的转角正切值,混凝土、钢筋混凝土桥梁在 1/300、钢桥在 1/500 时,试样边缘最小变形值大于或等于零时,应认为试样转角满足要求。

四、判定规则

(1)进厂原材料检验应全部项目合格后方可使用,不合格材料不允许用于支座生产。

(2)支座出厂检验时,若有一项不合格,则应从该批产品中随机再取双倍支座,对不合格项目进行复检,若仍有一项不合格,则判定该批产品不合格。

(3)支座力学性能试验时,随机抽取三块(或三对支座),若有两块(或两对)不能满足要求,则认为该批产品不合格。若有一块(或一对)支座不能满足要求时,则应从该批产品中随机再抽取两倍支座对不合格项目进行复检,若仍有一项不合格,则判定该批产品不合格。

(4)型式检验时,应全部项目满足要求为合格。若使用单位元抽检支座成品力学性能有两项各有一块(一对)支座不合格;颁发产品许可证时,抽检支座有三项各有一块(一对)支座不合格,则可按照上述第(3)条规定进行复检,若仍有一项不合格,则判定该批产品为不合格。

第二节 桥梁伸缩装置检测

为使车辆平稳通过桥面并满足桥梁上部结构变形的需要,在桥梁伸缩缝处设置的由橡胶和钢材等组成的各种装置总称为桥梁伸缩装置。

一、伸缩装置的分类

伸缩装置按照伸缩体结构的不同分为模数式伸缩装置(M)、梳齿板式伸缩装置(S)和无缝式伸缩装置(W)三类。

1. 模数式伸缩装置

其伸缩体是由钢梁和橡胶密封带组合而成的伸缩装置称为模数式伸缩装置。按橡胶密封带的数量,模数式伸缩装置又进一步分为单缝式(MA)和多缝式(MB)两种。单缝(MA)模数式伸缩装置适用于伸缩量为 20~80 mm 的公路桥梁工程,多缝(MB)模数式伸缩装置适用于伸缩量为 160 mm 以上的公路桥梁工程。

2. 梳齿板式伸缩装置

其伸缩体由钢制梳齿板组合而成的伸缩装置称为梳齿板式伸缩装置。梳齿板式伸缩装置按梳齿板受力状况悬臂式(SC)和简支式(SS)两种。简支梳齿板式伸缩装置按活动梳齿板的齿板和伸缩缝的相对位置分为活动梳齿板的齿板位于伸缩缝一侧(SSA)和活动梳齿板的齿板跨越伸缩缝(SSB)两种。SC梳齿板式伸缩装置适用于伸缩量为60～240 mm的公路桥梁工程,SSA梳齿板式伸缩装置适用于伸缩量为80～1 000 mm的公路桥梁工程,SSB梳齿板式伸缩装置适用于伸缩量为1 000 mm以上的公路桥梁工程。

3. 无缝式伸缩装置

由弹性伸缩体和隔离膜组成的伸缩装置称为无缝式伸缩装置。适用于伸缩量为20～100 mm的公路桥梁工程。

二、伸缩装置的总体要求

伸缩装置所使用的材料、加工工艺和成品的整体性能、外观质量及解剖检验等应符合交通部颁布的现行标准《公路桥梁伸缩装置通用技术条件》(JT/T 327—2016)。

(一)性能要求

伸缩装置应适应、满足桥梁纵、横、竖三向变形要求,伸缩装置变形性能应符合表14-7的要求。当桥梁变形使伸缩装置产生显著的横向错位和竖向错位时,宜通过专题确定伸缩装置的平面转角要求和竖向转角要求,并进行变形性能检测。

表14-7 伸缩装置变形性能要求

装置类型	项目		要求
MB	拉伸、压缩时最大水平摩阻力/(kN·m^{-1})		≤4×n
MB	拉伸、压缩时变形均匀性	每单元最大偏差值/mm	−2～2
MB	拉伸、压缩时变形均匀性	总变形最大偏差值/mm 80≤e≤400	−5～5
MB	拉伸、压缩时变形均匀性	总变形最大偏差值/mm 400<e≤800	−10～10
MB	拉伸、压缩时变形均匀性	总变形最大偏差值/mm e>800	−15～15
MB	拉伸、压缩时每单元最大竖向变形偏差/mm		≤2.0
MB	符合水平摩阻力和变形均匀性条件下的错位性能	纵向错位	伸缩装置的扇形变位角度≥2.5°
MB	符合水平摩阻力和变形均匀性条件下的错位性能	横向错位	伸缩装置两侧偏差值≥20×n(mm)
MB	符合水平摩阻力和变形均匀性条件下的错位性能	竖向错位	顺桥向坡度≥5%
SC	拉伸、压缩时每单元最大竖向变形偏差/mm		≤1.0
SSA SSB	拉伸、压缩时最大水平摩阻力/(kN·m^{-1})		≤5.0
SSA SSB	拉伸、压缩时每单元最大竖向变形偏差/mm	80≤e≤720	≤1.0
SSA SSB	拉伸、压缩时每单元最大竖向变形偏差/mm	720<e≤1 440	≤1.5
SSA SSB	拉伸、压缩时每单元最大竖向变形偏差/mm	e_1>1 440	≤2.0
W	拉伸、压缩时每单元最大竖向变形偏差/mm		≤6.0

注:n为多缝模数式伸缩装置中橡胶密封带的个数。

伸缩装置应具有可靠的防水、排水系统,防水性能应符合注满水24 h无渗漏的要求。

(二)使用要求

在车辆荷载作用下,伸缩装置各部件及连接应安全可靠。在正常设计、生产、安装、运营养护条件下,伸缩装置设计使用年限不应低于 15 年。

(三)技术要求

(1)外观要求。伸缩装置的外观应满足表 14-8 的要求。

表 14-8　伸缩装置的外观要求

装置类型	项目及要求				
	外观	橡胶	焊缝	涂装	螺栓
M	外观表面应平整洁净,无机械损伤,无毛刺,无锈蚀。产品铭牌标记清晰	橡胶表面应光滑平整,无缺陷	焊缝应均匀,不应有气孔、夹渣等缺陷	涂装表面应平整,不应有脱落、流痕、褶皱等现象	
S	外观表面应平整洁净,无机械损伤,无毛刺,无锈蚀。产品铭牌标记清晰	橡胶表面应光滑平整,无缺陷		涂装表面应平整,不应有脱落、流痕、褶皱等现象	外露螺栓应连接可靠
W	外观表面应平整洁净,无机械损伤,无毛刺				

(2)装配公差。伸缩装置的装配公差应符合表 14-9 的要求。

表 14-9　伸缩装置装配公差要求

装置类型	项目		要求
M	平面总宽的偏差值/mm	$80 \leqslant e \leqslant 400$	$-5 \sim 5$
		$400 < e \leqslant 800$	$-10 \sim 10$
		$e > 800$	$-15 \sim 15$
SC	伸缩范围内任一位置,同一断面处两边齿高差/mm		$\leqslant 1.0$
SSA SSB	伸缩范围内任一位置,同一断面处两边齿高差/mm	$80 \leqslant e \leqslant 720$	$\leqslant 1.0$
		$720 < e \leqslant 1\ 440$	$\leqslant 1.5$
		$e_1 > 1\ 440$	$\leqslant 2.0$
SC	最大压缩量时	纵向间隙/mm	$\geqslant 15$
		横向间隙/mm	$\geqslant 5$
SSA SSB	最大压缩量时	纵向间隙/mm	$\geqslant 30$
		横向间隙/mm	$\geqslant 2$
S	最大拉伸量时齿板搭接长度/mm		$\geqslant 30$

注:当模数式伸缩装置处于完全压缩时,在任意位置同一断面,以两边纵梁顶平面为准,每根中纵梁顶面和边纵梁顶面相对高差不应大于 1.5 mm;每单元的纵向偏差应在±2 mm 范围内。

(3)其他偏差要求。伸缩装置中使用的弹性支承元件按设计图要求加工制造,其偏差应符合设计要求。未注公差尺寸的弹性支承元件,其高度公差应符合《橡胶制品的公差　第 1 部分　尺寸公差》(GB/T 3672.1—2002)中 M2 级的规定;其他尺寸公差应符合《橡胶制品的公差　第 1 部分尺寸公差》(GB/T 3672.1—2002)中 M3 级的规定。

伸缩装置中使用的钢构件应按设计图要求加工制造，其偏差应符合设计要求。未注公差尺寸的加工件其极限偏差应符合《一般公差　未注公差的线性和角度尺寸的公差》(GB/T 1804—2000)的 V 级规定；未注形状和位置的公差应符合《形状和位置公差　未注公差值》(GB/T 1184—1996)中的 L 级规定。

三、试验方法

伸缩装置的检测项目包括整体性能试验、钢材试验、橡胶试验、其他材料试验、尺寸偏差、外观质量等内容。这里简要介绍下面几种试验方法：

1. 整体性能试验

(1)试样。整体试件宜采用整体装配后的伸缩装置进行试验。若受试验设备限制，不能对整体试件进行试验时，按照下列要求取样：

1)单缝模数式伸缩装置的试件长度不小于 4 m；

2)多缝模数式伸缩装置的试件长度不小于 4 m，并且有不少于 4 个位移箱；

3)梳齿板式伸缩装置的试件长度不小于 4 m 或一个单元；

4)无缝式伸缩装置的试件长度不小于 4 m。

(2)具体要求。

1)整体试验应在制造厂或专门试验机构中进行。

2)对整体试件的伸缩装置进行力学性能试验时，伸缩装置试件的锚固系统应采用定位螺栓或其他有效方法，试验装置应能模拟伸缩装置在桥梁结构的实际受力状态，并进行规定试验项目试验。伸缩装置的试验标准温度为 23 ℃±5 ℃，且不应有腐蚀性气体及影响检测的震动源。

3)模数式伸缩装置应进行拉伸、压缩、纵向、竖向、横向错位试验、测定水平摩阻力、变位均匀性。应按实际受力荷载测定中梁、支承横梁及其连接部件应力、应变值，并应对试样进行振动冲击试验，对橡胶密封带进行防水试验。

4)梳齿板式伸缩装置应进行拉伸、压缩试验，测定水平摩阻力及橡胶密封带进行防水试验。

5)无缝式伸缩装置应进行拉伸、压缩试验及橡胶密封带防水试验。

2. 原材料

伸缩装置中使用的钢材、橡胶、不锈钢板、聚四氟乙烯版、硅脂等应按《公路桥梁伸缩装置通用技术条件》(JT/T 327—2016)中规定的相关方法进行试验。

3. 尺寸偏差

伸缩装置的尺寸偏差，应采用标定的钢直尺、游标卡尺、平整度仪、水平仪等量测，每 2 m 取其断面量测后，取其平均值。

4. 外观质量

产品外观质量，应采用目测方法和相应精度的量具逐件进行检测。

5. 表面涂装质量

表面涂装质量检验按照《公路桥梁钢结构防腐涂装技术条件》(JT/T 722—2008)规定的方法进行检测。

四、检验规则

1. 检验分类

伸缩装置检验应包括型式检验和出场检验。

2. 型式检验

有下列情况之一时，应进行型式试验：

(1)新产品投产或老产品转厂生产的试制定型鉴定；
(2)正常生产后，生产设备、生产流程、材料有改变，影响产品性能时；
(3)停产一年以上，恢复生产时；
(4)用户提出要求或桥梁变形变位情况特殊时；
(5)国家质量监督机构要求时。

3. 出厂检验

每批产品交货前应进行出厂检验。

4. 检验项目及要求

型式检验和出厂检验项目应符合表14-10的要求。

表14-10 型式检验和出厂检验项目要求

装置类型	检验项目	型式检验	出厂检验	检验频次
模数式伸缩装置	外观	√	√	100%
	材料	√	△	100%
	尺寸偏差	√	√	100%
	焊接质量	√	√	100%
	表面处理	√	√	100%
	装配	√	√	100%
	总体性能	√	△	每批不少于2件
梳齿板式伸缩装置	外观	√	√	100%
	材料	√	△	100%
	尺寸偏差	√	√	100%
	表面处理	√	√	100%
	装配	√	√	100%
	总体性能	√	△	每批不少于2件
无缝式伸缩装置	外观	√	√	100%
	材料	√	△	100%
	尺寸偏差	√	√	100%
	表面处理	√	√	100%
	总体性能	√	△	每批不少于2件

注："√"表示进行该项检验，"△"表示为选做。各检测项目的技术要求和试验方法按照《公路桥梁伸缩装置通用技术条件》(JT/T 327—2016)的规定执行。

5. 结果判定

(1)型式检验应由第三方进行。型式检验项目全部合格，则该批产品合格。当检验项目中有不合格项，应取双倍试样对不合格项进行复检，复检后仍有不合格，则该批产品为不合格。

(2)出厂检验时，当检验项目中有不合格项，应取双倍试样对不合格项进行复检，复检后仍有不合格，则该批产品为不合格。

本章小结

桥梁板式橡胶支座的检测与评定包括：成品支座力学性能试验，成品支座平面尺寸偏差检验，成品支座厚度尺寸偏差检验，支座外观检验及成品支座解剖检验。

伸缩装置按照伸缩体结构的不同分为模数式伸缩装置(M)、梳齿板式伸缩装置(S)和无缝式伸缩装置(W)三类。伸缩装置应适应、满足桥梁纵、横、竖三向变形要求，检测项目包括整体性能试验、钢材试验、橡胶试验、其他材料试验、尺寸偏差、外观质量和内在质量等内容。

复习思考题

一、选择题

1. 板式橡胶支座产品标记由名称代号、形式代号、外观代号及（　　）四部分组成。
   A. 支座设计序列代号　　　　　　B. 橡胶种类
   C. 产品分类代号　　　　　　　　D. 支座竖向承载力

2. 盆式橡胶支座水平承载力试验中，要求单向活动支座水平承载力不小于支座竖向承载力的（　　）。
   A. 5%　　　　B. 10%　　　　C. 15%　　　　D. 20%

3. 在板式橡胶支座抗剪老化试验中，要求施加竖向荷载将压应力连续增至平均压应力为（　　）MPa。
   A. 1　　　　B. 5　　　　C. 10　　　　D. 20

4. 对板式橡胶支座的摩擦系数试验施加竖向荷载，压应力将以 0.03～0.04 MPa/s 的速率连续增至平均压应力（　　），并在整个抗剪试验过程中保持不变。其预压时间为（　　）。
   A. 10 MPa，1 h　　B. 20 MPa，3 h　　C. 15 MPa，2 h　　D. 5 MPa，0.5 h

5. 对于盆式橡胶支座竖向承载力试验，每次、每级径向变形应取该次、该级加载时 4 个径向位移传感器读数的（　　）。
   A. 算术平均值　　　　　　　　　B. 标准差
   C. 绝对值之和的一半　　　　　　D. 绝对值之和

二、判断题

1. 板式橡胶支座抗压弹性模量试验，三个试件的实测单项结果和算术平均值之间的偏差不应超过算术平均值的 5%。（　　）
2. 某组板式橡胶支座，实测抗剪弹性模量平均值为理论设计抗剪弹性模量的 1.12 倍，则该批支座合格。（　　）
3. 支座抗剪弹性模量试验，当试样为矩形支座时，应使支座顺其短边方向受剪。（　　）
4. 模数式伸缩装置适用于不大于 120 mm 的公路桥梁工程。（　　）

三、简答题

1. 桥梁支座的主要功能是什么？
2. 桥梁支座有产品合格证，工程使用时，是否还应在当地进行检验？主要检验项目有哪些？
3. 橡胶支座的抗压弹性模量测定步骤是什么？
4. 桥梁橡胶伸缩装置按伸缩体结构不同可划分为几类？各自适用范围是什么？
5. 桥梁橡胶伸缩装置检测项目有哪些内容？试验方法有哪些？

第十五章 桥梁荷载试验

学习建议

通过本章的学习，全面了解桥梁的静载试验和动载试验。了解荷载试验的目的、主要工作内容以及准备工作；掌握加载方案与实施和测点设置；了解常用的静载试验仪器设备，包括：机械式位移计、手持式应变仪、电子式数显倾角仪和电阻应变仪；能够进行静载试验的观测与记录以及加载实施与控制；掌握试验数据分析、荷载试验成果分析与承载能力评定以及静载试验报告的编写；熟悉结构动载试验；了解桥梁动载试验的测试仪器、动载试验的激振方法；会进行桥梁动载试验的数据分析。

第一节 荷载试验的目的、主要内容及准备工作

一、荷载试验的目的

桥梁荷载试验可分为静载试验和动载试验。桥梁荷载试验是对桥梁结构工作状态进行直接测试的一种鉴定手段。试验的目的、任务和内容通常由实际的生产需要或科研需要所决定。一般桥梁荷载试验的目的如下：

(1)检验桥梁设计与施工的质量。对于一些新建的大、中型桥梁或者具有特殊设计的桥梁，在设计施工过程中必然会遇到许多新问题，为保证桥梁建设质量，施工过程中往往要求做施工监控。在竣工后一般还要求进行荷载试验，以检验桥梁整体受力性能和承载力是否达到设计文件和规范的要求，并将试验结果作为评定工程质量优劣的主要技术资料和依据。

(2)判断桥梁结构的实际承载力。旧桥由于构件局部发生意外损伤，使用过程中产生明显病害，设计荷载等级偏低等原因，有必要通过荷载试验判定构件损伤程度及承载力、受力性能的下降幅度，确定其运营荷载等级。同时，旧桥荷载试验也是改建、加固设计的重要依据。

(3)验证桥梁结构设计理论和设计方法。对于桥梁工程中的新结构、新材料和新工艺，应通过荷载试验验证桥梁的计算图式是否正确，材料性能是否与理论相符，施工工艺是否达到预期目的。对相关理论问题的深入研究，往往也需要大量荷载试验的实测数据。

(4)桥梁结构动力特性及动态反应的测试研究。对一些桥梁在动力荷载作用下的桥梁车致振动问题(包括动态增量和冲击系数)，大跨径轻柔结构抗风稳定以及桥梁结构抗震性能等，都要求实测桥梁结构的动力特性和动态反应。

二、荷载试验的主要工作内容

桥梁的荷载试验是一项复杂而细致的工作，应根据试验的目的进行认真的调查，必要时进行相关的理论分析，在此基础上周密地制定试验方案，对于所有可能出现的问题都要认真考虑并作出处理预案，制订切实可行的试验方案。

荷载试验的主要内容包括以下几项：
(1)明确荷载试验的目的；
(2)试验准备工作；
(3)加载方案设计；
(4)测点设置与测试；
(5)加载控制与安全措施；
(6)试验结果分析与承载力评定；
(7)试验报告编写。

以上荷载试验内容主要包括桥梁结构的考察和试验准备、加载试验与观测、测试结果的分析与评定三个阶段。

目前，桥梁的荷载试验应按我国现行的《大跨径混凝土桥梁的试验方法》《公路桥涵设计通用规范》(JTG D60—2015)等进行。

三、荷载试验的准备工作

荷载试验正式进行之前应做好下列准备工作。

1. 试验孔(或墩)的选择

对多孔桥梁中跨径相同的桥孔(或墩)可选 1～3 孔具有代表性的桥孔(或墩)进行加载试验。选择时应综合考虑以下因素：
(1)该孔(或墩)计算受力最不利；
(2)该孔(或墩)施工质量较差、缺陷较多或病害较严重；
(3)该孔(或墩)便于搭设脚手架，便于设置测点或便于实施加载。
选择试验孔的工作与制订计划前的调查工作结合进行。

2. 搭设脚手架和测试支架

脚手架和测试支架应分开搭设互不影响，脚手架和测试支架应有足够的强度、刚度和稳定性。脚手架要保证工作人员的安全，方便操作。测试支架要满足仪表安装的需要，不因自身变形影响测试的精度，同时，还应保证试验时不受车辆和行人的干扰。脚手架和测试支架设置要因地制宜、就地取材、便于搭设和拆卸，一般采用木支架或建筑钢管支架。当桥下净空较大不便搭设固定脚手架时，可考虑采用轻便活动吊架，两端用尼龙绳固定在栏杆或人行道路缘石上。整套设置使用前应进行试载以确保安全。活动吊架如需多次使用可做成拼装式以便运输和存放。

晴天或多云天气下进行加载试验时，阳光直射下的应变测点，应设置遮挡阳光的设备，以减小温度变化造成的观测误差。雨季进行加载试验时，则应准备仪器、设备等的防雨措施，以备不时之需。

桥下或桥头用活动房或帐篷搭设临时实验室安放数据采集等仪器，并供测试人员临时办公和看管设备之用。

3. 静载试验加载位置的放样和卸载位置的安排

静载试验前应在桥面上对加载位置进行放样，以便于加载试验的顺利进行。如加载工况较少，时间允许，可在每次工况加载前临时放样。如加载工况较多，则应预先放样，且用不同颜色的标志区别不同加载工况时的荷载位置。

4. 试验人员组织及分工

桥梁的荷载试验是一项技术性较强的工作，应组织专门的桥梁试验队伍来承担。试验人员应能熟练掌握所分管的仪器设备，读数快速而精确。试验队伍应设总指挥 1 人，其他人员的配备视具体情况而定。

5. 其他准备工作

加载试验的安全设施、供电照明设施、通信联络设施、桥面交通管制等工作应根据荷载试验的需要进行准备。

第二节　加载方案和测点设置

一、加载方案与实施

1. 试验荷载工况的确定

为了满足鉴定桥梁承载力的要求，荷载工况选择应反映桥梁设计的最不利受力状态，简单结构可选1~2个工况，复杂结构可适当多选几个工况，但不宜过多。进行各荷载工况布置时可参照截面内力(或变形)影响线进行。下面给出常见的桥型荷载工况。

(1)简支梁桥。
1)跨中最大正弯矩工况。
2)$l/4$最大正弯矩工况。
3)支点最大剪力工况。
4)桥墩最大竖向反力工况。
(2)连续梁桥。
1)主跨跨中最大正弯矩工况。
2)主跨支点负弯矩工况。
3)主跨桥墩最大竖向反力工况。
4)主跨支点最大剪力工况。
5)边跨最大正弯矩工况。
(3)悬臂梁桥(T型刚构桥)。
1)支点(墩顶)最大负弯矩工况。
2)锚固孔跨中最大正弯矩工况。
3)支点(墩顶)最大剪力工况。
4)挂孔跨中最大正弯矩工况。
(4)无铰拱桥。
1)跨中最大正弯矩工况。
2)拱脚最大负弯矩工况。
3)拱脚最大推力工况。
4)正负挠度绝对值之和最大工况。
(5)刚架桥(包括斜腿刚架和刚架－拱式组合体系)。
1)跨中截面最大弯矩工况。
2)柱腿截面最大应力工况。
3)节点附近截面最大应力工况。
(6)悬索桥。
1)主梁控制截面最大弯矩应力工况。

2)主梁扭转变形工况。
3)主梁控制截面位移或挠度工况。
4)塔顶最大水平变位工况。
5)塔柱底截面最大应力工况。
6)钢索(主缆、吊索)最大拉力。
(7)斜拉桥。
1)主梁跨中最大正弯矩工况。
2)主梁最大负弯矩工况。
3)主塔塔顶顺桥向最大水平位移工况。
4)斜拉锁最大索力工况。
5)主梁最大挠度工况。

另外，对桥梁施工中的薄弱截面或缺陷修补后的截面可以专门进行荷载工况设计，以检验该部位或截面对结构整体性能的影响。

使用车辆加载而又未安排动载试验项目时，可在静载试验项目结束后，将加载车辆(多辆车则相应地进行排列)沿桥长慢速行驶一趟，以全面了解荷载作用于桥面不同部位时结构承载状况。

动载试验一般安排标准汽车车列(对小跨径桥也可用单车)在不同车速时的跑车试验，跑车时速一般定为 5 km、10 km、20 km、30 km、40 km、50 km。另外，如需测定桥梁承受活载水平力性能时要做车辆制动试验，为测定桥梁自振频率要做跳车后的余振观测，并在无荷载时进行脉动观测。

2. 试验荷载等级的确定

(1)控制荷载的确定。为了保证荷载试验的效果，必须先确定试验的控制荷载，控制桥梁设计的荷载有下列几种：
1)汽车和人群(标准设计荷载)。
2)挂车和履带车(标准设计荷载)。
3)需通行的特殊重型车辆。

分别计算以上几种荷载对结构控制截面产生的内力(或变形)的最不利值，进行比较，取其中最不利值对应的荷载作为控制荷载。因为挂车和履带车不计冲击力，所以动载试验以汽车荷载作为控制荷载。

荷载试验应尽量采用与控制荷载相同的荷载，而组成控制荷载(标准设计荷载)的车辆是由运管车辆统计而得的概率模型。当客观条件所限，采用的试验荷载与控制荷载有差别时，为保证试验效果，在选择试验荷载大小和加载位置时采用静载试验效率 η_q、动载试验效率 η_d 进行控制。

(2)静载试验效率。静载试验率为

$$\eta_q = \frac{S_S}{S(1+\mu)} \tag{15-1}$$

式中 S_S——静载试验荷载作用下，某一加载试验项目对应的加载控制截面内力或位移的最大计算效应值；
S——控制荷载产生的同一加载控制截面内力或位移的最不利效应计算值；
μ——按规范取用的冲击系数值，平板挂车、履带车、重型车辆，取 $\mu=0$。

根据《公路桥梁荷载试验规程》(JTG/T J21—01—2015)，对交、竣工验收荷载试验，静载试验荷载效率系数 η_q 宜介于 0.8~1.05 之间，其他静载试验，η_q 宜介于 0.95~1.05 之间。

荷载试验宜选择温度稳定的季节和天气进行。当温度变化对桥梁结构内力影响较大时,应选择温度内力较不利的季节和天气进行荷载试验,否则应考虑用适当增大静载试验效率η_q来弥补温度影响对结构控制截面产生的不利内力。

当控制荷载为挂车或履带车而采用汽车荷载加载时,考虑到汽车荷载的横向应力增大系数较小,为了使截面的最大应力与控制荷载作用下截面最大应力相等,可适当增大静载试验效率η_q。

对于病害较为明显的旧桥,为保证荷载试验过程中的安全,需按照《公路桥梁承载能力检测评定规程》(JTG/T J21—2011)首先对旧桥的承载能力进行检算,确定目前情况下桥梁结构的承载力,保证荷载试验效应不大于结构承载力,进而合理确定荷载试验的静载试验效率系数。

(3)动载试验效率。动载试验的效率为

$$\eta_d = \frac{S_d}{S_{l\max}} \tag{15-2}$$

式中 S_d——动载试验荷载作用下控制截面最大内力或变形;

$S_{l\max}$——控制荷载作用下控制截面最大内力或变形(不计冲击);

η_d——宜取高值,但不应超过1。

3. 静载加载分级与控制

为了加载安全和了解结构应变和变位随试验荷载增加的变化关系,对桥梁荷载试验的各荷载工况的加载应分级进行。

(1)分级控制的原则。

1)当加载分级较为方便时,可按最大控制截面内力荷载工况分为4~5级。

2)当使用载重车加载,车辆称重有困难时也可分成3级加载。

3)当桥梁的调查和验算工作不充分,或桥况较差,应尽量增多加载分级。如限于条件,加载分级较少时,应注意每级加载时,车辆荷载逐辆缓缓驶入预定加载位置,必要时可在加载车辆未到达预定加荷位置前分次对控制测点进行读数以确保试验安全。

4)在安排加载分级时,应注意加载过程中其他截面内力也应逐渐增加,且最大内力不应超过控制荷载作用下的最不利内力。

5)根据具体条件决定分级加载的方法,最好每级加载后卸载,也可逐级加载达到最大荷载后逐级卸载。

(2)车辆荷载加载分级的方法。

1)逐渐增加加载车数量。

2)先上轻车后上重车。

3)加载车位于内力影响线的不同部位。

4)加载车分次装载重物。

以上各法也可综合采用。

(3)加卸载的时间选择。为了减少温度变化对试验造成的影响,加载试验时间以晚10时至晨6时为宜,尤其是采用重物直接加载,加卸载周期比较长的情况下只能在夜间进行试验。对于采用车辆等加卸载迅速的试验方式,如夜间试验照明等有困难时也可安排在白天进行试验,但在晴天或多云的天气下进行加载试验时每一加卸载周期所花费的时间不宜超过20 min。

(4)加载分级的计算。根据各荷载工况的加载分级按弹性阶段计算结构各测点在不同荷载等级下计算变位(或应变),以便对加载试验过程进行分析和控制。计算采用的材料弹性模量,如已作材料试验则用实测值,未作材料试验的可按规范规定取值。

4. 加载设备的选择

静载试验加载设备可根据加载要求及具体条件选用，一般有以下两种加载方式：

(1)可行式车辆。可选用装载重物的汽车或平板车，也可就近利用施工机械车辆。选择装载的重物时要考虑车厢能否容纳得下，装载是否方便。装载的重物应置放稳妥，以避免车辆行驶时因摇晃而改变重物的位置。

采用车辆加载优点很多，便于调运和加载布置，加卸载迅速等。采用汽车荷载既能做静载试验又能做动载试验，这是较常采用的一种方法。

(2)重物直接加载。一般可按控制荷载的着地轮迹先搭设承载架，再在承载架上堆放重物或设置水箱进行加载，如加载仅为满足控制截面内力要求，也可采取直接在桥面堆放重物或设置水箱的方法加载。承载架的设置和加载物的堆放应安全、合理，能按要求分布加载重量，并不使加载设备与桥梁结构共同承载而形成"卸载"现象。

重物直接加载准备工作量大，加卸载所需周期一般较长，交通中断时间也较长，且试验时温度变化对测点的影响较大，因此宜安排夜间进行试验。

另外，其他一些加载方式也可根据加载要求因地制宜采用。

5. 加载物的称重

可根据不同的加载方法和具体条件选用以下方法，对加载物进行称量：

(1)称重法。当采用重物直接在桥上加载时，可将重物化整为零称重后按逐级加载要求分堆置放，以便加载取用；当采用车辆加载时，可将车辆逐辆开上称重台进行称重，如没有现成可供利用的称重台，可自制专用称重台进行称重。

(2)体积法。如采用水箱加载，可通过测量的水体积来换算水的重量。

(3)综合计算法。根据车辆出厂规格确定空车轴重(注意考虑车辆配件的更换和添减，汽油、水、乘员重量的变化)，再根据装载重物的重量及其重心将其分配至各轴。装载物最好采用规则外形的物体整齐码放或采用松散均匀材料在车厢内摊铺平整，以便准确确定其重心位置。

无论采用何种确定加载物重量的方法，均应做到准确可靠，其称重误差最大不得超过5%。最好能采用两种称重方法互相校核。

二、测点设置

1. 主要测点的布设

测点的布设不宜过多，但要保证观测质量。有条件时，同一测点可用不同的测试方法进行校对，一般情况下，对主要测点的布设应能控制结构的最大应力(应变)和最大挠度(或位移)。几种常用桥梁体系的主要测点布设如下：

(1)简支梁桥：跨中挠度，支点沉降，跨中截面应变。

(2)连续梁桥：跨中挠度，支点沉降，跨中和支点截面应变。

(3)悬臂梁桥：悬臂端部挠度，支点沉降，支点截面应变。

(4)拱桥：跨中，$\frac{l}{4}$处挠度，拱顶，$\frac{l}{4}$和拱脚截面应变。

挠度观测测点一般布置在桥中轴线位置。截面抗弯应变测点应设置在截面横桥向应力可能分布较大的部位，沿截面上、下缘布设，横桥向测点设置一般不少于3处，以控制最大应力的分布。

当采用测点混凝土表面应变的方法来确定钢筋混凝土结构中钢筋承受的拉力时，考虑到混凝土表面已经和可能产生的裂缝对观测的影响，测点的位置应合理进行选择。如凿开混凝土保护层直接在钢筋上设置拉应力测点，则在试验完成后必须修复保护层。

2. 其他测点的布设

根据桥梁调查和检算的情况，综合考虑结构特点和桥梁目前状况等可适当增加加设以下测点：

(1)挠度沿桥长或沿控制截面桥宽方向分布；

(2)应变沿控制截面桥宽方向分布；

(3)应变沿截面高分布；

(4)组合构件的结合面上、下缘应变；

(5)墩台的沉降、水平位移与转角，连拱桥多个墩台的水平位移；

(6)剪切应变；

(7)其他结构薄弱部位的应变；

(8)裂缝的监测测点。

一般应实测控制断面的横向应力增大系数，当结构横向联系构件质量较差，连接较弱时则必须测定控制截面的横向应力增大系数或横向分布系数。简支梁跨中截面横向应力增大系数的测定，既可采用观测跨中沿桥宽方向应变变化的方法，也可采用观测跨中沿桥宽方向挠度变化的方法来进行计算或用两种方法互校。

对于剪切应变测点一般应采取设置应变花的方法进行观测。为了方便，对于梁桥的剪应力也可在截面中性轴处主应力方向设置单一应变测点来进行观测。梁桥的实际最大剪应力截面应设置在支座附近而不是支座上。

3. 温度测点的布设

选择与大多数测点较接近的部位布置1～2处气温观测点。另外，根据需要可在桥梁主要控制截面布置一些构件表面温度观测点。

第三节 静载试验仪器设备

桥梁静载试验时需测结构的反力、应变、位移、倾角、裂缝等物理量，应选择适当的仪器进行量测。常用的仪器有百分表、千分表、位移计、应变仪、应变计(应变片)、精密水准仪、经纬仪、倾角仪、刻度放大镜等。这些测试仪器按其工作原理可分为机械测试仪器、电测仪器、光测仪器等。机械式仪器具有安装与使用方便、迅速、读数可靠的优点，但需要搭设观测脚手架，而且使用试验人员较多，观测读数费时，不便于自动记录；电测仪表安装调试比较麻烦，影响测试精度的因素也较多，但测试较方便，便于数据自动采集记录，操作安全。荷载试验应根据测试内容和量测值的大小选择仪器，试验前应对测试值进行理论分析估计，选择仪器的精度和量测范围，同时满足《公路桥梁承载能力检测评定规程》(JTG/T J21—2011)中对仪器精度和量测范围的要求。本节介绍几种常用的仪器设备。

一、机械式位移计

机械式位移计包括百分表、千分表及钢弦式位移计和挠度计等。其构造和工作原理基本相同，主要区别在于精度和量程不同。

百分表和千分表是一种多功能仪表，与其他附属装置配套后可用于量测位移、应变、力、倾角等。

1. 工作原理

百分表的工作原理，就是利用齿轮转动机构所检测位置的位移值放大，并将检测的直线往复运动转换成指针的回旋转动，以指示其位移数值。

千分表是一种测微位移计，其结构与百分表基本相同。由于多了一对齿轮放大，灵敏度又提高了 10 倍，其分辨率为 0.001 mm，量程为 1 mm，有的为 3 mm。

机械式位移计是工程结构试验中测量位移最常用的仪器。它读数直观稳定，但读数工作量大。

2. 使用方法

使用时，百分表装在表座上(目前大都采用磁性表座)，表架安装在临时专门搭设的支架上，支架应具有一定的刚度，并与被测结构物分开。

将测杆触头抵在测点上，借助弹簧的使用，使其接触紧密。当测点沿(或背向)测杆方向发生位移时，推动(或放松)测杆，使测杆的平齿带动小齿轮，小齿轮又和它同轴的大齿轮一起转动，最后使指针齿轮和指针旋转，经过一系列放大之后；便在表盘上指示出位移值。

3. 使用时应注意的事项

(1)使用时，只能拿取外壳，不得任意推动测杆，避免磨损机件，影响放大倍数。注意保护触头，触头上不得有伤痕。

(2)安装时，要使测杆与欲测的位移的方向一致，或者与被测物体表面保持垂直。并注意位移的正反方向和大小，以便调节测杆，使百分表有适宜的测量范围。

(3)百分表架要安设稳妥，表架上各个螺钉要拧紧，但当颈夹夹住百分表的轴颈时，不可夹得过紧，否则会影响测杆移动。

(4)百分表安装好，可用铅笔头在表盘上轻轻敲击，看指针摆动情况。若指针不动或绕某一固定值在小范围内左右摆动，说明安装正常。

(5)百分表使用日久或经过拆洗修理后，必须进行标定，标定可在专门的百分表、千分表校正仪上进行。千分表与百分表使用方法完全相同。

4. 用位移计测挠度与变位

用位移计测挠度或某点的位移时，要注意位移的相对性，位移计的定点(表壳)和动点(测杆)必须分别和相对位移的两点连接。

位移针可装在各种表架上，通常用颈箍夹住表的轴颈，也可用其他方式将表壳或轴颈固定在某一个定点，测杆可直接顶住试件测点。

应用位移计量挠度与变位时，应注意下列问题：

(1)作为固定位移计的不动点支架必须有足够的刚性。采用磁性或万能百分表架时，表架连杆不可挑出太长。因为位移计测杆顶住测点时，有一定的反力压在连杆上，如果连杆或支架柔性较大，就会在该压力作用下产生变形。这样，当结构变形时，仪表就不动或跳动，反映不出测点的真正位移值。

(2)位移计测杆与所量测的位移方向完全一致。测点表面需经一定处理，如在混凝土、木材等表面粘贴小块玻璃片或金属薄片等，以避免结构变形后，由于测点垂直于百分表测杆方向的位移，而使位移计产生误差。这种误差有时会很大。如果上述方式还不足以消除误差，则不应将位移测杆直接顶住测点，而须采用其他方式。

(3)位移计使用前后要仔细检查测杆上下活动是否灵活。由于灰尘落入或表架颈拧过紧等都会影响杆上下运动的灵活性。

5. 用位移计测应变

应变就是结构上某区段纤维长度的相对变化($\varepsilon = \Delta L/L$)。应变仪就是用来测定这个长度变化的仪器。

采用特制的夹具将位移计安装在结构表面测定应变，具有精度高、量程大的特点。当应变值变化范围很大或需用大标距测定应变时，采用这种装置是非常合适的。

二、手持式应变仪

当需要在现场较长期连续地观测结构的应变时，一般的应变仪不适用，手持式应变仪则比较适用。此种仪器的外形如图 15-1 所示，构造原理如图 15-2 所示。

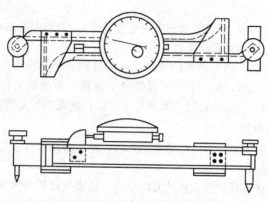

图 15-1　手持式应变仪外形

此仪器的主要部分是千分表 4，它固定在一根金属杆上，其测杆则自由地顶在另一金属杆的凸出部分上，两金属杆之间用两片富有弹性的薄钢片 3 相连，因而能平行地相对移动，每根金属杆的一端带有一个尖形插轴 2，两插轴间的距离 l 即仪器的标距。后两次读数差即为结构在区段 l 内的变形 Δl，除以标距 l 即得杆件的应变值。

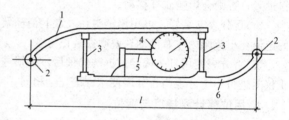

图 15-2　手持式应变仪构造原理
1—刚性的金属杆；2—插轴（尖形）；3—薄钢片；
4—千分表；5—千分表的测杆；6—刚性的金属杆

仪器的各部分合理地选用不同膨胀系数的金属制造，因而使仪器读数受仪器本身的温度影响得到最大限度的消除。

仪器不是固定在测点上，而是读数时才按上去。因此，为了保证仪器工作稳定可靠，标距两端的小孔必须钻得和仪器的插轴钢尖相吻合。因测量时仪器钢尖和测孔之间的接触稳定与否，直接影响到量测的准确性，如果测孔打得不标准，将使钢尖和测孔的接触极不稳定，增大读数误差，甚至无法读取稳定的读数。

为了达到补偿目的，根据量测的实践，建议采取"横向温度补偿法"。在布置测应变的测点的同时，在垂直方向布置测点，如图 15-3 所示。

量测时应注意：手持式应变仪操作简单；但量测的精度会随操作人员和每次操作方式的改变而改变。所以，量测时不宜更换操作人员；要使仪器与试件表面垂直；每次对仪器施加的压力要尽量相等，并使仪器插足时应在同一孔穴等，以减小量测误差。

三、电子式数显倾角仪

公路行业较早使用的是水准管式倾角仪，其原理是利用高灵敏度的水准管来测定结构节点、

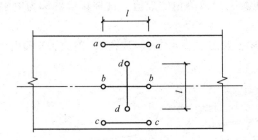 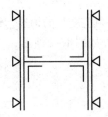

图 15-3 横向温度补偿测点

截面或支座处转角。目前使用的是电子式数显倾角仪。此类产品是基于 MEMS(微机电系统)开发，是一种基于半导体硅材料的微加工技术，仪器核心元件为微硅单轴加速度计，利用单轴加速度计输出值与倾角的正弦值呈线性关系计算倾角。该类产品是水准管式水平仪的升级换代产品，具有使用方便、测量准确的特点，既可独立使用，也可配套在工具、量具、仪器、设备上，同时具有数字显示角度、倾斜度(%)和相对角度的功能。此外，仪器内置温度传感器，系统可自动完成零点和灵敏度补偿。

四、电阻应变仪

用电阻式应变仪测试桥梁结构应变时需用应变仪和电阻应变片(应变计)配合使用。

1. 电阻应变片

电阻应变片又称电阻应变计，简称应变片或电阻片。它是非电量电测中最重要的变换器。

应变片电测法与其他测试方法比较，有以下一些优点：

(1)灵敏度高。由于利用电阻片将应变量转换成电阻变化量，再经电子仪器进行放大、显示和记录，所以能获得很高的放大倍数，从而达到很高的灵敏度。电阻应变仪可以精确地分辨出 1×10^{-6} 应变，这个应变的量级对于钢材而言相当于 0.2 MPa 的应力。

(2)电阻片尺寸小且粘贴牢固。这个特点十分重要。当前某些工程结构(如船体、桥梁、飞机、桁架等)进行全面的应力分析时，往往要测量数十点甚至数百点的应力，电阻片很容易大量粘贴使用。对于结构十分紧凑以至其他测量仪表(如杠杆引伸仪)根本无法安装的情况下，电测法就能发挥很大的作用。尺寸小的另一个重要意义在于可以用来测量局部应力。现在电阻片的标距甚至可以小于 1 mm，这对于应力集中区的测量比较合适。

(3)阻片质量小。这是一个突出的优点。它使得电测不仅可以作静态应力的测量，而且可以在动态应力分析方面发挥独特作用。对一系列重要的动力学参数(如加速度、振幅、频率、冲击力及爆炸压力等)能够比较精确地进行实验研究。同时应变片的基长可以制作得很短，并且有很高的频率响应能力。因此，在应变梯度较大的构件上测量时仍能获得一定的准确度，在高频动应变测量中具有很好的动态响应。

(4)可以在高温(800 ℃~100 ℃)、低温(-100 ℃~-70 ℃)、高压(上万个大气压)、高速旋转(几千转/mm~几万转/mm)、核辐射等特殊条件下成功的使用。

另外，由于应变片输出的是电信号，就易于实现测量数字化和自动化。应变片已在试验应力分析，断裂力学，静、动态试验，宇航工程中都有广泛的用途。

应变片电测法用于对结构物表面应变测量时的主要缺点是：粘贴工作量大；粘贴好的应变片较为脆弱，野外防潮、防损伤难度大；由于每次使用前需平衡、归零，无法长期观测，一般仅用于短期测试，无法应用于施工监控中；重复使用困难等。为克服这些缺点，人们利用电阻应变片的工作原理通过某种转换器间接地测定出被测量的数值。这种转换器称为电阻式应变传感器。

(1)电阻应变片的构造。绕线式应变片主要由敏感元件1、基底2、覆盖层3和引出线4等几部分组成，如图15-4所示。

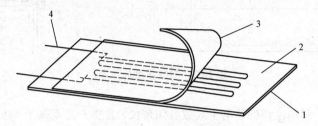

图15-4 电阻应变片的构造
1—基底；2—敏感丝栅；3—覆盖层；4—引出线

1)敏感丝栅是应变片的主要元件，一般由康酮、镍铬合金制成。
2)基底和覆盖层起定位和保护应变片几何形状的作用，也起到与被测试试件之间电绝缘作用。纸基常用厚度0.015～0.02 mm、机械强度高、绝缘性能好的纸张制作。胶基则用性能稳定、绝缘度高、耐腐蚀的聚合胶制成。其他有特殊要求的应变片，可采用不同的材料做成基底。
3)引出线是用以连接导线的过渡部分，一般采用直径为0.15～0.30 mm的金属丝。
4)胶粘剂把丝栅基底和覆盖层牢固地粘结成一个整体。

(2)电阻应变片的分类。应变片的种类很多，至今各种规格的应变片已有两万多种。根据不同的方法，分类方法如图15-5所示。

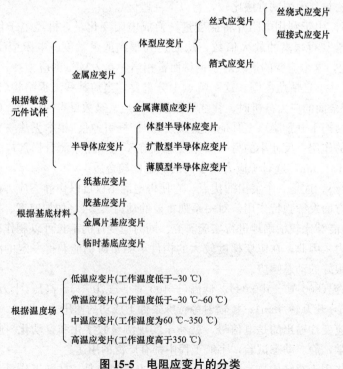

图15-5 电阻应变片的分类

另外，按敏感栅的长度分，有大标距应变片和小标距应变片；按敏感栅形状分，有单轴应变片和应变花。还有各种特殊用途的应变片如防磁应变片、防水应变片、埋入式应变片、层式应变片、可拆式应变片、疲劳寿命片、测压片、无基底式应变片、大应变片、裂缝探测片、温度自补偿应变片等。

1)金属丝式应变片。金属丝式应变片最常用的形式为丝绕式，又称为圆角线栅式(图15-6)。它的制造设备和技术都较简便，但横向灵敏度较箔式应变片为大(横向灵敏度会给测量带来一定的误差)。丝式应变片常用的金属材料是康酮、镍铬合金、铁镍铬合金和铂铱金等。

2)箔式应变片。箔式应变片是由照相、光刻技术腐蚀成丝。它在性能上的优点是散热条件好，逸散功率大，可以允许较大电流，耐蠕变和漂移的能力强，易做成任意形状，但它工艺较复杂，箔片的材料主要为康酮、镍铬合金等，其形式如图15-7所示。

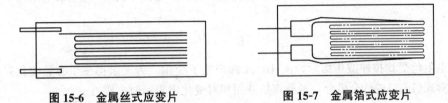

图15-6　金属丝式应变片　　　　图15-7　金属箔式应变片

3)应变花。在两向应力状态时，需要测出一点的两个或三个方向的应变，才可求出此测点的主应力的大小和方向。这就要使用粘贴在一个公共基底上，按一定方向布置的2～4个敏感栅组成的电阻应变片。这种应变片叫作电阻应变花、应变花或多轴应变片，如图15-8所示。

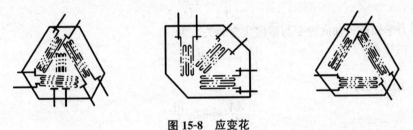

图15-8　应变花

对于箔式应变片组成的应变花，因其横向效应系数极小，故不考虑修正问题。对于由半圆头丝绕式应变片组成的应变花，如果对测试结构要求不很严格的话，也不必考虑修正。

4)半导体应变片。半导体应变片的外形如图15-9所示。它的优点是灵敏度高、频率响应好，可以做成小型和超小型应变片。半导体应变片的出现为应变电测技术的发展开创了新的途径；缺点是温度系数大，稳定性不及金属应变片等。

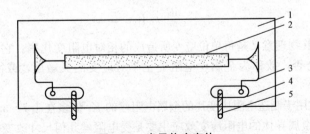

图15-9　半导体应变片
1—胶膜衬底；2—P—SI片；3—内引线；4—接板；5—外引线

(3)金属应变片的工作原理。金属应变片的工作原理在于导体的"电阻应变效应"。所谓电阻应变效应是指导体或半导体在机械变形(伸长或缩短)时,其电阻值随其变形而发生变化的物理现象。金属导体产生电阻应变效应,主要是因为电阻丝的几何尺寸改变而引起电阻值的变化,如图 15-10 所示。

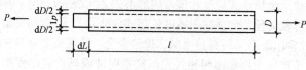

图 15-10　金属导体的电阻应变效应

如果一根细长的金属导体长度为 L,截面面积为 A,电阻率为 ρ,则它的电阻值 R 可以用下式表示:

$$R = \rho \frac{L}{A} \tag{15-3}$$

当电阻丝受到拉伸或压缩后,ρ、L、A 都产生了变化。为了求得三个参数变化对电阻的影响,可对式(15-3)进行全微分,经整理后并用相对变化率表示时,则有

$$\frac{dR}{R} = \frac{d\rho}{\rho} + \frac{dL}{L} - \frac{dA}{A} \tag{15-4}$$

一般电阻丝的横截面呈圆形,式中 $A = \frac{1}{4}\pi D^2$,D 为电阻丝的直径,显然

$$\frac{dA}{A} = \frac{2dD}{D}$$

由材料力学知道,轴向应变与横向应变的关系为

$$\frac{dD}{D} = -\upsilon \frac{dL}{L} = -\upsilon \varepsilon$$

式中　υ——泊松比。

所以有
$$\frac{dA}{A} = -2\upsilon \frac{dL}{L}$$

将上式代入式(15-4),整理得

$$\frac{dR}{R} = (1+2\upsilon)\frac{dL}{L} + \frac{d\rho}{\rho}$$

$$\frac{dR}{R} \bigg/ \frac{dL}{L} = (1+2\upsilon) + \frac{d\rho}{\rho} \bigg/ \frac{dL}{L}$$

令
$$K_0 = (1+2\upsilon) + \frac{d\rho}{\rho} \bigg/ \frac{dL}{L} \tag{15-5}$$

有
$$\frac{dR}{R} = K_0 \varepsilon \tag{15-6}$$

式中,K_0 为常数,其物理意义是每单位应变所造成的相对电阻变化率。它标志着该类电阻丝的电阻应变效应显著与否,故称为金属丝电阻变化率对应变的灵敏度,或简称为电阻丝的灵敏系数。

由实验得知,常用于制造电阻应变片的金属电阻丝的 K_0 值多在 1.7～3.6 之间(主要由 $1+2\upsilon$ 的因素引起的),故金属导体的电阻应变效应主要是受电阻丝几何尺寸改变的影响。

由于存在半圆形弯头部分承受了横方向的应变,应变片的灵敏系数就不同于电阻丝的灵敏系数 K_0。所以,应变片的灵敏系数就只有通过试验方法加以确定。常用的公式可改写为

$$\frac{\Delta R}{R} = K\varepsilon \tag{15-7}$$

式中，K 称为应变片灵敏系数。K 的数值由制造厂按统一标准抽样测定。

上述内容表达了一个十分重要的结论：在一定范围内，应变片的电阻变化率与应变成正比关系，这就是应变片测量应变的理论基础。

(4)电阻应变片的选用。选用应变片时应根据应变片的初始参数及试件的受力状态、应变梯度、应变性质、工作条件、测试精度要求等综合考虑。

1)对于一般的结构试验，采用 120 Ω 纸基金属丝应变片就可满足试验要求。其标距可结合试件的材料来选定，如钢材常用 5~20 mm，混凝土则用 40~150 mm，石材用 20~40 mm。

2)对于有特殊要求的，可选择特种应变片，如低温应变片、高温应变片、疲劳寿命片、裂纹探测片、应力片以及高压、核辐射、强磁场等条件下使用的应变片。

(5)电阻应变片的粘贴技术。

1)胶粘剂。粘贴应变片用的胶粘剂称为应变胶。应变胶应能可靠地将试件应变传递到应变片的敏感栅上。同时，其线性滞后、零漂、蠕变等特性在一定程度上还影响着应变片的一些工作性能。

对应变胶的性能要求是：粘结强度高(剪切强度一般不低于 3~4 MPa)，电绝缘性能好，化学稳定性及工艺性好等。在特殊条件下，还要考虑一些其他要求，如耐高温、耐老化、耐介质(油、水、酸和碱等)、耐疲劳等。目前，常用的应变胶可分为有机胶和无机胶两类。常温下用有机胶，无机胶则用于高温应变片的粘贴。

常规桥梁试验粘贴应变片的应变胶一般为快干胶和热固性树脂胶等。

501 快干胶和 502 快干胶是借助于空气中微量水分的催化作用而迅速聚合固化产生粘结强度的。该类胶粘结强度能满足桥梁应变测试要求，但随生产厂家产品质量和存放时间长短，粘结强度差别很大，只能在低温、干燥和避光的条件下保存。

环氧树脂胶是靠分子聚合反应而固化产生粘结强度的。它有较高的剪切强度和防水性能，电绝缘性能好。其主要成分是环氧树脂，并酌量加入固化剂和增韧剂等配制而成。环氧树脂胶可以自制，其配方是：

环氧树脂	100%
邻苯二甲酸二丁酯	5%~20%
乙二胺	6%~7%

注意：乙二胺有毒，须通风操作。

2)应变片的粘贴技术。应变片的粘贴是应变电测技术中一个很关键的环节，粘贴质量的好坏直接影响测量的结果。有时可能因某些主要测点的应变片失效，导致测量工作失败。因此，必须掌握粘贴技术，保证测量结果的准确性和可靠性。粘贴时应掌握下列技术环节。

选片用放大镜对应变片进行检查，保证选用的应变片无缺陷和破损。同批试验选用灵敏系数和阻值相同的应变片，采用兆欧表或万用表对其阻值进行测量，保证误差不大于 0.5 Ω。

定位先初步画出贴片位置，用砂布或砂轮机将贴片位置打磨平整，钢材光洁度达到▽3~▽5；混凝土表面无浮浆，必要时涂底胶处理，待固化后再次打磨。在打磨平整的部位准确画出测点的纵、横中心及贴片方向。

贴片用镊子夹脱脂棉球蘸酒精(或丙酮)将贴片位置清洗干净。用手握住应变片引出线，在其背面均匀涂抹一层胶水，然后放在测点上，调整应变片的位置，使其可准确定位。在应变片上覆盖小片玻璃纸，用手指轻轻滚压、挤出多余胶水和气泡。注意不要使应变片位置移动。用手指轻按 1~2 min，待胶水初步固化后即可松手。粘贴质量较好的应变片，应是胶层均匀，位置准确。

干燥固化干燥才能固化，当气温较高，相对湿度较低的短期试验，可用自然干燥，时间一一般为 1~2 d。人工干燥：待自然干燥 12 h 后，用红外线灯烘烤，温度不要高于 50 ℃，还要避免骤热，烘干到绝缘电阻符合要求时为止。

应变片的防护在应变片引线端贴上接线端子，把应变片引线和连接导线分别焊在接线端子上，然后立即涂防护层，以防止应变片受潮和机械损伤，受潮会影响应变片的正常工作，故防潮就显得十分重要。应变片受潮的程度不易直接测量，一般用应变片和结构表面的绝缘电阻值来判断。绝缘电阻值高能保证测量精度，但要求过高会增加防潮难度和工作量。一般静态测量绝缘电阻应大于 200 MΩ，动态测量可以稍小于 200 MΩ，长期观测和高精度要求的测量应大于 500 MΩ。表 15-1 给出常用的防护剂配方。图 15-11 给出了几种防潮剂应用举例。图 15-11(a)和(b)适用于一般潮湿条件；图 15-11(c)和(d)用于水中和有混凝土浇筑的场所。

表 15-1 常用防护剂配方

材料 配方	石蜡 /%	蜂蜡 /%	松香 /%	机油 /%	凡士林 /%	环氧树脂 /%	邻苯二甲酸 二丁酯/%	乙二胺 /%
配方 1		100						
配方 2					100			
配方 3	65		20		15			
配方 4	32	8	35	10	15			
配方 5	40		30	10	15			
配方 6						86.2~75	8.6~19	5.1~6
配方 7						83~72	10~18	7~10

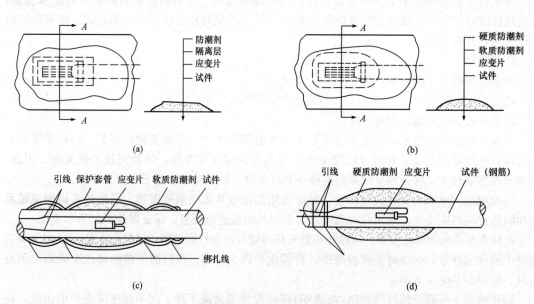

图 15-11 应变片防护构造

2. 应变仪

(1)测量电路。测量电路是应变仪的重要组成部分。其作用是将应变片的电阻变化转换为电压(或电流)的变化。在特殊情况下，应根据测量的目的和具体要求自行设计测量电路。应变片电测一般采用两种测量电路，一种是电位计式电路；另一种是桥式电路，通常采用惠斯登电桥。

电位计式电路，常在冲击测量等场合使用，而且其阻值变化与输出电压的关系不是线性关系，在特定情况下可以满足试验要求。本节只讨论桥式电路原理及测试办法。

桥式电路也称应变电桥，其测量电路能精确地测量极其微小的电阻变化。例如我们假设用阻值 $R=120\ \Omega$、灵敏系数 $K=2$ 的应变片测量某一网结构，若钢材的弹模 $E=2\times10^5$ MPa，当某点应力为 100 MPa 时，根据电阻应变片的阻值与应变的关系，即

$$\frac{\Delta R}{R} = K\varepsilon = K\frac{\sigma}{E}$$

$$\Delta R = KR\frac{\sigma}{E} = 2 \times 120 \times \frac{100}{2\times10^5} = 0.12(\Omega)$$

如要求测量精度为 1%，那么测量电阻变化的应变刻度就要求不大于 0.001 Ω，这就产生了测量灵敏度要求高而量程又要求大的矛盾。在桥式电路中，采用惠斯登电桥就解决了这一矛盾。惠斯登电桥具有四个电阻(图 15-12)，其中任一个都可以是应变片电阻，电桥的对角接入输入电压，另一对角来测量输出电压。电桥的一个特点是，当四个电阻达到某一关系时，电桥输出为零，这样我们就能应用很灵敏的检流计来测量输出。由于这一特点，使电桥能够精确地测量微小的电阻变化。

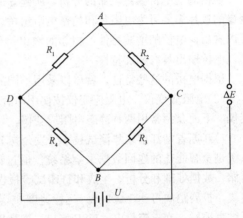

图 15-12　电桥

为了分析电桥中电阻的变化与输出端 ΔE 的变化规律，架设电桥的四根桥臂上的电阻 R_1、R_2、R_3 和 R_4 为四个电阻片，把桥分为 ABC 和 ADC 两部分。

从 ABC 这半个电桥来看，由 A 经过 B 到 C 的电压(即 AB 间的电压)降为 E_{AB}

$$E_{AB} = \frac{R_1}{R_1+R_2}E \tag{15-8}$$

同样 ADC 这半个电桥电压降也是 E（因为 R_1、R_2 和 R_3、R_4 为并联在电路中），R_4 上的电压降为 E_{AD}

$$E_{AD} = \frac{R_4}{R_3+R_4}E \tag{15-9}$$

整个电桥的输出电压就是 E_{AB} 和 E_{AD} 之间的差

$$\Delta E = E_{AB} - E_{AD} = \frac{R_1}{R_1+R_2}E - \frac{R_4}{R_3+R_4}E = \frac{R_1R_3-R_2R_4}{(R_1+R_2)(R_3+R_4)}E \tag{15-10}$$

为了使测量前的输出为零(即保持电桥平衡)应满足

$$R_1R_3 = R_2R_4$$

根据分析，在符合该关系条件下，输出电压的增量与电阻片阻值变化可由下式计算：

$$\Delta E = \left[\frac{R_1R_2}{(R_1+R_2)^2}\left(\frac{\Delta R_1}{R_1}-\frac{\Delta R_2}{R_2}\right) + \frac{R_3R_4}{(R_3+R_4)^2}\left(\frac{\Delta R_3}{R_3}-\frac{\Delta R_4}{R4}\right)\right]E$$

根据电桥平衡的条件，上式可写为

$$\Delta E = \frac{E}{4}\left(\frac{\Delta R_1}{R_1} - \frac{\Delta R_2}{R_2} + \frac{\Delta R_3}{R_3} - \frac{\Delta R_4}{R4}\right) = \frac{1}{4}EK(\varepsilon_1 - \varepsilon_2 + \varepsilon_3 - \varepsilon_4) \tag{15-11}$$

根据电桥的测量电路,对应变电桥的测量方法有下列几种:

1)单点测量。单点测量时,组成测量电桥的四个电阻中,R_1 为电阻片电阻,其余三个为精密电阻(无电阻变化),则

$$\Delta E = \frac{1}{4} EK\varepsilon_1 \tag{15-12}$$

2)半桥测量。其方法是将半桥接电阻片,另半桥为精密电阻($\Delta R_3 = \Delta R_4 = 0$),则

$$\Delta E = \frac{1}{4}(\varepsilon_1 - \varepsilon_2) \tag{15-13}$$

3)全桥测量。其方法是组成测量电桥的四个电阻全由电阻片组成,即

$$\Delta E = \frac{1}{4} EK(\varepsilon_1 - \varepsilon_2 + \varepsilon_3 - \varepsilon_4) \tag{15-14}$$

根据应变电桥测量电路的分析,所建立的这些基本关系式表明了电桥的输出与桥臂电阻(由测量的接片需要可为电阻片和精密电阻组桥)的相对增量 $\Delta R/R$ 或应变 ε 成正比的关系。由此也可以看出,电桥的增减特性:相邻的输出符号相反,电桥输出具有相减特性;相对两臂符号相同,电桥输出具有相加特性。

根据电桥的这些特性,就可以采用不同的测量(电阻片接线)方法进行选择。

(2)电阻应变仪。电阻应变仪按使用内容不同,可分为静态应变仪、动态应变仪和静动态应变仪。下面介绍常用两种静态电阻应变仪。

1)江苏省靖江市东华测试技术开发公司 DH3816 静态应变测试系统。DH3816 静态应变测试系统是全智能化的巡回数据采集系统。通过计算机完成自动平衡、采样控制、自动修正、数据存储、数据处理和分析,生成和打印试验报告。DH3816 每个模块 60 测点,最多可扩展到 16 个模块,扩展距离可达 1 000 m。巡检速度 60 点/秒,每个模块独立工作,960 个测点只需 1 秒就可结束采样;交直流供电;USB 接口,即插即用,方便可靠。

①应用范围:

a. 根据测量方案,完成全桥、半桥、1/4 桥(公用补偿片)状态的静态应力应变的多点巡回检测。

b. 和各种桥式传感器配合,实现压力、力、荷重、位移等物理量的多点巡回检测。

c. 与热电偶配合,通过热电偶分度号的计算,对温度进行多点巡回检测。

d. 对输出电压小于 20 mV 的电压信号进行巡回检测,分辨率可达 $1\mu V$。

②特点:

a. 独立化模块设计,每个模块可测量 60 个测点,每台计算机可控制 16 个模块(即 960 个测点)。模块可多台并行工作,也可单台独立工作。

b. 采用进口高性能机械继电器,通过特殊的电路设计,消除了开关切换时,接触电势的变化对测量结果的影响。因此,该公司生产的静态应变测试系统的所有指标均包含了切换开关的影响。

c. 先进的隔离技术和合理的接地,使系统具有极强的抗干扰能力。适用于各种工程现场的检测,而且从应变计到采集箱的连接导线只需普通的灯头线。

d. 数据采集箱可通过 USB 口和笔记本计算机通信,实现了便携式测量系统,更加适用于工程现场。

e. 系统在进行平衡操作后自动保存平衡结果数据,当发生突然断电或试验当天不能结束时,可在下次开机后,先查找机箱,再进行平衡结果下传操作,可自动恢复工作机箱状态,保证试验长期连续进行。

2)日本 TML 产 TDS-630 数据采集仪。TML 新推出了 TDS-630 数据采集仪,它是所谓

的多合一型静态应变仪,一台仪器可以进行多种测量,包括使用应变计、应变传感器、直流电压、热电偶和铂电阻的测量。应变测量分辨率高达 0.1×10^{-6}。该采集仪增加了很多新的功能和特点,包括:

①高速测量:0.1秒内可重复测量 1 000 个通道。通过和采用新的高速通信方式的高速 IHW-50 H 转换箱相结合,0.1秒可以测量最高 1 000 个通道。连接电缆是 TML-LINK 专用电缆。这样的组合也可以在 0.1 秒测量 50 个、200 个和 500 个通道。

②高亮度和易于查看的 7.5″彩色 LCD 触摸屏。

彩色液晶监视器具有优异的可视性和便捷的操作性,屏幕显示可以在英文和日文之间切换。可以进行显示硬拷贝。

③可测量应变片、应变传感器、直流电压、热电偶和铂电阻。

④配备 LAN、USB 和 RS-232 C 接口。

3. 电阻应变测量的温度补偿

用应变片测量应变时,它除能感受试件受力后的变形外,同样也能感受环境温度变化,并引起电阻应变仪指示部分的示值变动,这称为温度效应。

温度变化从两个方面使应变片的电阻值发生变化。第一是电阻丝温度改变 Δt(℃),其电阻将会随之而改变 ΔR_β。

$$\Delta R_\beta = \beta_1 R \Delta t \tag{15-15}$$

式中　β_1——电阻丝的电阻温度系数(1/℃);

　　　R——应变片的变原始电阻值(Ω)。

第二是因为材料与应变片电阻丝的线膨胀系数不相等,但二者又粘合在一起,这样温度改变 Δt(℃)时,应变片中产生了温度应变,引起一附加的电阻的变化 ΔR_α。

$$\Delta R_\alpha = K_t(\alpha_j - \alpha) \Delta t R \tag{15-16}$$

式中　K_t——贴好的应变丝对温度应力的灵敏系数,$K_t = K_o$;

　　　α_j——试件材料的线膨胀系数(1/℃);

　　　α——电阻丝的线膨胀系数(1/℃)。

因此,总的温度效应是二者之和:

$$R_t = \Delta R_\alpha + \Delta R_\beta = [K_t(\alpha_j - \alpha) + \beta_1] R \Delta t$$

令

$$\beta = K_t(\alpha_j - \alpha) + \beta_1$$

则

$$\Delta R_t = \beta R \Delta t \tag{15-17}$$

式中　β——贴好的应变片总的电阻温度系数。

温度效应的应变值为

$$\varepsilon_t = K_0 \beta_1 R \Delta t \tag{15-18}$$

这个 ε_t 称视应变。当采用镍铬合金丝做成的应变片进行测量时,温度变动 1 ℃,会在钢材($E=2.1\times 10^5$ MPa)中产生相当于 1.5 MPa 左右的应力示值变动,这是不能忽视的,必须加以消除。消除温度效应的应变值主要是利用惠斯登电桥桥路的特性进行,称为温度补偿。

如图 15-12 所示,在电桥的 BC 臂上接一个与测量片 R_1 同样阻值的温度补偿应变片 R_2(简称补偿片)。测量应变片 R_1(简称工作片)贴在受力构件上,它既受应变作用又受温度作用,故 R_1 是由两部分组成。即:$\Delta R_1 = \Delta R_\varepsilon + \Delta R_t$。

补偿片 R_2 贴在一个与试件材料相同并置于试件附近,具有同样温度变化条件但不承受外力作用的小试块上,它只有 $\Delta R_2 = \Delta R_t$ 的变化。此时,电桥对角线上的电流计的反应为 $\Delta R_1 - \Delta R_2 = \Delta R_\varepsilon$,测得结果仅是试件受力后产生应变值,而温度效应所产生的视应变就消除了。

在实际工作中,为保证补偿效果,对补偿片的设置应考虑以下因素:

(1)补偿片与工作片应该是同批产品,具有相同电阻值、灵敏系数和几何尺寸。

(2)贴补偿片的试块材料应与试件的材料一致,并应做到热容量基本相等。如是混凝土材料,则需同样配合比和在同样条件下养护。

(3)补偿片的贴片、干燥、防潮等处理工艺必须与工作片完全一致。

(4)连接补偿片的导线应与连接工作片的导线同一规格、同一长度,并且相互平行靠近布置或捆扎成束。

(5)补偿片与工作片的位置应尽量接近,使二者处于同样温度场条件下,以防不均匀热源的影响。

(6)补偿片的数量多少,根据试验材料特性、测点位置、试验条件等决定。一般情况下,钢结构可用一个补偿片同时补偿 10 个工作片。对混凝土材料或木材可用一个补偿片补偿 5~10 个工作片。如果要求严格或者是某些测点所处条件特殊时,应单独补偿,以尽量减少因补偿片连续工作而工作片间断工作所造成的温差影响。

上述桥路补偿的主要优点是方法简单、适用经济,在常温下补偿效果较好,但在温度变化梯度较大时,将会有一定误差。

目前除采用桥路补偿外,还有采用应变片温度自补偿的办法,即使用一种特殊的应变片,当温度变化时,其电阻增量等于零或相互抵消而不产生视应变。这种特殊应变片称温度自补偿应变片,它主要用于机械类试验中,在结构试验中国内目前尚少采用。

第四节 静载试验

静载试验应在现场统一指挥下按计划有秩序进行。首先检查不同分工的测试人员是否各司其职;交通管理、加载(或司机)和联络人员是否到位;加载设备、通信设备和电源(包括备用电源)是否准备妥当;加载位置测点放样和测试仪器安装是否正确。然后调试仪器(自动记录时对测试仪表数据采集和记录设备进行连接),利用过往车辆(或初试荷载)检查各测点的观测值的规律性,使整个测试系统进入正常工作状态。随后记录气候天气情况和试验开始时间,进行正式试验。

一、试验观测与记录

1. 温度稳定观测

仪表安装完毕后,一般在加载试验之前应对各测点进行一段时间的温度稳定观测,中间可每隔 10 min 读数一次。观测时间应尽量选择在加载试验时外界气候条件对观测造成误差的影响范围内,用于测点的温度影响修正。

2. 仪表的测读与记录

人工读表时,仪表的测读应准确、迅速,并记录在专门的表格上(表 15-2、表 15-3),以便于资料的整理和计算。记录者应对所有测点量测值变化情况进行检查,看其变化是否符合规律,尤其应着重检查第一次加载时量测值变化情况。对工作反常的测点应检查仪表安装是否正确,并分析其他可能影响其正常工作的原因,及时排除故障。对于控制测点应在故障排除后重复一次加载测试项目。

表 15-2　电阻应变仪应变观测记录表

仪器型号：_____　　仪器采用灵敏系数：_____　　应变单位：_____
电阻片标距：_____mm　电阻片灵敏系数：_____　　应变计算修正系数：_____

观测时间	加载程序	观点号	读数	应变	修正应变	总应变	读数	应变	修正应变	总应变	读数	应变	修正应变	总应变

表 15-3　百分表挠度(位移)观测记录表

仪器型号：_____　　挠度(位移)单位：0.01 mm

观测时间	加载程序	观点号	读数	应变	修正应变	总应变	读数	应变	修正应变	总应变	读数	应变	修正应变	总应变

当采用仪器自动采集数据记录时，应对控制点的应变和位移进行监控，测试结果规律异常时，应查明原因采取补救措施。将记录结果整理成表 15-2 和表 15-3 的格式，以便进行结果分析，并与原始记录一同保存备查。

3. 裂缝观测

加载试验中裂缝观测的重点是结构承受拉力较大部位及旧桥原有裂缝较长、较宽的部位。在这些部位应测量裂缝长度、宽度，并在混凝土表面沿裂缝走向进行描绘。加载过程中观测裂缝长度及宽度的变化情况，可直接在混凝土表面进行描绘记录，也可采用专门表格记录。加载至最不利荷载及卸载后应对结构裂缝进行全面检查，尤其应仔细检查是否产生新的裂缝，并将最后检查情况填入裂缝观测记录表，必要时可将裂缝发展情况绘制在裂缝展开图上。

二、加载实施与控制

1. 加载程序

加载应在指挥人员指挥下严格按计划程序进行。采用重物加载时按荷载分级逐级施加，每级荷载堆放位置准确、整齐稳定。荷载施加完毕后，逐级卸载。采用车辆加载时，先由零载加至第一级荷载，卸载至零载；再由零载加至第二级荷载，卸至零载……，直至所有荷载施加完毕(有时为了确保试验结果准确无误，每一级荷载重复施加1~2次)，每一级荷载施加次序为纵向先施加重车，后施加两侧标准车；横向先施加桥中心的车辆，后施加外侧的车辆。

2. 加载稳定时间控制

为控制加卸载稳定时间，应选择一个控制观测点（如简支梁的跨中挠度或应变测点），在每级加载（或卸载）后立即测读一次，计算其与加载前（或卸载前）测读值之差值 S_g，然后每隔 2 min 测读一次，计算 2 min 前后读数的差值 ΔS，并按下式计算相对读数差值 m：

$$m = \frac{\Delta S}{S_g} \tag{15-19}$$

当 m 值小于 1‰或小于量测仪器的最小分辨值时即认为结构基本稳定，可进行各观测点读数。但当进行主要控制截面最大内力荷载工况加载程序时荷载在桥上稳定时间应不少于 5 min，对尚未投入营运的新桥应适当延长加载稳定时间。

某些桥梁，如拱桥，有时当拱上建筑或桥面系参与主要承重构件的受力，因连接较弱或变形缓慢，造成测点观测值稳定时间较长，如结构的实测变位（或应变）值远小于计算值，可将加载稳定时间定为 20～30 min。

3. 加载过程的观察

加载试验过程应对结构控制点位移（或应变）、结构整体行为和薄弱部位破损实时监控，并将结果随时汇报给指挥人员作为控制加载的依据。随时将控制点位移与计算结果比较，如实测值超过计算值较多，则应暂停加载，待查明原因再决定是否继续加载。试验人员如发现其他测点的测值有较大的反常变化也应查找原因，并及时向试验指挥人员报告。加载过程中应指定人员随时观察结构各部位可能产生的新裂缝，注意观察：构件薄弱部位是否有开裂、破损，组合构件的结合面是否有开裂错位，支座附近混凝土是否开裂，横隔板的接头是否拉裂，结构是否产生不正常的响声，加载时墩台是否发生摇晃现象等。如发生这些情况应报告试验指挥人员，以便采取相应的措施。

4. 终止加载控制条件

发生下列情况，应中途终止加载：
(1)控制测点应力值已达到或超过计算值。
(2)控制测点变位（或挠度）超过计算值。
(3)结构裂缝的长度、缝宽或数量明显增加。
(4)实测变形分布规律异常。
(5)桥体发出异常响声或发生其他异常情况。
(6)斜拉桥或吊索（杆）索力增量实测值超过计算值。

第五节 试验数据分析及桥梁承载力评定

通过静载试验得到的原始数据、文字和图像描述材料是荷载试验最重要的资料。虽然它们是可靠的，但这些原始资料数量庞大，不直观，不能直接用于评定承载能力，故进行承载力评定之前必须对它进行处理分析，得出直接进行承载能力评定的指标，以满足承载力评定的需要。

一、试验数据分析

1. 试验资料的修正

(1)测值修正。根据各类仪表的标定结构进行测试数据的修正，如考虑机械式仪表校正系数、电测仪表率定系数、灵敏系数、电阻应变观测的导线电阻影响等。当这类因素对测值的影响小于1%时可不予修正。

(2)温度影响修正。温度对测试的影响比较复杂。结构构件的各部位不同的温度变化、结构的受力特性、测试仪表或元件的温度变化、电测元件的温度敏感性、自补性等均对测试精度造成一定的影响，逐项分析这些影响是困难的。一般可采用综合分析的方法来进行温度影响修正，即利用加载试验前进行的温度稳定观测数据，建立温度变化（测点处构件表面温度或空气温度）和测点测值（应变和挠度）变化的线性关系，然后按下式进行温度修正计算：

$$S = S' - \Delta t \cdot K_t \tag{15-20}$$

式中　S——温度修正后的测点加载测值变化；
　　　S'——温度修正前的测点加载测值变化；
　　　Δt——相应于S'观测时间段内的温度变化（℃）；
　　　K_t——空载时温度上升1℃时测点测值变化量。

$$K_t = \frac{\Delta S}{\Delta t_1} \tag{15-21}$$

式中　ΔS——空载时某一时间区段内测点测值变化量；
　　　Δt_1——相应于ΔS同一时间区段内温度变化量。

温度变化量的观测对应变宜采用构件表面温度，对挠度宜采用气温。温度修正系数K_t应采用多次观测的平均值，如测值变化与温度变化关系不明显时则不能采用。

由于温度影响修正比较困难，一般不进行这项工作，而采取缩短加载时间、选择温度稳定性较好的时间进行试验等办法尽量减小温度对测试精度的影响。

(3)支点沉降影响的修正。当支点沉降量较大时，应修正其对挠度值的影响，修正量C可按下式计算：

$$C = \frac{l-x}{l}a + \frac{x}{l}b \tag{15-22}$$

式中　C——测点的支点沉降影响修正量；
　　　l——A支点到B支点的距离；
　　　x——挠度测点到A支点的距离；
　　　a——A支点沉降量；
　　　b——B支点沉降量。

2. 各测点变化（挠度、位移、沉降）与应变的计算

根据量测数据做下列计算：

总变位（或总应变）　　　　　$S_t = S_1 - S_i$ 　　　　　(15-23)

弹性变位（或弹性应变）　　　$S_e = S_1 - S_u$ 　　　　　(15-24)

残余变位（或残余应变）　　　$S_p = S_t - S_e = S_u - S_i$ 　　(15-25)

式中　S_i——加载前测值；
　　　S_1——加载达到稳定时测值；
　　　S_u——卸载后达到稳定时测值。

引入相对残余变位（或应变）的概念描述结构整体或局部进入塑性工作状态的程度。

相对残余变位（或应变）按下式计算：

$$S'_p = \frac{S_p}{S_t} \times 100\% \tag{15-26}$$

式中　S'_p——相对残余变位（或应变）。
　　　式中其他符号意义同前。

3. 应力计算

根据测量到的测点应变，当结构处于线弹性工作状态时可以利用应力应变关系计算测点的应力。

(1) 单向应力状态：

$$\sigma = E\varepsilon \tag{15-27}$$

(2) 平面应力状态：

1) 当主应力方向已知时：

$$\sigma_1 = \frac{E}{1-\nu^2}(\varepsilon_1 + \nu\varepsilon_2) \tag{15-28}$$

$$\sigma_2 = \frac{E}{1-\nu^2}(\varepsilon_2 + \nu\varepsilon_2) \tag{15-29}$$

式中 E——构件材料弹性模量；
ν——构件材料泊松比；
ε_1，ε_2——方向相互垂直的主应变；
σ_1，σ_2——方向相互垂直的主应力。

2) 主应力方向未知时需用应变花测量其应变计算主应力。应变花的常见形式为直角形或等边形，如图 15-13(a)、(b)、(c) 所示，由三个应变片组成；也可以增加校核片布置为扇形和伞形，如图 15-13(d)、(e) 所示。采用图 15-13 中的五种应变花时测点主应力可以表示为

$$\sigma_1 = \left(\frac{E}{1-\nu}\right)A + \left(\frac{E}{1+\nu}\right)\sqrt{B^2+C^2} \tag{15-30}$$

$$\sigma_2 = \left(\frac{E}{1-\nu}\right)A - \left(\frac{E}{1+\nu}\right)\sqrt{B^2+C^2} \tag{15-31}$$

$$\tau_{\max} = \left(\frac{E}{1+\nu}\right)\sqrt{A^2+B^2} \tag{15-32}$$

$$\psi_0 = \frac{1}{2}\tan^{-1}\frac{C}{B} \tag{15-33}$$

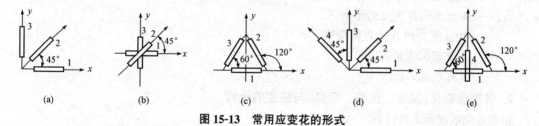

图 15-13 常用应变花的形式

其中：参数 A、B、C 由应变花的形式而定，上面五种形式应变花的参数见表 15-4。

表 15-4 应变花参数

测量平面上一点主应变时应变计的布置		A	B	C
应变花名称	应变花形式			
45°直角应变花	图 15-13(a)	$\dfrac{\varepsilon_0 + \varepsilon_{90}}{2}$	$\dfrac{\varepsilon_0 - \varepsilon_{90}}{2}$	$\dfrac{2\varepsilon_{45} - \varepsilon_0 - \varepsilon_{90}}{2}$
60°等边三角形应变花	图 15-13(c)	$\dfrac{\varepsilon_0 + \varepsilon_{60} + \varepsilon_{120}}{3}$	$\varepsilon_0 - \dfrac{\varepsilon_0 + \varepsilon_{60} + \varepsilon_{120}}{3}$	$\dfrac{\varepsilon_{60} - \varepsilon_{120}}{\sqrt{3}}$
伞形应变花	图 15-13(e)	$\dfrac{\varepsilon_0 + \varepsilon_{90}}{2}$	$\dfrac{\varepsilon_0 - \varepsilon_{90}}{2}$	$\dfrac{\varepsilon_{60} - \varepsilon_{120}}{\sqrt{3}}$
扇形应变花	图 15-13(d)	$\dfrac{\varepsilon_0 + \varepsilon_{45} + \varepsilon_{90} + \varepsilon_{135}}{4}$	$\dfrac{\varepsilon_0 - \varepsilon_{90}}{2}$	$\dfrac{\varepsilon_{135} - \varepsilon_{45}}{2}$

4. 试验结果与理论分析的比较

为了评定结构整体受力性能，需对桥梁荷载试验结果与理论分析值比较，以检验新建桥是否达到设计要求的荷载标准，或判断旧桥的承载能力。比较时可以将结构位移、应变等试验值与理论计算值列表进行比较，对结构在最不利荷载工况作用下主要控制测点的位移、应力的实测值与理论分析值，要分别绘出荷载位移（$P-\Delta$）曲线，荷载应力（$P-\sigma$）曲线，并绘出最不利荷载工况作用下位移沿结构（纵、横向）分布曲线和控制截面应变（沿高度）分布图，绘制结构裂缝分布图（对裂缝编号注明长度、宽度、初裂荷载以及裂缝发展情况）。为了量化，以及描述试验值与理论分析值比较的结果，此处引入结构校验系数：

$$\lambda = \frac{S_e}{S_s} \tag{15-34}$$

式中 S_e——控制荷载产生的同一加载控制截面内力或位移的最不利效应计算值；

S_s——某一加载试验项目对应的加载控制截面内力或位移的最大计算效应值。

二、荷载试验成果分析与承载能力评定

经过荷载试验的桥梁，应根据整理的试验资料分析结构的工作状况，进一步评定桥梁承载能力，为新建桥验收做出鉴定结论，或作为旧桥承载力鉴定检算的依据，并纳入桥梁承载能力鉴定报告和桥梁承载能力鉴定表。一般进行下列分析评定工作。

1. 结构工作状况

(1) 校验系数 η。校验系数 η 是评定结构工作状况、确定桥梁承载能力的一个重要指标。不同结构形式的桥梁，其 η 值常不相同，η 值常见的范围可参考表15-5，一般要求 η 值不大于1。η 值越小，结构的安全储备越大。η 值过大或过小都应该从多方面分析原因。如 η 值过大可能说明组成结构的材料强度较低，结构各部分联结性较差，刚度较低等；η 值过小可能说明材料的实际强度及弹性模量较高，桥梁的混凝土桥面铺装及人行道等与主梁共同受力，拱桥拱上建筑与拱圈共同作用，支座摩阻力对结构受力的有利影响，计算理论或简化的计算式偏于安全等。试验加载物的称量误差、仪表的观测误差等也对 η 值有一定影响。

表 15-5 桥梁校验系数常值表

桥梁类型	应变(或应力)校验系数	挠度校验系数
钢筋混凝土板桥	0.20～0.40	0.20～0.50
钢筋混凝土梁桥	0.40～0.80	0.50～0.90
预应力混凝土桥	0.60～0.90	0.70～1.00
圬工拱桥	0.70～1.00	0.80～1.00
钢筋混凝土拱桥	0.50～0.90	0.50～1.00
钢桥	0.75～1.00	0.75～1.00

(2) 实测值与理论值的关系曲线。由于理论变位（或应变）一般是按线性关系计算，所以，如测点实测弹性变位（或应变）与理论计算值成正比，其关系曲线接近于直线，说明结构处于良好的弹性工作状况。

(3) 相对残余变位（或应变）。测点在控制荷载工况作用下的相对残余变位（或应变）S_p/S_t 越小，说明结构越接近弹性工作状况。一般要求 S_p/S_t 值不大于 20%，当 S_p/S_t 大于 20% 时，应查明原因。如确是桥梁强度不足，应在评定时，酌情降低桥梁的承载能力。

(4) 动载性能。当动载试验效率 η_d 接近 1 时，不同车速下实测的冲击系数最大值可用于结构

的强度及稳定性检算。

结构的自振频率、活载强迫振动频率及阻尼系数等对桥梁承载能力的影响可参考其他有关资料进行分析。

2. 结构的强度及稳定性

当荷载试验项目比较全面时，可采用荷载试验主要挠度测点的校验系数 η 来评定结构的强度和稳定性。检算时引入检算系数 Z_1 或 Z_2，截面折减系数 ξ_c（或 ξ_s），承载能力恶化系数 ξ_e 等参数对桥梁结构抗力效应进行修正计算。

砖石和混凝土桥：

$$\gamma_0 S \leqslant R(f_d, \xi_c, \alpha_d) Z_1 \tag{15-35}$$

钢筋混凝土及预应力混凝土桥：

$$\gamma_0 S \leqslant R_d(f_d, \xi_c \alpha_{dc}, \xi_s \alpha_{ds}) Z_1 (1 - \xi_e) \tag{15-36}$$

式中 ξ_e——承载能力恶化系数；

ξ_c——混凝土构件截面折减系数；

ξ_s——钢筋截面折减系数。

各个符号及其取值的详细确定方法见《公路桥梁承载能力检测评定规程》(JTG/T J21—2011)。

(1) 加载内力与总内力（加载内力+恒载内力）的比值较大，荷载试验效果较好。

(2) 实测值与理论值线性关系较好，相对残余变位（或应变）较小。

(3) 桥梁结构各部分无损伤、风化、锈蚀、裂缝等较轻微。

η 值应取控制截面内力最不利荷载工况时最大挠度测点进行计算。对梁桥可采用跨中最大正弯矩荷载工况的跨中挠度；对拱桥检算拱顶截面时可采用拱顶最大正弯矩荷载工况时跨中挠度；检算拱脚截面时可采用拱脚最大负弯矩荷载工况时 $l/4$ 截面处挠度；检算 $l/4$ 截面时则可用上者平均值；如已安排 $l/4$ 截面最大正、负弯矩荷载工况，则可采用该程序时 $l/4$ 截面挠度。但拱桥在采用 η 值根据表 15-6 进行检算时，应不再另行考虑拱上建筑联合作用。

对于旧桥采用 Z_1 值根据《公路桥梁承载能力检测评定规程》(JTG/T J21—2011)检算不符合要求，但采用 Z_2 值根据式(15-35)和式(15-36)检算符合要求时，可评定桥梁承载能力满足检算荷载要求。

3. 地基与基础

(1) 当试验荷载作用下墩台沉降、水平位移及倾角较小，符合上部结构检算要求，卸载后变位基本回复时，认为地基与基础在检算荷载作用下能正常工作。

(2) 当试验荷载作用下墩台沉降、水平位移、倾角较大或不稳定，卸载后变位不能回复时，应进一步对地基、基础进行探查、检算，必要时应对地基基础进行加固处理。

4. 结构的刚度要求

试验荷载作用下，主要测点挠度校验系数 η 应不大于 1。各点的挠度不超过《公路圬工桥涵设计规范》(JTG D61—2005)第 5.1.11 条和《公路钢筋混凝土及预应力混凝土桥涵设计规范》(JTG D62—2004)第 6.5.3 条规定的允许值，即：

圬工拱桥：一个桥范围内正负挠度的最大绝对值之和不小于 $L/1\,000$。

钢筋混凝土桥：梁桥主梁跨中　　　　$L/600$

　　　　　　　梁桥主要悬臂端　　　$L/300$

　　　　　　　桁架、拱桥　　　　　$L/300$

5. 裂缝

对于新建桥试验荷载作用下预应力结构不应出现裂缝，钢筋混凝土结构裂缝不超规定的允许值：
$$\delta_{\max} \leqslant [\delta] \tag{15-37}$$

对于旧桥试验荷载作用下绝大部分裂缝宽度应小于表 15-6 规定的允许值，荷载试验后所有裂缝应不大于表 15-6 规定的允许值。

表 15-6 裂缝限值表

结构类别	裂缝部位			允许最大缝宽/mm	其他要求
钢筋混凝土梁	主筋附近竖向裂缝			0.25	
	腹板斜向裂缝			0.30	
	组合梁结合面			0.50	不允许贯通结合面
	横隔板与梁体端部			0.30	
	支座垫石			0.50	
预应力混凝土梁	梁体竖向裂缝			不允许	
	梁体纵向裂缝			0.20	
砖、石、混凝土拱	拱圈横向			0.30	裂缝高小于截面高一半
	拱圈纵向			0.50	裂缝长小于跨的1/8
	拱波与拱肋结合处			0.20	
墩台	墩台帽			0.30	不允许贯通墩台身截面一半
	墩台身	经常受浸湿性环境水影响	有筋	0.20	
			无筋	0.30	
		常年有水，但无浸湿性影响	无筋	0.25	
			有筋	0.35	
		干沟或季节性有水河流		0.40	
		有冻结作用部分		0.20	

注：表中所列除特指外适用一般条件，对于潮湿和空气中含有较多腐蚀性气体等条件下的缝宽限制，应要求严格一些。

通过对桥梁结构工作状况、强度稳定性、刚度和抗裂性各项指标进行综合评定，并结合结构下部评定和动力性能评定，综合给出桥梁承载能力评定结论，将评定结论写入桥梁承载能力鉴定报告。

三、静载试验报告编写

在全部试验资料整理与分析的基础上，提出桥梁结构静载试验报告，其内容应该包括下列各项：

(1)试验概况。主要内容是简要介绍被试验的桥梁结构的型式、构造特点、施工概况。对于鉴定性试验，还要说明在施工设计中存在的技术问题，以及其对使用的影响等。对于科研性试验，还要说明设计中需要解决的问题。文中要适当附上必要的简图。

(2)试验的目的。根据试验对象的特点，要有针对性地说明结构静载试验所要达到的目的和要求。

(3)试验方案设计。这一部分要说明根据试验目的确定的测试项目和测试的方法、仪器配备、测点布置情况，并附以简图。同时要说明试验荷载的情况，如试验荷载的形成(是标准列车或汽车荷载，还是模拟的等代荷载)以及加载的程序。

(4)试验日期及试验的过程。说明具体组织桥梁静载试验的起讫日期、试验准备阶段的情况、整个试验阶段特殊的问题及其解决办法。

(5)各项试验达到的精度。将本次试验中使用的各种仪器、仪表的类型、精度(最小读数)列表说明，同时，还要说明试验中可能使用的夹具对试验精度的影响程度。

(6)试验成果与分析。依据桥梁结构试验项目，将理论值、实测值以及有关的参考限值进行对比，说明理论与实践两者的符合程度，从中得出试验结构所具有的实际承载能力、抗裂性和使用的安全度，以及从试验中发现的新问题。从现场检查的综合情况，说明试验结构的施工质量。对于一些科研性试验，还要从综合分析中说明设计计算理论的正确性和实用性，以及还存在未解决的问题。如果材料丰富，很有可能从综合分析中，提出简化计算公式等。

(7)试验记录摘录。将试验中所得的实测的控制数据，以列表或以曲线的形式表达出来。

(8)技术结论。根据综合分析的结果，得出最后的技术结论，对试验结构做出科学的评价，同时根据存在的问题，提出改进设计或者加强维修养护方面的建议。

(9)经验教训。从结构试验的角度，总结本次试验的计划、程序、测试方法等方面所存在的不足之处，并提出改进的意见。

(10)有关图表、照片。

第六节　结构动载试验

桥梁结构承受车辆、人群、风力和地震等动力荷载作用下产生振动，桥梁在动力荷载作用下的受力分析是桥梁结构分析的又一重要任务。桥梁的振动问题影响因素复杂，仅靠理论分析还不能满足工程应用的需要，需要理论分析与试验测试相结合的方法解决，桥梁动载试验就成为解决该问题必不可少的手段。桥梁的动力特性(频率、振型和阻尼比)是评定桥梁承载力状态的重要参数，随着我国公路桥梁检验评定制度的推行，桥梁动载试验会将越来越受到重视。

结构振动问题涉及振源(输入)、结构(系统)和响应(输出)，它们的关系为

振源(输入) ⟶ 结构(系统) ⟶ 响应(输出)

在结构振动问题中输入、系统和输出中知其中两者，可以求第三者，所以，桥梁的动载试验可以划分为以下三类基本问题：

(1)测定桥梁荷载的动力特性(数值、方向、频率等)。

(2)测定桥梁结构的动力特性(自振频率、阻尼、振型等)。

(3)测定桥梁在动荷载作用下的响应(动位移、动应力等)。

桥梁的振动试验涉及很宽的范畴，如模拟地震试验、抗风试验、疲劳试验等。常见的测试有桥梁结构动力特性和动载响应的试验与分析。

一、桥梁动载试验的测试仪器

结构振动的测试仪器包括测振传感器、信号放大器、光线示波器、磁带记录仪和数字信号处理机。近年来，振动信号分析处理技术发展很快，已开发出多种以 A/D 转换和微机结合的数据采集和分析一体化的智能仪器，可以进行实时数据采集分析，并能实现数据储存，有取代磁带记录仪和专用信号处理的趋势，但还有待普及。

1. 测振传感器(拾振器)

(1)基本原理。振动参数有位移、速度和加速度。测量这些振动参数的传感器有许多种类。

但由于振动测量的特殊性，如测量时难以在振动体附近找到一个静止点作为测量的基准点，所以就需要使用惯性式测振传感器。通常所指的测振传感器即为惯性式测振传感器（以下简称为测振传感器）。

测振传感器的基本原理为：由惯性质量、阻尼和弹簧组成一个动力系统，这个动力系统固定在振动体上（即传感器的外壳固定在振动体上），与振动体一起振动。通过测量惯性质量相对于传感器外壳的运动，就可以得到振动体的振动参量（图15-14）。由于这是一种非直接的测量方法，所以，这个传感器动力系统的动力特性对测量结构具有很重要的影响。

测振传感器除要通过惯性质量、弹簧和阻尼系统感受振动外，还要将感受到的振动信号通过各种方式转换成电信号，转换方式有磁电式、压电式、电阻应变式等。传感器所测的振动量通常是以位移、速度和加速度等，按它们

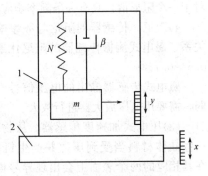

图 15-14　测振传感器力学原理
1—传感器；2—振动体

的转换方式和所测振动量可以分成很多种类。以下简要介绍磁电式速度传感器和压电式加速度传感器。

(2) 磁电式速度传感器。磁电式速度传感器是根据电磁感应的原理制成的，其特点是灵敏度高，性能稳定，输出阻抗低，频率响应有一定宽度。调整质量、弹簧和阻尼系统的动力参数，可以使传感器既能测量非常微弱的振动，也能测量比较强的振动。

图 15-15 所示为一磁电式速度传感器，其中磁钢和壳体相固连，并通过壳体安装在振动体上，与振动体一起振动；芯轴和线圈组成传感器的系统质量，通过弹簧片（系统弹簧）与壳体连动。

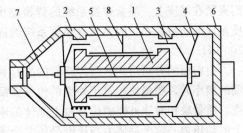

图 15-15　磁电式速度传感器
1—磁钢；2—线圈；3—阻尼环；4—弹簧片；
5—芯轴；6—外壳；7—输出线；8—铝架

振动体振动时，系统质量与传感器壳体之间发生相对位移，因此线圈与磁钢之间也发生相对运动。根据电磁感应定律，感应电动势 E 的大小为

$$E = B \cdot l \cdot n \cdot v \tag{15-38}$$

式中　B——线圈所在磁钢间隙的磁感应强度；

l——每匝线圈的平均长度；

n——线圈匝数；

v——线圈相对于磁钢的运动速度，即系统质量相对于传感器壳体的运动速度。

从式(15-38)中可以看出，对于传感器来说 B、l、n 是常量，所以传感器的电压输出（即感应电动势 E）与相对运动速度 v 成正比。

图 15-16 所示为一摆式测振传感器。它的质量弹簧系统设计成转动的形式，因而可以获得更低的仪器固有频率。摆式传感器可以测垂直方向和水平方向的振动；它也是磁电式传感器，输出电压与相对运动速度成正比。

磁电式测振传感器的主要技术指标如下：

1) 传感器质量弹簧系统的固有频率。它直接影响传感器的频率响应，固有频率取决于质量的大小和弹簧的刚度。

2) 灵敏度。即传感器在测振方向受到一个单位振动速度时的输出电压。

3)频率响应。当所测振动的频率变化时,传感器的灵敏度、输出的相位差等也随之变化,这个变化的规律称为传感器的频率响应。对于一个阻尼值,只有一条频率响应曲线。

4)阻尼。传感器的阻尼与频率响应有很大关系,磁电式测振传感器的阻尼比通常设计成0.5~0.7。

磁电式传感器输出的电压信号一般比较微弱,需要用电压放大器进行放大。

(3)压电式加速度传感器。从物理学知道,一些晶体材料当受到压力并产生机械变形时,在其相应的两个表面上会出现异号电荷,当外力去掉后,晶体又重新回到不带电的状态,这种现象称为压电效应。压电式加速度传感器就是利用晶体的压电效应而制成的,其特点是稳定性高、机械强度高,并能在很宽的温度范围内使用,但灵敏度较低。

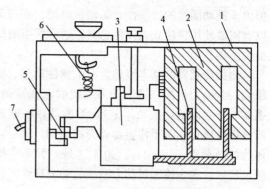

图 15-16 摆式传感器
1—外壳;2—磁钢;3—重锤;4—线圈;
5—十字簧片;6—弹簧;7—输出线

图 15-17 所示为压电式加速度传感器的结构原理,压电晶体片上是质量块,用硬弹簧将它们夹紧在基座上。质量弹簧系统的弹簧刚度由硬弹簧的刚度和晶体片的刚度组成,刚度很大,质量块的质量较小,因而质量弹簧系统的固有频率很高,可达数千赫兹,高的甚至可达100~200 kHz。

由前面的分析可知,当传感器的固有频率远远大于所测振动的频率时,质量块相对于外壳的位移就反映所测振动的加速度。质量块相对于外壳的位移乘上晶体的刚度就是作用在晶体上的动压力。这个动压力与压电晶体两个表面所产生的电荷量(或电压)成正比,因此可以通过测量压电晶体的电荷量来得到所测振动的加速度。

压电式加速度传感器的主要技术指标如下:

1)灵敏度。压电式加速度传感器有两种形式的灵敏度,电荷灵敏度 S_q(S_q 的单位是 pC/g,pC 是微微库仑,g 是重力加速度)和电压灵敏度 S_v(S_v 的单位通常是 mV/g)。传感器灵敏度的大小取决于压电晶体材料的特性和质量块的质量大小。传感器几何尺寸愈大亦即质量块愈大,灵敏度愈大,但使用频率愈窄;传感器体积减小亦即质量块减小,灵敏度也减小,但使用频率范围加宽。选择压电式加速度传感器,要根据测试要求综合考虑。

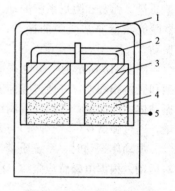

图 15-17 加速度传感器的结构原理
1—外壳;2—硬弹簧;3—质量块;
4—压电晶体;5—输出端

2)安装谐振频率 $f_安$。$f_安$ 是指传感器牢固地(用钢螺栓)装在一个有限质量 m(目前国际上公认的标准是取体积为1立方英寸即 16.387 cm³,质量为 180 g)的物体上的谐振频率。压电式加速度传感器本身有一个固有谐振频率,但是传感器总是要通过一定的方式安装在振动体上,这样谐振频率就要受安装条件的影响。传感器的安装谐振频率与传感器的频率响应有密切关系,不恰当的安装方法会大大影响测试的质量。

3)频率响应。根据对测试精度的要求,通常取传感器安装谐振频率的 $\frac{1}{5} \sim \frac{1}{10}$ 为测量频率的上限,测量频率的下限可以很低,所以,压电式加速度传感器的工作频率很宽。

4)横向灵敏度比。即传感器受到垂直于主轴方向振动灵敏度与沿主轴方向振动的灵敏度之比。在理想的情况下,传感器的横向灵敏度比应等于零,即当与主轴垂直方向振动时不应有信号输出。

5)幅值范围。即传感灵敏度保持在一定误差大小(通常在5‰~10‰)时的输入加速度幅值的范围,也就是传感器保持线性的最大可测范围。

压电式加速度传感器用的放大器有电压放大器和电荷放大器两种。

2. 磁带记录仪

磁带记录仪是一种常用的较理想的记录器,可以用于振动测量和静力试验的数据记录,它将电信号转换成磁信号并记录在磁带上,得到的是试验变量与时间的变化关系。

磁带记录仪由磁带、磁头、磁带传动机构、放大器和调制器等组成,它的原理如图15-18所示。

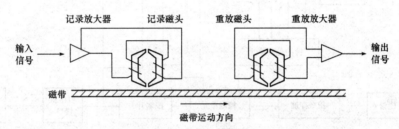

图 15-18　直接记录式磁带记录仪原理图

记录时,从传感器来的信号输入到磁带记录仪,经过放大器和调制器的处理,通过记录磁头把电信号转换成磁信号,记录在以规定速度作匀速运动的磁带上。重放时,使记录有信号的磁带按原来记录时的速度(也可以改变速度)作匀速运动,通过重放磁头从磁带"读出"磁信号,并转换成电信号,经过放大器和调制器的处理,输出给其他仪器。磁带记录仪的记录方式有模拟式和数字式两种,对记录数据进行处理应采用不同的方法。用模拟式记录的数据,可通过重放,把信号输送给X—Y记录仪或光线示波器等,用前面所提到的方法,得到相应的数值。或者可把信号输送给其他分析仪器,用A/D转换,得到相应的数值。用数字式记录仪记录的数据,可直接输送给打印机打印输出,或输送到计算机等。

磁带记录仪的特点是:工作频带宽,可以记录从直流到2 MHz(DC—2 MHz)的信号;可以同时进行多通道记录,并能保持多通道信号之间正确的时间和相位关系;可以快速记录慢速重放,或慢速记录快速重放,使数据记录和分析更加方便;通过重放,可以很方便地将磁信号还原成电信号,输送给各种分析仪器。

3. 信号处理机

动态信号数据处理,一般在专用信号处理机或利用数据处理软件在通用计算机上进行。目前数字信号处理技术发展很快,它以FFT硬件和专用软件为基础,可以在幅值域、时域、频域对各种类型的信号进行处理。图15-19给出一般信号处理机的组成图。输入信号首先通过低通抗混淆滤波器和前置放大器,然后经过模数转换器,将模拟电量信号转换成数字信号输入给计算机,在数据处理硬件和软件支持下进行各种数据处理,最后将分析结果显示在屏幕上或通过打印机(绘图仪)打印出来。功能较全的数据处理机还应配备磁盘驱动器、输入和输出接口及不同算法语言编制的专用程序。信号分析处理已是一门独立的学科专业,广泛用于振动分析、通信、气象、医疗等行业。信号处理机的规格型号也很多,如HP3562A、BK2034、7T18S、CF—500,一般数据处理机由专人操作使用,进行桥梁动态信号分析时,可以根据条件和需要选用,这里就不一一介绍。

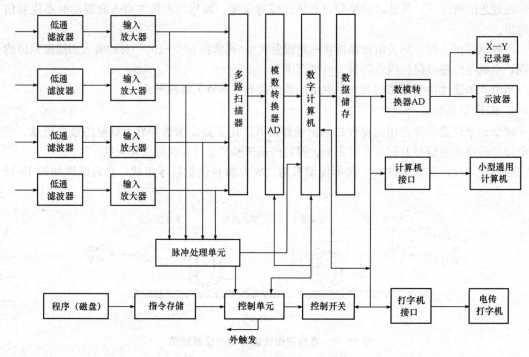

图 15-19　数字信号处理机的组成

4. 测试系统的选配

根据常用的一些测振仪器的性能，一般可构成电磁式测试系统、压电式测试系统和电阻应变式测试系统三种测试系统。

电磁式测试系统在桥梁的动力测试中应用较为普遍，这类系统通过仪器的组合变换可测位移、速度和加速度。电磁式测试系统的特点是输出信号强、灵敏度高、稳定性好、传感器输出阻抗低、长导线的影响较小，因此抗干扰性能好。系统的组成为

$$\boxed{\text{电磁式传感器}} \longrightarrow \boxed{\text{信号放大器}} \longrightarrow \boxed{\text{记录装置}}$$

压电式测试系统一般用于测量加速度。由于压电式传感器具有高输出阻抗的特性，要求与输入阻抗很高的放大器相连。因此，放大器输入阻抗的大小将对测试系统的特性产生重大影响。由于压电式传感器自振频率较高，因此可测频响较宽。但系统抗干扰性差。长导线对阻抗影响较大，易受电磁场干扰。配套的前置放大器有两种基本形式：一种是电压放大器，它的输出电压正比于输入电压；另一种是电荷放大器，它的输出电压正比于压电传感器输出电荷。这两种前置放大器各具特点，电压放大器的输出电压受输出电缆长度的影响，低频特性也受其他输出电阻的影响，由这种放大器组配的系统适用于一般频率范围的动力测试。而电荷放大器不受输出电缆分布电容的影响，低频特性也很少受输入电阻的影响，使用频率可达到零，它适用低频或超低频长距离的动力测试。系统的组成为

$$\boxed{\text{压电式传感器}} \longrightarrow \boxed{\text{电压或电荷放大器}} \longrightarrow \boxed{\text{光线示滤器或磁带机}}$$

电阻应变式测试系统中传感器的种类较多，例如应变计、位移计、加速度计等，需配套使用的放大器是各类动态电阻应变仪，记录装置为常用的光线振子示波器或磁带机等，这类测试系统的低频响应好，可从零赫兹开始。动态电阻应变仪可作为各类电阻应变式传感器的放大器，

但这类测试系统易受温度的影响，抗干扰性能较差，长导线对灵敏度也有影响。电阻应变式测试系统中各部分仪器具有通用性强、应用方便等特点，在桥梁动载试验中的应用是很普遍的。系统的组成为

$$\boxed{电阻式传感器} \longrightarrow \boxed{电阻应变仪} \longrightarrow \boxed{光线示滤器或磁带机}$$

在选配上述三类测试系统时，要注意选择测振仪器的技术指标，使传感器、放大器和记录仪器的灵敏度、动态范围、频率响应和幅值范围等技术指标合理配套，以保证测试结构的准确性和可靠性。

二、桥梁动载试验的激振方法

在进行桥梁动载试验时，首先要设法使桥梁产生一定的振动，然后应用测振仪器加以测试和记录，通过对记录的振动信号分析得到桥梁的动力特性和响应。可用于桥梁动载试验的激振方法很多，应根据被测桥梁的结构形式和刚度大小选择激振效果好、易于实施的方法。

1. 自振法（瞬态激振法）

自振法的特点是使桥梁产生有阻尼的自由衰减振动，记录到的振动图形是桥梁的衰减振动曲线。为使桥梁产生自由振动，一般常用突然加载荷和突然卸荷载两种方法。

(1) 突然加荷载法（冲击法）。在被测结构上急速地施加一个冲击作用力，由于施加冲击作用的时间短促，因此，施加于结构的作用实际上是一个冲击脉冲作用。由振动理论可知，冲击脉冲的动能传递到结构振动系统的时间，要小于振动系统的自振周期，并且冲击脉冲一般都包含了从零到无限大的所有频率的能量，它的频谱是连续谱，只有被测结构的固有频率与之相同或很接近时，冲击脉冲的频率分量才对结构起作用，从而激起结构以其固有频率做自由振动。

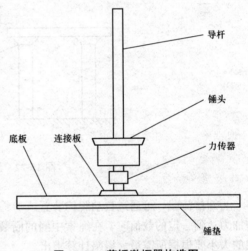

图 15-20 落锤激振器构造图

对于中、小型桥梁结构，可用落锤激振器（或枕木）垂直地冲击桥梁，激起桥梁竖直方向的自由振动。如果水平方向冲击桥面缘石，则可激起横向振动。图 15-20 所示为工程界常用的落锤激振器的构造图。

工程界常利用试验车辆在桥面上驶越三角垫木，利用车轮的突然下落对桥梁产生冲击作用，激起桥梁的竖向振动。但此时所测得的结构固有频率包括了试验车辆这一附加质量的影响。图 15-21 所示为试验用解放载重汽车后轮在跨度为 25 m 预应力混凝土简支梁桥的跨中位置越过 15 cm 高三角垫木后，激起桥跨结构的振动波形记录。

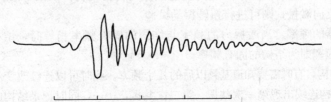

图 15-21 跳车引起的结构振动图形

近年来，在桥梁的动载试验中，还采用了爆炸和发射小型火箭产生脉冲荷载等办法来进行激振，但还不普及。采用突然加荷载法时，应注意冲击荷载的大小及其作用位置。如果要激起结构的整体振动，则必须在桥梁的主要受力构件上施加足够的冲击力，冲击荷载的位置可按所测结构的振型来确定，如为了获得简支梁桥的第一振型，则冲击荷载作用于跨中部位，测第二振型时冲击荷载应加于跨度的四分之一处。

冲击法引起的自由振动，一般可记录到第一固有频率的振动图形。如用磁带记录仪录取结构某处之响应，通过频谱分析，则可获得多阶固有频率的参数。

(2)突然卸载法(位移激振法)。采用突然卸载法时，在结构上预先施加一个荷载作用，使结构产生一个初位移，然后突然卸去荷载，利用结构的弹性性质使其产生自由振动。图 15-22 示出卸载法的激振装置。

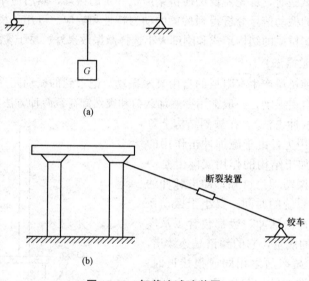

图 15-22 卸载法试验装置

为卸落荷载，可通过自动脱钩装置或剪绳索等方法，有时也专门设计一种断裂装置，当预施加力达到一定的数值时，在绳索中间的断裂装置便突然断离，从而激发结构的振动。突卸荷载的大小要根据所需最大振幅计算求出。

2. 共振法(强迫振谐法)

激振设备有机械式激振器、电磁式激振器和电气液压式振动台。

共振法是利用激振器，对结构施加激振力，使结构产生强迫振动，改变激振力的频率而使结构产生共振现象并借助共振现象来确定结构的动力特性。

激振器在结构上安装位置和激振方向要根据试验的要求和目的而定。使用时，激振器应牢固地固定于结构上，由底座将激振器产生的交变激振力传给结构。如果将两台激振器安放于结构的适当位置上，反向激振，则可进行扭转振动试验。

连续改变激振器的频率，当激振力的频率与结构的固有频率相等时，结构出现共振现象，此时，所记录到的频率即为结构的固有频率。

对于较复杂的结构，有时需要知道基频以后的几个频率。此时可以连续改变激振力的频率，进行"频率扫描"，使结构连续出现第一次共振、第二次共振、……，同时记录结构的振动图形。由此可得到结构的第一频率(基频)、第二频率、……，在此基础上，再在共振频率附近进行稳定的激振试验，则可准确地测定结构的固有频率与振型。图 15-23 所示为进行频率扫描时的记录曲线。

在上述频率扫描试验时，同时记录结构的振幅变化情况，则可作出共振曲线，即频率—振幅关系曲线，从而确定结构的阻尼特性。

对于自振频率较低的大跨度柔性桥梁结构，也可利用人群在桥面上作有规律的运动，使结构发生共振现象。

在桥梁的动载试验中，常用载重车队由低到高的不同速度驶过桥梁，使结构产生不同程度的强迫振动。在若干次运行车辆荷载试验中，当某一行驶速度产生的激振力的频率与结构的固有频率相接近时，结构便产生共振现象，此时结构各部位的振动响应达到最大值。在车辆驶离桥跨以后，结构做自由衰减振动，这时可由记录到的波形曲线分析得出结构的动力特性。图15-24所示为车速21 km/h，驶过25 m预应力混凝土简支梁桥时，跨中挠度的时历曲线。振动波形曲线中A、B一段，是车辆离桥后，结构做自由衰减振动的波形记录，从中可分析计算出结构的固有频率和阻尼特性。

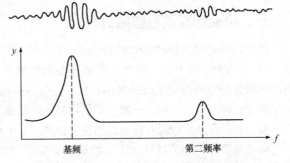

图15-23　频率扫描时结构的振动图

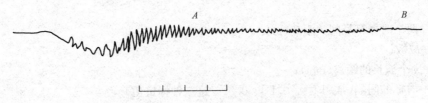

图15-24　车速为21 km/h时跨中挠度时历曲线

3. 脉动法

对于大跨度悬吊结构，如悬索桥、斜拉索桥跨结构、塔墩以及具有分离式拱肋的大跨度下承式或中承式拱桥，可利用结构由于外界各种因素所引起的微小而不规则的振动来确定结构动力特性。这种微振动通常称为"脉动"，它是由附近的车辆、机器等振动或附近地壳的微小破裂和远处的地震传来的脉动所产生。

结构的脉动有一重要特性，就是它能明显地反映出结构的固有频率。因为结构的脉动是因外界不规则的干扰所引起的，因此它具有各种频率成分，而结构的固有频率的谐量是脉动的主要成分，在脉动图上可直接量出。如图15-25所示为结构脉动记录曲线，振幅呈现有规律的增减现象，凡振幅大波形光滑之处的频率都相同，而且多次重复出现，此频率即为结构的基频。

图15-25　结构脉动曲线

如果在结构不同部位同时进行检测，记录在同一记录纸上，读出同一瞬时各测点的振幅值，并注意它们之间的相位关系，则可分析得到某一固有频率的振型。

在桥梁结构的正常运营条件下，经常地作用于结构上的动力荷载是各类车辆荷载，在进行桥梁的动载试验中，首先应考虑采用车辆荷载作为试验荷载，以便确定桥梁在使用荷载作用下的动力特性及响应。对需要考虑风动荷载或地震荷载的桥梁，应结合桥梁的结构形式做进一步的研究。

三、桥梁动载试验数据分析

桥梁结构的动力特性(例如结构的固有频率、阻尼系数和振型等)只与结构本身的固有性质有关(如结构的组成形式、刚度、质量分布和材料的性质等),而与荷载等其他条件无关。结构的动力特性是结构振动系统的基本特性,是进行结构动力分析所必需的参数。

对于比较简单的结构,一般只需结构的一阶频率,对于较复杂的结构动力分析,还应考虑第二、第三甚至更高阶的固有频率及相应的振型。至于系统的阻尼特性只能通过试验的方法确定。

桥梁在实际的动荷载作用下,结构各控制部位的动力响应,如振幅、频率、速度和加速度以及反映结构整体动力作用的冲击系数等,除可用来分析结构在动荷载作用下的受力状态外,还可验证或修改理论计算值,并作为结构设计的依据。

1. 结构固有频率的测定

按照前面叙述的激振方法,使桥梁产生的自由振动,通过测试系统实测记录结构的衰减振动波形,如图 15-26 所示。在记录的振动波形曲线上,可根据时标符号直接计算出结构的固有频率 f_0:

$$f_0 = \frac{Ln}{t_1 S} \tag{15-39}$$

式中　L——两个时标符号间的距离(mm);

　　　n——波数;

　　　S——n 个波长的距离(mm);

　　　t_1——时标的间隔(常用 1 s、0.1 s、0.01 s 这三种标定值)。

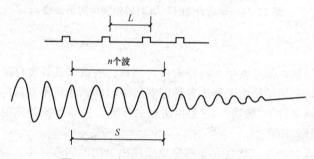

图 15-26　由衰减振动曲线求固有频率

在计算频率时,为消除冲击荷载的影响,开始的一、二个波形应舍弃,从第三个波形开始计算分析。

当使用激振器时,结构产生连续的周期性强迫振动,在激振器振动频率与结构的固有频率一致时,结构出现共振现象,振幅达到最大值,共振波峰处的频率即为结构的固有频率,如图 15-27 所示。

采用偏心式激振器时,由于激振力的大小与激振器转速的平方成正比,激振器转数不同,激振力大小不一样,为便于比较,应将振幅折算成单位激振力作用下的振幅,即振幅除以相应的激振力,或者将振幅换算为在相同激振力作用下的振幅,即 A/ω^2,其中 A 为振幅,ω 为激振器的频率。以 A/ω^2 为纵坐标,ω 为横坐标绘出共振曲线,如图

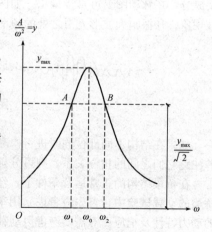

图 15-27　共振曲线

15-28 所示，曲线之峰值所对应的频率即为结构的固有频率。

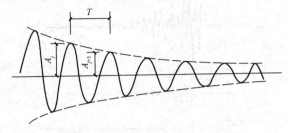

图 15-28 由衰减振动曲线求阻尼特性

2. 结构阻尼的测定

桥梁结构的阻尼特性，一般用对数衰减率 δ 或阻尼比 D 来表示。实测的振动衰减曲线如图 15-28 所示，由振动理论知，对数衰减率为

$$\delta = \ln \frac{A_i}{A_{i+1}} \tag{15-40}$$

式中 A_i，A_{i+1}——相邻两个波的振幅值，可直接从衰减曲线上量取。

实践中，常从衰减曲线上量取 m 个波形，求得平均的衰减率：

$$\delta_a = \frac{1}{m} \ln \frac{A_i}{A_{i+1}} \tag{15-41}$$

由振动理论知，对数衰减率 δ 与阻尼比 D 的关系为

$$\delta = \frac{2\pi D}{\sqrt{1-D^2}} \tag{15-42}$$

对于一般材料的阻尼比都很小，因此

$$D \approx \frac{\delta}{2\pi} \tag{15-43}$$

图 15-29 所示为净跨 25 m 预应力混凝土 T 形简支梁桥在动载试验时的自由振动和强迫振动波形曲线。

试验时，采用的激振方法是用载重汽车驶越垫木后给桥梁一个冲击作用，使结构产生自由振动。图 15-29(a)、(b)表示结构做自由衰减振动的波形记录。图 15-29(a)的波形是在跨中利用 WCD—5 型位移传感器，通过 Y6D—2 型动态电阻应变仪放大及 SC—16 型光线示波器记录钢丝的应力时历曲线。图 15-29(b)的波形是利用电阻应变片作为传感器测得的跨中断面预应力钢丝的应力时历曲线。由于挠度和钢丝应力的测点都位于同一控制断面，所以两者的波形相位是一致的。

按照前述的方法，可求出结构的动力特性：

固有频率　　　　　　　$f_0 = 4.56$ Hz
对数衰减率　　　　　　$\delta = 0.087\ 6$
阻尼比　　　　　　　　$D = 0.013\ 9$

应当指出，上述分析中，包含有载重汽车这一附加质量的影响。

图 15-29(c)、(d)所示为载重汽车以 28 km/h 的速度通过桥梁时引起结构产生强迫振动的记录曲线。图 15-29(c)所示为挠度曲线，图 15-29(d)所示为钢丝应力曲线。由图可见，当汽车驶离桥跨后，桥跨结构恢复到静力平衡位置时仍在振动，只有在这个时候结构才做自由衰减振动。在结构做自由衰减振动这一段记录上，仍可按上述方法求出结构的动力特性，但此时没有载重汽车的附加质量的影响。

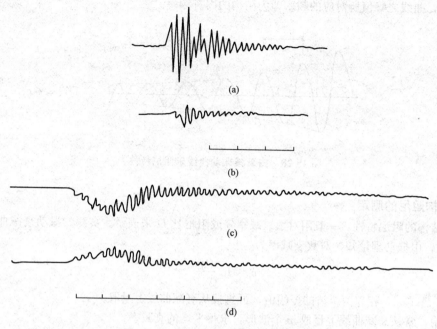

图 15-29 桥梁动载试验实测记录曲线

仍用上述方法求出结构的动力特性：

固有频率 $f_0 = 4.63$ Hz
对数衰减率 $\delta = 0.062$
阻尼比 $D = 0.096$

在实测的共振曲线上也可推算阻尼比，如图 15-27 所示。具体做法是取 $Y_{max}/2$ 值作一水平线，同曲线相交于 A、B 两点，其对应的横坐标为 ω_1，ω_2，即

阻尼系数
$$n = \frac{1}{2}(\omega_2 - \omega_1) \tag{15-44}$$

阻尼比
$$D = \frac{n}{\omega_0} = \frac{1}{2\omega_0(\omega_2 - \omega_1)} \tag{15-45}$$

式中 ω_0——结构的固有频率。

3. 振型的测定

结构的振型是结构相应于各阶固有频率的振动形式，一个振动系统振型的数目与其自由度数目相等。桥梁结构是一个具有连续分布质量的体系。也就是说，桥梁是一无限多自由度体系，因此，其固有频率及相应的振型也有无限多个。但是，如前所述，对于一般的桥梁结构，第一固有频率即基频，对结构的动力分析才是重要的。对于较复杂的动力分析问题，也仅需前面几个固有频率。也就是说，通常情况下，一般低阶振型才是重要的。图 15-30 表示具有分布质量的各种梁的振型。

采用共振法测定振型时，将若干传感器安装在结构各有关部位，当激振装置激发结构共振时，同时记录结构各部位的振幅和相比，比较各测点的振幅及相位便可绘出振型曲线。

传感器的测点布置视结构形式而定，一般要根据理论分析，估计振型的大致形状，然后在变位较大的部位布点，以便能较好地连接出振型曲线。

振型的测定一般采用两种方法，一种是在结构上同时安装许多传感器，这时必须保证预先要精确标定所有传感器的灵敏度，在用多路放大器时，还要求放大器的特性相同；另一种方法

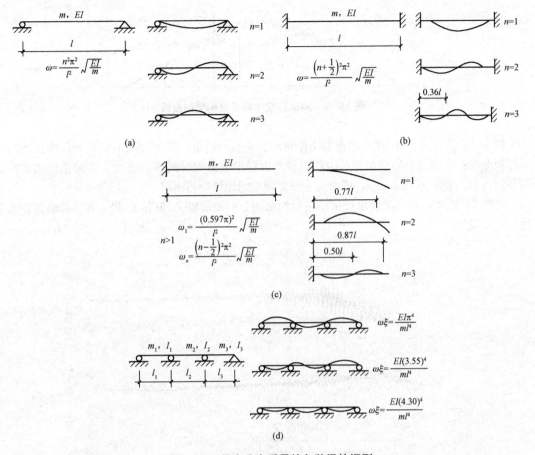

图 15-30 具有分布质量的各种梁的振型
(a)简支梁的主振型；(b)固端梁的主振型；(c)悬臂梁的主振型；(d)三跨连续梁的主振型

只用一个传感器，测试时要不断改变它的位置，以便测出各点的振幅。这种方法需要对传感器多次拆卸和安装，并且还需要有一个作用参考点不能移动的传感器，各次测定值均应同参考点对应比较。

4. 结构动力响应的测定

在动力荷载作用下，桥梁结构某些部位的振动参数如振幅、频率、位移、应力等的测定，可根据试验的具体要求和结构的形式布置测点，采用适当的仪表进行测试。动力荷载作用于结构上产生的动挠度，一般较同样的静荷载所产生的相应静挠度要大。动挠度与静挠度的比值称为活荷载的冲击系数。由于挠度反映了桥跨结构的整体变形，是衡量结构刚度的主要指标，因此活载冲击系数综合反映了荷载对桥梁的动力作用。它与结构的形式、车辆运行速度和桥面的平整度等有关。

为了测定冲击系数，应使车辆荷载以不同的速度驶过桥梁，并逐次记录跨中挠度的时历曲线，如图 15-31 所示。按冲击系数的定义有：

$$1+\mu = \frac{Y_{d\max}}{Y_{s\max}} \tag{15-46}$$

式中 $Y_{d\max}$ ——最大动挠度值；

$Y_{s\max}$ ——最大静挠度值。

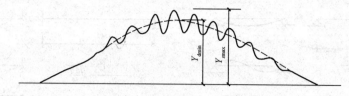

图 15-31　移动荷载作用下结构变形曲线

图 15-32 所示为 25 m 预应力混凝土梁桥的强迫振动记录。图 15-32(a)所示为跨中挠度的时间历程曲线；图 15-32(b)所示为跨中断面预应力钢丝应力的时间历程曲线。试验采用的动荷载为载重汽车，速度为 22 km/h，桥面为平整度很差的泥结碎石面层。

在图 15-32 中，可从光线示波器所记录的曲线上直接量取 Y_d 值和 Y_s 值，则活荷载的冲击系数 $(1+\mu)$ 值为

$$1+\mu = \frac{Y_{dmax}}{Y_{smax}} = \frac{241.67}{166.64} = 1.45 \tag{15-47}$$

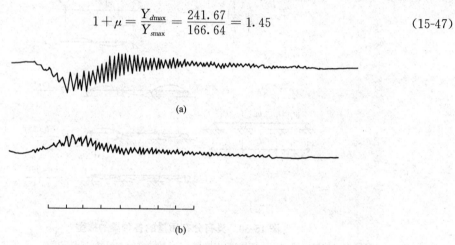

图 15-32　汽车过桥时结构振动图形

本章小结

荷载试验的目的：检验桥梁设计与施工的质量，判断桥梁结构的实际承载力，验证桥梁结构设计理论和设计方法。

荷载试验内容主要包含在三个阶段：桥梁结构的考察和试验准备、加载试验与观测、测试结果的分析与评定。

荷载试验的准备工作：试验孔（或墩）的选择，搭设脚手架和测试支架，静载试验加载位置的放样和卸载位置的安排，试验人员组织及分工，其他准备工作。

加载方案与实施主要包括：试验荷载工况的确定，试验荷载等级的确定，静载加载分级与控制，加载设备的选择和加载物的称重。

测点设置包括：主要测点的布设、其他测点的布设和温度测点的布设。

静载试验仪器设备主要有机械式位移计、手持式应变仪、电子式数显倾角仪、电阻应变仪等。

动载试验仪器设备主要有测振传感器、磁带记录仪、信号处理机、测试系统等。

桥梁动载试验的激振方法：自振法、共振法和脉动法。

复习思考题

一、选择题

1. 桥梁荷载试验可以划分为(　　)和加载试验及试验数据处理三个阶段。
   A. 试验组织和准备　　B. 试验设计　　C. 试验设计和计算　　D. 现场准备

2. 荷载试验的组织准备阶段分为前期准备和(　　)。
   A. 后期准备　　B. 现场准备　　C. 加载准备　　D. 测试准备

3. 下列选项中不属于结构整体指标的是(　　)。
   A. 自振频率　　B. 挠度　　C. 转角　　D. 应变

4. 用电阻应变片测量混凝土桥梁结构的表面应变,应采用标距为(　　)mm 的应变片。
   A. 5~10　　B. 20~40　　C. 80~100　　D. 200~240

5. 下列选项中属于结构动力特性参数的是(　　)。
   A. 动应变　　B. 振型　　C. 动挠度　　D. 加速度

二、判断题

1. 在桥梁荷载试验中,目前应用的测试设备大多属于机械式仪器。(　　)
2. 普通钢筋混凝土简支梁桥静载试验,可将应变片布置在跨中下缘混凝土表面上进行测量。(　　)
3. 连续梁桥静载试验,边跨控制截面位于边跨的跨中。(　　)
4. 重载试验是成桥静载试验的常见加载方式。(　　)
5. 桥梁静载试验的数据处理中,实测挠度值应扣除支点变形的影响。(　　)

三、简答题

1. 桥梁荷载试验的主要内容有哪些?
2. 分别简述简支梁桥和连续梁桥试验荷载工况的主要内容。
3. 桥梁动载试验的目的是什么?跑车试验的时速一般规定为多少?
4. 静载试验效率系数 η_q 的意义是什么?一般情况下的取值是多少?
5. 简述几种常见桥梁体系应力测试主要测点布置情况。

第十六章　隧道工程施工检测

> **学习建议**
>
> 通过本章的学习，掌握隧道支护施工质量检测，会进行喷射混凝土质量检测，能够进行锚杆拉拔力检测；掌握地质雷达法探测支护背部空洞；能进行衬砌混凝土施工质量检测；熟悉隧道施工监控量测，会进行围岩周边位移量测和拱顶下沉量测。

随着公路建设的发展，公路隧道的建设也逐渐增多。由于隧道自身的特点及其他方面的原因，公路隧道易出现质量问题。其中最常见的有隧道渗漏、衬砌开裂、限界受侵、通风与照明不良等。为保证公路隧道的质量，公路隧道的检测工作尤为重要。

按隧道修建过程分，公路隧道检测的内容包括原材料质量检测、工序检测（超前支护与预加固围岩施工质量检测、开挖质量检测、初期支护施工质量检测、防排水质量检测、混凝土衬砌质量检测）、施工监控量测、施工环境检测（通风检测、照明检测）、交（竣）工检测等。下面仅简要介绍隧道支护施工质量检测、衬砌混凝土质量检测和隧道施工监控量测。

第一节　隧道初期支护施工质量检测

一、喷射混凝土质量检测

1. 喷射混凝土质量检验标准

喷射混凝土的材料必须满足规范和设计要求。喷射前要检查开挖断面的质量，处理好超欠挖。喷射前岩面必须清洁。喷射混凝土支护与围岩紧密粘结，结合牢固；喷层厚度应符合要求，不能有空洞；喷层内不允许添加片石和木板等杂物，必要时应进行黏结力测试。喷射混凝土严禁挂模喷射，受喷面必须是原岩面。支护前做好排水措施，对渗漏水孔洞、缝隙应采取引排、堵水措施，保证喷射混凝土质量。

喷射混凝土实测项目见表 16-1。

表 16-1　喷射混凝土实测项目

项次	检查项目	规定值或允许偏差	检查方法和频率
1	喷射混凝土强度/MPa	在合格标准内	按《公路工程质量检验评定标准　第一册　土建工程》(JTG F80/1—2017)附录 E 检查
2	喷层厚度/mm	平均厚度≥设计厚度；60%的检查点的厚度≥设计厚度；最小厚度≥0.6 设计厚度	凿孔法：每 10 m 检查 1 个断面，每个断面从拱顶中线起每 3 m 测 1 点按《公路工程质量检验评定标准　第一册　土建工程》(JTG F80/1—2017)附录 R 检查；沿隧道纵向分别在拱顶、两侧拱腰、两侧边墙连续测试共 5 条测线，每 10 m 检查 1 个断面，每个断面测 5 点
3	喷层与围岩接触状况	无空洞，无杂物	

2. 喷射混凝土强度检测方法

喷射混凝土强度包括抗压强度、抗剪强度、疲劳强度、粘结强度等。其中，抗压强度是表示喷射混凝土物理力学性能及耐久性的一个综合指标，因此，实际在工程中常用它作为检测喷射混凝土质量的重要指标。

(1)制作抗压试块检测法。

1)喷大板切割法。在施工的同时，将混凝土喷射在 450 mm×350 mm×120 mm(可制成6块)或 450 mm×200 mm×120 mm(可制成 3 块)的模型内，当混凝土达到一定强度后，加工成 100 mm×100 mm×100 mm 的立方体试块，在标准条件下养护至 28 d 进行试验，用标准试验方法测其极限抗压强度。

2)凿方切割法。在具有一定强度的支护上，用凿岩机打密排钻孔，取出长约 350 mm、宽约 150 mm 的混凝土块，加工成 100 mm×100 mm×100 mm 的立方体试块，在标准条件下养护至 28 d，用标准试验方法测其极限抗压强度。

(2)气压式射钉法。射钉法是用专用射钉枪将检测用射钉压入混凝土中，用卡尺测量射钉射入混凝土的深度，混凝土强度不同，用同一压力、同一规格的射钉射入混凝土的深度也不同，由此可在现场测定混凝土的强度。

喷大板切割法虽然制作试块采用与施工同样的材料，但是制作试件的施工条件与实际施工时有所不同。实际施工一般是仰喷，而喷大板切割法一般将模型放在地上，与水平面成 80°夹角，接近垂直向下喷射，同时工人在制作试件时，必然要比实际施工时严谨。所以，该法测试得出的结果一般要比实际喷射混凝土强度高。凿方切割法取样困难，而且对喷射混凝土破坏严重，而射钉法则简便直接。

喷射混凝土强度检查不合格时，应查明原因并采取措施，可用加厚喷层或增设锚杆的办法予以补强。

3. 喷射混凝土厚度的检测

喷射混凝土厚度是指混凝土喷层至隧道围岩接触界面间的距离。施工中保证喷射混凝土的厚度是保证喷射混凝土质量的前提。所以，厚度也是喷射混凝土质量检验的一个重要指标。

喷层厚度可以用凿孔、激光断面仪或雷达检测仪等方法检查。

凿孔检查时，宜在混凝土喷后 8 h 以内，用短钎将孔凿出，发现厚度不够时可及时补喷加厚。采用凿岩机钻眼，若因喷射混凝土与围岩黏结紧密，颜色接近较难辨认喷层厚度时，可用酚酞试液涂抹孔壁，碱性混凝土即呈红色。

如果已经用激光断面仪量测过该断面的开挖面轮廓线，则可在喷射混凝土完成后，用激光断面仪测量该断面，然后将两次测量断面比较，得出该断面上各个测点的喷射混凝土厚度。

4. 喷射混凝土与围岩粘结强度试验

(1)试验制作。成型试验法：在模型内放置面积为 100 mm×100 mm×50 mm 且表面粗糙近似实际情况的岩石，用喷射混凝土掩埋。当混凝土达到一定强度后，加工成 100 mm×100 mm×100 mm 的立方体试块，标准养护 28 d 后，用劈裂法进行试验。

直接拉拔法：在围岩表面预先设置带有丝扣和加力板的拉杆，用喷射混凝土将加力板埋入，喷层厚度约为 100 mm，试件面积约为 300 mm×300 mm(周围多余部分应予以清除)，养护 28 d 后进行拉拔试验。

(2)强度标准。喷射混凝土与岩石的黏结力：Ⅰ、Ⅱ级围岩不低于 0.8 MPa，Ⅲ级围岩不低于 0.5 MPa。

喷射混凝土在施工过程中，部分混凝土由隧道岩壁跌落到底板的现象称为混凝土的回弹。

回弹数量与混凝土总数量之比,就是混凝土的回弹率。《公路隧道施工技术规范》(JTG F60—2009)规定,拱顶不超过40%,边墙不超过30%,挂钢筋网后,回弹率可放宽5%。回弹物不得重新用作喷射混凝土材料。此外,应采取措施减少喷射混凝土粉尘。

二、锚杆拉拔力检测

锚杆拉拔力是指锚杆能承受的最大拉力,是锚杆质量检验的一项基本内容。

1. 拉拔设备

锚杆拉拔试验的常用设备有中空千斤顶、手动油压泵、油压表和千分表。

2. 测试方法

(1)根据试验目的,在隧道围岩指定部位钻锚杆孔。孔深在正常深度的基础上作调整,使锚杆外露长度大些,以保证千斤顶的安装,或采用正常孔深,将待测锚杆加长。

(2)按正常的安装工艺安装待测锚杆,用砂浆将锚杆口部磨平,以便支放承压垫板。

(3)根据锚杆的种类和试验目的确定拉拔时间。

(4)在锚杆尾部加上垫板,套上中空千斤顶,将锚杆外端与千斤顶内缸固定在一起,并装设位移量测设备与仪器,如图16-1所示。

(5)通过手动油压泵加压,从油压表读取油压,根据活塞面积换算锚杆承受的拉拔力。从千分表读取尾部的位移,绘制锚杆拉力-位移曲线,供分析研究。

锚杆安设后,每300根至少随机抽取一组(3根)进行拉力试验,围岩或原材料变更时另作一组。同组锚杆的拉拔力平均值应大于或等于设计值。同组单根锚杆的拉拔力不得小于设计值的90%。

3. 注意事项

(1)安装拉拔设备时,应使拉力作用线与锚杆同心,避免偏心受拉。

(2)加载速率为10 kN/min。

(3)无特殊需要,可不做破坏性试验,拉拔到设计拉力即停止加载。

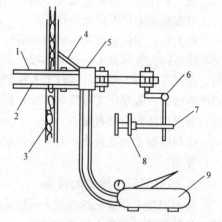

图 16-1 锚杆拉拔力测试
1—锚杆;2—充填砂浆;
3—喷射混凝土;4—反力板;
5—油压千斤顶;6—千分表;
7—固定梁;8—支座;9—油压泵

(4)千斤顶应牢固可靠,试验时操作人员要避开锚杆的轴线方向,以保证试验安全。

三、地质雷达法探测支护背部空洞

支护(衬砌)背部与围岩之间存在空洞时,会导致围岩松弛,使支护结构产生弯曲应力,而损伤支护结构的功能,降低其承载能力,极大地影响了隧道的安全使用。因此,目前对隧道支护(衬砌)背部空洞的探测引起了人们更多的关注。支护(衬砌)的内部和背后状态是隐蔽的,从表面看不出来,为此,人们开发出许多具有实用价值的检测方法,其中最常用的方法是地质雷达法,该方法已广泛应用于检测支护(衬砌)厚度、背部的回填密实度、内部钢架、钢筋等分布情况。

地质雷达探测系统由地质雷达主机、天线、便携式计算机、数据采集软件、数据分析处理软件等组成。雷达天线可沿所测测线连续滑动,所测的每个测点的时间曲线可以汇成时间剖面图像。如图16-2所示,一个与测量平面近于平行的反射面,如衬砌的外缘面,在时间剖面上就是与时间基线近于平行的线；衬砌与岩体交界面的起伏(反映了衬砌厚薄变化)表现为有起伏的图像；钢拱架的反射图像可能是一双曲线，在彩色或黑色灰度的图上也可能呈现一个个圆点；突入衬砌中的小块岩石、衬砌背后的空洞、两层衬砌间的空隙则多呈双曲线图像。根据这些图像即可辨别不同的物体。时间剖面图像是探地雷达成果的基本图件，其横坐标为测点位置，纵坐标为雷达波反射走时，可以用黑白波形图像(波形图变面积黑白显示)、黑白灰度显示、彩色色块显示等形式。可用专用分析软件对所测图像进行分析。

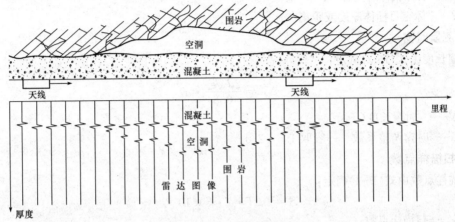

图 16-2 隧道检测原理

(一)现场检测

1. 测线布置

(1)隧道施工过程中质量检测以纵向布线为主，横向布线为辅。纵向布线的位置应在隧道拱顶、左右拱腰、左右边墙和隧底各布 1 条，横向布线可按检测内容和要求布设线距，一般情况线距为 8~12 m，采用点测时每断面不小于 6 个点。检测中发现不合格地段应加密测线或测点。

(2)隧道竣工验收时质量检测应纵向布线，必要时可横向布线。纵向布线的位置应在隧道拱顶、左右拱腰和左右边墙各布 1 条，横向布线线距为 8~12 m，采用点测时每断面不小于 5 个点。需确定回填空洞规模和范围时，应加密测线或测点。

(3)三车道隧道应在隧道拱顶部位增加 2 条测线。

(4)测线每 5~10 m 应有一里程标记。

2. 介质参数标定

(1)检测前应对衬砌混凝土的介电常数或电磁波速做现场标定，且每座隧道应不少于 1 处，每处实测不少于 3 次，取平均值作为该隧道的介电常数或电磁波速。当隧道长度大于 3 km、衬砌材料或含水率变化较大时，应适当增加标定点数。

(2)标定方法如下：

1)在已知厚度部位或材料与隧道相同的其他预制件上测量。

2)在洞口或洞内避车洞处使用双天线直达波法测量。

3)钻孔实测。

(3)求取参数时应具备以下条件：

1)标定目标体的厚度一般不小于 15 cm，且厚度已知。

2)标定记录中界面反射信号应清晰、准确。

(4)标定结果应按式(16-1)、式(16-2)计算：

$$\varepsilon_r = \left(\frac{0.3t}{2d}\right)^2 \tag{16-1}$$

$$v = \frac{2d}{t} \times 10^{-9} \tag{16-2}$$

式中 ε_r——相对介电常数；
　　　v——电磁波速(m/s)；
　　　t——双程旅行时间(ns)；
　　　d——标定目标体厚度或距离(m)。

3. 测量时窗

时窗长度由式(16-3)确定：

$$\Delta T = \frac{2d\sqrt{\varepsilon_r}}{0.3} \cdot a \tag{16-3}$$

式中 ΔT——时窗长度(ns)；
　　　a——时窗调整系数，一般取 1.5~2.0。

4. 扫描样点数

扫描样点数由式(16-4)确定：

$$S = 2\Delta T \cdot f \cdot k \times 10^{-3} \tag{16-4}$$

式中 S——扫描样点数；
　　　ΔT——时窗长度(ns)；
　　　f——天线中心频率(MHz)；
　　　K——系数，一般取 6~10。

5. 纵向布线

应采用连续测量方式，扫描速度不得小于 40 道(线)/s；特殊地段或条件不允许时可采用点测方式，测量点距不宜大于 20 cm。

6. 检测工作注意事项

(1)测量前应检查主机、天线以及运行设备，使之均处于正常状态。
(2)测量时应确保天线与衬砌表面密贴(空气耦合天线除外)。
(3)检测天线应移动平衡、速度均匀，移动速度宜为 3~5 km/h。
(4)记录应包括记录测线号、方向、标记间隔以及天线类型等。
(5)当需要分段测量时，相邻测量段接头重复长度不应小于 1 m。
(6)应随时记录可能对测量产生电磁影响的物体(如渗水、电缆、铁架等)及其位置。
(7)应准确标记测量位置。

(二)数据处理与解释

(1)原始数据处理前应回放检验，数据记录应完整、信号清晰，里程标记准确。不合格的原始数据不得进行处理与解释。
(2)数据处理与解释软件应使用正式认证的软件或经鉴定合格的软件。
(3)数据处理应符合以下要求：确保位置标记准确、无误；确保信号不失真，有利于提高信噪比。
(4)解释工作应符合以下要求：
1)解释应在掌握测区内物性参数和衬砌结构的基础上，按由已知到未知和定性指导定量的原则进行。

2)根据现场记录,分析可能存在的干扰体位置与雷达记录中异常的关系,准确区分有效异常与干扰异常。

3)应准确读取双程旅行时间的数据。

4)解释结果和成果图件应符合衬砌质量检测要求。

(5)衬砌界面应根据反射信号的强弱、频率变化及延伸情况确定。

(6)衬砌厚度 d 可由式(16-5)或式(16-6)确定,也可以在衬砌界面判识后输入正确的介电常数值 ε_r,由计算机自动计算得出衬砌厚度值。

$$d = \frac{0.3t}{2\sqrt{\varepsilon_r}} \tag{16-5}$$

$$d = \frac{1}{2}ut \times 10^{-9} \tag{16-6}$$

(7)衬砌背后回填密实度的主要判定特征如下:

1)密实:信号幅度较弱,甚至没有界面反射信号。

2)不密实:衬砌界面的强反射信号呈绕射弧形,且不连续,较分散。

3)空洞:衬砌界面反射信号强,三振相明显,在其下部仍有强反射界面信号,两组信号时程差较大。

(8)衬砌内部钢架、钢筋位置分布的主要判定特征如下:

1)钢架:分散的月牙形强反射信号。

2)钢筋:连续的小双曲线形强反射信号。

当衬砌混凝土中存在钢拱格栅时,将产生连续点状强反射信号,每一点信号代表一榀钢拱格栅。通过实测的钢拱格栅数量并结合水平距离,可以算出钢拱格栅数量及间距,从而判断是否满足设计要求。

第二节 衬砌混凝土施工质量检测

新奥法设计的隧道支护结构,采用喷锚作初期支护,模筑混凝土作二次支护的复合式衬砌。修筑在Ⅲ、Ⅳ级围岩、受偏压和具有膨胀压力的隧道,应在二次衬砌施工后及时浇筑仰拱,以形成环形衬砌,确保二次衬砌结构的稳定。

衬砌混凝土质量检测包括衬砌的几何尺寸、衬砌混凝土强度、混凝土的完整性、混凝土裂缝、衬砌背后的回填土密度和衬砌内部钢架、钢筋分布等的检测。其中,外观尺寸容易用直尺量测,混凝土强度及其完整性需要无损探测技术完成,混凝土裂缝可用塞尺等简单方法检测,衬砌背后的回填土密度可采用地质雷达法和钻孔法检测。

混凝土衬砌实测项目及仰拱施工质量实测项目见表16-2和表16-3。

表16-2 混凝土衬砌实测项目

项次	检查项目	规定值或允许偏差	检查方法和频率
1△	混凝土强度/MPa	在合格标准内	按《公路工程质量检验评定标准 第一册 土建工程》(JTG F80/1—2017)附录D检查
2	衬砌厚度/mm	90%的检查点的厚度≥设计厚度,且最小厚度≥0.5设计厚度	尺量:每20 m检查1个断面,每个断面测5点按《公路工程质量检验评定标准 第一册 土建工程》(JTG F80/1—2017)附录R检查:沿隧道纵向分别在拱顶、两侧拱腰、两侧边墙连续测试共5条测线,每20 m检查1个断面,每个断面测5点

续表

项次	检查项目	规定值或允许偏差	检查方法和频率
3	墙面平整度/mm	施工缝、变形缝处≤20 其他部位≤5	2 m直尺，每20 m每侧连续检查5尺，每尺测大间隙
4△	衬砌背部密实状况	无空洞、无杂物	按照《公路工程质量检验评定标准 第一册 土建工程》(JTG F80/1—2017)附录R检查：沿隧道纵向分别在拱顶、两侧拱腰、两侧边墙连续测试共5条测线

表16-3 仰拱施工质量检测项目

项次	检查项目	规定值或允许偏差	检查方法和频率
1	混凝土强度/MPa	在合格标准内	按照《公路工程质量检验评定标准 第一册 土建工程》(JTG F80/1—2017)附录D检查
2	厚度/mm	不小于设计值	尺量：每20 m检查1个断面，每个断面测5点
3	钢筋保护层厚度/mm	+10；-5	尺量：每20 m测5点
4	底面高程/mm	±15	水准仪：每20 m测5点

第三节 隧道施工监控量测

隧道施工过程中使用各种类型的仪表和工具，对围岩和支护、衬砌的力学行为以及它们之间的力学关系进行量测和观察，并对其稳定性进行评价，统称为监控量测。它是保证工程质量的重要措施，也是判断围岩和衬砌是否稳定，保证施工安全，指导施工顺利，进行施工管理，提供设计信息的主要手段。

施工监控量测的主要任务是：确保施工安全；预测和确认隧道围岩最终稳定时间，以指导施工顺序和做二次衬砌的时间；根据隧道开挖后所获得的量测信息，进行综合分析，检验和修正施工预设计；积累资料，作为其他工程设计与施工的参考资料。隧道现场监控量测必测项目见表16-4。

表16-4 隧道现场监控量测必测项目

序号	项目名称	方法及工具	布置	测试精度	量测间隔时间			
					1～15 d	16 d～1个月	1～3个月	大于3个月
1△	洞内、外观察	现场观测，地质罗盘等	开挖及初期支护后进行	—	—			
2△	周边位移	各种类型收敛计	每5～50 m一个断面，每断面2～3对测点	0.1 mm	1～2次/d	1次/2 d	1～2次/周	1～3次/月
3	拱顶下沉	水准测量的方法，水准尺、钢尺等	每5～50 m一个断面	0.1 mm	1～2次/d	1次/2 d	1～2次/周	1～3次/月
4	地表下沉	水准测量的方法，水准尺、钢钢尺等	洞口段、浅埋段 $h_0≤2B$	0.5 mm	开挖面距量测断面前后<2 B时，1～2次/d；开挖面距量测断面前后<5 B时，1次/(2～3 d)；开挖面距量测断面前后>5 B时，1次/(3～7 d)			

注：B—隧道开挖宽度；h_0—隧道埋深。

本节只介绍围岩周边位移量测和拱顶下沉量测，其他项目的量测可参考相关资料。

一、围岩周边位移量测

隧道开挖后，围岩向坑道方向的位移是围岩动态的显著表现，最能反映出围岩与支护的稳定性。坑道周边净空变化，一般用收敛计或净空变位仪量测两点之间的相对位移。

1. 量测断面间距

应保证沿隧道轴线每类围岩至少有一个量测断面。一般情况下，洞口段和埋深小于两倍隧道宽度地段，间隔 5~10 m 一个量测断面；其余地段可根据地质条件，每隔 5~100 m 设一个断面。地质条件好且收敛值（为两次量测的隧道内壁面两点连线方向的位移之差）稳定的隧道，可加大量测断面的间距；围岩较差、收敛值长期不稳定、开挖进度快或采用分部开挖法施工的隧道，可缩小量测断面的间距。

2. 量测频率

应按表 16-5 和表 16-6 检查净空位移和拱顶下沉的量测频率，并与按表 16-2 确定的量测频率比较取大值。施工状况发生变化时（开挖下台阶、仰拱或撤除临时支护等），应增加监测频率。

表 16-5 净空位移和拱顶下沉的量测频率（按位移速度）

位移速度	量测频率
≥5	2~3 次/d
1~5	1 次/d
0.5~1	1 次/(2~3 d)
0.2~0.5	1 次/3 d
<1	1 次/(3~7 d)

表 16-6 净空位移和拱顶下沉的量测频率（按距开挖面距离）

量测断面距开挖面距离/m	量测频率
(0~1)B	2 次/d
(1~2)B	1 次/d
(2~5)B	1 次/(2~3 d)
≥5B	1 次/(3~7 d)

注：B—隧道开挖宽度。

3. 周边位移量测线布置

隧道开挖周边相对位移量测线的布设方法和要求，可参见表 16-7、图 16-3 所示。

表 16-7 周边位移测线数

开挖方式	一般地段	特殊地段			
		洞口附近	埋深小于 2B	有膨胀压力或偏压	选测项目量测位置
全断面开挖	1 条水平测线		3 条或 5 条		3 条或 6 条、7 条
短台阶开挖	2 条水平测线	4 条或 6 条	4 条或 6 条	4 条或 6 条	4 条或 5 条、7 条
全台阶开挖	每台阶 1 条水平测线	每一台阶 3 条	每一台阶 3 条	每一台阶 3 条	每一台阶 3 条

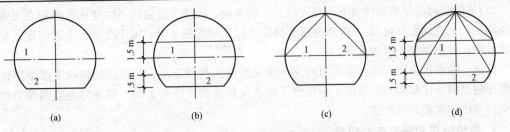

图 16-3 隧道周边位移量测测线布置

二、拱顶下沉量测

拱顶是坑道周边上的一个特殊点，挠度最大，位移情况（绝大多数下沉，极少数抬高）具有较强的代表性。拱顶内壁的绝对下沉量称为拱顶下沉值，其量测也属位移量测。单位时间内拱顶下沉值称为拱顶下沉速率。拱顶下沉值主要用于确认围岩的稳定性，尤其是事先预报拱顶崩塌。对于埋深较浅、固结程度低的地层、水平成层的场合，该量测比收敛量测更为重要，其量测数据是判断支护效果、指导施工工序、保证施工质量和安全的最基本的资料。

1. 量测方法

对于浅埋隧道，可由地面钻孔，用挠度计或其他仪表测定拱顶相对地面不动点的位移值。对于深埋隧道，可用拱顶变位计，将钢尺或收敛计挂在拱顶点作为标尺，后视点可设在稳定衬砌上，用水平仪进行观测。图 16-4 所示为拱顶下沉观测示意图，图中给出了 A、B、C 三者之间的几何关系。图中实线为前次观测的情形，虚线为后次观测的情形。

P 为前次观测时钢尺上的前视点，P' 为后次观测时 P 点在垂直方向上移到的位置。

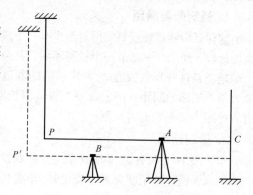

图 16-4　水平仪观测拱顶下沉

第一次读数后视点读数为 A_1，前视读数为 B_1；第二次后视点读数为 A_2，前视读数为 B_2。拱顶变位计算方法如下：

(1) 差值计算法：钢尺和标尺均正立（即读数上小下大）。

后视读数差 $A = A_2 - A_1$；

前视读数差 $B = B_2 - B_1$；

拱顶变位值 $C = B - A$，若 $C > 0$，拱顶上移；若 $C < 0$，拱顶下沉。

(2) 水准计算法：通过计算前后两次拱顶测点的高程差来求拱顶的变位值。钢尺读数上小下大，标尺读数下小上大，标尺基准点高程假定为 K_0。

第一次拱顶高程 $K_{d1} = K_0 + A_1 + B_1$；

第二次拱顶高程 $K_{d2} = K_0 + A_2 + B_2$；

拱顶变位值 $C = K_{d2} - K_{d1} = A_2 - A_1 + B_2 - B_1$；

若 $C > 0$，拱顶上移；若 $C < 0$，拱顶下沉。

2. 量测要求

(1) 观测基准点应设在距离观测点 3 倍洞径以外的稳定点处。

(2) 拱顶下沉量测断面间距、量测频率、初读数的测取等同收敛量测。

(3) 每个断面布置 1～3 个测点，测点设在拱顶中心或其附近。

(4) 量测精度为 ±1 mm。

(5) 量测时间应延续到拱顶下沉稳定后。一般来说，拱顶下沉量的历时变化在开挖后大致呈直线增加，一直到距开挖面 1～3 倍隧道直径处之后下沉发展变慢、坡率变缓、渐近稳定。如果有底鼓时，可按拱顶下沉法量测。

目前，隧道拱顶下沉量测多采用精密水准仪来量测拱顶下沉，较先进的拱顶下沉量测仪器是激光隧道围岩位移实时监测仪。它克服了传统位移量测方法的弊端，能较好地监测围岩位移的实时变化。在此不作阐述。

3. 原始记录和量测资料积累

量测的原始记录与收敛量测相同，用下沉量、下沉速度与时间关系图表示。一般来说，两者随时间变化规律是一样的（崩塌或浅埋除外）。

本章小结

喷射混凝土的质量检验指标主要有喷射混凝土的强度和喷射混凝土的厚度及喷射混凝土粉尘与回弹量等内容。

隧道支护(衬砌)背部与围岩之间存在空洞时,会导致围岩松弛,降低其承载能力,极大地影响隧道的安全使用。常采用地质雷达法检测衬砌厚度、背部回填密实度、内部钢架、钢筋等分布情况。

衬砌混凝土质量检测包括衬砌的几何尺寸、衬砌混凝土强度、混凝土完整性、混凝土裂缝、衬砌背后的回填密度和衬砌内部钢架、钢筋分布等的检测。

隧道现场监控量测必测项目包括洞内、外观测,围岩周边位移量测、拱顶下沉量测和地表下沉。

复习思考题

一、选择题

1. 某隧道需要进行锚杆抗拔力测试,经统计,实际共有200根锚杆,正确地选测锚杆数量应为( )根。
   A. 1　　　　　B. 2　　　　　C. 3　　　　　D. 4
2. 冬期施工时,喷射混凝土作业区的气温不应低于( )℃。
   A. 0　　　　　B. 2　　　　　C. 3　　　　　D. 5
3. 喷射混凝土施工时,一次喷射厚度值非常重要,初喷厚度宜控制在( )mm。
   A. 40～60　　　B. 40～50　　　C. 30～50　　　D. 50～70
4. 拱部衬砌浇筑时应预留注浆孔,注浆间距不得大于( )m。
   A. 2　　　　　B. 3　　　　　C. 4　　　　　D. 5
5. 混凝土衬砌厚度检查,每( )m检查一个断面。
   A. 20　　　　　B. 30　　　　　C. 40　　　　　D. 50

二、判断题

1. 局部锚杆施工可以在初喷后进行,系统锚杆施工宜在初喷前及时进行。( )
2. 为了尽快发挥作用,宜在隧道开挖后立即安装钢支撑。( )
3. 锚杆抗拔力试验,如无特殊需要,可不做破坏性试验,拉拔到设计拉力即停止加载。( )
4. 隧道施工中,钢支撑与围岩之间的间隙可以用片石回填。( )
5. 在一般情况下,二次衬砌可以在围岩和初期支护变形基本稳定前施作。( )

三、简答题

1. 检验喷射混凝土质量的主要指标有哪些?
2. 简述锚杆拉拔力的测试方法。
3. 简述喷射混凝土厚度的检测方法。
4. 如何测试喷射混凝土与围岩的粘结强度?
5. 地质雷达法探测支护背部空洞的方法步骤是什么?
6. 衬砌混凝土质量检测包括哪些项目?
7. 现场监控量测的项目有哪些?常用什么方法量测?

附 录

附表1 正态分布概率系数表 $\left(\int_{K_q}^{\infty}\frac{1}{\sqrt{2\pi}}e^{-\frac{x^2}{2}}dx=\beta\right)$

K_q	0	0.01	0.02	0.03	0.04	0.050	0.06	0.07	0.08	0.09
0	0.500 0	0.496 0	0.492 0	0.488 0	0.484 0	0.480 1	0.476 1	0.472 1	0.468 1	0.464 1
0.1	0.460 2	0.456 2	0.452 2	0.488 3	0.444 3	0.440 4	0.436 4	0.432 5	0.428 6	0.424 7
0.2	0.420 7	0.416 8	0.412 9	0.409 0	0.405 2	0.401 3	0.397 4	0.393 6	0.389 7	0.385 9
0.3	0.382 1	0.378 3	0.374 5	0.370 7	0.366 9	0.363 2	0.359 4	0.355 7	0.352 0	0.348 3
0.4	0.344 6	0.340 9	0.337 2	0.333 6	0.330 0	0.326 4	0.322 8	0.319 2	0.315 6	0.312 1
0.5	0.308 5	0.305 0	0.301 5	0.298 1	0.294 6	0.291 2	0.287 7	0.284 3	0.281 0	0.277 6
0.6	0.274 3	0.270 9	0.267 6	0.264 3	0.261 1	0.257 8	0.254 6	0.251 4	0.248 3	0.245 1
0.7	0.242 0	0.238 9	0.235 8	0.232 7	0.229 6	0.226 6	0.223 6	0.220 6	0.217 7	0.214 8
0.8	0.211 9	0.209 0	0.206 1	0.203 3	0.200 5	0.197 7	0.194 9	0.192 2	0.189 4	0.186 7
0.9	0.184 1	0.181 4	0.178 8	0.176 2	0.173 6	0.171 1	0.168 5	0.166 0	0.163 5	0.161 1
1.0	0.158 7	0.156 2	0.153 9	0.151 5	0.149 2	0.146 9	0.144 6	0.142 3	0.140 1	0.137 9
1.1	0.135 7	0.133 5	0.131 4	0.129 2	0.127 1	0.125 1	0.123 0	0.121 0	0.119 0	0.117 0
1.2	0.115 1	0.113 1	0.111 2	0.109 3	0.107 5	0.105 6	0.103 8	0.102 0	0.100 3	0.098 5
1.3	0.096 8	0.095 1	0.093 4	0.091 8	0.090 1	0.088 5	0.086 9	0.085 3	0.083 8	0.082 3
1.4	0.080 8	0.079 3	0.077 8	0.076 4	0.074 9	0.073 5	0.072 1	0.070 8	0.069 4	0.068 1
1.5	0.066 8	0.065 5	0.064 3	0.063 0	0.061 8	0.060 6	0.059 4	0.058 2	0.057 1	0.055 9
1.6	0.054 8	0.053 7	0.052 6	0.051 6	0.050 5	0.049 5	0.048 5	0.047 5	0.046 5	0.045 5
1.7	0.044 6	0.043 6	0.042 7	0.041 8	0.040 9	0.040 1	0.039 2	0.038 4	0.037 5	0.036 7
1.8	0.035 9	0.035 1	0.034 4	0.033 6	0.032 9	0.032 2	0.031 4	0.030 7	0.030 1	0.029 4
1.9	0.028 7	0.028 1	0.027 4	0.026 8	0.026 2	0.025 6	0.025 0	0.024 4	0.023 9	0.023 3
2.0	0.022 8	0.022 2	0.021 7	0.021 2	0.020 7	0.020 2	0.019 7	0.019 2	0.018 8	0.018 3
2.1	0.017 9	0.017 4	0.017 0	0.016 6	0.016 2	0.015 8	0.015 4	0.015 0	0.014 6	0.014 3
2.2	0.013 9	0.013 6	0.013 2	0.012 9	0.012 5	0.012 2	0.011 9	0.011 6	0.011 3	0.011 0
2.3	0.010 7	0.010 4	0.010 2	0.009 90	0.009 64	0.009 39	0.009 14	0.008 89	0.008 66	0.008 42
2.4	0.008 20	0.007 98	0.007 76	0.007 55	0.007 34	0.007 14	0.006 95	0.006 76	0.006 57	0.006 39
2.5	0.006 21	0.006 04	0.005 87	0.005 70	0.005 54	0.005 39	0.005 23	0.005 08	0.004 94	0.004 80
2.6	0.004 66	0.004 53	0.004 40	0.004 27	0.004 15	0.004 02	0.003 91	0.003 79	0.003 68	0.003 57
2.7	0.003 47	0.003 36	0.003 26	0.003 17	0.003 07	0.002 98	0.002 89	0.002 80	0.002 72	0.002 64
2.8	0.002 56	0.002 48	0.002 40	0.002 33	0.002 26	0.002 19	0.002 12	0.002 05	0.001 99	0.001 93
2.9	0.001 87	0.001 81	0.001 75	0.001 69	0.001 64	0.001 59	0.001 54	0.001 49	0.001 44	0.001 39
K_q	0.0	0.1	0.2	0.3	0.4	0.5	0.6	0.7	0.8	0.9
3	0.001 35	0.0^3 968	0.0^3 687	0.0^3 483	0.0^3 337	0.0^3 233	0.0^3 159	0.0^3 108	0.0^3 732	0.0^3 481
4	0.0^4 317	0.0^4 207	0.0^4 133	0.0^5 854	0.0^5 541	0.0^5 340	0.0^5 211	0.0^5 130	0.0^6 793	0.0^6 479
5	0.0^6 287	0.0^6 170	0.0^7 996	0.0^7 579	0.0^7 333	0.0^7 190	0.0^7 107	0.0^8 599	0.0^8 332	0.0^8 182
6	0.0^9 987	0.0^9 530	0.0^9 282	0.0^9 149	0.0^{10} 777	0.0^{10} 402	0.0^{10} 206	0.0^{10} 104	0.0^{11} 523	0.0^{11} 260

注：①表中数字为 β 值。
②$0.0^3$ 968 即为 0.000 968。

附表2 t 分布概率系数表

n	双边置信水平			单边置信水平		
	99%	95%	90%	99%	95%	90%
	$t_{0.995}/\sqrt{n}$	$t_{0.975}/\sqrt{n}$	$t_{0.95}/\sqrt{n}$	$t_{0.99}/\sqrt{n}$	$t_{0.95}/\sqrt{n}$	$t_{0.90}/\sqrt{n}$
2	45.012	8.985	4.465	22.501	4.465	2.176
3	5.730	2.484	1.686	4.201	1.686	1.089
4	2.921	1.591	1.177	2.270	1.177	0.819
5	2.059	1.242	0.953	1.676	0.953	0.686
6	1.646	1.049	0.823	1.374	0.823	0.603
7	1.401	0.925	0.734	1.188	0.734	0.544
8	1.237	0.836	0.670	1.060	0.670	0.500
9	1.118	0.769	0.620	0.966	0.620	0.466
10	1.028	0.715	0.580	0.892	0.580	0.437
11	0.955	0.672	0.546	0.833	0.546	0.414
12	0.897	0.635	0.518	0.785	0.518	0.393
13	0.847	0.604	0.494	0.744	0.494	0.376
14	0.805	0.577	0.473	0.708	0.473	0.361
15	0.769	0.554	0.455	0.678	0.455	0.347
16	0.737	0.533	0.438	0.651	0.438	0.335
17	0.708	0.514	0.423	0.626	0.423	0.324
18	0.683	0.497	0.410	0.605	0.410	0.314
19	0.660	0.482	0.398	0.586	0.398	0.305
20	0.640	0.468	0.387	0.568	0.387	0.297
21	0.621	0.455	0.376	0.552	0.376	0.289
22	0.604	0.443	0.367	0.537	0.367	0.282
23	0.588	0.432	0.358	0.523	0.358	0.275
24	0.573	0.422	0.350	0.510	0.350	0.269
25	0.559	0.413	0.342	0.498	0.342	0.264
26	0.547	0.404	0.335	0.487	0.335	0.258
27	0.535	0.396	0.328	0.477	0.328	0.253
28	0.524	0.388	0.322	0.467	0.322	0.248
29	0.513	0.380	0.316	0.458	0.316	0.244
30	0.503	0.373	0.310	0.449	0.310	0.239
40	0.428	0.320	0.266	0.383	0.266	0.206
50	0.380	0.284	0.237	0.340	0.237	0.184
60	0.344	0.258	0.216	0.308	0.216	0.167
70	0.318	0.238	0.199	0.285	0.199	0.155
80	0.297	0.223	0.186	0.266	0.186	0.145
90	0.278	0.209	0.175	0.249	0.175	0.136
100	0.263	0.198	0.166	0.236	0.166	0.129

附表3 相关系数检验表(r_β)

$n-2$	显著性水平 β		$n-2$	显著性水平 β		$n-2$	显著性水平 β	
	0.01	0.05		0.01	0.05		0.01	0.05
1	1.000	0.997	15	0.606	0.482	29	0.456	0.355
2	0.990	0.950	16	0.590	0.468	30	0.449	0.349
3	0.959	0.878	17	0.575	0.456	35	0.418	0.325
4	0.917	0.811	18	0.561	0.444	40	0.393	0.304
5	0.874	0.754	19	0.549	0.433	45	0.372	0.288
6	0.834	0.707	20	0.537	0.423	50	0.354	0.273
7	0.798	0.666	21	0.526	0.413	60	0.325	0.250
8	0.765	0.632	22	0.515	0.404	70	0.302	0.232
9	0.735	0.602	23	0.505	0.396	80	0.283	0.217
10	0.708	0.576	24	0.496	0.388	90	0.267	0.205
11	0.684	0.553	25	0.487	0.381	100	0.254	0.195
12	0.661	0.532	26	0.478	0.374	200	0.181	0.138
13	0.641	0.514	27	0.470	0.367	300	0.148	0.113
14	0.623	0.497	28	0.463	0.361	400	0.128	0.098

教学参考意见

1. 本课程与相关课程的联系

本课程主要关联《工程数学》中的数理统计知识在公路工程中的运用;与其相关的课程有《工程地质》《土质与土力学》《道路建筑材料》《基础工程》《公路工程技术》《电工学》等。

2. 本课程的教学目的与任务

通过教学,使学生掌握公路工程在强度及施工质量、混合材料的含量及剂量的检测、路基路面的几何尺寸、外观以及公路的使用性能检测有关理论;掌握桥梁基础检测、桥梁上部结构检测、桥梁支座和伸缩装置检测、桥梁荷载试验及隧道工程施工检测等有关方法和理论;掌握有关试验仪器的操作使用;能完成试验项目的检测工作和试验数据的处理,填写检测报告。

3. 实训安排

该课程讲授完成后,根据专业的不同需要,可安排一周课内集中实训(具体时间可根据学期教学计划调整)。生产实训四周可安排在学生的综合实习中完成。

4. 试验安排

在本课程的学习过程中,学生应完成表1所列的试验项目。

表1 试验项目及课时分配

序号	试验项目	学时数
1	贝克曼梁测定路面回弹弯沉	2
2	无机结合料稳定土中水泥或石灰剂量的测定(EDTA滴定法)	2
3	无机结合料稳定土无侧限抗压强度试验	2
4	回弹法测定混凝土抗压强度	2
5	沥青混合料中沥青含量试验	2
6	沥青与矿料的粘附性试验	
7	灌砂法测定压实度	2
8	钻芯法和环刀法测定压实度	2
9	3 m直尺测定平整度	2
10	连续式平整度仪测定平整度	
11	手工铺砂法测定路面的构造深度	2
12	摆式仪法测定路面的构造深度	
13	沥青路面渗水系数检测	2
14	钻孔取样法测定路面厚度	2
15	动力触探法确定地基承载力	2
16	泥浆性能指标检测(相对密度、黏度、静切力、含砂率、胶体率、失水率及酸碱度检测)	2
17	橡胶支座抗压弹性模量试验	2
18	简支梁桥静载试验	2

5. 课时分配

本课程总学时数为 94 学时，具体分配见表 2；可根据专业的不同酌情调整。

表 2　课时分配

序号	课题	教学时数		
		小计	讲课	试验
1	绪论	2	2	
2	试验检测数据的分析与处理	4	4	
3	路基路面强度指标检测	8	6	2
4	无机结合料稳定土检测	8	4	4
5	结构混凝土强度检测	6	4	2
6	沥青混合料试验与检测	6	4	2
7	路基路面压实度检测技术	8	4	4
8	路面平整度检测	4	2	2
9	路面抗滑性能和渗水系数检测	10	6	4
10	路基路面几何尺寸及路面厚度、外观检测	6	4	2
11	路基路面排水与防护工程检测	2	2	
12	桥梁基础检测	6	4	2
13	桥梁上部结构检测	6	4	2
14	桥梁支座和伸缩装置检测	6	4	2
15	桥梁荷载试验	8	6	2
16	隧道工程施工检测	2	2	
17	机动	2	2	
合计		94	64	30

参 考 文 献

[1] 中华人民共和国交通运输部. JTG F80/1—2017 公路工程质量检验评定标准 第一册 土建工程[S]. 北京：人民交通出版社，2018.

[2] 中华人民共和国交通运输部. JTG E60—2008 公路路基路面现场测试规程[S]. 北京：人民交通出版社，2008.

[3] 中华人民共和国交通运输部. JTG B01—2014 公路工程技术标准[S]. 北京：人民交通出版社，2014.

[4] 中华人民共和国交通运输部. JTG E51—2009 公路工程无机结合料稳定材料试验规程[S]. 北京：人民交通出版社，2009.

[5] 中华人民共和国交通运输部. JTG E20—2011 公路工程沥青及沥青混合料试验规程[S]. 北京：人民交通出版社，2011.

[6] 中华人民共和国交通部. JTG E30—2005 公路工程水泥混凝土试验规程[S]. 北京：人民交通出版社，2005.

[7] 中华人民共和国交通运输部. JTG/T F30—2014 公路水泥混凝土路面施工技术细则[S]. 北京：人民交通出版社，2014.

[8] 中华人民共和国交通运输部. JTG/T F20—2015 公路路面基层施工技术细则[S]. 北京：人民交通出版社，2015.

[9] 中华人民共和国交通运输部. JTG D50—2017 公路沥青路面设计规范[S]. 北京：人民交通出版社，2017.

[10] 中华人民共和国交通运输部. JTG D30—2015 公路路基设计规范[S]. 北京：人民交通出版社，2015.

[11] 中华人民共和国交通部. JTG F40—2004 公路沥青路面施工技术规范[S]. 北京：人民交通出版社，2004.

[12] 国家标准化管理委员会. GB/T 8170—2008 数值修约规则与极限数值的表示和判定[S]. 北京：中国标准出版社，2008.

[13] 中华人民共和国交通部. JTG E40—2007 公路土工试验规程[S]. 北京：人民交通出版社，2007.

[14] 中华人民共和国住房和城乡建设部. GB 50007—2011 建筑地基基础设计规范[S]. 北京：中国计划出版社，2011.

[15] 中华人民共和国交通运输部. JTG D60—2015 公路桥涵设计通用规范[S]. 北京：人民交通出版社，2015.

[16] 中华人民共和国交通运输部. JTJ D63—2007 公路桥涵地基与基础设计规范[S]. 北京：人民交通出版社，2007.

[17] 中华人民共和国交通运输部. JT/T 4—2004 公路桥梁板式橡胶支座[S]. 北京：人民交通出版社，2004.

[18] 中华人民共和国交通运输部. JT/T 327—2016 公路桥梁伸缩装置通用技术条件[S]. 北京：人民交通出版社，2016.

[19] 中华人民共和国住房和城乡建设部. JGJ 18—2012 钢筋焊接及验收规程[S]. 北京：中国建筑工业出版社，2012.

[20] 中华人民共和国交通运输部.JTG/T F50—2011 公路桥涵施工技术规范[S].北京：人民交通出版社，2011.
[21] 中华人民共和国交通运输部.JTG D61—2005 公路圬工桥涵设计规范[S].北京：人民交通出版社，2005.
[22] 中华人民共和国交通运输部.JTG/T J21—2011 公路桥梁承载能力检测评定规程[S].北京：人民交通出版社，2011.
[23] 中华人民共和国交通运输部.JTG/T F60—2009 公路隧道施工技术细则[S].北京：人民交通出版社，2009.
[24] 金桃，张美珍.公路工程检测技术[M].5 版.北京：人民交通出版社，2015.
[25] 赵卫平.路基路面检测技术[M].北京：人民交通出版社，2006.
[26] 张超，郑南翔，王建设.路基路面试验检测技术[M].北京：人民交通出版社，2004.
[27] 徐培华，陈忠达.路基路面试验检测技术[M].北京：人民交通出版社，2003.
[28] 邢世建.道路与桥梁工程试验检测技术[M].北京：重庆大学出版社，2005.
[29] 陈建勋，马建秦.隧道工程试验检测技术[M].北京：人民交通出版社，2005.